■2025年度中学受験用

東洋大学京北中学校

6年間スーパー過去問

●収録内容一覧

入試問題と解説・解答の収録内容

2024年度　1回	算数・社会・理科・国語	実物解答用紙DL
2023年度　1回	算数・社会・理科・国語	実物解答用紙DL
2022年度　1回	算数・社会・理科・国語	実物解答用紙DL
2021年度　1回	算数・社会・理科・国語	
2020年度　1回	算数・社会・理科・国語	
2019年度　1回	算数・社会・理科・国語	

～本書ご利用上の注意～　以下の点について，あらかじめご了承ください。

★**別冊解答用紙は巻末にございます。実物解答用紙は，弊社サイトの各校商品情報ページより，一部または全部をダウンロードできます。**
★編集の都合上，学校実施のすべての試験を掲載していない場合がございます。
★当問題集のバックナンバーは，弊社には在庫がございません（ネット書店などに一部在庫あり）。

合格を勝ち取るための

『スーパー過去問』の使い方

本書に掲載されている過去問をご覧になって，「難しそう」と感じたかもしれません。でも，多くの受験生が同じように感じているはずです。なぜなら，中学入試で出題される問題は，小学校で習う内容よりも高度なものが多く，たくさんの知識や解き方のコツを身につけることも必要だからです。ですから，初めて本書に取り組むさいには，点数を気にしすぎないようにしましょう。本番でしっかり点数を取れることが大事なのです。

過去問で重要なのは「まちがえること」です。自分の弱点を知るために，過去問に取り組むのです。当然，まちがえた問題をそのままにしておいては意味がありません。

本書には，長年にわたって中学入試にたずさわっているスタッフによるていねいな解説がついています。まちがえた問題はしっかりと解説を読み，できるようになるまで何度も解き直しをしてください。理解できていないと感じた分野については，参考書や資料集などを活用し，改めて整理しておきましょう。

このページも参考にしてみましょう！

◆どの年度から解こうかな　「入試問題と解説・解答の収録内容一覧」

本書のはじめには収録内容が掲載されていますので，収録年度や収録されている入試回などを確認できます。

※著作権上の都合によって掲載できない問題が収録されている場合は，最新年度の問題の前に，ピンク色の紙を差しこんでご案内しています。

◆学校の情報を知ろう!!「学校紹介ページ」

このページのあとに，各学校の基本情報などを掲載しています。問題を解くのに疲れたら息ぬきに読んで，志望校合格への気持ちを新たにし，再び過去問に挑戦してみるのもよいでしょう。なお，最新の情報につきましては，学校のホームページなどでご確認ください。

◆入試に向けてどんな対策をしよう？「出題傾向＆対策」

「学校紹介ページ」に続いて，「出題傾向＆対策」ページがあります。過去にどのような分野の問題が出題され，どのように対策すればよいかをアドバイスしていますので，参考にしてください。

◇別冊「入試問題解答用紙編」

本書の巻末には，ぬき取って使える別冊の解答用紙が収録してあります。解答用紙が非公表の場合などを除き，（注）が記載されたページの指定倍率にしたがって拡大コピーをとれば，実際の入試問題とほぼ同じ解答欄の大きさで，何度でも過去問に取り組むことができます。このように，入試本番に近い条件で練習できるのも，本書の強みです。また，データが公表されている学校は別冊の１ページ目に過去の「入試結果表」を掲載しています。合格に必要な得点の目安として活用してください。

本書がみなさんの志望校合格の助けとなることを，心より願っています。

株式会社　声の教育社　編集部

東洋大学京北中学校

所在地	〒112-8607 東京都文京区白山2-36-5
電　話	03-3816-6211(代)
ホームページ	https://www.toyo.ac.jp/toyodaikeihoku/
交通案内	都営三田線「白山駅」より徒歩6分，東京メトロ南北線「本駒込駅」／丸ノ内線「茗荷谷駅」／千代田線「千駄木駅」よりそれぞれ徒歩10〜19分

くわしい情報はホームページへ

トピックス

★2025年度入試より，第2回において従来の「算数・国語」入試に加えて，「算数・理科」入試を実施予定。
★「哲学教育」推進の観点から，中学校では各学年で「哲学」が必修科目になっています。

創立年 明治32年　　男女共学　　高校募集あり

応募状況

年度	募集数		応募数		受験数	合格数	倍率
2024	①	60名	男	97名	88名	34名	2.6倍
			女	94名	83名	29名	2.9倍
	②	25名	男	170名	160名	52名	3.1倍
			女	154名	148名	39名	3.8倍
	③	20名	男	113名	73名	22名	3.3倍
			女	123名	98名	32名	3.1倍
	④	15名	男	112名	65名	11名	5.9倍
			女	118名	77名	23名	3.3倍

入試情報（参考：昨年度）

〔第１回〕２月１日午前（４科）
〔第２回〕２月１日午後（２科）
〔第３回〕２月２日（４科）
〔第４回〕２月４日（４科）
出願期間…１月10日〜各回の前日まで
配点…国語／算数（各50分，各100点満点）
理科／社会（各30分，各50点満点）
※２科は国語と算数です。
合格発表（Web）…
第１回：２月１日 20：30
第２回：２月１日 22：30
第３回：２月２日 17：00
第４回：２月４日 17：00

学校説明会・イベント日程（※予定）

【学校説明会】要予約
６月１日　15：00〜16：30
７月６日　15：00〜16：30
７月27日　10：00〜11：30
８月31日　15：00〜16：30
10月12日　15：00〜16：30
11月９日　15：00〜16：30
12月14日　15：00〜16：30
＊会場は本校第１アリーナ(体育館)です。
【オープンスクール】要予約
７月20日　９：00〜13：00
８月24日　９：00〜13：00
＊小５・６生が対象です。
【入試問題対策会】要予約
12月21日　動画配信方式
【京北祭】
９月21日・22日　10：00〜15：00
※詳細は学校ホームページでご確認ください。

大学への進学

本校の生徒には，東洋大学への附属校推薦入学枠(160名程度)が用意されています。日常の学習をしっかりと行い，一定の基準をクリアすることによって，東洋大学へ進学することができます。

＜2024年春の主な他大学合格実績＞

東北大，北海道大，筑波大，千葉大，東京医科歯科大，電気通信大，東京都立大，慶應義塾大，早稲田大，上智大，東京理科大，明治大，青山学院大，立教大，中央大，法政大，学習院大

編集部注―本書の内容は2024年4月現在のものであり，変更されている場合があります。正式な情報は，学校のホームページ等で必ずご確認ください。

算数 出題傾向＆対策

◆基本データ（2024年度１回）

試験時間／満点	50分／100点
問題構成	・大問数…５題 計算・応用小問１題（８問） ／応用問題４題 ・小問数…20問
解答形式	解答のみを記入する問題がほとんどだが，応用問題では途中式を書くものもある。
実際の問題用紙	Ａ４サイズ，小冊子形式
実際の解答用紙	Ａ３サイズ

◆出題傾向と内容

▶過去３年の出題率トップ３
１位：四則計算・逆算24％　２位：角度・面積・長さ10％　３位：体積・表面積など７％
▶今年の出題率トップ３
１位：四則計算・逆算，角度・面積・長さ17％　３位：仕事算など８％

計算問題は，基本的なものが多いですが，計算のくふうをすることで簡単に解けるものもあります。

応用小問の出題範囲ははば広く，数の性質，割合，図形分野などから取り上げられます。なかでも割合と比やその性質を使った問題の出題率が高くなっています。

応用問題では，速さ，角度・面積・長さを求めるもの，辺の比と面積の比，規則性を読み取るもの，場合の数がよく出題されています。

全体的に，基本的な問題が多く，かたよりのない試験です。

◆対策～合格点を取るには？～

計算力は算数の基本的な力です。標準的な計算問題集を一冊用意して，毎日５問でも10問でも欠かさずに練習すること。数量分野では，約数と倍数，場合の数などに注目しましょう。図形分野では，まず，基本的な考え方や解き方をはば広く身につけることが不可欠です。また，割合や比を使いこなせるようになることで，関連する問題はもちろん，図形分野などでもすばやく解けるようになります。グラフの問題は，速さ，旅人算に関するいろいろな問題に接しておきましょう。また，特殊算も，ひと通りの基本を習得しておいてください。

分野 ＼ 年度		2024	2023	2022	2021	2020	2019
計算	四則計算・逆算	◎	●	◎	●	●	●
	計算のくふう			○		○	○
	単位の計算						○
和と差	和差算・分配算						
	消去算						○
	つるかめ算						
	平均とのべ			○	○		
	過不足算・差集め算						
	集まり						
	年齢算			○			
割合と比	割合と比	○		○			○
	正比例と反比例						
	還元算・相当算	○			○		
	比の性質						
	倍数算		○			○	
	売買損益						
	濃度			○	○		
	仕事算	○					
	ニュートン算						
速さ	速さ	○			○		○
	旅人算			○			
	通過算	○					
	流水算						
	時計算						
	速さと比					○	
図形	角度・面積・長さ	◎	◎		◎	◎	●
	辺の比と面積の比・相似	○	○	○	○	○	○
	体積・表面積		○	○	○	○	○
	水の深さと体積					○	
	展開図						
	構成・分割		◎				
	図形・点の移動						
表とグラフ							○
数の性質	約数と倍数				○		○
	N進法			○			
	約束記号・文字式		○				
	整数・小数・分数の性質		○	○			○
規則性	植木算						○
	周期算	○	○		○	○	○
	数列	○					
	方陣算						
	図形と規則						
場合の数			○		○	○	
調べ・推理・条件の整理						○	
その他							

※　○印はその分野の問題が１題，◎印は２題，●印は３題以上出題されたことをしめします。

社会　出題傾向＆対策

◆基本データ（2024年度１回）

試験時間／満点	30分／50点
問題構成	・大問数…３題 ・小問数…22問
解答形式	記号選択と用語の記入が中心だが，１～２行程度の記述問題も複数ある。
実際の問題用紙	Ａ４サイズ，小冊子形式
実際の解答用紙	Ａ４サイズ

分野		年度	2024	2023	2022	2021	2020	2019
日本の地理		地図の見方						
		国土・自然・気候	★	○	○	○	○	○
		資源	○			○		
		農林水産業		○	○	○	○	○
		工業		○			○	○
		交通・通信・貿易	○	○	○			
		人口・生活・文化		○				
		各地方の特色	○	○		○		
		地理総合		★	★	★	★	★
世界の地理					○		○	○
日本の歴史	時代	原始～古代	○	○	○	○	○	★
		中世～近世	○	○	○	○	○	
		近代～現代	○	○	○	○		
	テーマ	政治・法律史						
		産業・経済史						
		文化・宗教史						
		外交・戦争史						
		歴史総合	★	★	★	★	★	
世界の歴史								
政治		憲法				○		
		国会・内閣・裁判所	○				○	
		地方自治				○		
		経済	★	★	○	○		
		生活と福祉		○				○
		国際関係・国際政治			○			
		政治総合			★	★	★	
環境問題					○			
時事問題					○		○	
世界遺産								
複数分野総合								★

※　原始～古代…平安時代以前，中世～近世…鎌倉時代～江戸時代，近代～現代…明治時代以降

※　★印は大問の中心となる分野をしめします。

◆出題傾向と内容

●地理…日本の国土と自然，交通，資源，農業・水産業，文化，各地方の特色などが出題されています。また，世界地理に関する問題，統計資料を用いた問題や，あることがらについて自分の考えを述べさせる問題が出されることがあります。

●歴史…文章を用いて，時代を限定して出題するパターンと歴史の総合的な知識が問われるパターンがあります。過去には，男と女，動物，交通，日本の貨幣，元号，古代の都などさまざまなテーマで出題されており，各時代の出来事やことがら，人物が問われています。地図や写真，略年表，絵画，図，史料を使用した問題や文章記述の問題が出されていることも特ちょうです。

●政治…憲法や人権，経済，生活と福祉，地方自治，環境問題，国際関係，行政などについての内容を問うものが出されています。また，時事的な内容を問う問題や資料を使用した文章記述の問題もあります。

◆対策～合格点を取るには？～

問題のレベルは標準的ですから，まず，基礎を固めることを心がけてください。教科書のほか，説明がていねいでやさしい標準的な参考書を選び，基本事項をしっかりと身につけましょう。

地理分野では，地図とグラフが欠かせません。つねにこれらを参照しながら，白地図作業帳を利用して地形と気候をまとめ，そこから産業のようす(もちろん統計表も使います)へと広げていってください。

歴史分野では，教科書や参考書を読むだけでなく，自分で年表を作って覚えると学習効果が上がります。できあがった年表は，各時代，各分野のまとめに活用できます。本校の歴史の問題にはさまざまな分野が取り上げられていますから，この作業はおおいに威力を発揮するはずです。

政治分野では，日本国憲法の基本的な内容と国会・内閣・裁判所についてはひと通りおさえておいた方がよいでしょう。

また，時事問題については，新聞やテレビ番組などでニュースを確認し，国の政治や経済の動き，世界各国の情勢などについて，ノートにまとめておきましょう。

理科　出題傾向＆対策

◆基本データ(2024年度1回)

試験時間／満点	30分／50点
問　題　構　成	・大問数…4題 ・小問数…20問
解　答　形　式	記号選択と用語の記入が大半をしめるが，短文記述も出されている。
実際の問題用紙	A4サイズ，小冊子形式
実際の解答用紙	A4サイズ

◆出題傾向と内容

各分野からかたよりなく出題されています。試験時間と問題量のバランスはちょうどよく，時間内にすべて解き終えることができ，見直すこともじゅうぶん可能でしょう。近年は実験の手順・結果や資料を読みとる問題，会話文を読んで答える問題の出題が増えています。例年，短文記述の問題が3～4問ほど出題されています。また，作図，計算の問題も出されることがあるので，注意が必要です。

●**生命**…植物の発芽条件，光合成やからだのつくり，動物の分類，人体，昆虫，メダカ，食物連鎖などが出題されています。

●**物質**…気体や水溶液の性質，ものの燃え方，水の状態変化，気体の発生法などが取り上げられています。

●**エネルギー**…浮力，電気回路，とじこめた空気や水，てこのはたらき，光の進み方などから出題されています。

●**地球**…気象，地層，化石，自然災害，星や太陽の動きなどが取り上げられています。

分野＼年度		2024	2023	2022	2021	2020	2019
生命	植物	★	★		★	★	○
	動物		○	○	○	○	★
	人体					○	○
	生物と環境			★			
	季節と生物			○			
	生命総合						
物質	物質のすがた		○		○		
	気体の性質	★	○	○	○	○	★
	水溶液の性質		★	★	○	★	○
	ものの溶け方			○			
	金属の性質						
	ものの燃え方				★	○	
	物質総合						
エネルギー	てこ・滑車・輪軸				○		
	ばねののび方						
	ふりこ・物体の運動			○		○	
	浮力と密度・圧力	★	★		★		★
	光の進み方			○			
	ものの温まり方						
	音の伝わり方					○	○
	電気回路		○	★		★	
	磁石・電磁石				○		○
	エネルギー総合						
地球	地球・月・太陽系		○	○	○	○	
	星と星座						★
	風・雲と天候		○		○	○	
	気温・地温・湿度	★		○			
	流水のはたらき・地層と岩石		★		★	★	○
	火山・地震			★			
	地球総合						
実験器具							
観察							
環境問題							
時事問題				○			○
複数分野総合			★	★	★	★	★

※　★印は大問の中心となる分野をしめします。

◆対策～合格点を取るには？～

内容は基礎的なものがほとんどです。したがって，基礎的な知識をはやいうちに身につけ，問題集で演習をくり返しながら実力アップをめざしましょう。

「生命」は基本知識の多い分野ですが，山登りする気持ちで一歩一歩楽しみながら確実に力をつけてください。植物のつくり，動物とヒトのからだのつくりや成長を中心に，ノートにまとめて知識を深めましょう。

「物質」では，気体や水溶液の性質，物質のすがたに重点をおいて学習してください。そのさい，中和反応や濃度など，表やグラフをもとに計算させる問題にも取り組むように心がけてください。

「エネルギー」では，計算問題としてよく出題される力のつりあいに注目しましょう。てんびんとものの重さ，てこ，滑車や輪軸，浮力などについて，さまざまなパターンの計算問題にチャレンジしてください。

「地球」では，太陽・月・地球の動き，季節と星座の動き，天気と気温・湿度の変化，流水のはたらき，火山や地層のでき方，化石，地震などが重要なポイントです。

国語 出題傾向＆対策

◆基本データ（2024年度１回）

試験時間／満点	50分／100点
問題構成	・大問数…４題 文章読解題２題／知識問題１題／作文１題 ・小問数…20問
解答形式	記号選択の問題が中心だが，150字以内の自由記述や60字以内の記述問題，書き抜き問題も出題されている。
実際の問題用紙	Ａ４サイズ，小冊子形式
実際の解答用紙	Ａ４サイズ，両面印刷

◆出題傾向と内容

▶過去の出典情報（著者名）
説明文：國分功一郎　山極寿一　伊藤亜紗
小　説：真紀涼介　豊島ミホ　にしがきようこ

●読解問題…文章のジャンルは，小説・物語文と説明文・論説文の組み合わせが多くなっています。指示語の内容，接続語の補充，副詞などの適語の補充，脱文のそう入，筆者の考え，内容一致，場面の読み取り，登場人物の言動と心情・その理由などが出題されています。さまざまなテーマについて，自分の考えを書かせる150字程度の記述もあります。

●知識問題…漢字の書き取り，慣用句・ことわざ，四字熟語，文の組み立て，文学作品の知識，敬語などが出題されています。

◆対策～合格点を取るには？～

文章を一定時間内に読み，設問の答えを出す読解力は簡単にはつきません。まずは読書に慣れること。注意すべきは，①指示語の示す内容，②段落や場面の構成，③登場人物の性格と心情の変化です。読めない漢字，意味のわからないことばがあったら，辞書で調べるのを忘れないように。本書のような問題集で入試のパターンに慣れておくのも大切です。

漢字の練習は，問題集を毎日少しずつ進め，音訓の読み方や熟語の練習をしましょう。

文法やことばなどの知識も，問題集を選んで取り組んでください。また，ある程度長い文章で自分の考えをまとめる練習をしておくことが大切です。

分野＼年度			2024	2023	2022	2021	2020	2019
読解	文章の種類	説明文・論説文	★	★	★	★	★	★
		小説・物語・伝記	★	★	★	★	★	★
		随筆・紀行・日記						
		会話・戯曲						
		詩						
		短歌・俳句						
	内容の分類	主題・要旨	○	○				
		内容理解	○	○	○	○	○	○
		文脈・段落構成	○					
		指示語・接続語	○	○	○	○	○	○
		その他						
知識	漢字	漢字の読み						
		漢字の書き取り	○	○			○	○
		部首・画数・筆順						
	語句	語句の意味						
		かなづかい						
		熟語	○	○	○	○		○
		慣用句・ことわざ				○	○	
	文法	文の組み立て	○	○	○			
		品詞・用法						
		敬語	○					
	形式・技法				○			
	文学作品の知識		○	○				
	その他							
	知識総合		★	★	★	★	★	★
表現	作文		★	★	★	★	★	★
	短文記述							○
	その他							
放送問題								

※　★印は大問の中心となる分野をしめします。

2024
年度

東洋大学京北中学校

【算　数】〈第１回試験〉（50分）〈満点：100点〉

《注　意》円周率は3.14とします。

1　次の問いに答えなさい。

(1)　$5\frac{6}{17}\times\left(3-\frac{5}{13}\right)+5\times\left(0.625-\frac{1}{2}\right)\div\left(1-\frac{3}{8}\times2.5\right)$を計算しなさい。

(2)　□にあてはまる数を求めなさい。

$\frac{7}{24}\times\left(\square-8.4\times\frac{5}{24}\right)+0.375=1$

(3)　七角形の対角線の数を求めなさい。

(4)　右の図の角㋐の大きさを求めなさい。

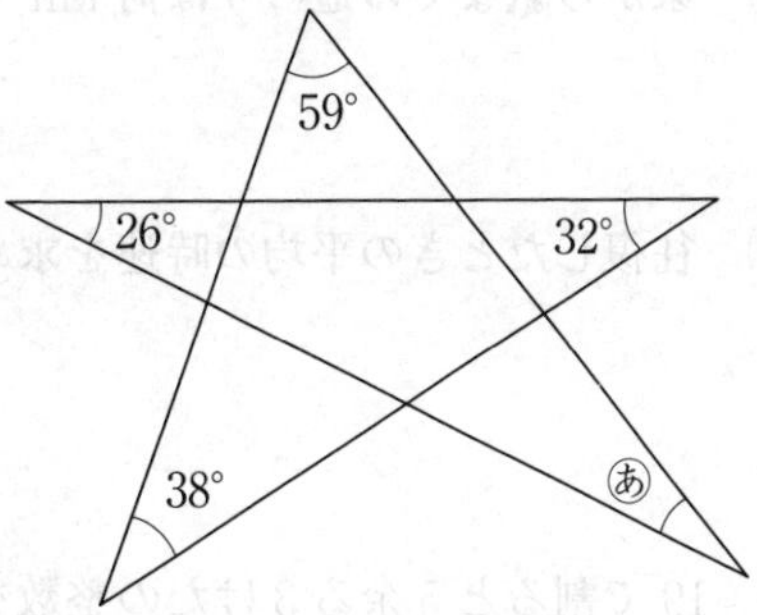

(5)　一定の速さで走る電車があります。この電車がある信号機の前を15秒で通過し，さらに510 mのトンネルに先頭が入ってから最後尾が出るまで45秒かかりました。この電車の長さを求めなさい。

(6)　タイヤの直径が60 cmの車があります。車が5時間で282.6 km進んだとき，タイヤは毎分何回転しましたか。

(7)　Ａさんは425ページの本をすべて読み終わるのにちょうど７日かかりました。１日目と２日目は同じページ数を読み，３日目からは内容が面白くなって１日目の３倍のページ数を読み続けました。230ページ目を読んだのは，読み始めてから何日目ですか。

(8)　ある中高一貫校では，男子の人数は全体の52％より22人少なく，女子の人数は全体の46％より49人多いです。この学校の全体の人数を求めなさい。

2　Ａさんは，家と駅の間を歩いて往復しました。９時20分に家を出発し分速75ｍで駅まで歩きました。駅に着くとすぐに折り返して，今度は分速60ｍで歩いて家に向かい，12時20分に家に着きました。
次の問いに答えなさい。

(1)　駅に着いた時刻を求めなさい。

(2)　家から駅までの道のりは何kmですか。

(3)　往復したときの平均の時速を求めなさい。

3　19で割ると５余る３けたの整数を小さい順に左から並べていきます。

最初の数，119，…，727，…，最後の数

次の問いに答えなさい。

(1)　727は左から数えて何番目の数ですか。

(2)　最後の数から最初の数をひいた差はいくつですか。

(3)　最初の数から最後の数までのすべての数をたした和はいくつですか。

4 三角形 ABC の各辺上にある点•は，辺 AB を３等分する点，辺 BC を４等分する点，辺 CA を５等分する点です。

次の問いに答えなさい。

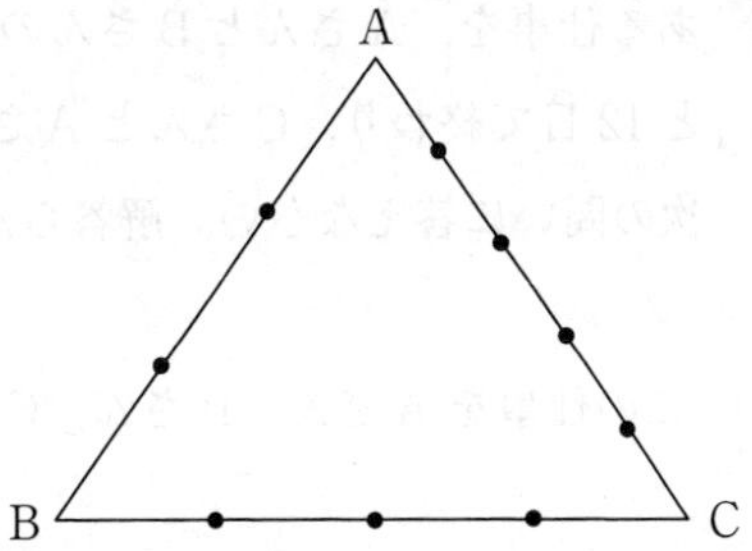

(1) 三角形 ABC の各辺の点•を１つずつ結んで，三角形を①，②，③の３種類作りました。３つの三角形の面積の比①：②：③をもっともかんたんな整数の比で表しなさい。

①

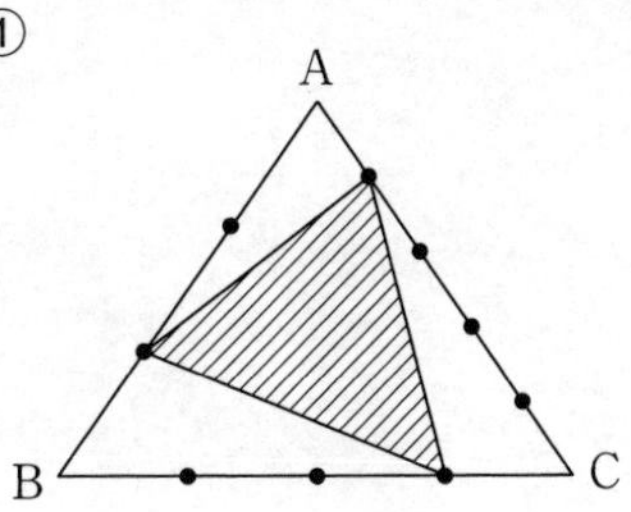

②

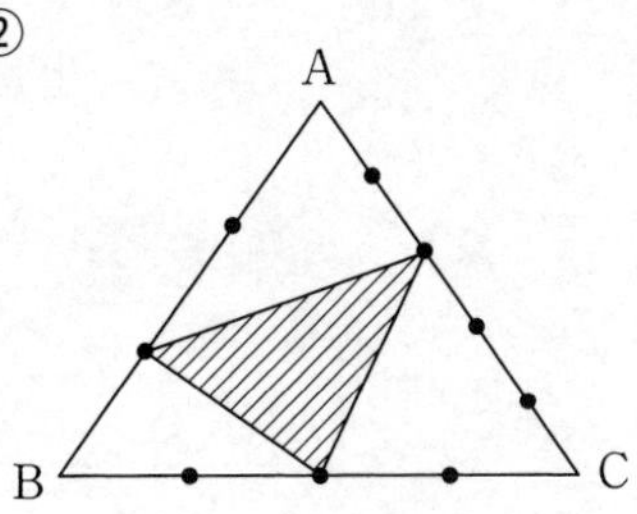

③

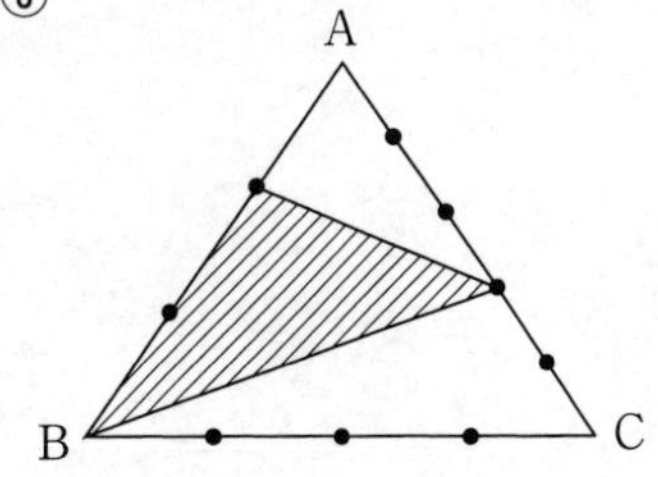

(2) 三角形 ABC の面積が 90 cm^2 のとき，右の図の三角形 DEF の面積を求めなさい。

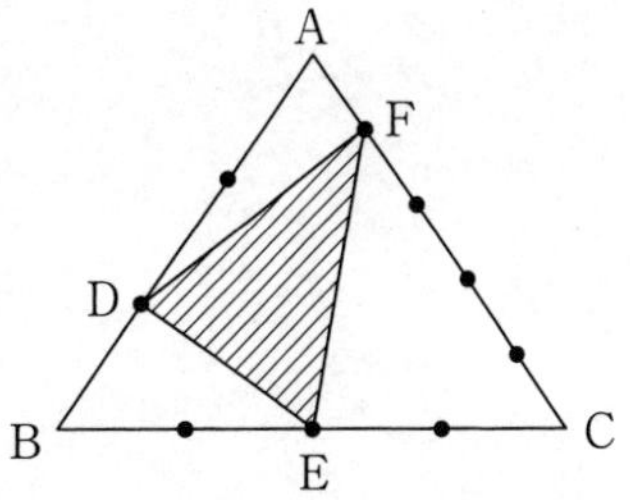

(3) 右の図の三角形 PQR の面積が 52 cm^2 のとき，三角形 ABC の面積を求めなさい。

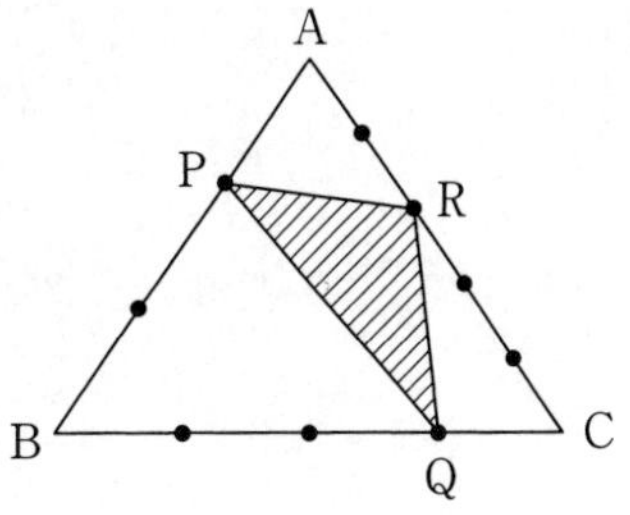

5 ある仕事を，Ａさんと B さんの２人ですると 10 日で終わり，B さんと C さんの２人でする と 12 日で終わり，C さんと A さんの２人ですると 15 日で終わります。
次の問いに答えなさい。解答らんには考え方や途中の計算式も必ず書きなさい。

(1) この仕事を A さん，B さん，C さんの３人ですると，何日で終わりますか。

(2) この仕事を A さんが１人ですると，何日で終わりますか。

(3) この仕事を１人ずつ順番に A さんが２日，B さんが２日，C さんが４日していき，３人がくり返して仕事をしていくと，何日目でこの仕事は終わりますか。

【社　会】〈第１回試験〉（30分）〈満点：50点〉

《注　意》社会科的用語（都道府県名，人物名，政策名など）については，漢字で答えなさい。

〈編集部注：実際の入試問題では，**1**(3)のイラスト以外はすべてカラーになっています。〉

1　次の**地図１**を見て，問いに答えなさい。

地図１

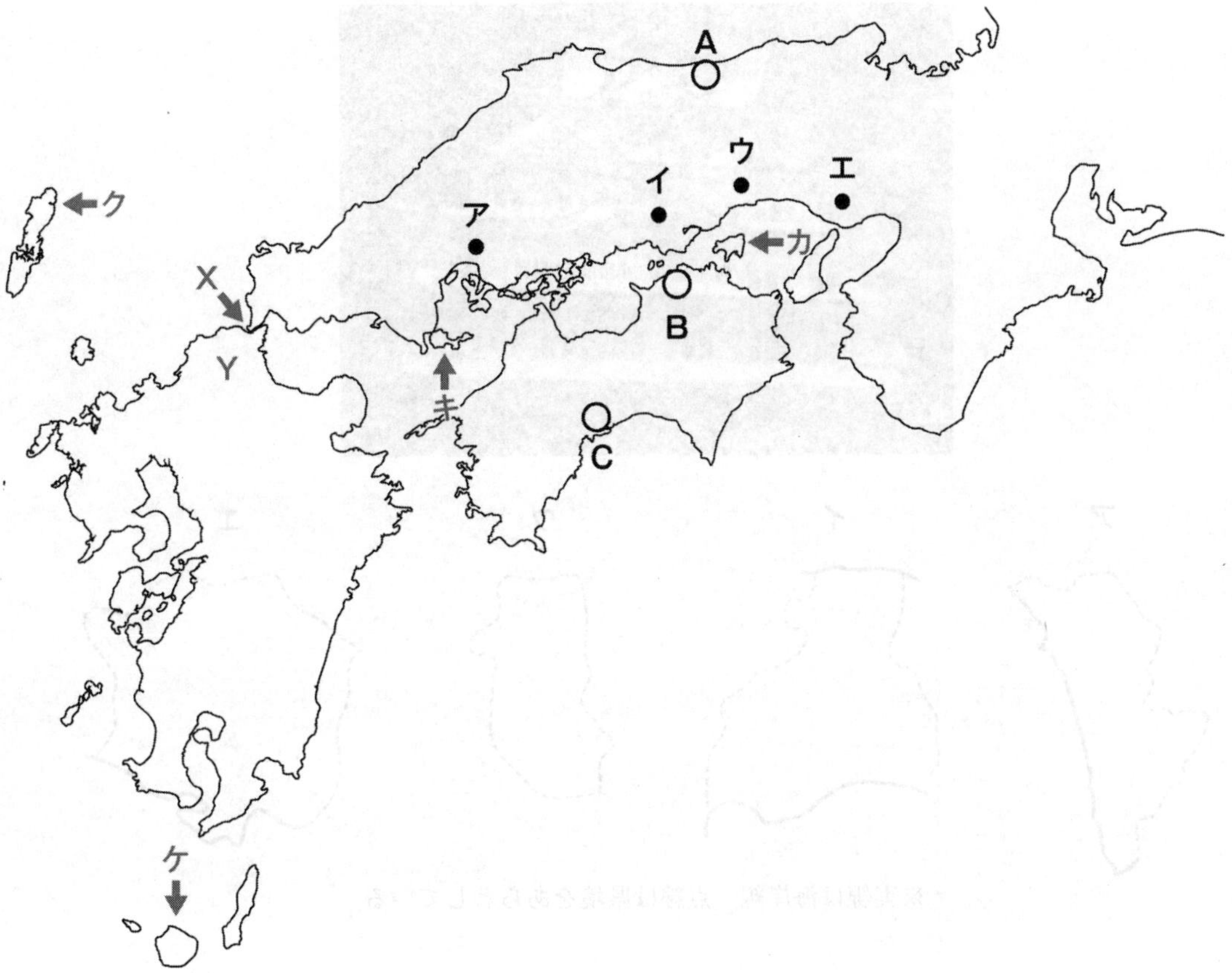

(1)　日本の標準時子午線上に天文科学館がある都市を，**地図１**の**ア〜エ**から１つ選び，記号で答えなさい。また，都市名を答えなさい。

(2)　日本の標準時子午線を地球儀《ぎ》上でたどっていくと，西経［　　］度線にあたります。［　　］にあてはまる数を算用数字で答えなさい。

(3)　次の**写真１**は，別名「しらさぎ城」と呼ばれる世界文化遺産に指定された城です。この城がある県のイラストを，**ア～エ**から１つ選び，記号で答えなさい。縮尺は県によって異なります。

写真１

ア

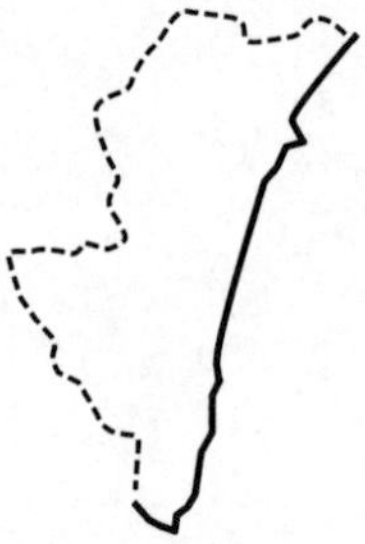

イ

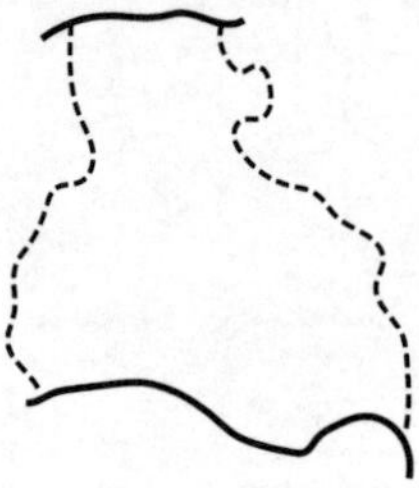

ウ

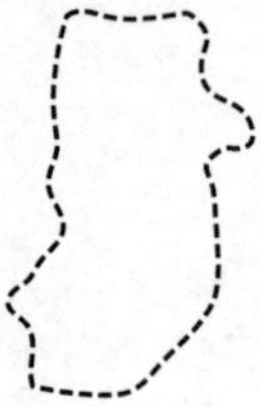

エ

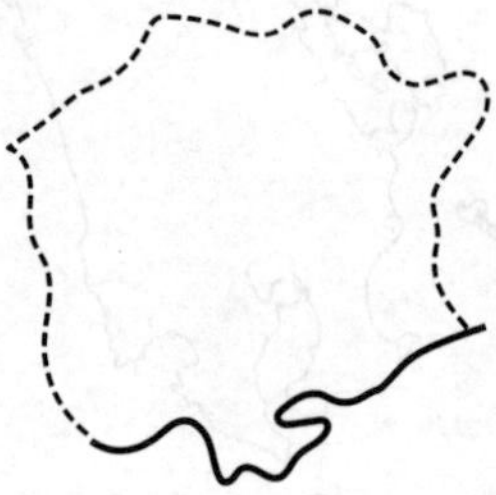

※実線は海岸線，点線は県境をあらわしている

(4)　本州と九州の間にある海峡《かいきょう》**X**には，人道トンネルがあり，海底トンネルを利用して歩いて渡《わた》ることができます。次の文の［　①　］県，［　②　］県にあてはまる県名の組み合わせとして正しいものを，**ア～エ**から１つ選び，記号で答えなさい。

> 次のページの**写真２**は，本州と九州の間にある**地図１**中の海峡**X**の人道トンネルを［　①　］県側から［　②　］県側に向かって歩いて行くときに撮影《さつえい》されたものです。

ア　①　福岡　②　山口　　　**イ**　①　広島　②　福岡

ウ　①　大分　②　山口　　　**エ**　①　山口　②　福岡

写真２

(5)　本州，北海道，九州，四国をつなぐ交通機関として，新幹線で行き来できるものを，**ア～エ**からすべて選び，記号で答えなさい。

ア　本州と北海道　　**イ**　本州と九州　　**ウ**　本州と四国　　**エ**　九州と四国

(6)　次の文章で説明されている島を**地図１**の**カ～ケ**から１つ選び，記号で答えなさい。また，その島名を答えなさい。

> 一年を通じて温暖な気候に恵《めぐ》まれ，日本で初めてオリーブの栽培《さいばい》に成功しました。
>
> 日本三大渓谷《けいこく》美の１つにも数えられる「寒霞渓（かんかけい）」をはじめ，島の約７割を占《し》める山間部では，荒々《あらあら》しい山肌《やまはだ》と四季折々の自然美が織りなす絶景スポットが点在しています。
>
> また，島には日本４大産地の１つにも数えられ，400年の伝統をもつ醤油《しょうゆ》づくりや，醤油を活《い》かして戦後始まった佃煮《つくだに》づくり，そして醤油と同じく400年の伝統をもつ手延《ての》べ素麺《そうめん》など，昔ながらの食文化が息づいています。

(7)　次の**資料１**は，**地図１**の**Ａ**，**Ｂ**，**Ｃ**の都市の気温と降水量を示しています。**地図２**の地域があるのは，**Ａ**，**Ｂ**，**Ｃ**のうち，どの地域か，**Ａ**～**Ｃ**から１つ選び，記号で答えなさい。

資料１

	1月	2月	3月	4月	5月	6月	7月	8月	9月	10月	11月	12月
Ａ	4.2	4.7	7.9	13.2	18.1	22.0	26.2	27.3	22.9	17.2	11.9	6.8
	201.2	154.0	144.3	102.2	123.0	146.0	188.6	128.6	225.4	153.6	145.9	218.4
Ｂ	5.9	6.3	9.4	14.7	19.8	23.3	27.5	28.6	24.7	19.0	13.2	8.1
	39.4	45.8	81.4	74.6	100.9	153.1	159.8	106.0	167.4	120.1	55.0	46.7
Ｃ	6.7	7.8	11.2	15.8	20.0	23.1	27.0	27.9	25.0	19.9	14.2	8.8
	59.1	107.8	174.8	225.3	280.4	359.5	357.3	284.1	398.1	207.5	129.6	83.1

＊上段・・・各月の気温の平年値（℃）　　下段・・・各月の降水量の平年値（mm）

出典：『日本国勢図会 2023/24』

地図２

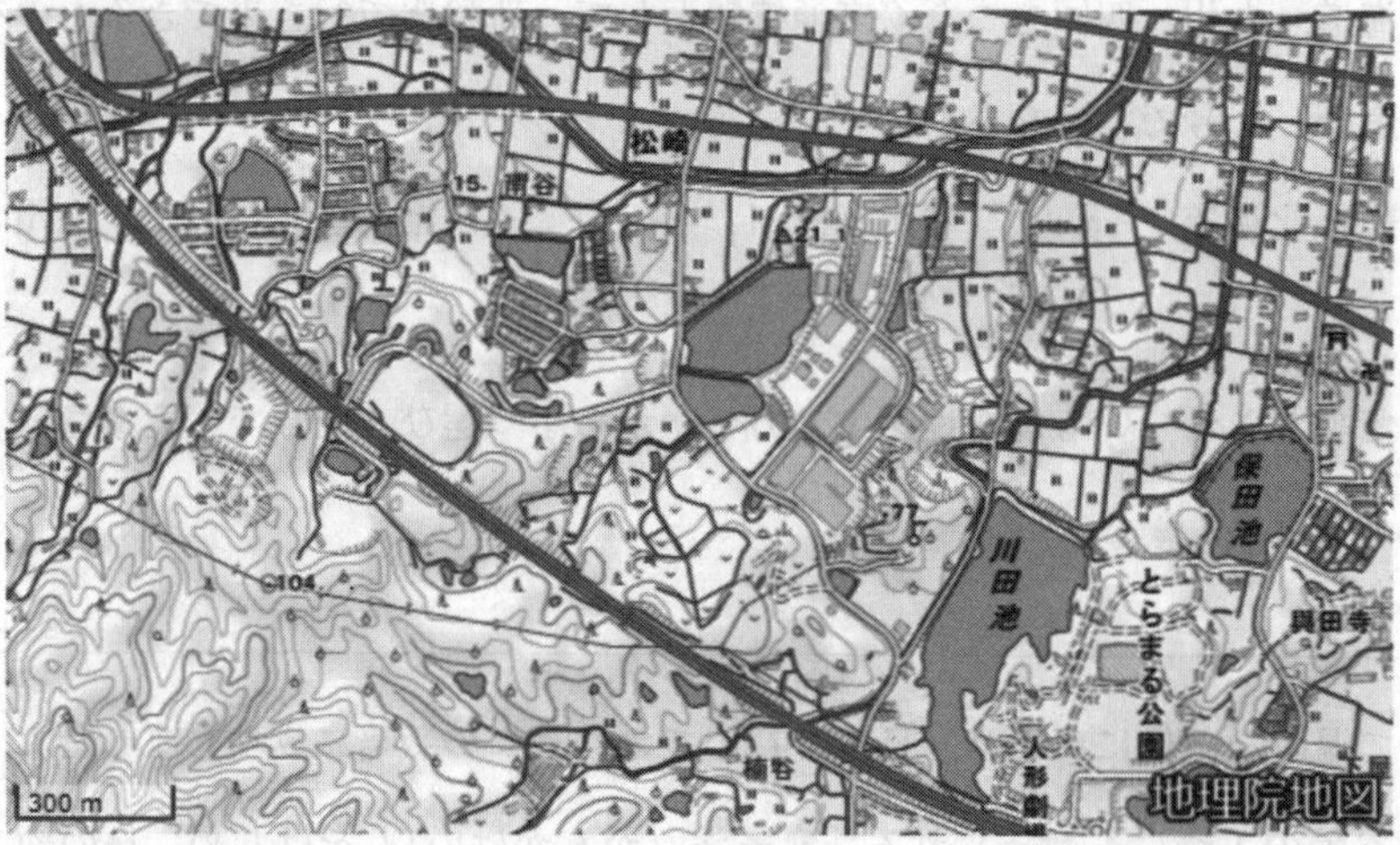

(8)　(7)のように考えた理由を説明しなさい。

(9)　**地図１**の**Ｙ**の地域には，明治時代に大規模な官営の製鉄所がつくられました。この地域に製鉄所がつくられたのは，当時，鉄鉱石の輸入先であった中国に近いことと，その他にどのような理由があったか，説明しなさい。

2 次の文章を読んで，問いに答えなさい。

生物として人間を見た場合，その違いから大半は男性と女性の２種類に分けられます。それとは別に，社会や文化がつくりあげた男女の差があります。こちらは，政治や経済などの中で違いや不公平さが表れることがあります。それは歴史が積み上げてきた伝統であり必要なこと，あるいは仕方のないことだと考える人もいますが，そうでしょうか。

性別によって役割を分けるということは，縄文時代には始まっていたという考え方もあります。弥生時代や古墳時代になると，広く地域を支配する王が登場しますが，①この時代は女性の権力者も多数存在していたことが史料や遺物からわかります。この頃の政治の場面では男女の差はゆるやかなものであったようです。②飛鳥時代や奈良時代には，女性天皇が出現します。

律令が制定されると，人々に税や兵役を課すにあたって，性別で把握《はあく》する必要があったため，法的に男女の差が明確に表現されるようになります。また，その頃の日本には，唐の制度だけでなく，家庭のあり方など中国の考え方が入ってきました。

鎌倉時代の武家社会においては，跡継《あとつ》ぎである男性が家系を継ぐことが多くなり，女性が嫁《よめ》に入るようになります。女性は，子の教育や資産の管理に強い発言権を持ち，③財産は男女に関係なく受け継がれました。政治においても女性が強い発言力を持つ場合も見られ，例えば，鎌倉幕府を開いた［ A ］の妻で，後に尼《あま》将軍と呼ばれた北条政子は，承久の乱で御家人たちを説得し，幕府で実権を握《にぎ》っていたことで知られます。

ところが，女性は少しずつ政治の表舞台《ぶたい》から遠ざけられていきます。政治を行う場を「表」とし，日常生活の場を「奥」と呼び，女性は政治的儀礼の場に姿を現すことがなくなります。「大奥」という言葉がありますが，これは④徳川綱吉の頃に定着しました。そして，明治時代になると，天皇は皇室典範《こうしつてんぱん》という規則によって男性に限定され，人々の政治への参加も男性に限定されます。例えば⑤最初の衆議院議員選挙の選挙権を持つ人は男性に限られました。また，⑥家庭内での役割や進学，就職においても男性と女性にはさまざまな違いがありました。女性も選挙権を持つようになるのは［ B ］戦争が終わったばかりの1945年ですが，参政権を獲得《かくとく》できたものの，一方で進学や就職では女性の方が不利に扱《あつか》われることが現在よりも多かったようです。

⑦社会の中では男性としてあるいは女性としてどのように行動すべきか，どのような外見であるべきかといったことがつくりあげられていきます。それは不変のものではなく，時代により変化するものであるということがこれまで見てきたことからでもわかります。私たちは，「そうあるべきだ」という考えに対して，公平な見方であらためて考える必要がありそうです。

(1) ［A］にあてはまる人物名を答えなさい。

(2) ［B］にあてはまる言葉を答えなさい。

(3) 下線部①について述べた文Ⅰ・Ⅱを読み，その正誤の組み合わせとして正しいものを，ア～エから１つ選び，記号で答えなさい。

Ⅰ　中国の歴史書「魏志倭人伝」によると，邪馬台国の卑弥呼は呪術《じゅじゅつ》を用いて，女王として君臨していたことがわかる。

Ⅱ　腕輪や首飾りを男性が身に着けることはありえないため，このような装飾品《そうしょくひん》が発見された古墳はすべて女性の支配者の墓だといえる。

ア　Ⅰ：正　Ⅱ：正　　イ　Ⅰ：正　Ⅱ：誤

ウ　Ⅰ：誤　Ⅱ：正　　エ　Ⅰ：誤　Ⅱ：誤

(4) 下線部②について，下の［　　　］に示したⅠ～Ⅳのできごとのうち，飛鳥時代と奈良時代に起こったできごとの組み合わせの中で，年代が古い順に正しく並べられているものを，ア～エから１つ選び，記号で答えなさい。

Ⅰ：平城京に都を移す。　　Ⅱ：大化の改新が始まる。

Ⅲ：坂上田村麻呂が征夷大将軍となる。　　Ⅳ：冠位十二階が定められる。

ア　Ⅳ → Ⅱ → Ⅲ　　イ　Ⅱ → Ⅰ → Ⅳ

ウ　Ⅲ → Ⅳ → Ⅱ　　エ　Ⅳ → Ⅱ → Ⅰ

(5)　下線部③について，鎌倉時代の中期以降になると，女性に与えられる財産が削られるようになります。その理由として最もあてはまるものを，**ア**～**エ**から１つ選び，記号で答えなさい。

ア　領地が増えない中で相続が進み，１人あたりの領地がせまくなったことで，男性家系を維持するために女性に分け与えることが難しくなったから。

イ　幕府が出した徳政令は男性の御家人や商人を対象としていたため，女性の借金は減らず，男性の保護を必要とするようになったから。

ウ　承久の乱が起こり，御家人が領地を守るようになったため，武装することがない女性は，男性に領地を守ってもらわなくてはならなくなったから。

エ　幕府は武家諸法度を制定し，その中で，相続を男性の家系にまとめることを定めたことで，女性の相続権がなくなったから。

(6)　下線部④について，下の［　　］に示した**Ⅰ**～**Ⅴ**の歴史用語のうち，この将軍に関係の深いものの組み合わせとして正しいものを，**ア**～**エ**から１つ選び，記号で答えなさい。

Ⅰ：島原・天草一揆（島原の乱）	**Ⅱ**：元禄文化	**Ⅲ**：化政文化
Ⅳ：生類あわれみの令	**Ⅴ**：享保の改革	

ア　**Ⅱ**・**Ⅴ**　　**イ**　**Ⅰ**・**Ⅲ**　　**ウ**　**Ⅱ**・**Ⅳ**　　**エ**　**Ⅲ**・**Ⅳ**

(7)　下線部⑤について，次の文の［　C　］と［　D　］にあてはまる数字をそれぞれ答えなさい。

「直接国税［　C　］円以上を納める，満［　D　］歳以上の男性に選挙権があった。」

(8) 下線部⑥について，明治時代の教育に関する**資料1**と**資料2**を参考にして，それらについて正しく述べた文を，**ア〜エ**から1つ選び，記号で答えなさい。

資料1

政府は1872年に学制を制定しました。そこでは，「学問は武士以上だけのもので農工商や女性については学ぶことすらさせない」という今までの考えは誤っていて，「今後は，人民は華士族農工商および女性を問わず，必ず無学の家がなく，家にも無学の人がいないようにしたい」ので，子弟を必ず学校に通わせるよう定めました。

資料2

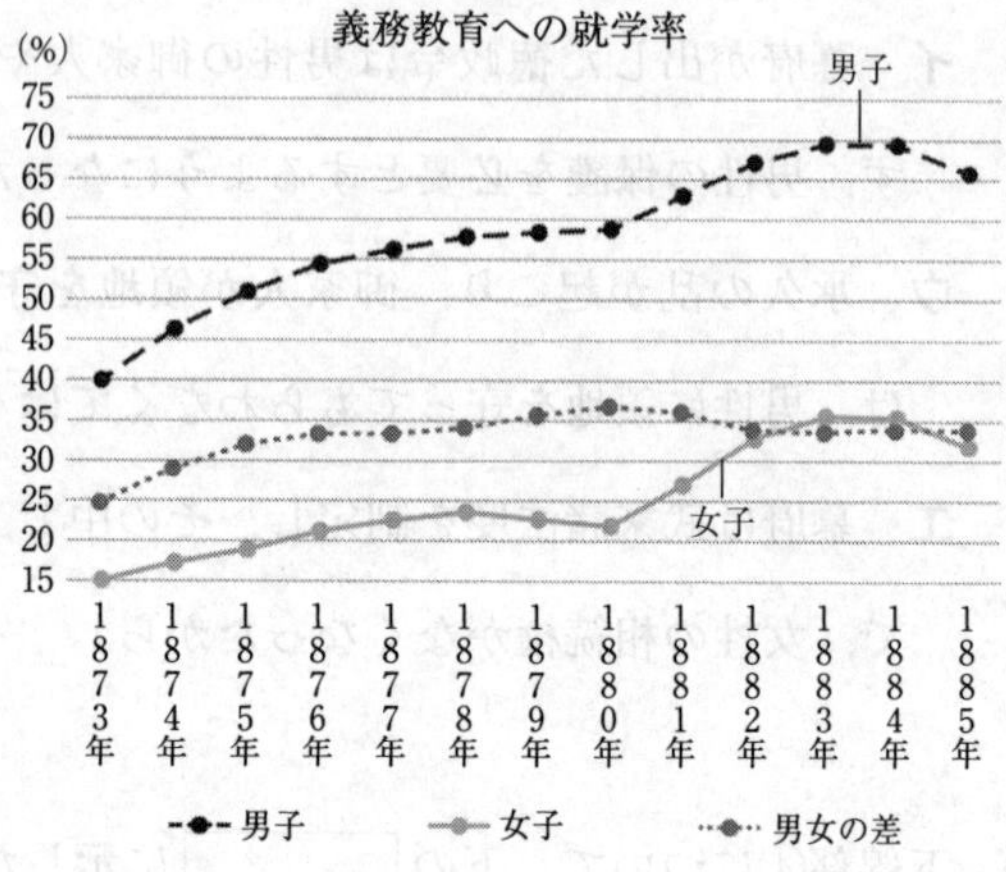

ア　女性の就学率が低い背景には，女性に学問は不要という古い考えが影響している。

イ　政府は男性への教育を優先することを学制の中で定め，富国強兵の実現を図った。

ウ　1882年に女子の就学率が急上昇《じょうしょう》して，男女の就学率の差はほとんどなくなった。

エ　1885年まで男子も女子も就学率は上昇を続け，一度も低下することはなかった。

(9)　下線部⑦に関して，次の**資料３**（『とりかへばや物語』の一部分を簡単に説明したもの）を読み，貴族社会に生きる父親が「若君」に何を期待したのか考えて答えなさい。その際，**資料３**と**資料４**を見て，「平安時代の男性はどうあるべきだと考えられていたのか」ということにふれて答えなさい。

資料３

人柄《ひとがら》や評判の非常に優れた貴族がいました。彼には息子（若君）と娘（姫君）がいて，二人の見た目はそっくりですが，性格は異なります。

息子は，とても人見知りで，漢詩や歌などを学ぶことより，絵描きや人形遊びを好みます。父は若君を叱《しか》りますが，そのたびに若君は「情けない」と涙します。一方，娘は，鞠《まり》や小弓で遊ぶことを好みます。また，人見知りもせず，父の客である貴族たちに交じって上手に笛を奏で，歌を詠《よ》むので，貴族たちは「すてきな若君ですね」とほめるのでした。はじめは「姫君なんですよ」と訂正していましたが，そのうち訂正することもわずらわしく訂正しなくなります。父は心の中で「若君と姫君をとりかえられたらなぁ」と悩むのでした。

天皇からも「評判の息子を早く見たい」と言われるようになり，父は何かと理由をつけて断り続けました。しかし，ついに断りきれなくなった父は，姫君を男装させて「若君」ということにして宮中へ勤めに出すことにしました。

資料４

国立国会図書館デジタルコレクション
『源氏物語絵巻』より

3 次の文章を読んで，問いに答えなさい。

わたしたちの身の回りにはさまざまな商品があります。みなさんも，いろいろな商品を購《こう》入《にゅう》したことがあるでしょう。ところで，それらの価格はどのようにして決められているのでしょうか。価格の決まり方には多くの種類があり，ある特定の商品では，ある企《き》業《ぎょう》が値上げをおこなうと，その他の企業が次々とそれにならって値上げをおこなうことがあります。こうして決定された価格を管理価格といいます。企業にとっては，安定した収入が見《み》込《こ》めるというメリットがある一方で，消費者にとっては，［　A　］というデメリットが存在します。

一方で，郵便料金に代表される公共性の高い料金は，①政府への届け出などが義務付けられています。こうしたいわゆる公共料金は，価格設定を企業に自由に任せた場合に，消費者の生活に多大な影響が出かねないため，政府の規制が必要となってきます。

では，みなさんがお店で見かける商品はどうでしょうか。１個あたりの原材料費が50円，輸送費が40円，人件費が20円の商品を考えてみましょう。その他の費用は考えないものとすると，生産者は，利益（もうけ）を出すために，この商品を［　B　］円よりも高い価格で販売しようとします。しかし，実際に消費者の手に渡る際には商品価格は一般的に，②商品を買いたいという需要量と商品を売りたいという供給量などに基づいて決定されます。

(1)　文中の［　A　］にあてはまる文を考え，答えなさい。

(2)　文中の［　B　］にあてはまる数字を答えなさい。

(3)　下線部①について，電気料金には値上げの際に国の認可が必要な「規制料金」と，電力会社が独自に決められる「自由料金」があります。では，規制料金を値上げする場合，どの省庁の大臣の認可が必要か，ア～エから１つ選び，記号で答えなさい。

ア　財務省　　**イ**　外務省　　**ウ**　経済産業省　　**エ**　環境省

(4)　下線部②について，近年，商品の価格を時期や天候，人気度などによって変化させるダイナミックプライシングという手法がとられるようになってきました。以下の**グラフ１**は，あるスポーツチームの試合の20日前から１日前までのチケット価格に関して，ダイナミックプライシングによる変動を表したものです。チケットの販売が開始されたのは試合の20日前の時点であり，人気選手が移籍してきた**A**の時点で価格は上がったことがわかります。その後，**B**と**C**の時点でも，価格変動は起きていますが，その変動する要因として考えられる最も適切なものを，**ア**～**エ**からそれぞれ選び，答えなさい。また，そのように考えた理由を，それぞれ答えなさい。

グラフ１（試合の20日前から１日前までのチケットの価格の変動）

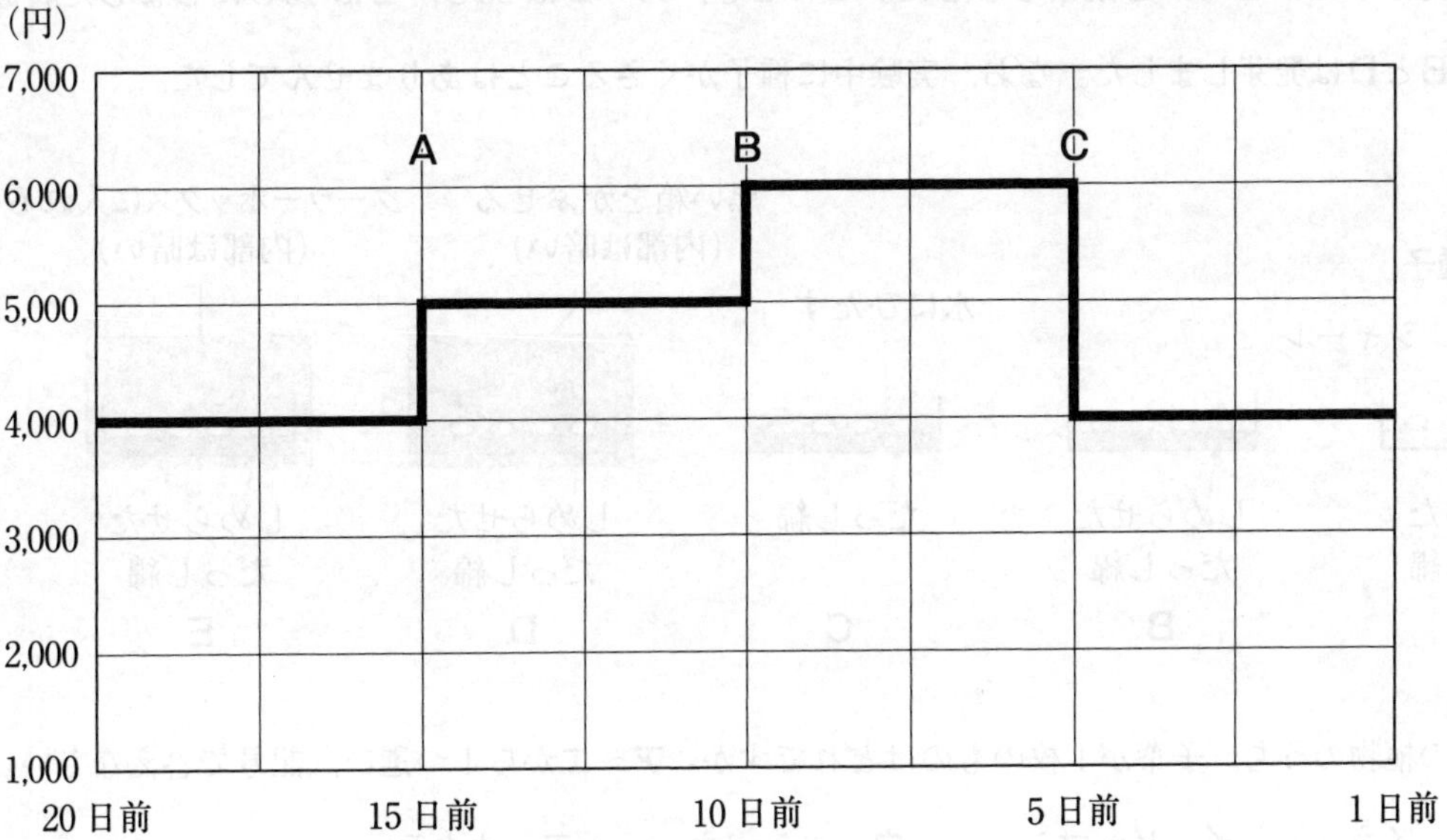

ア　チームが前日の試合に勝ち，優勝争いに加わったことが報道された。

イ　台風の影響で主催者が試合中止を発表し，チケットの発売を取りやめた。

ウ　気象庁より，試合がおこなわれる日が大雨になるという予報が発表された。

エ　試合が近づくにつれて，スタジアムの最寄り駅周辺では，混雑度が増してきた。

【理　科】〈第１回試験〉(30分)〈満点：50点〉
〈編集部注：実際の入試問題では，図・グラフ・写真はカラーになっています。〉

1　たろうさんは，理科の授業で，種子の発芽には「適当な温度，水，空気」の３つの条件が必要であり，「光」の条件は必要ないということを学びました。たろうさんの家ではお母さんが植物を育てており，植物は日当たりのよいところに置いてあげることが大切という話を聞いていたので，学んだ内容が本当なのか気になりました。そこで，発芽の条件について確かめるために，**【実験１】**を行いました。

【実験１】

図のように条件を変えた**Ａ**～**Ｅ**のシャーレを用意して，いろいろと条件を変えて，ある野菜の種子が発芽するかどうかを観察しました。このとき，**Ａ**～**Ｄ**は20℃，**Ｅ**は10℃にしました。数日後，**Ｂ**と**Ｄ**は発芽しました。なお，実験中に種子がくさることはありませんでした。

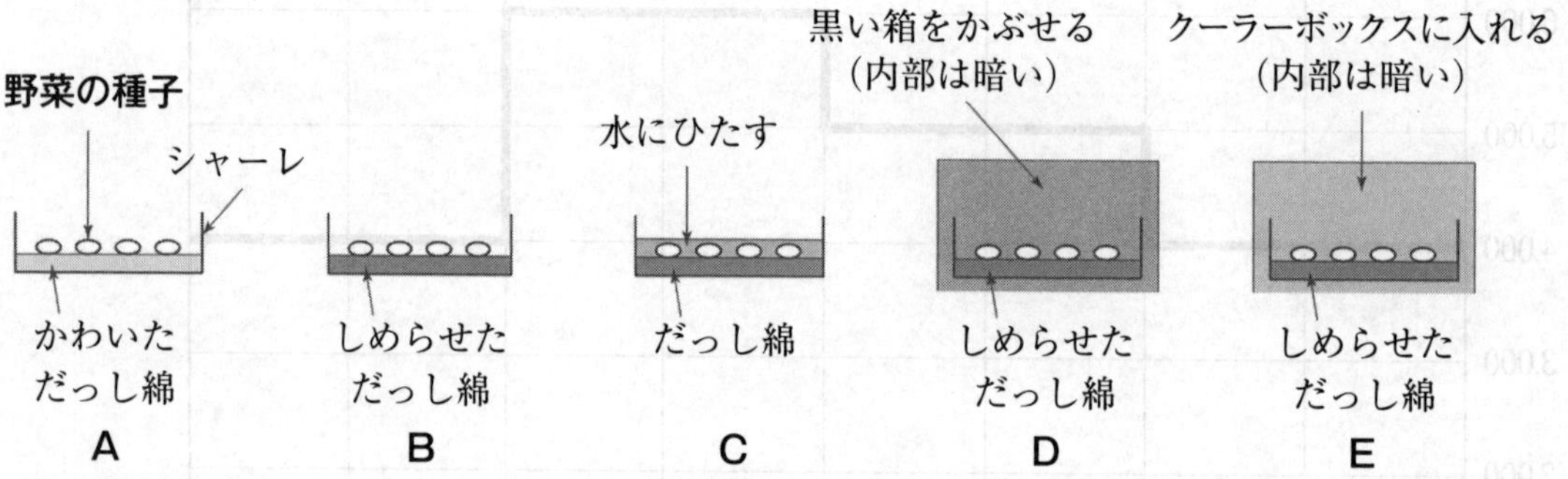

(1)　次の植物のうち，子葉が１枚のものはどれですか。**ア**～**エ**から１つ選び，記号で答えなさい。

ア　イネ　　**イ**　ピーマン　　**ウ**　エンドウ　　**エ**　オクラ

(2)　発芽の条件として，次の①～④の内容を調べるためには，**Ａ**～**Ｅ**のどれとどれの結果を比べればよいですか。**ア**～**ク**の中から正しい組み合わせを１つ選び，記号で答えなさい。

①発芽に「適当な温度」が必要かどうか　　②発芽に「水」が必要かどうか
③発芽に「空気」が必要かどうか　　④発芽に「光」が必要かどうか

ア　①は**Ａ**と**Ｂ**　②は**Ｂ**と**Ｃ**　③は**Ｂ**と**Ｄ**　　**イ**　①は**Ｄ**と**Ｅ**　②は**Ａ**と**Ｂ**　③は**Ｂ**と**Ｃ**
ウ　①は**Ｂ**と**Ｄ**　②は**Ｄ**と**Ｅ**　④は**Ａ**と**Ｂ**　　**エ**　①は**Ｂ**と**Ｃ**　②は**Ｂ**と**Ｄ**　④は**Ｄ**と**Ｅ**
オ　①は**Ａ**と**Ｂ**　③は**Ｂ**と**Ｃ**　④は**Ｂ**と**Ｄ**　　**カ**　①は**Ｄ**と**Ｅ**　③は**Ａ**と**Ｂ**　④は**Ｂ**と**Ｃ**
キ　②は**Ｂ**と**Ｄ**　③は**Ｄ**と**Ｅ**　④は**Ａ**と**Ｂ**　　**ク**　②は**Ｂ**と**Ｃ**　③は**Ｂ**と**Ｄ**　④は**Ｄ**と**Ｅ**

(3)　文章中の下線部について，後日，お母さんに理由を聞いてみると「光が当たることで植物では光合成という反応がおこる」と説明してくれました。この光合成とはどのような反応ですか。「光が当たることで」という文章ではじまり，「酸素」，「二酸化炭素」，「デンプン」ということばを使って**30字以上40字以内**で説明しなさい。

(4)　下の文を読み，あとの(i)，(ii)の問いに答えなさい。

たろうさんは，種子の発芽が温度によってどのような影響《えいきょう》を受けるかを調べることにしました。**【実験１】**で，種子は20℃では発芽して，10℃では発芽しなかったことを学校の先生に伝えると，「10℃以下では発芽しないので，20℃前後の温度で発芽の様子にちがいがあるかを確認するといいよ」というアドバイスをもらいました。その後，方法を考えて，**【実験２】**を行いました。

【実験２】

３つのシャーレにだっし綿をしき，それぞれに水を10mLずつ入れ，野菜の種子を50つぶずつまきました。それを15℃，20℃，25℃の３つの温度条件で発芽させて，１日目から５日目までの発芽した数を調べました。また，温度によって発芽にかかる日数にちがいがあるか判断するために，その日に発芽した数と発芽にかかった日数をかけた数値を求め，発芽するのにかかる日数の平均を計算しました。その後，その結果を**表１**にまとめました。

表１　温度条件と発芽数

	温度条件					
	15℃		20℃		25℃	
日数	発芽数	発芽数×日数	発芽数	発芽数×日数	発芽数	発芽数×日数
１日目	0	0	7	7	20	20
２日目	3	6	13	26	25	④
３日目	10	①	23	69	5	15
４日目	21	84	7	28	0	0
５日目	16	80	0	0	0	0
合計	50	②	50	130	50	⑤
発芽するのにかかる日数の平均	③		2.6		⑥	

(i)　**表１**の空らんの①～⑥にあてはまる数値の組み合わせを**ア**～**エ**から１つ選び，記号で答えなさい。

ア　①は30　②は180　④は25　　**イ**　①は30　③は4　⑤は85

ウ　②は180　③は4　⑥は1.9　　**エ**　④は25　⑤は85　⑥は1.9

(ii) **表２**はたろうさんの住んでいるところの１年間の月別平均気温を示しています。たろうさんが実験で用いた野菜を育てたいと考えたとき，何月ごろに種をまくと最も早く発芽すると考えられますか。**ア～エ**から１つ選び，記号で答えなさい。

表２　月別平均気温

	1月	2月	3月	4月	5月	6月	7月	8月	9月	10月	11月	12月
平均気温（℃）	3	4	7	13	17	20	24	25	21	16	10	5

ア　1～2月　　**イ**　3～4月　　**ウ**　5～6月　　**エ**　7～8月

2　古くからおかし作りに使用されている白色の粉末**A**があります。この粉末は加熱をすると以下のように変化することが知られています。

白色の粉末**A**　→　気体**X**　＋　気体**Y**　＋　液体**Z**

このとき，生じる気体**X**，**Y**の性質を調べるために**図１**のような装置を組み，白色の粉末**A**を加熱する実験を行いました。①，②にはBTBよう液が，③には石灰水がそれぞれ入っています。また，**図２**は**図１**の一部を拡大したものです。

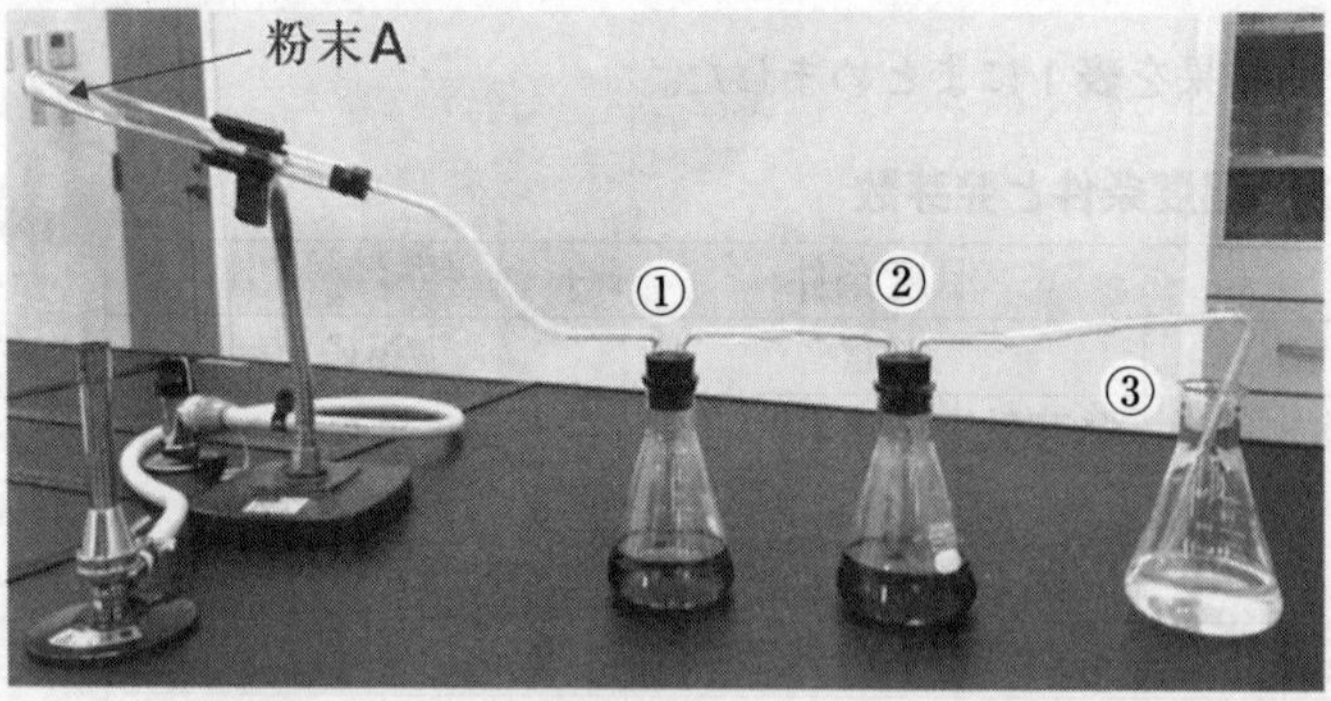

図１

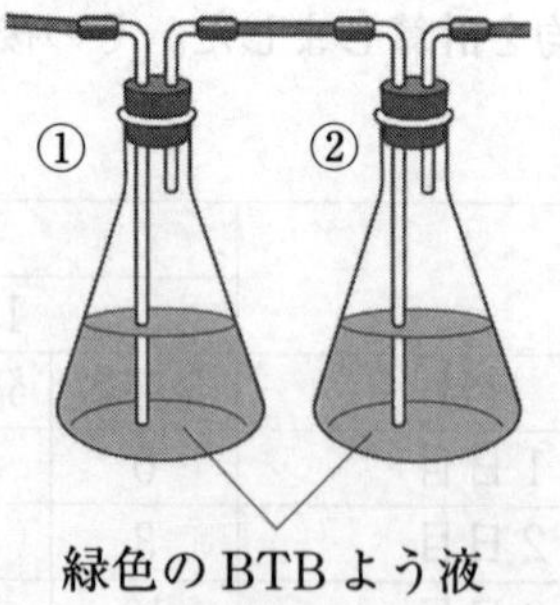

図２

(1) **図１**のように，BTBよう液を入れると緑色になる水よう液はどれですか。**ア～オ**から１つ選び，記号で答えなさい。

ア　塩酸　　**イ**　水酸化ナトリウム水よう液

ウ　石灰水　　**エ**　砂糖水　　**オ**　重そう水

実験を進めると，BTB よう液の色が**図３**のように①は青色，②は黄色に変化しました。また，③の石灰水は白くにごりました。

図３

(2)　①の BTB よう液をフェノールフタレインよう液に変えると，よう液の色は何色になりますか。**ア**～**オ**から１つ選び，記号で答えなさい。

ア　無色　　**イ**　赤色　　**ウ**　黄色　　**エ**　緑色　　**オ**　青色

(3)　③の石灰水を白くにごらせたのが気体**Y**であるとすると，この気体は何だと考えられますか。

(4)　下の**表**はいろいろな気体が水に溶《と》ける量をまとめたものです。①の BTB よう液を緑色から青色に変化させた気体**X**を**表**の**ア**～**エ**の中から１つ選び，記号で答えなさい。

表　温度による水１Ｌに溶ける気体の量［L］

温度［℃］	気体**ア**	気体**イ**	気体**ウ**	気体**Y**	気体**エ**
0	0.022	0.024	0.049	1.71	1174
20	0.018	0.015	0.031	0.88	702

ガラス管を液体から外したのち，加熱を止め，ある程度冷えたところで試験管からゴム栓《せん》を外しました。すると，試験管の口には液体**Z**が確認でき，さらに鼻をさすようなにおいが感じられました。

(5)　気体**X**は何だと考えられますか。**ア**～**オ**から１つ選び，記号で答えなさい。

ア　塩化水素　　**イ**　ちっ素　　**ウ**　塩素　　**エ**　アンモニア　　**オ**　水蒸気

(6)　**図３**の①の BTB よう液の色を青色から緑色にもどすためには，どのような操作をするとよいでしょうか。**25字以内**で答えなさい。ただし，①には物質を加えてはいけません。

3 じゅんさんといちろうさんが川沿いを歩いていたときの会話です。次の会話を読んであとの問いに答えなさい。

じゅんさん：ゴミがたくさん流れているね。

いちろうさん：そうだね。ところで何でゴミは浮《う》くんだろう。

じゅんさん：軽いからでしょ。

いちろうさん：あっ，①浮いているペットボトルと沈《しず》んでいるペットボトルがあるよ。

じゅんさん：何でだろう。

いちろうさん：明日，先生に聞いてみよう。

《次の日》

理科の先生：重さだけではなくて大きさ（体積）も関係しているんだよ。
例えば②石油や荷物を運ぶ大きなタンカーも海に浮いているでしょう。
いろいろ調べてごらん。

じゅんさん：わかりました。

いちろうさん：調べてみます。

その後２人は，インターネットや本を使って『浮く』ということについて調べた結果，先生の言っていた重さと体積の関係は下のようになることがわかりました。

液体と同じ重さの物体と液体を比べたとき体積が液体より [A] ければ浮く

(1) 下線部①について，浮いているものと沈んでいるもののちがいは何ですか。**ア**～**エ**から１つ選び，記号で答えなさい。

ア 中が空か，水で満たされていたかのちがい

イ ペットボトルの材質のみのちがい

ウ ペットボトルの形のみのちがい

エ 川の流れの影響のちがい

(2)　２人がいろいろと調べているとき，息で膨《ふく》らませた風船を大きな容器に入れ，容器内にホースである気体を入れると沈んでいた風船が少しずつ浮いてくる映像を見ました。２人も下の図のように息で膨らませた風船を大きな容器に入れてみましたが，風船は底に落ちたままでした。この風船を大きな容器内で浮かせるためには，どのような方法が考えられますか。**ア**～**エ**から１つ選び，記号で答えなさい。

ア　吸うと声の高くなる気体を容器に入れる

イ　ドライアイスを容器に入れる

ウ　水素を容器に入れる

エ　空気以外のどんな気体を容器に入れても浮く

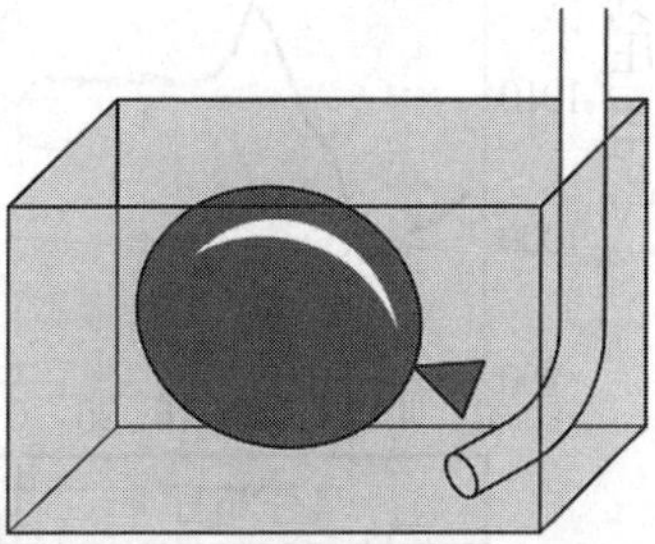

(3)　２人がいろいろと調べているとき，氷山のことについても調べてみたところ，いろいろな映像や本に説明がのっていました。実際，氷山はどのような状態で浮いているでしょうか。**ア**～**エ**から１つ選び，記号で答えなさい。

ア

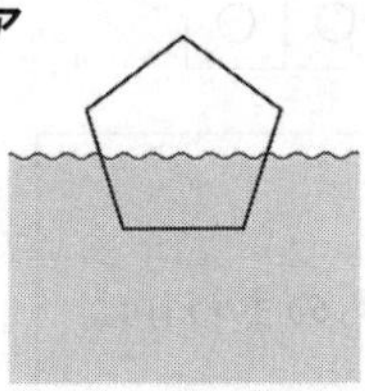

イ

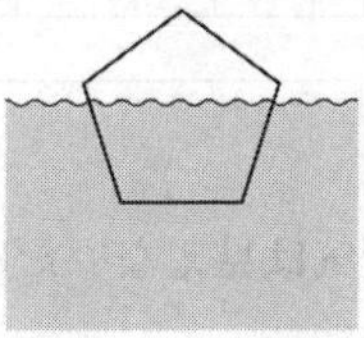

ウ

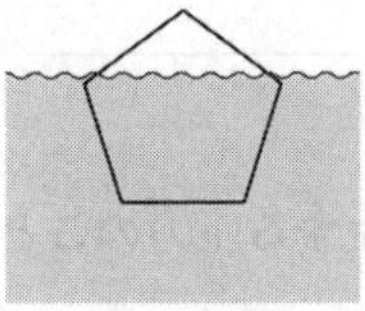

エ

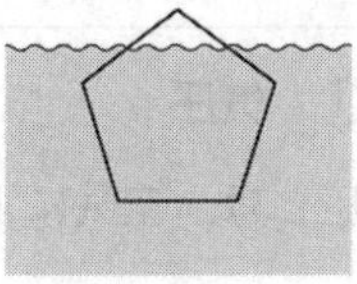

(4)　下線部②「石油や荷物を運ぶ大きなタンカー」は，石油や荷物を降ろした後は，転覆《てんぷく》しないようにするために，海水を船内に入れるそうです。なぜ海水を入れるのでしょうか。「重心」ということばをつかって簡単に説明しなさい。

(5)　[A] に入ることばを答えなさい。

4　４月25日から27日までの期間に気象観測を行いました。観測した結果（**図１・表**）と**資料①・②**をもとに，あとの問いに答えなさい。

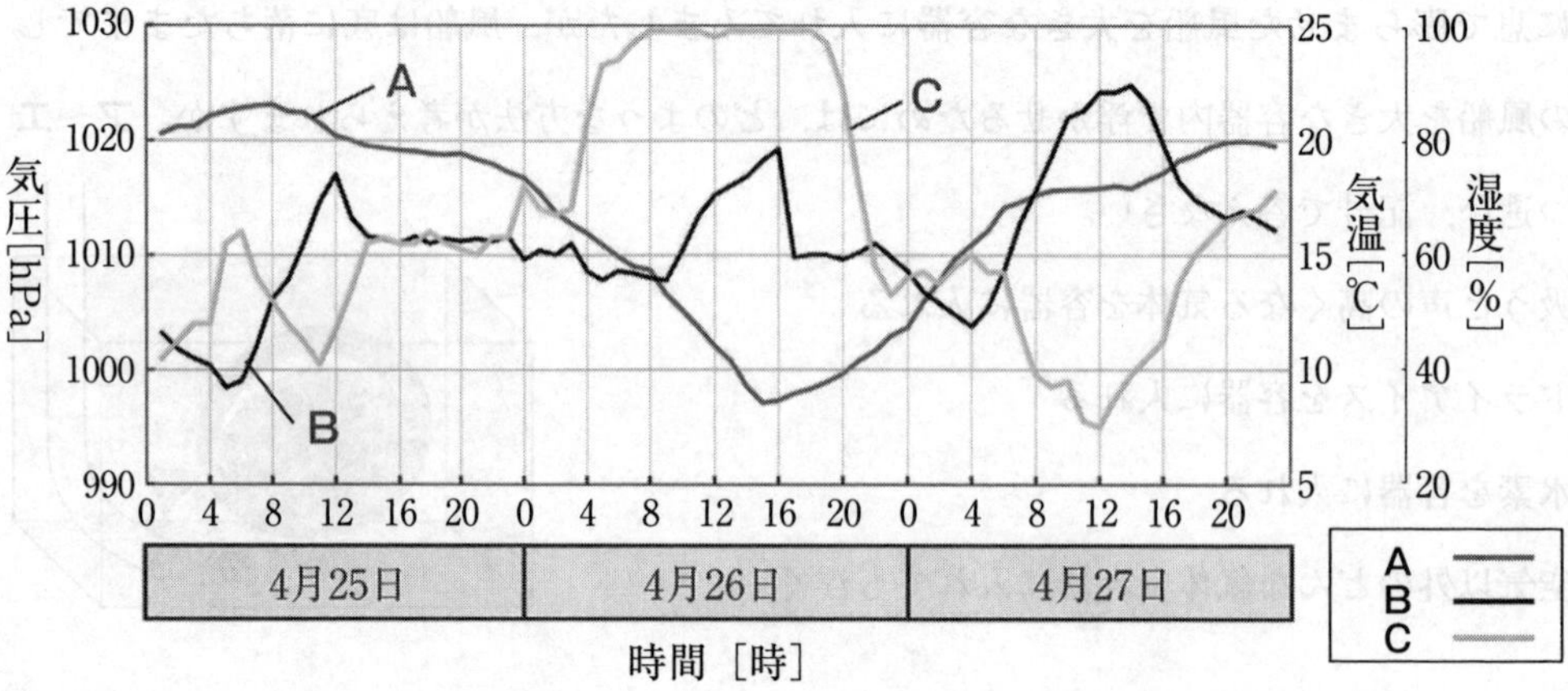

図１

表　天気の変化（○：晴れ　◎：くもり　●：雨）

日	4月25日						4月26日						4月27日					
時刻	0	4	8	12	16	20	0	4	8	12	16	20	0	4	8	12	16	20
天気	○	○	○	◎	◎	◎	◎	●	●	●	●	◎	○	○	○	○	○	○

資料①　気圧

気圧とは，空気によって発生する圧力のことです。空気は見えないだけで私たちのまわりに存在していて，空気にも重力がはたらきます。人がジャンプすると，地面にもどってくるのは地球が人を引っ張っている重力という力があるからです。この原理と同じように空気にも重力がはたらいていて，地球に引っ張られているのです。気圧が低いところを低気圧（L），気圧が高いところを高気圧（H）と呼びます。低気圧にはまわりから空気を集める特ちょうがあります。暖かい空気と冷たい空気が集まってぶつかると，雲が発生しやすくなります。そのため，低気圧が近づくと雨が降りやすいのです。一方で，高気圧が近づくと上空から空気がゆっくりと吹《ふ》き降ろし，雲がなくなって晴れわたることが多くなります。

資料②　湿度《しつど》

湿度とは，一定の体積の空気中にどれだけの水蒸気がふくまれているのかをあらわしたものです。その温度でふくむことができる最大の水蒸気の量に対する，実際にふくんでいる水蒸気の量を百分率で示したものです。晴れている日は，空気中の水分の量が少なく，湿度も低くなります。一方で，雨が降っている日は，湿度が高くなります。

(1)　４月25日の６時に**図２**のような風見鶏《かざみどり》が，北西に向いていました。このときの風はどの方角に向かって吹いていますか。

図２

(2)　**図１**の**Ａ～Ｃ**は，それぞれ気温・気圧・湿度のどれでしょうか。**資料**①・②をもとに答えなさい。

(3)　**図１**・**表**からわかることとして，あてはまるものを次の**ア～カ**から**２つ**選び，記号で答えなさい。

ア　晴れの日は雨の日より気圧が低い

イ　晴れの日は朝の気温が最も高い

ウ　晴れの日の湿度は約25％で一定である

エ　雨の日は晴れの日より１日の気温の変化が小さい

オ　雨が降っているときは湿度が低い

カ　晴れから雨になると気圧が下がる

(4)　４月25日９時の天気図は**図３**のようになっていました。

図３の中で，雨が降っていると考えられるのはどこでしょうか。**ア～ウ**から１つ選び，記号で答えなさい。

ア　札幌《さっぽろ》

イ　東京

ウ　鹿児島

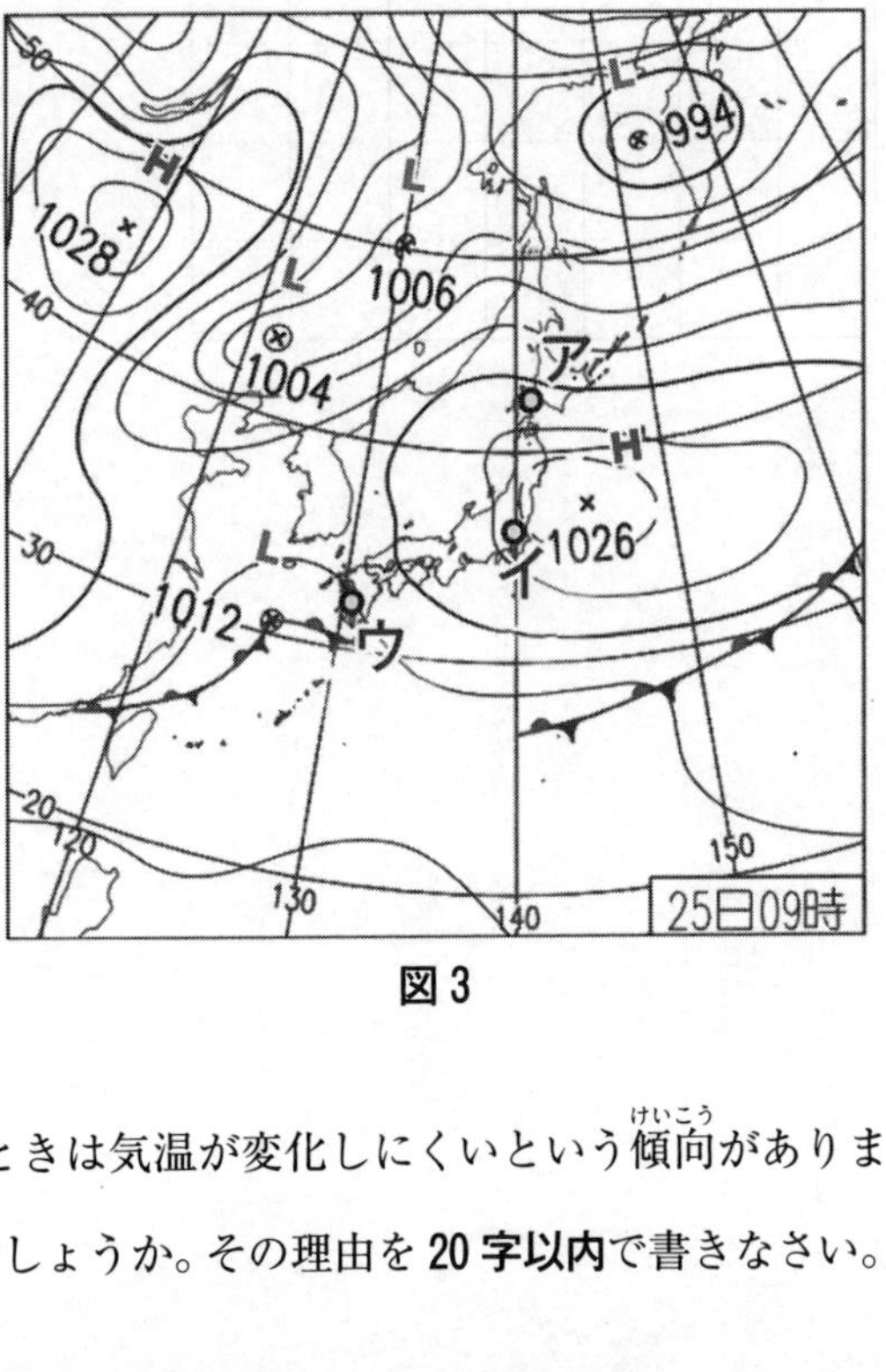

図３

(5)　晴れのときは気温が上がりやすく，くもりのときは気温が変化しにくいという傾向《けいこう》があります。なぜくもりのときは気温が上がりにくいのでしょうか。その理由を**20字以内**で書きなさい。

四

次の問いに答えなさい。**解答らんは解答用紙のウラ面です。**

ある海外の研究では、２００７年に日本で生まれた子供の半数が１０７歳より長く生きると推計されています。人生１００年時代に、高《こう》齢者《れいしゃ》から若者まですべての国民が幸せに暮らすためには、今後どのような社会が求められると思いますか。あなたの考えを**一三〇字以上、一五〇字以内**で書きなさい。

注意事《じ》項《こう》

・解答らんの一マス目から書きなさい。
・句読点や記号も一字とし、一番上のマス目に来る場合は、そのまま書きなさい。
・漢字で書けるものは漢字で書くようにしなさい。
・書きことばで書きなさい。

【下書き】

130

150

問六　ぼう線部④「大きな獲物を捕らえてきた狩人は、頭を下げて、そっとキャンプに戻り、ひっそりこっそりと獲物を皆の目に付くところに置いておく」のはなぜですか。その理由を説明したものとして最も適切なものを次の**ア**～**オ**から選び、記号で答えなさい。

ア　獲物を捕らえてきた狩人自らが狩猟民族皆の食料を分配する役《やく》割《わり》を担《にな》ってしまうと、どうしても自分の分だけ多くとろうとする心理が働く傾向《けいこう》があり、食料を平等に配分できなくなるから。

イ　狩猟の際には獲物を仕留めるための道具が必要であり、自分の道具ではなく他者から借りた道具を使って仕留めた場合に限っては、その道具の持ち主の獲物とする暗黙の了解《りょうかい》があるから。

ウ　皆の目に付くようなわかりやすい場所に獲物を置いたのは、大きな獲物を仕留めるには大変な労力が必要であり、それを見事成し得た狩人は遊動民の仲間からたたえられる存在であるから。

エ　遊動民の特性として持たざる者は持てる者から取ろうとする傾向があるので、大きな獲物を捕らえることができた狩人は、自分とその家族を守るためにいさかいを避けようとするから。

オ　大きな獲物を捕らえる能力を持つ狩人が過度にほめたたえられると、その狩猟民の中で優劣《ゆうれつ》関係が生じるおそれがあり、そうした事態を避けて狩猟民どうしの仲たがいを防ぐ必要があるから。

問七　次の**ア**～**オ**から本文の内容に**あてはまらないものを二つ**選び、記号で答えなさい。

ア　私たちが当たり前であると思っているゴミをゴミ箱に捨てることやトイレで用を足すことは、定住革命の視点に立つならばそれを習慣化させるまでには大変な努力が必要であり、困難がともなうものであった。

イ　遊動民は新しい環境のなかで生活に必要な情報や資源《しげん》をすばやく入手しなければならないため、定住民と比べるとゴミの分別やトイレで用を足すことを覚えるのに時間が多くかかってしまうのは当然である。

ウ　ゴミの分別がなかなか進まないこととそうじができない人がいることは、人類が定住生活を始めた際に生まれた新たな習慣の獲得にともなう困難が、今日の私たちにも受け継《つ》がれているという証拠である。

エ　定住生活者が墓場とゴミ捨て場を並べて設置することで生者と死者の棲み分けを求めるのに対し、遊動生活者は心理的に生者と死者の棲み分けをするため「霊界」の観念の発生につながり、それが宗教《しゅうきょう》を生んだ。

オ　すべてが固定化されているために不和や不満が蓄積していく可能性の高い定住社会では、激しい対立や争いを避けるために「権利」や「義務」の規定を発達させる必要があり、その結果として法体系が発生した。

問四　ぼう線部③「決められた場所で排泄を行うという習慣が、人間にとってすこしも自然でないことのあらわれに他ならない」とありますが、ここで筆者が主張していることとして最も適切なものを次の**ア**～**オ**から選び、記号で答えなさい。

ア　オムツの開発によって、また布オムツからより快適な紙オムツへの進化によって、幼児だけでなく大人も決められた場所だけで排泄を行うという習慣づけの必要性をあまり感じなくなっているということ。

イ　ゴミを分別した上でゴミ捨て場に捨てるという習慣と同様に、決められた場所で排泄を行うという習慣を獲得することを大人の見栄《みえ》のために幼児に求めること自体が不自然で無理のある行為であるということ。

ウ　数百万年も移動しながら生きてきた人類にとっては排泄物のゆくえを考える必要がなかったため、定住化によって決められた場所でのみ排泄を行うということ自体が負担《ふたん》を強いる大きな変革《へんかく》であったということ。

エ　オムツを必要とする幼児であっても、自分の満たしたい要求を大人たちにつきつけるという極めて高度な行動ができるため、排泄に関しても粘り強いしつけなど必要なく自然にできるようになるものだということ。

オ　歴史的に見ても、特定の場所にトイレを設置しないという文化はいまだ世界各地に根強く残っており、それを画一的に決められた場所だけで行うよう統一を図《はか》っていくことが今後いっそう求められるということ。

問五　[X]に入ることばとして最も適切なものを次の**ア**～**オ**から選び、記号で答えなさい。

ア　今も世界のどこかで行われている、そうじ革命・ゴミ革命・トイレ革命の三大革命

イ　長い人類史において、かつて遊動民から定住民となる際に一度だけ体験した革命

ウ　人類にとって避けられない通過儀礼《ぎれい》であり、かつての遊動生活者が成し遂げた革命

エ　人類史上の出来事であると同時に、定住民がその人生のなかで反復しなければならない革命

オ　人類誰もに例外なく訪れる試練であり、人生において二度必ず成し遂げなければならない革命

ちなみに、遊動狩猟民《しゅりょうみん》は、一般《いっぱん》に、食料を平等に配分し、道具は貸し借りする。これは遊動民なりの、不和を避けるための技術と考えることができる。驚くのは、過度の賞賛を避ける習性をもっているということだ。*4ブッシュマンの社会では、④大きな獲物《えもの》を捕《と》らえてきた狩《か》人《りゅうど》は、頭を下げて、そっとキャンプに戻り、ひっそりこっそりと獲物を皆の目に付くところに置いておくのだという。過度に賞賛されて、権威的《けんいてき》存在ができることを避けるのである。

（國分功一郎《こくぶんこういちろう》『暇《ひま》と退屈《たいくつ》の倫理学《りんりがく》』新潮社《しんちょうしゃ》）

＊1　西田……西田正規のこと。彼は著書《ちょしょ》『人類史のなかの定住革命』において「定住革命」を提唱している。
＊2　エートス……道徳的な慣習・行動の規範《きはん》。
＊3　メルクマール……目印。指標。
＊4　ブッシュマン……アフリカに住む狩猟《しゅりょう》民族。

問一　［A］～［C］にあてはまることばの組み合わせとして最も適当なものを次の**ア**～**オ**から選び、記号で答えなさい。

ア　A　また　B　だが　C　では
イ　A　一方で　B　ゆえに　C　したがって
ウ　A　そして　B　なぜなら　C　たとえば
エ　A　つまり　B　しかし　C　また一方で
オ　A　たとえば　B　したがって　C　つまり

問二　ぼう線部①「遊動生活者にはポイ捨てが許されている」とはどういうことですか。その説明として最も適切なものを次の**ア**～**オ**から選び、記号で答えなさい。

ア　遊動生活者は生活の場をころころ変えるため、そのたびに新しい環境で気分をリフレッシュすることができ、いやなことがあっても水に流すことができるということ。
イ　遊動生活者は場所を移動しながら生活するため、過度にひと所を汚染してしまうことがなく、ゴミを出してもそのこと自体を振《ふ》り返《かえ》って考えなくてもすむということ。
ウ　遊動生活者が新たに定住生活を始めるにあたっては、今後さまざまな困難が待ち受けているため、一定期間に限ってのみ例外が認《みと》められているということ。
エ　遊動生活者は、自分たちにとって大切な人を亡《な》くしても死体をもって移動することができないという制限があるため、特別にポイ捨てが認められているということ。
オ　定住生活者と比べると、遊動生活者の方がゴミの処理《しょり》の仕方に困難がつきまとうことは周知の事実であるため、世界的にもポイ捨てが許容されているということ。

問三　ぼう線部②「これはある意味で当然のことである」とありますが、なぜそう言えるのですか。「これ」の指す内容を明らかにしながら、**四十字以上、六十字以内**で理由を説明しなさい。**解答らんは解答用紙のウラ面です。**

難なのである。

特定の便所を設けないという文化は数多く存在《そんざい》する（ヴェルサイユ宮殿《きゅうでん》にトイレがないのは有名な話だ）。そもそも排泄行為《こうい》を我慢することほどつらいものはない。

そうじやゴミ、そしてトイレについての考察は、定住革命というものの困難を教えてくれる。人類は大変な苦労を重ねて、ゴミと排泄についての[*2]エートスを獲得してきたのだ。

しかもそれだけではない。ここから分かるのは、定住革命が、かつて人類が一度だけ体験した革命ではないということである。たしかに人類はある一定の時期に定住革命を成《な》し遂げた。だが、定住生活を行う個々の人間もまたその人生のなかで定住革命を成し遂げなければならないのである。少なくとも二つ、すなわち、トイレで用を足すようになること、そして、そうじを行い、ゴミをゴミ捨て場に捨てるようになることである。定住生活を行う私たちは苦労をしてこの革命を成し遂げている（もちろん成し遂げていない人もいるが、それはすこしもおかしなことではない）。

定住革命は［　X　］である。定住革命はいまここでも（トイレやゴミ捨て場で）行われているのだ。

遊動民が死体をもって移動することは不可能である。だから死体はそこに置いていかれる。

だが、定住民にはそうはいかない。だから、特別の仕方で、置いておく場所を作らなければならない。それが墓場だ。実際、考古学においては、墓場がゴミ捨て場と並《なら》び、定住生活の開始を徴《しるし》づける重要な[*3]メルクマールになっている。

こちらに生きている者の場所があり、あちらに死んだ者の場所がある。定住は、生者と死者の棲《す》み分《わ》けをもとめる。すると、死者に対する意識も変化するだろう。あの場所にはあいつの体がある。でも、あいつはどこに行ってしまっただろう……。

死体の近さは、死者だけでなく、死への思いを強めるはずである。それは、やがて、霊《れい》や霊界《れいかい》といった観念の発生につながることだろう。それは宗教的《しゅうきょうてき》感情の一要素となる。

定住社会では、コミュニティーのなかで不和や不満が生じても、当事者が簡単にコミュニティーを出ていくことができない。そのため不和や不満が蓄積《ちくせき》していく可能性が高い。

学校でのクラスのことを考えると分かりやすいだろうか。ケンカや仲違《なかたが》いなどの不和が起こっても、生徒は毎日同じクラスに行って、同じ席に座《すわ》らなければならない。だが想像してみて欲しい。もし、席が毎日自由に決められたら？　しょっちゅう勉強の場所が変わったら？　少なくとも、不和が、すべてが固定されている場合と同じように堆積《たいせき》していくことはないだろう。新しい環境が人々をリフレッシュさせ、それこそ〝水に流す〟ことも多くなるに違いない。

定住社会の場合はそうはいかない。したがって、不和が激《はげ》しい争いになることを避《さ》けるためにさまざまな手段《しゅだん》を発展させる必要がある。「これはしてもよい」「これはしてはいけない」といったことを定める権利《けんり》や義務の規定も発達するだろう。

争いが起こったときには調停が行われるだろうが、そこで決定した内容を当事者たちに納得させるための拘束力《こうそくりょく》、すなわち何らかの権《けん》威《い》の体系《たいけい》もはぐくまれることだろう。法体系《ほうたいけい》の発生である。

題を乗《の》り越《こ》えねばならなかったのか？　引き続き、この革命がもたらした大きな変化について見ていこう。

生活していればゴミが出るし、生きていれば排泄物《はいせつぶつ》が出る。したがって定住生活者は、定期的な清掃《せいそう》、ゴミ捨《す》て場《ば》やトイレの設置によって環境《かんきょう》の汚染《おせん》を防がなければならない。私たちはそうしたことを当たり前と思っている。そうじをしなければならないことも、ゴミをゴミ捨て場に捨てることも、トイレで用を足すことも。

しかし、定住革命の視点《してん》に立つなら、これらはすこしも当たり前ではない。遊動生活者は、ゴミや排泄物のゆくえにほとんど注意を払《はら》わない。理由は簡単だ。彼らはキャンプの移動によって、あらゆる種類の環境汚染をなかったことにできるからである。①遊動生活者にはポイ捨てが許されている。

するとこう考えることができる。数百万年も遊動生活を行ってきた人類にとって、そうじしたり、ゴミ捨て場をつくったり、決められた場所でのみ排便《はいべん》したりといった行動を身につけるのは容易ではなかったのではないか？

まずゴミについて考えよう。いま文明国の多くがゴミ問題に悩まされており、ゴミの分別をしきりに市民に教育している。だがうまくいかない。

②これはある意味で当然のことである。ゴミというのは意識の外に放り捨てたものだ。もはや考えないようにしてしまったもの、それがゴミである。ゴミの分別とは、そうして意識の外に放り捨てたものを、再び意識化することに他ならない。考えないことにしたものについて再び考えなければならないのだから難《むずか》しいのである。

遊動生活を行っていたときにはこのような課題に直面することなどなかった。食べたら食べかすを放り投げておけばよかったのだから。

定住生活を始めた人類は新たな習慣の獲得《かくとく》を強いられた。定期的に清掃活動を行い、ゴミはゴミ捨て場に捨てるという習慣を創造《そうぞう》せねばならなかった。たとえば貝塚《かいづか》のようなゴミ捨て場を決めて、そこにゴミを捨てるよう努力した。

重要なのは、そのときの困難《こんなん》が今日にも受《う》け継《つ》がれているということだ。ゴミの分別がなかなか進まないこと、そうじがまったくできない人がいることは、この困難の証拠なのである。

次にトイレについて考えよう。子育てをしたことのある人ならだれでも知っているが、子どものしつけで一番大変なのが、トイレで用を足すのを教えることである。

よく考えて欲《ほ》しい。オムツをつけた幼児《ようじ》であっても、立ち上がり、駆《か》け回《まわ》り、話をし、笑う。おべっかなどの高度な技術を使って大人に自分の要求を飲ませようとすることもしばしばだ。彼らは生物として極めて高度な行動を獲得している。

それにもかかわらず、彼らは便所で用を足すことができない。それは周囲からの粘《ねば》り強《づよ》い指導の下でやっと獲得できる習慣である。

現在、布オムツから紙オムツへの移行によって、オムツ離《ばな》れの時期が遅《おく》れてきていることが指摘されている（かつては二歳《さい》前でオムツ離れをすますことがほとんどだったが、いまでは三歳や四歳を過ぎてもオムツ離れできないことも珍《めずら》しくない）。これは、③決められた場所で排泄を行うという習慣が、人間にとってすこしも自然でないことのあらわれに他ならない。だからこれほどまでにそれを習得することが困

問七　本文中の表現の特徴《とくちょう》として最も適切なものを**ア**～**オ**から選び、記号で答えなさい。

ア　植物の水やりをしながら歩く場面の時間の経過とともに、植物の状態が凜の心理状態にあわせて変化していることが効果的に表現されている。

イ　凜の抱えている悩みの内容が、航大や部員たちとのやりとりの中で徐々に明らかになっていき、結果的に解決に向かうよう話を展開させることで、物語にメリハリをつけている。

ウ　航大のせりふが途中《とちゅう》まで短いあいづちしかないことからは、凜の深刻な悩みを理解することのできない彼の幼《おさな》さが読み取れる。

エ　自分への不満を抱える凜を目の前にしたときの航大を描いた場面では、思いのままに行動し発言するという冷静さに欠ける性格が浮《う》き彫《ぼ》りになっている。

オ　凜を励ます航大が過去を思い返している表現からは、彼がサッカー部で経験したことが人を理解し勇気づけるために役立っていることが分かる。

三　次の文章を読んで、後の問いに答えなさい。なお、問題作成の都合上、一部表記を改めたところがあります。

定住化の原因については、より詳細《しょうさい》な議論が必要であろう。［A］、定住化の過程《かてい》についても、それが漁具の出現と並行《へいこう》していること、水辺で起こっていることなど、他にも興味深い事実が見出《みいだ》される。

あまり横道に逸《そ》れないために、ここでは次の点を確認《かくにん》しておくにとどめよう。人類はそのほとんどの時間を遊動生活によって過ごしてきた。［B］、気候変動等の原因によって、長く慣れ親しんだ遊動生活を放棄《ほうき》し、定住することを強《し》いられた。いま私たちはその定住がすっかり当たり前の風景となってしまった時代を生きている。

定住化の過程は人類にまったく新しい課題を突《つ》きつけたことだろう。人類の肉体的・心理的・社会的能力や行動様式はどれも遊動生活にあわせて進化してきたものだからである。だとすると、定住化はそれら能力や行動様式のすべてを新たに編成し直した革命的《かくめいてき》な出来事であったと考えねばならない。

その証拠《しょうこ》に、定住が始まって以来の一万年の間には、それまでの数百万年とは比べものにならない程の大きな出来事が数えきれぬほど起こっている。農耕や牧畜《ぼくちく》の出現、人口の急速な増大、国家や文明の発生、産業革命《かくめい》から情報革命。これだけのことが極《きわ》めて短期間のうちに起こった。これこそ、西田[*1]が定住化を人類にとっての革命的な出来事と捉《とら》え、「定住革命」の考えを提唱する理由に他ならない。

［C］、その革命の中身は具体的にはいかなるものであったのだろうか？　人類はいかなる変化を強いられたのか？　またいかなる課

問五　ぼう線部③「航大は息を呑む」とありますが、このときの航大の気持ちについての説明として最も適切なものを**ア**〜**オ**から選び、記号で答えなさい。

ア　自分の過去の経験と凜が置かれている状況《じょうきょう》は違うのに、共感しているかのような態度をとることで相手を傷《きず》つけてしまったのではないかとふいに気づき、強い不安を覚えている。

イ　思い悩む凜に対し、友人として助言したいと思う気持ちは強くあるものの、自分の発言が彼女の怒りにふれ、何らかの不利益を被ってしまうかもしれないことにおそれを抱いている。

ウ　悩みが原因で凜が快活さを失っているのなら、自分の経験から助言することで元の彼女に戻《もど》ってくれるのではないかと思いつつ、それは出すぎた行為なのではないかとためらいを感じている。

エ　困り果てている彼女の助けになりたいとは思いつつも、今まで悩み事を隠《かく》してきたような凜が素直に自分の手助けを受け入れてくれるのだろうかと、いぶかしく思っている。

オ　自分のあり方に深く思い悩んでいる凜に対して不用意に慰めの言葉をかけることは、かえって彼女を傷つけることになるのではないかとためらい、緊張している。

問六　文中の X から始まる二段落《だんらく》における航大の気持ちとして最も適切なものを**ア**〜**オ**から選び、記号で答えなさい。

ア　話をしているうちに凜が普段通りの姿を見せるようになったことで、先ほど思い悩んでいた姿は彼女の本来のものではなかったのだと納得《なっとく》した。

イ　それまで快活な姿しか見せてこなかった凜が悩みを語り助言を求めてきたことで、本音を話してくれたのだと実感して嬉《うれ》しくなった。

ウ　普段から本音を話すことのない凜と花の水やり作業を共にすることで、彼女の抱える悩みを解決させることが出来たと達成感を覚えた。

エ　暗い胸の内を明かした凜が自分の励《はげ》ましを聞いて普段通りの様子を見せたことで、明るい面も彼女の本当の姿だったのだと安心した。

オ　いつもと違った凜の表情が自分の話を聞いてすぐいつも通りに戻ったのを見て、今抱えている悩みも深刻ではないようだと拍《ひょう》子抜《しぬ》けした。

問一　凜がガザニアの花を嫌う理由について説明した次の文の空欄《くうらん》にあてはまることばをそれぞれ［　　］内の文字数で文中からぬき出して答えなさい。

太陽が出ている時だけ明るく花を開いて、夜には閉じているというガザニアの［①三文字］が、人前では明るく振る舞う一方で［②五文字］なものの考え方ばかりしている自分を見ているように感じられるから。

問二　ぼう線部①「水道の音が止むと、静寂が際立った」とありますが、この表現の効果についての説明として最も適切なものを**ア**〜**オ**から選び、記号で答えなさい。

ア　互《たが》いに相手の話を聞こうとして訪《おとず》れた静けさを表現することで、自分のことより相手の気持ちを第一に考えてしまう航大と凜の人の良さがはっきりと伝わる。

イ　はりつめたような静けさを表現することで、相手の意外な一面に驚《おどろ》く航大と、本音を打ち明けようとする凜の間に流れる緊張感がよくうかがえる。

ウ　凜の打ち明け話と静けさを重ねることで、大きな衝撃《しょうげき》を受けた航大と、真実を話してすっきりした凜との、正反対の心情がくっきりと浮かび上がる。

エ　悩みを告白する前に静けさを表現することで、嘘をつき続けてきた凜の罪悪感や、嘘に気づくことの出来なかった航大の自分を責める気持ちをうまく描《えが》き出している。

オ　物音に注目させ、静けさを強調することで、相手の意外な一面を冷静に受け止めようとする航大と、告白に興奮《こうふん》している凜の正反対ともいえる姿勢を浮き彫《ぼ》りにしている。

問三　ぼう線部②「諦観」とありますが、これは「あきらめの末に世間的な事柄《ことがら》にこだわったり、振り回されたりしなくなること」という意味をもつことばです。凜は〈何を〉あきらめ、〈何に〉こだわらなくなりつつあるのでしょうか。本文の内容と見比べて最も適切なものを**ア**〜**オ**から選び、記号で答えなさい。

ア　明朗快活にふるまうことをあきらめ、周りの人間を元気づけることにこだわらない。

イ　みんなを引っ張ることをあきらめ、部員たちを満足させることにこだわらない。

ウ　部員との熱量の差を埋《う》めることをあきらめ、自分の目指すゴールにこだわらない。

エ　自らへの不満を胸の奥底に溜め込むことをあきらめ、部内の雰囲気をたもつことにこだわらない。

オ　人から嫌われないようにすることをあきらめ、自分をよく見せることにこだわらない。

問四　本文からは、次の文章が抜けていますが、文中の**Ａ**〜**Ｅ**のどこに挿《そう》入《にゅう》するのが適切だと考えられますか。記号で答えなさい。

突然《とつぜん》の衝動に航大は驚くが、戸惑《とまど》いはなかった。懐《なつ》かしい。自分はこの感覚を知っている。サッカー部を辞《や》める前、悩むことが嫌いだった自分は、いつだって思いのままに行動していた。

自分が刃物《はもの》を手にしているような気分になり、③航大は息を呑《の》む。これから口にしようとしている言葉は、果たして本当に彼女のためになるのだろうかと不安になる。口を閉《と》ざし、沈黙《ちんもく》に身を委ねたくなった。

腰《こし》に手を置き、大きく息を吐く。サッカーをしていたころ、PKを蹴《け》る前に必ずやっていたルーティンだ。肺の中の空気と一緒《いっしょ》に、不安と弱気を体外へと追いやる。緊張《きんちょう》がほぐれ、心が落ち着いた。

一度口から出た言葉をなかったことにはできない。勢いに任せて、航大は続ける。

「誰《だれ》に頼《たの》まれたわけでもないのに早起きして学校の花を世話しているような人間が、薄っぺらなわけがない」

「そんなの、たいしたことじゃないよ」

謙遜《けんそん》ではなく、本心からそう思っているのだろう。凛の声には、突《つ》き放すような刺々しさがあった。

怯《ひる》まずに、航大は言葉を重ねる。

「俺《おれ》が同じことをしていたら？」

「え？」

「俺や他の誰かが凛と同じことをしていても、たいしたことじゃないと思う？　それくらい普通《ふつう》のことだ、って」

「それは……」

凛は言葉に詰《つ》まり、困ったように眉をひそめた。沈黙が、彼女の答えを雄弁《ゆうべん》に語っている。他人に優《やさ》しく、自分に厳しい。それは立派な心持ちだが、それ故《ゆえ》に自らの美点を素直《すなお》に受け入れられないことは、彼女の明確な欠点だ。屋根より高いハードルを見上げて嘆息《たんそく》＊2するなんて、それこそ滑稽だ。

プランターに植えられた花の姿が頭に浮かんだ。一見すると美しいその花も、よく観察してみれば、咲《さ》き終わり、枯《か》れた花をいくつもその身に付けたままにしている。重苦しく、辛《つら》そうだ。

いまの自分に、彼女の悩みを解決する力はない。しかし、彼女が抱えている不要なものを取り除《のぞ》くことくらいなら、自分にもできるのではないか、と航大は思う。花がらを摘《つ》むように、不当に彼女の心を重くしているものたちを、ひとつひとつ取り払《はら》う。それも、彼女の力になるということではないだろうか。

E

「誰だって人から嫌われることは恐いよ。俺もそうだ。いまだって、自分の行動は凛にとって迷惑《めいわく》なんじゃないかって不安になってる」

「そんな。迷惑なんかじゃないよ」

両手を大きく左右に振り、慌《あわ》てた様子で凛が否定《ひてい》する。その大袈裟《おおげさ》な仕草が余りにいつも通りで、航大は少し緊張がほぐれた。

X 普段の明朗快活な姿を、凛は本当の自分ではないと言った。でも、咄嗟《とっさ》に顔を出した彼女の一面は、航大のよく知る彼女だった。やはりその顔も、彼女を形づくる一部なのだ。たとえ演じていたものであっても、偽《いつわ》りではない。そのことにホッとした。

肩《かた》の力が抜《ぬ》ける。重く考えることなんてないのではないかと思えてきた。普段通り、軽口のキャッチボールをするみたいに、思い付きを口にすればいい。それくらい気楽な方が、相手だって変に緊張しないで受け止められる。

（真紀涼介《まきりょうすけ》『勿忘草《わすれなぐさ》をさがして』東京創元社《とうきょうそうげんしゃ》）

＊1　双眸……両目の瞳《ひとみ》のこと。
＊2　嘆息……なげいて、ため息をつくこと。

凛がポツリと呟く。

「何が？」と航大が短く先を促《うなが》す。

「今度の劇の稽古《けいこ》。順調なんて言ってたけど、本当は全然なんだ。嘘ついてごめんね」

「そうなのか？　壮太《そうた》も順調と言っていたけど」

航大の言葉《ことば》を聞き、凛が口元を歪《ゆが》める。

「それが問題なの」

どういうことか、と航大は首を傾《かし》げる。

これまで我慢《がまん》していた分を吐《は》き出すように、凛は大きく溜め息を吐いた。

「正直、劇の完成度は低い。でも、他の部員の皆はいまの出来でもう満足しちゃってる。それが私の悩《なや》み」

C

「ああ」と航大は声を洩《も》らす。ようやく、彼女の悩みが理解できた。

熱量の差。運動部でもしばしば起こる問題だ。演劇だって、チームスポーツに似た性質を持っているのだろう。個々人の理想や目標にギャップがあれば、自然と歪《ひず》みが生まれてしまう。

「そのこと、部員同士で話し合ったりとかは？」

「してない。というか、できない。いま、部内の雰囲気《ふんいき》はすごく良いから、それを壊《こわ》すのが恐《こわ》い」
②諦観《ていかん》の滲《にじ》んだ口調で、凛が答える。部員たちの目線の低さを嘆《なげ》いているわけではなく、うまく皆を引っ張っていけない自分の不甲斐《ふがい》なさを恥《は》じているかのようだった。
航大は、じっと凛の横顔を見詰《みつ》める。苦しそうというより、迷子みたいに心細そうな顔をしている。このまま文化祭当日を迎《むか》えれば、演劇部の部員たちは満足するだろう。しかし、それは凛の目指すゴールとは程遠《ほどとお》い。彼女の心が満たされることはない。理想と現実とのギャップに加え、部長としての責任感が彼女を蝕《むしば》んでいる。舞台《ぶたい》の成功の線引きをどこにすべきか、決めかねているのだ。

凛がもう一度溜め息を吐いて、続ける。

「人から嫌われることが恐いから、仲間外れにされないように周りに合わせて笑って、空気を読まない言葉を口にしないように、いつも神経を張り巡《めぐ》らせている。その結果、部長なのに部員に演技の要求ひとつできない。他人の目ばかり気にして、ひとりで勝手に思い悩んでいる。滑稽《こっけい》だよね。私はそんな薄《うす》っぺらな人間なんだよ」

凛の言葉は、何度も読み上げられたセリフのように淀《よど》みなかった。声に出さずとも、ずっと抱《かか》え続けてきた想《おも》いだったのだろう。胸《むね》の奥《おく》底《そこ》に溜《た》め込《こ》んでいた自らへの不満が、堰《せき》を切ったように溢《あふ》れ出している。

困り果てる友人の横顔を眺《なが》めていると、腹《はら》の底から強い感情が湧《わ》き上《あ》がってきた。彼女の助けになりたい、問題解決のための力になりたいという気持ちが全身を巡り、体が熱を持ち始める。自分の中にある目に見えない何かが、アクセルが踏《ふ》み込まれるのを待つ車のように振《しん》動《どう》している。

D

「薄っぺらじゃないだろ」

余計な一言はさらに彼女を傷付けることになるかもしれないと知りながら、航大は反論した。指摘《してき》せずにはいられなかった。

凛が航大に視線を向ける。彼女は痛みに耐《た》えるように眉根《まゆね》を寄せていた。濃《こ》い黒色の双眸《そうぼう》*1が、慰《なぐさ》めの言葉などいらないと拒絶《きょぜつ》している。

二　次の文章を読んで、後の問いに答えなさい。

無言で水遣《みずや》りをして回る彼女《かのじょ》の後を、航大《こうだい》は付いて歩く。既《すで》に聞きたいことは聞き、伝えたいことは伝えた。立ち去ることもできたが、そうはしなかった。何となく、彼女は迷っているように思えたからだ。打ち明けるべきか否《いな》か、彼女の頭の中で議論が交《か》わされている気がした。

三年生の校舎も済ませ、最後に西棟《とう》へと向かう。廊下《ろうか》を歩く生徒の数が増えている。

西棟に到着《とうちゃく》すると、銀色のシンクの上で、ガザニアが黄色い花弁を元気いっぱいに大きく広げていた。

A

「あれ？」と航大が反射的に呟《つぶや》く。

「どうかしたの？」

「いや、この花、昨日見たときと見た目が違《ちが》うと思って」

昨日は勘違《かんちが》いだろうと思ったが、やはり花弁の開きが変化している。いまの状態は初めて目にしたときと同じで、昨日は花弁が立っていた。

航大の疑問は、凛《りん》が即座《そくざ》に解消してくれた。

「それはたぶん、昨日の天気のせいだよ。ガザニアは日光が当たると花を開いて、陽《ひ》が沈《しず》むと花を閉じる習性があるの。昨日は太陽がほとんど顔を出さずに薄暗《うすぐら》かったから、花弁が閉じかけていたんだと思う」

「詳《くわ》しいな。……って、そうか。同じ花を家で育てているんだっけ」

「お母さんがね。私もたまに世話をするけど」

言いながら、凛はシンクへと近付く。蛇口《じゃぐち》を捻《ひね》り、じょうろに水を汲《く》みながら、ガザニアの花を見下ろす。

B

「私がこの花を嫌《きら》いって言ったこと、憶《おぼ》えてる？」

「そういえば、そんなこと言ってたな」

ガザニアへ向けられた凛の視線は冷たく、刺々《とげとげ》しかった。

「この花を見ていると、自分の嫌《いや》なところを見せつけられているようで、ウンザリするんだ」

「……綺麗《きれい》な花に見えるけど」

凛が溜《た》め息を吐《つ》きながらかぶりを振《ふ》る。

「見た目の話じゃないよ。太陽が出ているときだけ明るく花を開いて、夜には花を閉じている。そういうところが嫌いなの。人前でだけ必死に明るく振《ふ》る舞《ま》う自分の二面性を見ているようで、苛々《いらいら》する」

唐突《とうとつ》な告白に目を丸くする航大を尻目《しりめ》に、凛がさらに続ける。

「私、本当はあんなに明るい性格じゃないんだ。むしろその逆。陰気《いんき》で、内向的で、物事をネガティブな方向にばかり考えちゃう。それが本当の私。学校での私は、皆《みな》の前で元気な女の子を精一杯《せいいっぱい》演じているだけ」

そう打ち明けられても、簡単に信じることはできなかった。航大にとって、凛のイメージは学校一の明朗《めいろう》快活な女の子だ。持ち前の明るさでいつも周りの人間を元気付けてきた彼女が実は演じられていたものだったなんて、すぐさま受け止めることなどできない。ただ、嘘《うそ》をついているわけではないことは、彼女の目を見ればわかった。

凛が蛇口を閉める。①水道の音が止《や》むと、静寂《せいじゃく》が際立《きわだ》った。

「うまくいってないの」

2024年度

東洋大学京北中学校

【国語】〈**第一回試験**〉（五〇分）〈満点：一〇〇点〉

《注　意》字数指定のある問いはすべて、句読点・記号も一字と数えるものとします。

一　次の問いに答えなさい。

問一　ぼう線部のカタカナを漢字に直しなさい。**解答らんは解答用紙のウラ面です。**

(1)　味にうるさい客を満足させるのはシナンのわざだ。

(2)　私と兄の性格は、家族なのにタイショウ的です。

(3)　ジョウリュウとは、液体を加熱して気体にし、それを冷やして液体にもどす作業のことである。

(4)　ドローンをソウジュウする。

(5)　眠《ねむ》りはアンソクだ。私は眠ることが何よりも好きだ。

問二　次の作品の冒頭《ぼうとう》文を読み、その作品名を**ア**～**オ**からそれぞれ選び、記号で答えなさい。

(1)　祇園精舎《ぎおんしょうじゃ》の鐘《かね》の声、諸行無常《しょぎょうむじょう》の響《ひび》きあり。沙羅双樹《さらそうじゅ》の花の色、盛者必衰《じょうしゃひっすい》の理《ことわり》をあらはす。奢《おご》れる人も久しからず、ただ春の夜の夢のごとし。

(2)　月日は百代《はくたい》の過客《かかく》にして、行《ゆき》かふ年も又《また》旅人なり。舟《ふね》の上に生《しょう》涯《がい》をうかべ、馬の口とらへて老《おい》をむかふる者は、日々旅にして旅を栖《すみか》とす。

(3)　ゆく川の流れは絶えずして、しかも、もとの水にあらず。よどみに浮《う》かぶうたかたは、かつ消えかつ結びて、久しくとどまりたるためしなし。

ア　源氏《げんじ》物語　**イ**　おくのほそ道　**ウ**　徒然草《つれづれぐさ》

エ　方丈記《ほうじょうき》　**オ**　平家物語

問三　(1)～(4)のことばの対義語を、**ア**～**ク**の熟語《じゅくご》から選び、それぞれ記号で答えなさい。

(1)　名目　(2)　質疑　(3)　精密　(4)　一般《いっぱん》

ア　具体　**イ**　粗雑《そざつ》　**ウ**　故障　**エ**　実質

オ　異常　**カ**　応答　**キ**　特殊《とくしゅ》　**ク**　調査

問四　ぼう線部の敬語の種類を**ア**～**ウ**から選び、それぞれ記号で答えなさい。

(1)　母の代わりに私が参りました。

(2)　お探しの本はこちらでございますか。

ア　尊敬語　**イ**　謙譲語《けんじょうご》　**ウ**　丁寧語《ていねいご》

問五　ぼう線部の主語を、波線部**ア**～**オ**から選び、それぞれ記号で答えなさい。

(1)　**ア**私たちは　**イ**バスに　**ウ**乗って、**エ**おじいさんの　**オ**家に　行った。

(2)　**ア**将来の　**イ**僕《ぼく》の　**ウ**夢は　**エ**医師となって　多くの人の　**オ**命を　救うことです。

2024年度
東洋大学京北中学校 ▶解説と解答

算　数 ＜第１回試験＞（50分）＜満点：100点＞

解　答

1 ⑴ 24　⑵ $3\frac{25}{28}$　⑶ 14本　⑷ 25度　⑸ 255m　⑹ 毎分500回転　⑺ 5日目　⑻ 1350人　**2** ⑴ 10時40分　⑵ 6 km　⑶ 時速 4 km　**3** ⑴ 34番目　⑵ 893　⑶ 26232　**4** ⑴ 25：16：24　⑵ $27cm^2$　⑶ $240cm^2$　**5** ⑴ 8日　⑵ 24日　⑶ 27日目

解　説

1 **四則計算，逆算，角度，通過算，長さ，相当算**

⑴ $5\frac{6}{17}\times\left(3-\frac{5}{13}\right)+5\times\left(0.625-\frac{1}{2}\right)\div\left(1-\frac{3}{8}\times2.5\right)=\frac{91}{17}\times\left(\frac{39}{13}-\frac{5}{13}\right)+5\times\left(\frac{5}{8}-\frac{4}{8}\right)\div\left(1-\frac{3}{8}\times\frac{5}{2}\right)=\frac{91}{17}\times\frac{34}{13}+5\times\frac{1}{8}\div\left(1-\frac{15}{16}\right)=14+\frac{5}{8}\div\frac{1}{16}=14+\frac{5}{8}\times16=14+10=24$

⑵ $\frac{7}{24}\times\left(\square-8.4\times\frac{5}{24}\right)+0.375=1$ より，$\frac{7}{24}\times\left(\square-\frac{42}{5}\times\frac{5}{24}\right)+0.375=1$，$\frac{7}{24}\times\left(\square-\frac{7}{4}\right)+0.375=1$，$\frac{7}{24}\times\left(\square-\frac{7}{4}\right)=1-0.375=0.625$，$\square-\frac{7}{4}=0.625\div\frac{7}{24}=\frac{5}{8}\times\frac{24}{7}=\frac{15}{7}$　よって，$\square=\frac{15}{7}+\frac{7}{4}=\frac{60}{28}+\frac{49}{28}=\frac{109}{28}=3\frac{25}{28}$

⑶ 七角形の１つの頂点からは，７－３＝４（本）の対角線を引くことができるから，対角線の数はのべ，４×７＝28（本）となる。ただし，頂点Ａから頂点Ｂへ引いた対角線と，頂点Ｂから頂点Ａへ引いた対角線は同じになるので，実際の数は半分の，28÷２＝14（本）である。

⑷ 右の図１で，角アは三角形ACGの外角なので，角アの大きさは，59＋38＝97（度）である。同様に，角イは三角形BFEの外角なので，角イの大きさは，26＋32＝58（度）となる。よって，角㋐の大きさは，180－(97＋58)＝25（度）と求められる。

図１
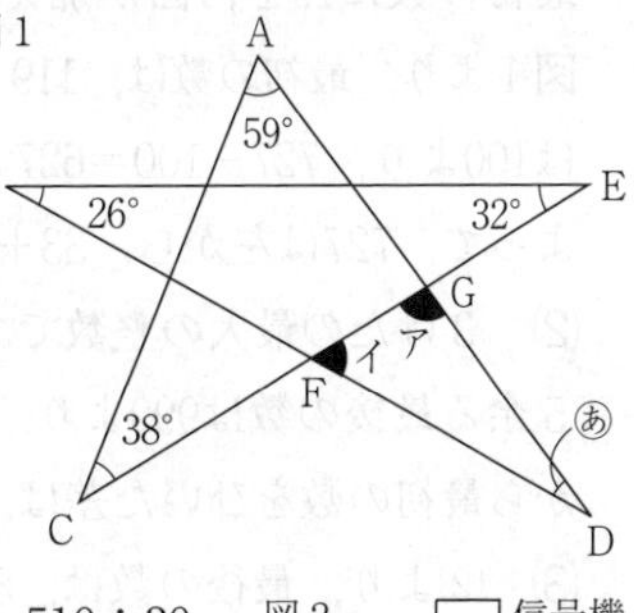

⑸ 電車の長さを△ｍとする。電車の先頭は，右下の図２より15秒間で△ｍ進み，また右下の図３より45秒間で，510＋△（ｍ）進むとわかる。電車の先頭が進んだ道のりの差を考えると，この電車は，45－15＝30（秒間）で510ｍ進むので，電車の速さは秒速，510÷30＝17（ｍ）である。すると，電車の長さは図２より，17×15＝255（ｍ）とわかる。

図２

⑹ タイヤの周りの長さは，60×3.14＝188.4（cm）である。すると，282.6km＝282600ｍ＝28260000cmより，５時間でタイヤは，28260000÷188.4＝150000（回転）するとわかる。よって，１時間では，150000÷５＝30000（回転）となり，１時間＝60分より，タイヤは毎分，30000÷60＝500（回転）す

図３
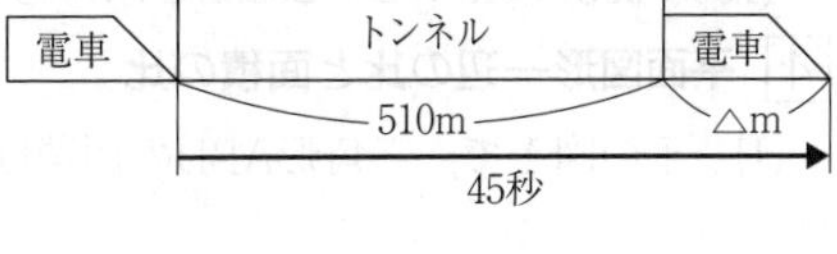

ると求められる。

(7)　１日目に①ページを読んだとすると，２日目には①ページを読み，３～７日目の，７－３＋１＝５(日間)では，１日につき，①×３＝③(ページ)を読んだことになる。すると，425ページは，①×２＋③×５＝⑰(ページ)にあたるので，①＝425÷17＝25(ページ)とわかる。１～２日目の２日間で合計，①×２＝25×２＝50(ページ)を読んだので，230ページ目を読むまでには，あと，230－50＝180(ページ)を読めばよい。３日目からは１日につき，③＝25×３＝75(ページ)を読んだので，180÷75＝２余り30より，230ページ目を読むのは，読み始めてから，２＋２＋１＝５(日目)と求められる。

(8)　右の図４より，49－22＝27(人)が全体の，100－(52＋46)＝２(％)にあたる。すると，２％＝0.02より，この学校の全体の人数は，27÷0.02＝1350(人)とわかる。

図４

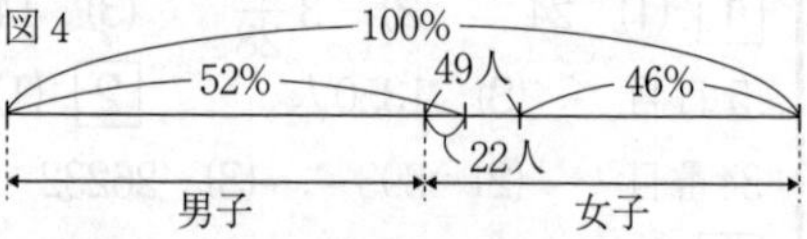

2　速さ

(1)　行きと帰りに歩いた道のりは同じである。道のりが同じとき，速さとかかる時間の比は逆比となるので，行きと帰りにかかる時間の比は，$\frac{1}{75}:\frac{1}{60}$＝60：75＝４：５となる。行きと帰りにかかった時間の合計は，12時20分－９時20分＝３時間＝180分であり，行きにかかった時間は，180×$\frac{4}{4+5}$＝80(分)とわかる。80分＝１時間20分なので，駅に着いた時刻は，９時20分＋１時間20分＝10時40分と求められる。

(2)　(1)より，家から駅まで分速75ｍで80分かかるので，家から駅までの道のりは，75×80＝6000(ｍ)となり，１km＝1000ｍより，6000÷1000＝６(km)とわかる。

(3)　(往復の平均の速さ)＝(往復の道のり)÷(時間の合計)であり，往復の道のりは，６×２＝12(km)，時間の合計は３時間なので，往復の平均の速さは時速，12÷３＝４(km)と求められる。

3　数列

(1)　右の図１のように，19で割ると５余る数は，最初の数に19を何回か加えた数となる。すると図１より，最初の数は，119－19＝100である。727は100より，727－100＝627大きいので，727は100に19を，627÷19＝33(回)加えた数だとわかる。よって，727は左から，33＋１＝34(番目)の数と求められる。

図１

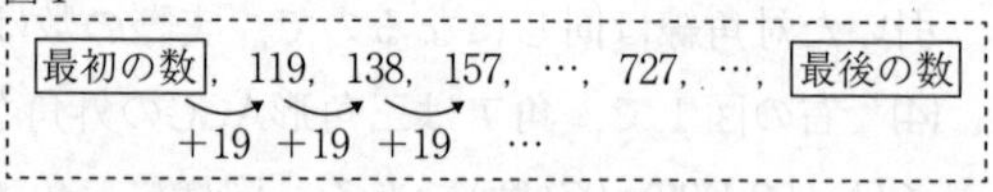

(2)　３けたの最大の整数である999を19で割ると，999÷19＝52余り11になる。すると，19で割ると５余る最後の数は999より，11－５＝６小さいので，999－６＝993である。したがって，最後の数から最初の数をひいた差は，993－100＝893となる。

(3)　(2)より，最後の数は，893÷19＋１＝48(番目)の数である。右の図２のように，(等差数列の和)＝{(最初の数)＋(最後の数)}×(個数)÷２となるので，100から993までのすべての数をたした和は，(100＋993)×48÷２＝26232と求められる。

図２

　100＋ 119＋…＋ 974＋ 993
＋ 993＋ 974＋…＋ 119＋ 100
1093＋1093＋…＋1093＋1093
（48個）
よって，100＋119＋…＋993＝1093×48÷２となる。

4　平面図形―辺の比と面積の比

(1)　下の図１で，三角形ABDの面積は，三角形ABCの面積の，$\frac{a}{a+b}$であり，また，かげをつけた三角形の面積は，三角形ABDの面積の，$\frac{c}{c+d}$なので，かげをつけた三角形の面積は三角形ABCの面積の，$\frac{a}{a+b}\times\frac{c}{c+d}$となる。すると，右下の図２で，三角形ア，イ，ウの面積はそれぞれ，三角形ABCの面積の，$\frac{3}{3+1}\times\frac{1}{1+2}=\frac{1}{4}$，$\frac{4}{4+1}\times\frac{1}{1+3}=\frac{1}{5}$，$\frac{2}{2+1}\times\frac{1}{1+4}=\frac{2}{15}$なので，問題文中の三角形①（図２の斜線《しゃせん》部分）の面積は，三角形ABCの面積の，$1-\left(\frac{1}{4}+\frac{1}{5}+\frac{2}{15}\right)=1-\frac{7}{12}=\frac{5}{12}$とわかる。同様に考えると，問題文中の三角形②，三角形③の面積はそれぞれ，三角形ABCの面積の，$1-\left(\frac{2}{2+2}\times\frac{1}{1+2}+\frac{3}{3+2}\times\frac{2}{2+2}+\frac{2}{2+1}\times\frac{2}{2+3}\right)=\frac{4}{15}$，$1-\left(\frac{2}{5}+\frac{1}{1+2}\times\frac{3}{3+2}\right)=\frac{2}{5}$となる。よって，三角形①，②，③の面積の比は，$\frac{5}{12}:\frac{4}{15}:\frac{2}{5}=\frac{25}{60}:\frac{16}{60}:\frac{24}{60}=25:16:24$と求められる。

図１

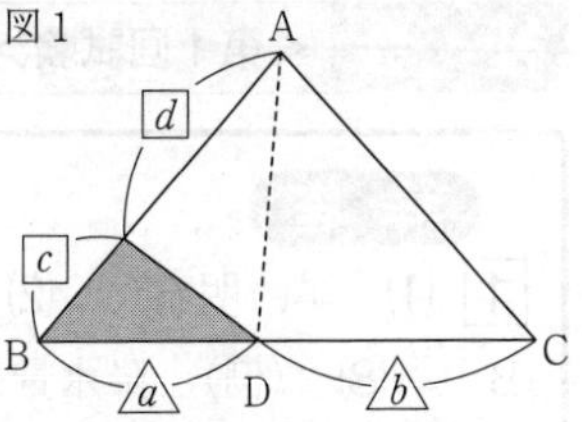

図２

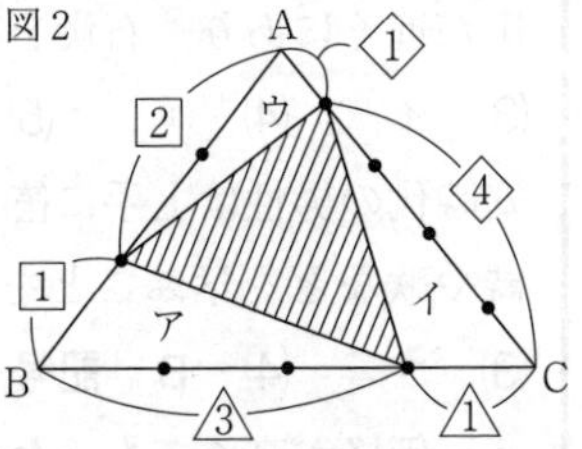

図３

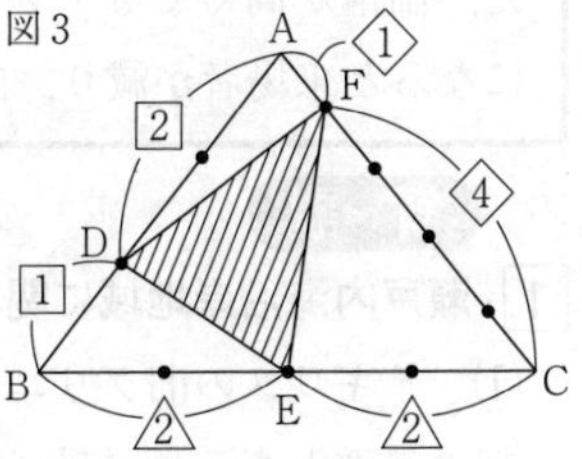

図４

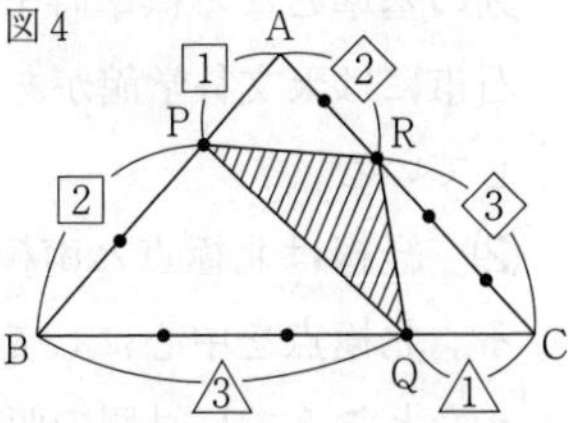

⑵　右の図３で，三角形DEFの面積は，三角形ABCの面積の，$1-\left(\frac{2}{2+2}\times\frac{1}{1+2}+\frac{4}{4+1}\times\frac{2}{2+2}+\frac{2}{2+1}\times\frac{1}{1+4}\right)=\frac{3}{10}$である。よって，三角形DEFの面積は，$90\times\frac{3}{10}=27(\text{cm}^2)$と求められる。

⑶　右の図４で，三角形PQRの面積は，三角形ABCの面積の，$1-\left(\frac{3}{3+1}\times\frac{2}{2+1}+\frac{3}{3+2}\times\frac{1}{1+3}+\frac{1}{1+2}\times\frac{2}{2+3}\right)=\frac{13}{60}$である。よって，三角形ABCの面積は，$52\div\frac{13}{60}=52\times\frac{60}{13}=240(\text{cm}^2)$と求められる。

5　仕事算

⑴　Aさん，Bさん，Cさんが１日でする仕事の量をそれぞれA，B，Cとする。右の図１より，10と12と15の最小公倍数は，$2\times5\times3\times1\times2\times1=60$である。そこで，仕事全体の量を60とおくと，$A+B=60\div10=6$，$B+C=60\div12=5$，$C+A=60\div15=4$となる。右下の図２より，$A+B+C=15\div2=7.5$となり，Aさん，Bさん，Cさんの３人が１日でする仕事の量の合計は7.5なので，３人で仕事をすると，$60\div7.5=8$（日）で終わる。

図１

2) 10　12　15
5) 5　6　15
3) 1　6　3
　　1　2　1

図２

$A+B=6$
$B+C=5$
$+\quad C+A=4$
$(A+B+C)\times2=6+5+4=15$

⑵　⑴より，$A+B+C=7.5$，$B+C=5$なので，Aさんが１日でする仕事の量は，$7.5-5=2.5$である。すると，この仕事をAさんが１人でするのにかかる日数は，$60\div2.5=24$（日）と求められる。

⑶　⑵より，Bさんが１日でする仕事の量は，$6-2.5=3.5$，Cさんが１日でする仕事の量は，$4-2.5=1.5$である。すると，Aさんが２日，Bさんが２日，Cさんが４日でする仕事の量の合計は，$2.5\times2+3.5\times2+1.5\times4=5+7+6=18$となり，$2+2+4=8$（日間）で18の量の仕事をするという周期を繰《く》り返すことがわかる。$60\div18=3$余り６より，この周期を３回繰り返した後，６の量の仕事が残る。Aさんが２日仕事をしても，$6-2.5\times2=1$の量の仕事が残り，この仕事をBさんは１日のうちに終えるので，すべての仕事を終えるのは，$8\times3+2+1=27$（日目）と求められる。

社　会　**＜第１回試験＞**（30分）＜満点：50点＞

解　答

1 (1) エ，明石　(2) 45　(3) イ　(4) エ　(5) ア，イ　(6) カ，小豆島　(7) B　(8) （例）降水量が少なく，農業用水をためる池が多くあるため。　(9) （例）筑豊炭田が近くにあり，石炭を容易に運ぶことができるため。　2 (1) 源頼朝　(2) 太平洋　(3) イ　(4) エ　(5) ア　(6) ウ　(7) **C** 15　**D** 25　(8) ア　(9) （例）平安時代の男性は上手に笛を奏で，歌を詠むことができるべきと考えられており，父親は若君に漢詩や歌などを学ぶことを期待した。　3 (1) （例）価格が下がりづらくなる　(2) 110　(3) ウ　(4) **B**　**記号**…ア　**理由**…（例）優勝争いに加わったチームを見たいと思う人が増え，価格が高くてもチケットを買うと考えられるため。　**C**　**記号**…ウ　**理由**…（例）大雨になると来場者が減り，主催者側は価格を下げてもチケットを売りたいと考えるため。

解　説

1　瀬戸内海沿岸地域に関する地理についての問題

(1)　イギリスの旧グリニッジ天文台から東にちょうど135度分離《はな》れた東経135度の経線が，日本の時刻の基準となる標準時子午線と定められている。東経135度の経線はエの兵庫県明石市を通り，明石市には天文科学館がある。なお，アは広島市，イは岡山県総社市，ウは兵庫県赤穂《あこう》市の周辺を示している。

(2)　経線は北極点と南極点を結んだ線で，地球を東経０度～180度と西経０度～180度に分けている。北極点を中心にして地球儀《ぎ》を上から見ながら東経135度の経線をたどっていくと，北極点を超《こ》えたところで反対側の西経45度(180度－135度)に当たる。

(3)　1993年にユネスコ(国際連合教育科学文化機関)の世界文化遺産に登録された姫路《ひめじ》城は，兵庫県の姫路市にある。兵庫県は北が日本海，南が瀬戸内海に面した近畿地方の県なので，北と南に海岸線のあるイの地図が当てはまる。なお，アは宮崎県，ウは奈良県，エは岡山県の形を表している。

(4)　関門海峡《かいきょう》は，九州の北端《たん》(福岡県北九州市門司《もじ》区)と本州の西端(山口県下関市)の間に位置する，瀬戸内海と日本海とを結ぶ海峡である。せまく潮の流れの速い航海の難所であるが，古くから交通の要所となっていた。写真２には，奥《おく》に向いた矢印で門司の方向が示されているので，手前が山口県，奥が福岡県とわかる(エ…○)。

(5)　青森県と北海道の間は青函《せいかん》トンネルで結ばれており，本州と北海道は北海道新幹線で行き来ができる(ア…○)。本州と九州は関門トンネルや関門橋などで結ばれており，新関門トンネルを通る山陽新幹線で行き来が可能である(イ…○)。なお，四国には新幹線が通っていないため，四国に新幹線で行くのは不可能である。また，四国と本州とは橋で結ばれているが，四国と九州とを結ぶ橋やトンネルはない(ウ，エ…×)。

(6)　小豆《しょうど》島は香川県の北東部に位置する島で，瀬戸内海に浮《う》かぶ島々の中では兵庫県の淡路《あわじ》島に次いで面積が大きい。ヨーロッパの地中海沿岸に似た年間を通して雨が少なく温暖な気候であるため，オリーブの栽培《さいばい》がさかんで，醤油《しょうゆ》や素麺《そうめん》も特産品となっている。なお，キは屋代《やしろ》島(山口県)，クは対馬(長崎県)，ケは屋久島(鹿児島県)を示している。

⑺，⑻　地図２には，保田池や川田池のほか，大小多くの池がある。これらの池は，農業用水を確保することを目的として人工的につくられたため池であると考えられる。したがって，地図２の地域があるのは，年間を通して降水量が少ない瀬戸内海沿岸に位置するＢの都市と判断できる。

⑼　1901年に操業を開始した官営の八幡《やはた》製鉄所は，製造に必要な石炭を産出する筑豊《ちくほう》炭田や石灰石の産地に近く，中国から鉄鉱石を輸入するのに便利であったため，Ｙの地域(福岡県北九州市)につくられた。

2　各時代の歴史的なことがらについての問題

⑴　源頼朝は，1185年の壇ノ浦の戦いで平氏がほろびると，国ごとに守護，荘園《しょうえん》や公領ごとに地頭を置くことを朝廷に認めさせ，支配を全国に広げた。さらに，1192年には朝廷から征夷大将軍に任命された。

⑵　太平洋戦争が1945年８月に終結すると，敗戦国である日本はGHQ(連合国軍最高司令官総司令部)の支配下に置かれた。GHQの指導のもと，戦後の日本では次々に民主化政策が推《お》し進められ，12月には衆議院議員選挙法が改正された。これによって，選挙権は満20歳《さい》以上の男女に与《あた》えられ，女性が初めて選挙権を持つことができた。

⑶　『魏志《ぎし》』倭人《わじん》伝は，３世紀に著《あらわ》された中国の歴史書である。これによると，30あまりの小国を従えた邪馬台国の女王卑弥呼は，呪術《じゅじゅつ》を用いて国を治め，王の地位を認めてもらうために魏(中国)に使いを送ったとされる(Ⅰ…正)。古墳には，勾玉《まがたま》，腕《うで》輪，耳飾《かざ》りなどの装飾《そうしょく》品が副葬《ふくそう》品として死者とともに埋《う》められたが，これらは社会的な地位や権力を表すものと考えられ，女性のみが身につけていたとは断言できない(Ⅱ…誤)。

⑷　Ⅰは奈良時代の710年(平城京遷都《せんと》)，Ⅱは飛鳥時代の645年(乙巳《いっし》の変による蘇我氏の滅亡《めつぼう》)，Ⅳは飛鳥時代の603年(冠位《かんい》十二階の制定)のことなので，年代の古い順に，Ⅳ→Ⅱ→Ⅰとなる。なお，Ⅲは平安時代の797年(坂上田村麻呂の征夷大将軍任命)の出来事である。

⑸　鎌倉時代の中期以降になると，分割《ぶんかつ》相続のくり返しによって御家人１人当たりの領地がせまくなった。さらに分割が進むと男性家系を維持《いじ》することが困難になるため，女性に分け与えられる財産が少なくなり，それまで比較《ひかく》的高かった女性の地位も低下した(ア…○)。

⑹　江戸幕府第５代将軍の徳川綱吉の時代に，京都や大阪を中心とする上方で花開いた町人文化を，元禄文化という。また，綱吉は極端《きょくたん》な動物愛護法である生類あわれみの令を出し，生き物の中でも特に犬を大切にしたことから犬公方《くぼう》と呼ばれ，民衆の不満を招いた(ウ…○)。なお，Ⅰは第３代将軍の徳川家光，Ⅲは第11代将軍の徳川家斉《いえなり》，Ⅴは第８代将軍の徳川吉宗に関係の深い用語である。

⑺　1890年に実施《じっし》された第１回衆議院議員総選挙では，直接国税を15円以上納める満25歳以上の男子にのみ選挙権が与えられた。その後，納税額の条件が２度引き下げられ，1925年には普通選挙法が成立し，満25歳以上の全ての男子に選挙権が認められた。

⑻　資料２を見ると，1873年から1885年まで一貫《いっかん》して女性の就学率は男性の就学率よりも低いことがわかる。資料１に，「『女性については学ぶことすらさせない』という今までの考えは誤っている」と書かれていることから，女性に学問は不要という古い考えがあったことが読み取れる(ア…○)。なお，学制では身分や性別に関係なく全ての子弟を学校に通わせるよう定められた(イ…

×）。資料２を見ると，1882年に女子の就学率は上昇《じょうしょう》しているが，男女の就学率の差はまだ35%近くあることがわかる（ウ…×）。資料２より，1878年から1880年にかけて女子の就学率は低下している。また，1884年から1885年にかけては男女とも就学率が低下している（エ…×）。

⑼　資料３では，娘が上手に笛を奏《かな》で，歌を詠《よ》む姿を貴族たちがほめている。また，父はそれを娘でなく息子の若君であればと願っているので，それが貴族社会に生きる父親が若君に期待したことであるとわかる。

3　商品の価格についての問題

⑴　需要《じゅよう》量（買いたい量）と供給量（売りたい量）がつりあう均衡《きんこう》価格に対し，管理価格はある特定の大企業《きぎょう》によって決定された価格である。企業が安定した利益を得られるように決めた価格であるため，価格が下がりにくいという特徴《とくちょう》を持つ。

⑵　この場合，生産に必要な費用は，（原材料費）＋（輸送費）＋（人件費）で求めることができるので，この商品の生産には１個あたり，50＋40＋20＝110（円）かかることになる。売り値は生産などにかかった費用に利益を加えて決められるので，この商品には110円よりも高い価格がつけられる。

⑶　ウの経済産業省は，経済や産業の発展，鉱物資源およびエネルギーの供給に関する行政を担当している。電力会社が規制料金の値上げを行うときには，電力・ガス取引監視《かんし》等委員会による審査《しんさ》のうえ，経済産業大臣の認可を受けなくてはならない。ロシアのウクライナ侵攻《しんこう》などにより燃料の価格が大きく上がり，大手電力７社が赤字になってしまったことを背景に，大手電力７社は規制料金の値上げを申請《しんせい》し，2023年６月に電気料金が改定された。

⑷　**B**　チケットの価格が高くなっているので，その試合を見たいと思う人が増え，価格が高くてもチケットが売れると主催《しゅさい》者が判断したと考えられる。チームが勝ち，優勝争いに加わることがわかると，試合を見たいと思う人が増えるので，価格は上がる（ア…○）。　**C**　チケットの価格が安くなっているので，価格を下げなければチケットが売れ残ると主催者が判断したと考えられる。試合当日の大雨の予報は観客数の減少につながるので，主催者側は価格を下げてでもチケットを売りたいと考える（ウ…○）。なお，チケットの発売を取りやめたら価格は０円になる（イ…×）。最寄り駅周辺で混雑度が増すことは，買わない理由になる場合もあるが，基本的にはチケットを買うか買わないかの判断基準にはならず，価格変動の要因としては当てはまらない（エ…×）。

理　科　＜第１回試験＞（30分）＜満点：50点＞

解　答

1　⑴　ア　⑵　イ　⑶　（例）（光が当たることで）二酸化炭素を取りこみ，酸素とデンプンができる反応。　⑷　(i)　イ　(ii)　エ　2　⑴　エ　⑵　イ　⑶　二酸化炭素　⑷　エ　⑸　エ　⑹　（例）BTBよう液を加熱し，溶けている気体を追い出す。　3　⑴　ア　⑵　イ　⑶　エ　⑷　（例）重心を下げて，浮きすぎないようにするため。　⑸　大き　4　⑴　南東　⑵　**A**　気圧　**B**　気温　**C**　湿度　⑶　エ，カ　⑷　ウ　⑸　（例）太陽の光が地面に直接届きにくいから。

解　説

1　種子の発芽についての問題

⑴　子葉が１枚の単子葉類のなかまには，イネ，ムギ，トウモロコシ，ユリ，チューリップ，ツユクサなどがある。

⑵　ある条件が必要かどうかを調べるには，その条件だけがちがい，ほかの条件は同じものどうしを比べる。たとえば，発芽に適当な温度が必要かどうかを調べるには，温度だけがちがい，ほかの条件(水，空気，光)が同じＤとＥで比べる。同様に，発芽に水が必要かどうかはＡとＢで，発芽に空気が必要かどうかはＢとＣで，発芽に光が必要かどうかはＢとＤで，それぞれ比べるとよい。

⑶　植物が葉などで行う光合成は，二酸化炭素と水を材料に，光のエネルギーを利用して，デンプンと酸素を作り出すはたらきである。

⑷　(i)　表１で，①は，10×３＝30，②は，０＋６＋30＋84＋80＝200，③は，200÷50＝４，④は，25×２＝50，⑤は，20＋50＋15＋０＋０＝85，⑥は，85÷50＝1.7と求められる。よって，すべての数値が正しい組み合わせは，イである。　(ii)　(i)より，発芽するのにかかる日数の平均が最も短くなるのは25℃のときとわかる。したがって，表２より，平均気温が25℃ぐらいの時期である７～８月に種をまくと，最も早く発芽すると考えられる。

2　気体の発生と性質についての問題

⑴　BTBよう液は，酸性で黄色，中性で緑色，アルカリ性で青色を示す。よって，BTBよう液を入れると緑色になるのは，中性の砂糖水である。なお，BTBよう液を酸性の塩酸に入れると黄色になり，アルカリ性の水酸化ナトリウム水よう液や石灰水，重そう水に入れると青色になる。

⑵　フェノールフタレインよう液は，アルカリ性の水よう液に入れると赤色を示す薬品である。①のBTBよう液は青色を示したのでアルカリ性であるから，①のBTBよう液をフェノールフタレインよう液に変えると，よう液の色は赤色になる。

⑶　石灰水に二酸化炭素を通すと，石灰水が白くにごることから，気体Ｙは二酸化炭素だとわかる。二酸化炭素は水に対してそれほど溶《と》けやすくないので，この実験では，粉末Ａを加熱することで発生した二酸化炭素は，①のBTBよう液には少しだけ溶け，大部分は②の方に流れ，②のBTBよう液にも少しだけ溶け，残りが③の方に流れて，③の石灰水を白くにごらせたと考えられる。②のBTBよう液が黄色くなったのは，二酸化炭素の水よう液(炭酸水)が酸性を示すからである。

⑷　①のBTBよう液には二酸化炭素も少し溶けているのに，それでもBTBよう液が青色を示したのは，粉末Ａを加熱することで発生した気体Ｘが，水よう液がアルカリ性を示す気体であり，しかも二酸化炭素よりも多量に溶けたからである。このことから，気体Ｘは二酸化炭素(気体Ｙ)よりも水に溶けやすいと考えられるので，表の気体エが当てはまる。

⑸　気体Ｘは，水に非常に溶けやすく，水よう液がアルカリ性を示すので，アンモニアであることがわかる。なお，発生したアンモニアは①のBTBよう液にすべて溶けてしまい，②の方に流れなかったので，②のBTBよう液には二酸化炭素だけが溶けて黄色を示したとわかる。また，試験管からゴム栓《せん》を外したときに感じられた鼻をさすようなにおいは，アンモニアが液体Ｚ(水)に溶けてできたアンモニア水によるものと考えられる。

⑹　①のBTBよう液には多量のアンモニアと少量の二酸化炭素が溶けていると考えられる。表より，気体は水の温度が高くなるほど溶ける量が少なくなるので，BTBよう液を加熱して，これら

の気体をよう液から追い出すことで，よう液を緑色にもどすことができる。

3 浮力《ふりょく》についての問題

⑴　ペットボトルはPET樹脂《じゅし》(ポリエチレンテレフタラート)というプラスチックで作られており(ただし，キャップやラベルは別の種類のプラスチックからできている)，PET樹脂の重さは同じ体積の水より少し重い。よって，中が水で満たされているペットボトルは，重さがペットボトル自体の重さと中の水の重さの和となり，同じ体積の水と比べて重くなるので，水に沈《しず》む。しかし，中が空のペットボトルは，体積のほとんどを空気がしめており，重さがペットボトル自体の重さだけと考えてよいので，同じ体積の水と比べて軽く，水に浮《う》く。

⑵　同じ体積で比べたときに，風船の重さ(風船自体の重さと中に入れたはく息の重さの和)よりも容器に入れた気体の方が重ければ，風船が浮き上がる。風船は空気よりも重いので，水素やヘリウム(吸うと声が高くなる気体)のような，空気より軽い気体を容器に入れても風船は浮かばない。ドライアイス(固体の二酸化炭素)を容器に入れると，ドライアイスは気体の二酸化炭素に変化する。二酸化炭素は空気やはく息より重い気体なので容器の底の方にたまり，風船を浮かび上がらせる。

⑶　水が氷になると体積が約1.1倍に増える。このため，水に氷を入れると，氷は体積のおよそ$\frac{1}{11}$を水面上に出して浮く。

⑷　物体を１点で支えたとき，その１点には物体全体の重さが集まっていると見なすことができ，この１点を重心という。船にも，船自体の重さや船に積んだものの重さを合わせた重心があり，その重心は低い位置にあるほど転覆《てんぷく》(横倒《だお》し)しにくい。積み荷がないときは船がより大きく浮き上がり重心が高くなるので，船が安全に航行できるように，船内に海水を入れて浮き上がりすぎるのをおさえ，重心を低くしている。

⑸　ある物体を液体に入れる場合，同じ体積当たりの重さで比べ，物体の方が液体よりも重いと物体は液体に沈み，軽いと物体は液体に浮く。このことを同じ重さ当たりで考えると，物体の方が液体よりも体積が小さいと物体は液体に沈み，体積が大きいと物体は液体に浮く。

4 気象についての問題

⑴　風見鶏《かざみどり》は風向を調べるための器具で，図２では矢の先たんが風の吹《ふ》いてくる方角である風上を指している。それが北西なので，風は北西から南東に向かって吹いている。

⑵　資料①より，雨が降っているときは気圧が低く，晴れているときは気圧が高いといえる。表より，４月25日と４月27日は晴れているので気圧が高く，４月26日は雨が降っているので気圧が低いと考えられるから，図１で気圧のグラフはAがふさわしい。また，資料②で，晴れている日は湿度《しつど》が低く，雨が降っている日は湿度が高くなると述べられている。よって，図１で湿度のグラフはCがふさわしい。したがって，図１のBのグラフは気温を表している。

⑶　⑵より，図１のBが気温を表す。晴れの日である４月27日の最高気温は約22℃，最低気温は約12℃，雨の日である４月26日の最高気温は約20℃，最低気温は約15℃であるから，１日の気温の変化は雨の日の方が晴れの日よりも小さいので，エが選べる。また，図１のAは気圧を表し，４月25日から４月26日にかけて下がっているので，カが選べる。なお，アは「(気圧が)低い」を「高い」に変えると，イは「朝(の気温)」を「昼」に変えると，オは「(湿度が)低い」を「高い」に変えると，それぞれ正しい文になる。また，図１のCのグラフを見ると，晴れている日に湿度は変動しているからウは誤り，雨が降っている４月26日の湿度は100％に近いので，オも誤り。

(4)　図３で，アの札幌とイの東京は，東の太平洋上にある高気圧(「Ｈ」マークの近くの×印を中心としたあたり)に近く，雨が降っている可能性は低い。一方，ウの鹿児島は，その西側にある低気圧(「Ｌ」マークの近くの×印を中心としたあたり)とそこからのびる前線に近く，雨が降っている可能性が高いと考えられる。

(5)　くもりのときは，雲が空のほとんどをおおっているので太陽の光がさえぎられやすく，地面の温度が上がりにくい。そのため，地面によって温められる空気の温度，つまり気温も上がりにくくなる。

国　語　＜第１回試験＞（50分）＜満点：100点＞

解　答

一　**問１**　下記を参照のこと。　**問２**　(1)　オ　(2)　イ　(3)　エ　**問３**　(1)　エ　(2)　カ　(3)　イ　(4)　キ　**問４**　(1)　イ　(2)　ウ　**問５**　(1)　ア　(2)　ウ　二　**問１**　①　二面性　②　ネガティブ　**問２**　イ　**問３**　ウ　**問４**　Ｄ　**問５**　オ　**問６**　エ　**問７**　オ　三　**問１**　ア　**問２**　イ　**問３**　(例)　ゴミの分別がうまくいかないのは，それが意識の外に放り捨てたものを再び意識化することに他ならないから。　**問４**　ウ　**問５**　エ　**問６**　オ　**問７**　イ，エ　四　(例)　老後の時間が非常に長くなるので，年を取っても楽しめる娯楽や文化をつくりあげる必要がある。老人が，楽しく老後の生活を送れるようになれば，若者も，老後について心配せずに，思いきり青春を楽しめるようになるだろう。何歳になっても，生きることには価値があると感じられるような社会が求められている。

●漢字の書き取り

一　**問１**　(1)　至難　(2)　対照　(3)　蒸留　(4)　操縦　(5)　安息

解　説

一　漢字の書き取り，文学作品の知識，対義語の知識，敬語の知識，主語と述語

問１　(1)　非常に難しいこと。　(2)　「対照的」は，二つの事物のちがいがきわだっているさま。(3)　液体をいったん蒸発させて，再び冷やすことで，混じりけのない液体をつくること。　(4)　乗り物や機械，人などをあやつり動かすこと。　(5)　安らかに休むこと。

問２　(1)　『平家物語』は，鎌倉《かまくら》時代の軍記物語。　(2)　『おくのほそ道』は，江戸《えど》時代前期の俳諧《はいかい》紀行文で，作者は松尾芭蕉《まつおばしょう》。　(3)　『方丈記《ほうじょうき》』は，鎌倉時代前期の随筆《ずいひつ》で，作者は鴨長《かものちょう》明《めい》。『源氏《げんじ》物語』は，平安時代中期の物語で，作者は紫式部《むらさきしきぶ》。『徒然草《つれづれぐさ》』は，鎌倉時代後期の随筆で，作者は兼好法師《けんこうほうし》。

問３　(1)　「名目」は，表向きの名前や理由，口実のこと。対義語は，実際の内容や性質を意味する「実質」。　(2)　「質疑」は，疑問を人にたずねること。対義語は，問いかけに答えることを意味する「応答」。　(3)　「精密」は，細かいところにまで注意が行き届いているさま。対義語は，いいかげんで大ざっぱなさまを意味する「粗雑《そざつ》」。　(4)　「一般《いっぱん》」は，全体に広く共通していること。対義語は，ふつうとはちがうことを意味する「特殊《とくしゅ》」。

問４　(1)　「参る」は，「行く」「来る」の謙譲語《けんじょうご》。　(2)　「ございます」は，「ある」の丁寧語《ていねいご》。

問５　主語は「だれが」や「何が」を表す文節である。また，述語は「どうする」「どんなだ」「何だ」を表す文節で，主語に対応している。　　⑴　述語「行った」に対応する主語は「私たちは」である。⑵「救うことです」の主語は「夢は」となる。

二　**出典：真紀涼介《まきりょうすけ》『勿忘草《わすれなぐさ》をさがして』**。航大《こうだい》は，凜《りん》から，本当の自分は明るい性格ではないこと，劇の稽古《けいこ》がうまくいっていないことを打ち明けられたが，そんな凜を励《はげ》まそうとする。

問１　ガザニアは，「太陽が出ているときだけ明るく花を開いて，夜には花を閉じている」のである。ガザニアの持つそのような「二面性」が，人前では明るく振《ふ》る舞《ま》うが本当は物事を「ネガティブ」な方向にばかり考える自分を連想させるので，凜は，ガザニアが嫌《きら》いなのである。

問２　凜は，自分の本当の性格を打ち明け，それを聞いた航大は，あまりの意外さに驚《おどろ》いた。水道の音が止《や》み，急に静かになったことが，二人の間にただよう緊迫《きんぱく》した空気を強調している。よって，イがよい。

問３　凜は，演劇部の部長として，今度の劇に高い理想を持っていたが，ほかの部員は完成度の低いいまの出来に満足していた。凜が，部員たちに自分と同じほどの情熱を持ってもらうことをあきらめ，自分の「目指すゴール」にこだわらなくなりつつあることがわかる。

問４　もどす文の「突然《とつぜん》の衝動《しょうどう》」とは，悩《なや》む凜をどうにかして助けたいという感情が，航大の中に強く生じたことを指している。「困り果てる友人の横顔を眺《なが》めていると，腹の底から強い感情が湧《わ》き上がってきた～自分の中にある目に見えない何かが，アクセルが踏《ふ》み込《こ》まれるのを待つ車のように振動《しんどう》している」という部分の後にもどすと，文意が通る。

問５　凜は，「二面性」がある自分の性格に悩み，また，演劇部の部長として，今度の劇の稽古が「うまくいってない」ことにも悩んでいた。航大は，真剣《しんけん》に悩んでいる凜に安易な慰《なぐさ》めの言葉をかけると，かえって傷つけることになるのではないかと不安になり，言葉を続けるのをためらったのである。よって，オが選べる。

問６　航大が凜を励まそうと会話を続けているうちに，ふと，凜がいつもの明朗快活な少女らしい仕草を見せた。それを見て，航大は，明るい面も「彼女《かのじょ》を形づくる一部」であることを知り，ホッとしたのである。よって，エがふさわしい。

問７　航大も，サッカー部で部員どうしの「熱量の差」に悩まされたことがあったため，演劇部における凜の悩みを，すぐに理解することができた。また，凜を励ます言葉を口にする前には，「サッカーをしていたころ，PKを蹴《け》る前に必ずやっていたルーティン」をすることで，緊張をほぐし，心を落ち着かせている。このように，航大がサッカー部で経験してきたことは，凜を理解したり，励ましたりするうえで，役に立っているといえる。よって，オが合う。

三　**出典：國分功一郎《こくぶんこういちろう》『暇《ひま》と退屈《たいくつ》の倫理学《りんりがく》』**。定住が，人類にとっては革命的なできごとであったことを紹介《しょうかい》し，この革命がもたらした大きな変化の内容について考察している。

問１　Ａ「定住化の原因については，より詳細《しょうさい》な議論が必要」だとして，「定住化の過程《かてい》についても～興味深い事実が見出《みいだ》される」と続くので，あることがらに次のことがらをつけ加える働きの「また」が合う。　　Ｂ　前には「人類はそのほとんどの時間を遊動生活によって過ごしてきた」とあり，後には「気候変動等の原因によって，長く慣れ親しんだ遊動生活を放棄《ほうき》し，定住することを強《し》いられた」と述べているので，前のことがらに対し，後のことがらが対立する関係にあることを表す「だが」が合う。　　Ｃ　西田正規《にしだまさき》が，「『定住革命』の考えを提唱」したことを紹介し，

「その革命の中身は具体的にはいかなるものであったのだろうか」と続くので，前のことがらを受けて，それをふまえながら次のことを導く働きの「では」が合う。

問２　遊動生活者は，一か所に定住せず，移動し続けていたので，ゴミや排泄物《はいせつぶつ》による「環境《かんきょう》の汚染《おせん》」を気にせずにすんだということである。よって，イがふさわしい。

問３　「これ」とは，直前の段落にある「いま文明国の多くがゴミ問題に悩まされており，ゴミの分別をしきりに市民に教育している」が，「うまくいかない」ということを指している。ぼう線部②の直後には，「ゴミというのは意識の外に放り捨てたもの」であり，「もはや考えないようにしてしまったもの」だとある。「ゴミの分別とは，そうして意識の外に放り捨てたものを，再び意識化することに他ならない」ので，難しいと説明されている。

問４　人類は，遊動生活を送っていた数百万年の間，排泄物の処理について考えたことはなかった。定住化が始まった一万年前に，排泄は決まった場所で行わなければならないという習慣が生まれたと，筆者は述べている。よって，この新たな習慣は，大きな変化であり，人間にとって受け入れるのは簡単なことではなかったという内容のウが合う。

問５　直前の段落で「人類はある一定の時期に定住革命を成《な》し遂《と》げた」が，「定住生活を行う個々の人間もまたその人生のなかで定住革命を成し遂げなければならない」と述べられている。定住革命は，「かつて人類が一度だけ体験した革命」ではなく，定住民が，今も，その人生において継続《けいぞく》しなければならない革命だということができる。よって，エがよい。

問６　遊動狩猟民《しゅりょうみん》には，「過度の賞賛を避《さ》ける習性」があり，ブッシュマンの社会では，「大きな獲物《えもの》を捕《と》らえてきた狩人《かりゅうど》」は，「ひっそりこっそりと獲物を皆の目に付くところに置いておく」とある。これは，その狩人が，「過度に賞賛されて，権威的《けんいてき》存在ができることを避ける」ためである。よって，オが選べる。

問７　現代の我々は，「ゴミをゴミ箱に捨てること」や「トイレで用を足すこと」を当たり前だと思っている。しかし，「定住革命の視点に立つなら，これらはすこしも当たり前ではない」新しい習慣であり，それを身につけるには努力が必要であり，その過程は困難だったのである。よって，アは正しい。遊動民は，「ゴミの分別やトイレで用を足すことを覚える」どころか，そもそも，「ゴミや排泄物のゆくえにほとんど注意を払《はら》わない」ので，イは正しくない。「定住生活を始めた人類」は，ゴミはゴミ捨て場に捨て，決められた場所で排泄をするという「新たな習慣の獲得《かくとく》を強いられた」が，このような習慣を身につけるのは困難なことで，「ゴミの分別がなかなか進まないこと，そうじがまったくできない人がいること」は，「そのときの困難が今日にも受《う》け継《つ》がれているということ」の証拠《しょうこ》だと説明されている。よって，ウは正しい。定住によって，「霊《れい》や霊界といった観念」が発生し，宗教が生まれたのであり，遊動生活者がそれらを生み出したわけではないので，エはあてはまらない。「定住社会では，コミュニティーのなかで不和や不満が生じても，当事者が簡単にコミュニティーを出ていくことができない」ため，「不和や不満が蓄積《ちくせき》していく可能性が高い」のである。「不和が激しい争いになることを避けるため」に，「権利や義務の規定」が発達し，「法体系」が発生したのである。よって，オは正しい。

四　条件作文

「高齢者《こうれいしゃ》から若者まですべての国民」という点が第一のポイントである。「人生100年時代」というと，つい高齢者のことばかりを考えてしまいがちなので注意する。第二のポイントは「幸せに暮らす」とあることである。社会福祉《ふくし》や高齢者の医療《いりょう》，介護《かいご》についてだけ書いてしまうと主題から外れることになる。高齢者が，年を取っても幸せだと感じられ，若者も，年を取ることに対してポジティブなイメージを持てるには，どのような社会を築いていけばよいのかを考えるとよい。

2023年度 東洋大学京北中学校

【算　数】〈第１回試験〉（50分）〈満点：100点〉

《注　意》円周率は3.14とします。

1　次の問いに答えなさい。

(1)　$\left(4\frac{3}{8}-2.625\right)\div\left(3\frac{1}{16}-1.1875\right)$を計算しなさい。

(2)　$\frac{1}{6}+\frac{1}{3}+\frac{1}{2}+\frac{2}{3}+\frac{5}{6}+1+1\frac{1}{6}+1\frac{1}{3}+1\frac{1}{2}+1\frac{2}{3}+1\frac{5}{6}$を計算しなさい。

(3)　□にあてはまる数を求めなさい。

$2\frac{1}{7}+\left(1\frac{1}{4}-\square\right)\times1\frac{1}{7}=3$

(4)　3個のさいころA，B，Cを同時に投げて，出た目の数をそれぞれa，b，cとします。このとき，3つの数の和$a+b+c$が奇数となる場合は何通りありますか。

(5)　姉と弟の持っているカードのはじめの枚数の比は3：1でしたが，姉が弟に4枚あげて，弟は自分で3枚買ったので，姉と弟の持っているカードの枚数の比は16：7になりました。はじめに姉が持っていたカードの枚数は何枚ですか。

(6)　右の図のように，正五角形に2本の平行な直線が交わっています。このとき，角xと角yの大きさの和を求めなさい。

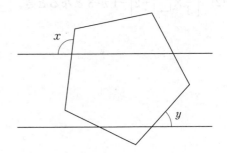

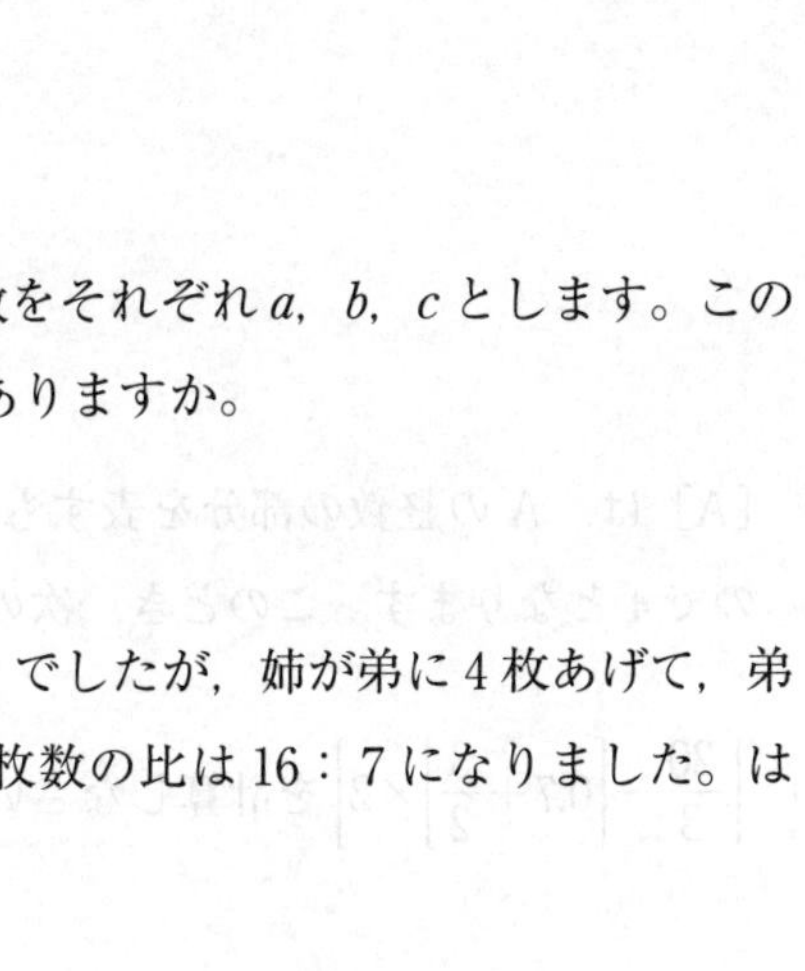

(7)　右の図は正六角形に対角線を引いたものです。外側の正六角形の面積が $54\,\mathrm{cm}^2$ のとき，内側にできた正六角形の面積を求めなさい。

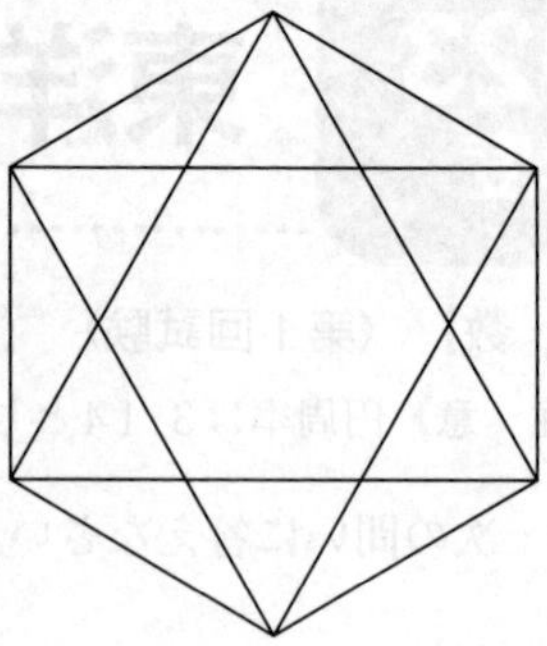

(8)　右の図は，すべての辺の長さが８cm の三角柱です。この三角柱を３点Ａ，Ｅ，Ｆを通る平面で切って，２つの立体に分けるとき，その２つの立体の表面積の差を求めなさい。

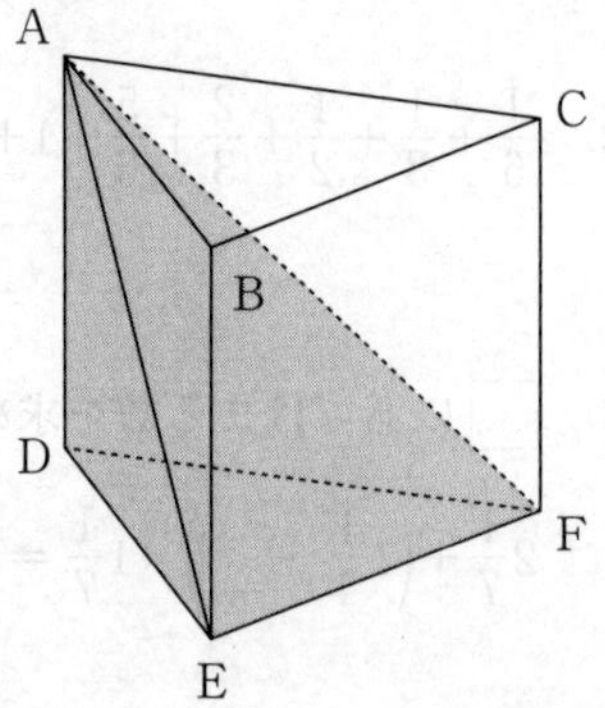

2　［A］は，Ａの整数の部分を表すものとします。例えば［2.1］は２となり，$\left[\dfrac{9}{2}\right]$は［4.5］なので４となります。このとき，次の問いに答えなさい。

(1)　$\left[\dfrac{20}{3}-\left[0.7+\dfrac{3}{2}\right]\times 2\right]$ を計算しなさい。

(2)　$\left[\dfrac{1}{3}\times\square+2\right]-1$ が３となるとき，□に入る整数をすべて答えなさい。

3 ６年生のあるクラスで，６月に学校の周りをそうじする計画を立てました。
このクラスの人数は34人で，毎日10人ずつ出席番号順に１番からそうじを行うことにし，最後の34番の次は１番に戻り，つねに10人でそうじをします。そうじする期間は６月１日（水）から６月30日（木）までで日曜日は除くこととします。

次の問いに答えなさい。ただし，この期間は日曜日以外に祝日や学校が休みになる日はなく，生徒は欠席しないものとします。

(1) ６月９日（木）にそうじをするのは，出席番号が何番から何番までの人ですか。

(2) Ｋさんの出席番号は５番です。Ｋさんはこの期間，何回そうじをしますか。

(3) Ｈさんの出席番号は23番です。Ｈさんが６回目にそうじをするのは，何月何日ですか。

4 右の図のような長方形ABCDがあります。
AE：ED＝２：３
BF：FC＝１：２
で，三角形AGEの面積は16 cm^2 です。
次の問いに答えなさい。

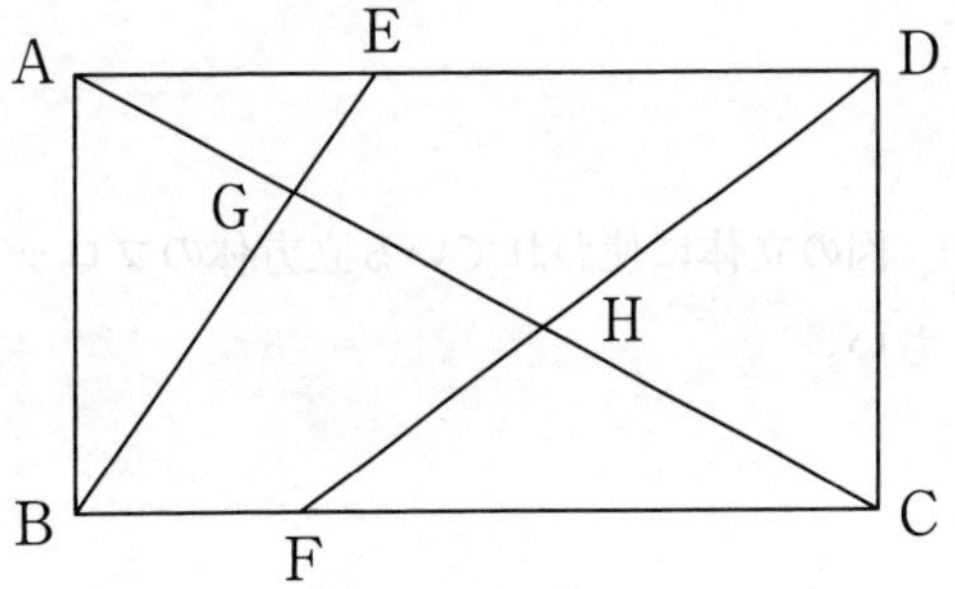

(1) 三角形BCGの面積を求めなさい。

(2) 三角形DHCの面積を求めなさい。

(3) 四角形GBFHの面積を求めなさい。

5 右の図のように，１辺２ cm の立方体のブロックを何個か使ってできた立体が床に置いてあり，両方のカベにくっついています。

このとき，次の問いに答えなさい。

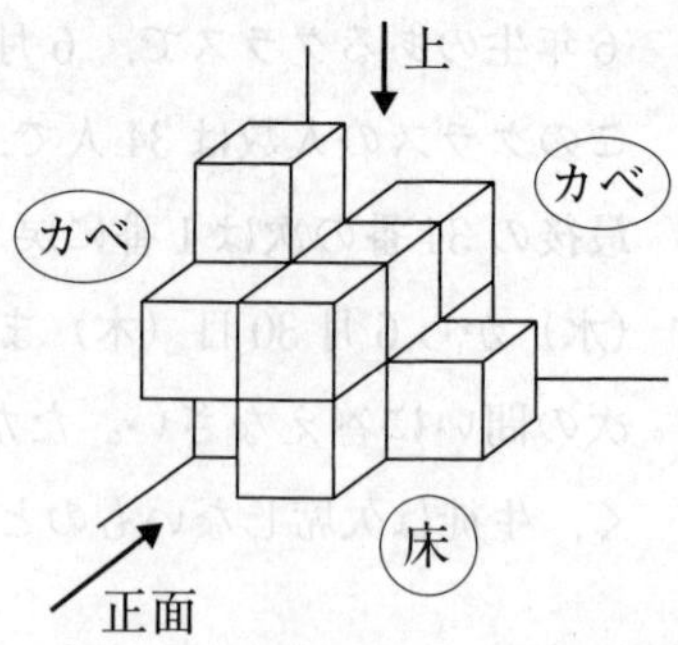

⑴ 図の立体を上，正面から見た図として正しいと考えられるものを次の①～⑥の中からすべて選びなさい。

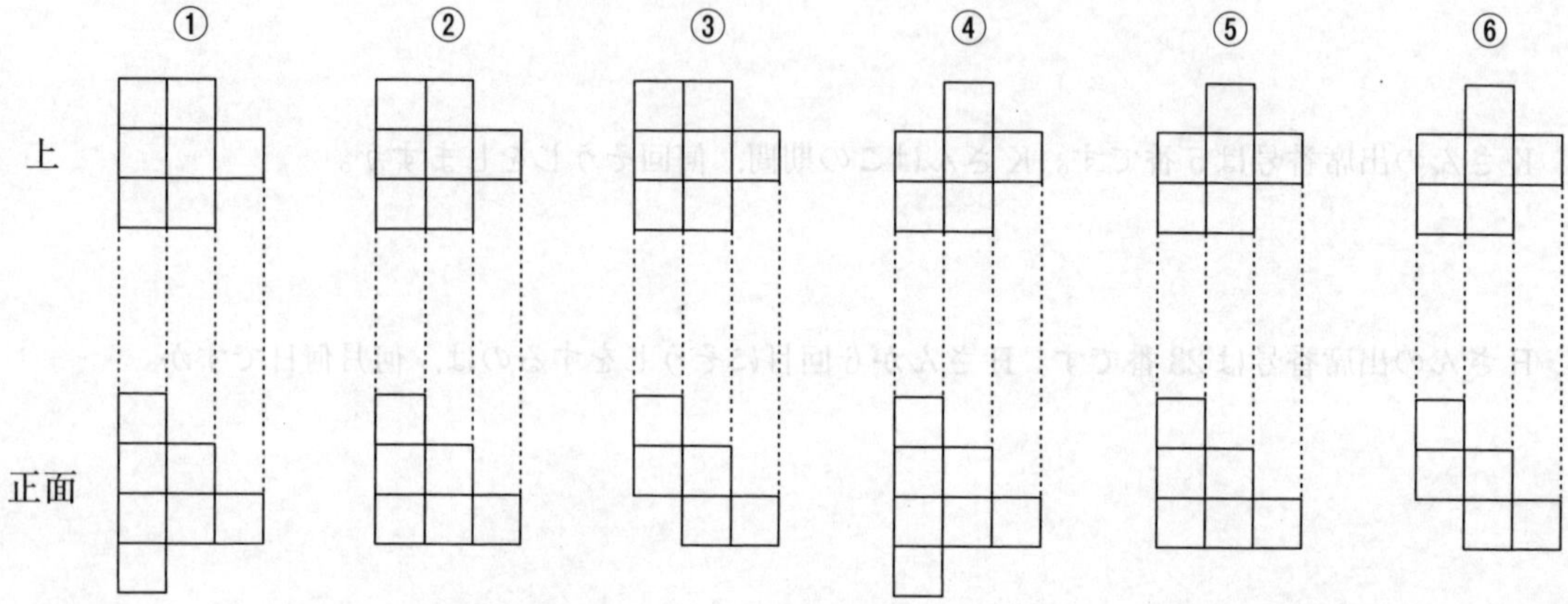

⑵ 図の立体に使われている立方体のブロックについて，考えられるもっとも多い個数を求めなさい。

⑶ ⑵のとき，この立体の表面に色をぬりました。色をぬったあと，立方体のブロックに分けたとき，色をぬられていない面の面積の和を求めなさい。

ただし，ブロックが床やカベにくっついている面は色がぬられないものとします。

⑷ ⑵のとき，立方体のブロックの１辺の長さを何倍かすると，図の立体の体積が $324cm^3$ となりました。何倍したか求めなさい。

【社　会】〈第１回試験〉（30分）〈満点：50点〉

〈編集部注：実際の入試問題では，図やグラフはすべてカラーになっています。なお，一部の図はカラーのものを弊社のホームページに掲載してあります。右のＱＲコードからもアクセス可能です。〉

1　次の**地図１**を見て，文章**a**～**d**を読み，問いに答えなさい。

地図１

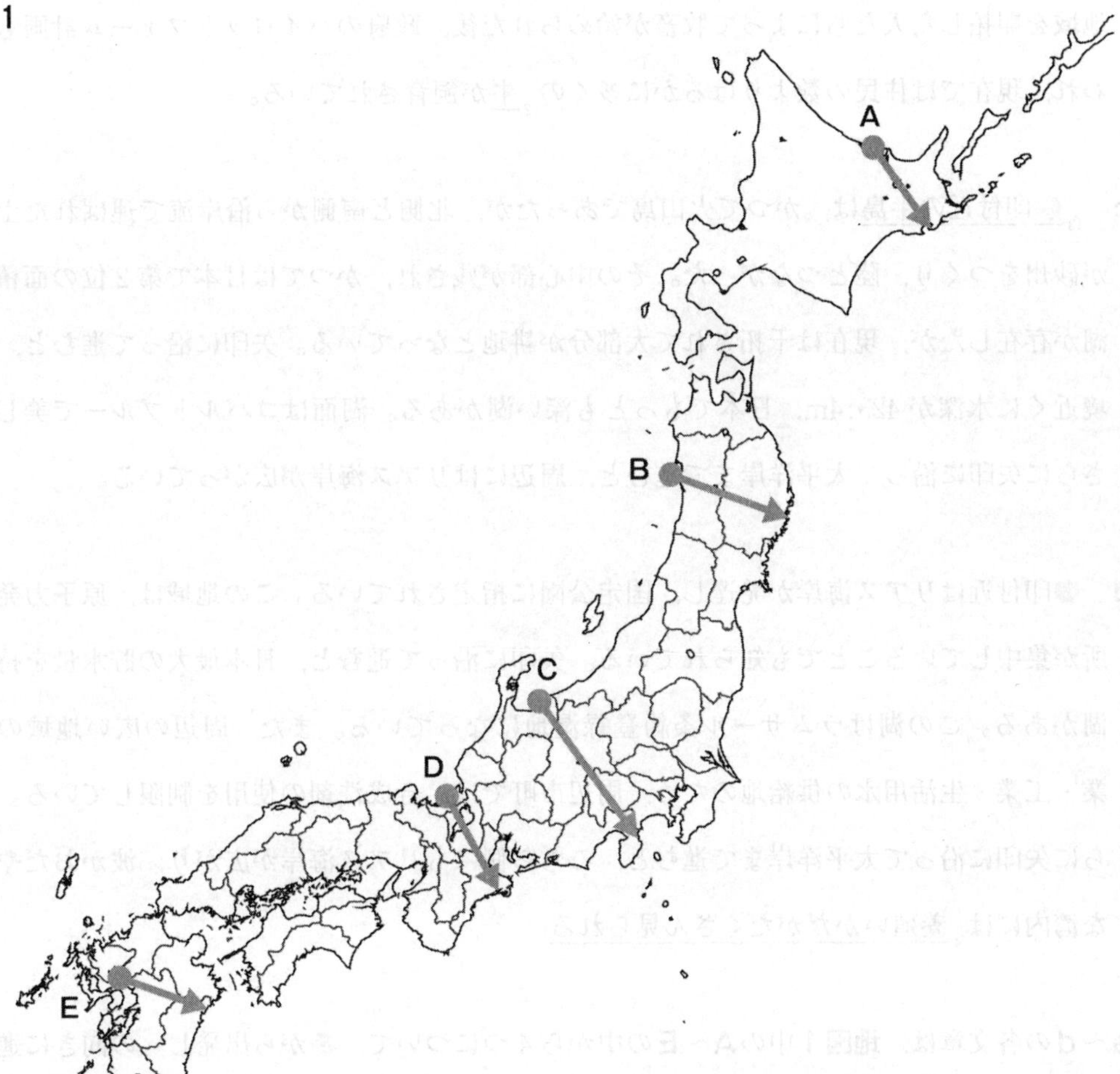

a　●印付近の海は干満の差が大きく，沿岸部には日本最大の干潟が広がっている。この海で生産される海苔《のり》は，日本全体の約４割を占める。また，特徴《とくちょう》ある生物が多いことでも知られる。矢印に沿って進むと，世界最大級のカルデラを持つ火山がある。この火山のカルデラ内には４万人余りの人々が生活しており，畑作や畜産が行われ，火山のふもとで①牛が放牧されている。また，火山の近くには温泉地があり，発電所も立地している。火山地帯を通る鉄道は，2016年に発生した地震により線路やトンネル，橋などに大きな被害を受け，現在も復旧工事が進められている。

b　●印付近にある湖は，沿岸流で運ばれた土砂が砂州《さす》をつくり，海から切り離されてできた湖で，汽水湖《きすいこ》としては日本最大の面積である。矢印に沿って進むと，日本一の透明度を誇るカルデラ湖がある。この湖は国立公園内に位置し，夏は霧におおわれることでも知られている。さらに矢印に沿って進むと，台地上に大きな牧場が見られる。明治時代にこの地域を開拓した人たちによって牧畜が始められた後，政府のパイロットファーム計画も行われ，現在では住民の数よりはるかに多くの②牛が飼育されている。

c　③●印付近の半島は，かつて火山島であったが，北側と南側から沿岸流で運ばれた土砂が砂州をつくり，陸とつながった。その中心部が残され，かつては日本で第２位の面積の湖が存在したが，現在は干拓されて大部分が耕地となっている。矢印に沿って進むと，県境近くに水深が423.4m，日本でもっとも深い湖がある。湖面はコバルトブルーで美しい。さらに矢印に沿って太平洋岸まで進むと，周辺にはリアス海岸が広がっている。

d　●印付近はリアス海岸が発達し，国定公園に指定されている。この地域は，原子力発電所が集中していることでも知られている。矢印に沿って進むと，日本最大の貯水量を持つ湖がある。この湖はラムサール条約登録湿地になっている。また，周辺の広い地域の農業・工業・生活用水の供給地のため，周辺市町では，合成洗剤の使用を制限している。さらに矢印に沿って太平洋岸まで進むと，こちら側にもリアス海岸が広がり，波がおだやかな湾内には④養殖いかだがたくさん見られる。

(1)　**a**～**d**の各文章は，**地図１**中の**A**～**E**の中から４つについて，●から出発し➡の向きに進むときに見られる，自然の様子やおもな産業，人々の生活や文化の特徴などをまとめたものです。各文章は**地図１**中**A**～**E**のどれをまとめたものか，**A**～**E**の記号で答えなさい。

(2)　下線部①・②について，それぞれの地域でおもに飼育されている牛の種類の組み合わせとして，正しいものを，**ア**～**エ**から１つ選び，記号で答えなさい。

	①	②
ア	肉牛	乳牛
イ	肉牛	肉牛
ウ	乳牛	肉牛
エ	乳牛	乳牛

(3)　下線部③では，神の使いが家々を回ってやく払いをしたり，なまけ者をさとしたりする伝統行事が行われています。この神の使いは異形《いぎょう》の仮面をつけ，わらなどでつくった衣装をまとっています。ユネスコの無形文化遺産に登録されたこの行事を何というか答えなさい。

(4)　下線部④のいかだで，アコヤガイを利用して養殖しているものは何か答えなさい。

(5)　次の**図１**は，**地図１**中**Ｄ**の矢印であらわされる線上に存在する**湖の透明度の変化**についてあらわしています。**図１**から読み取れる内容として**誤っているもの**を，**ア～エ**から１つ選び，記号で答えなさい。

図１　湖の透明度の変化

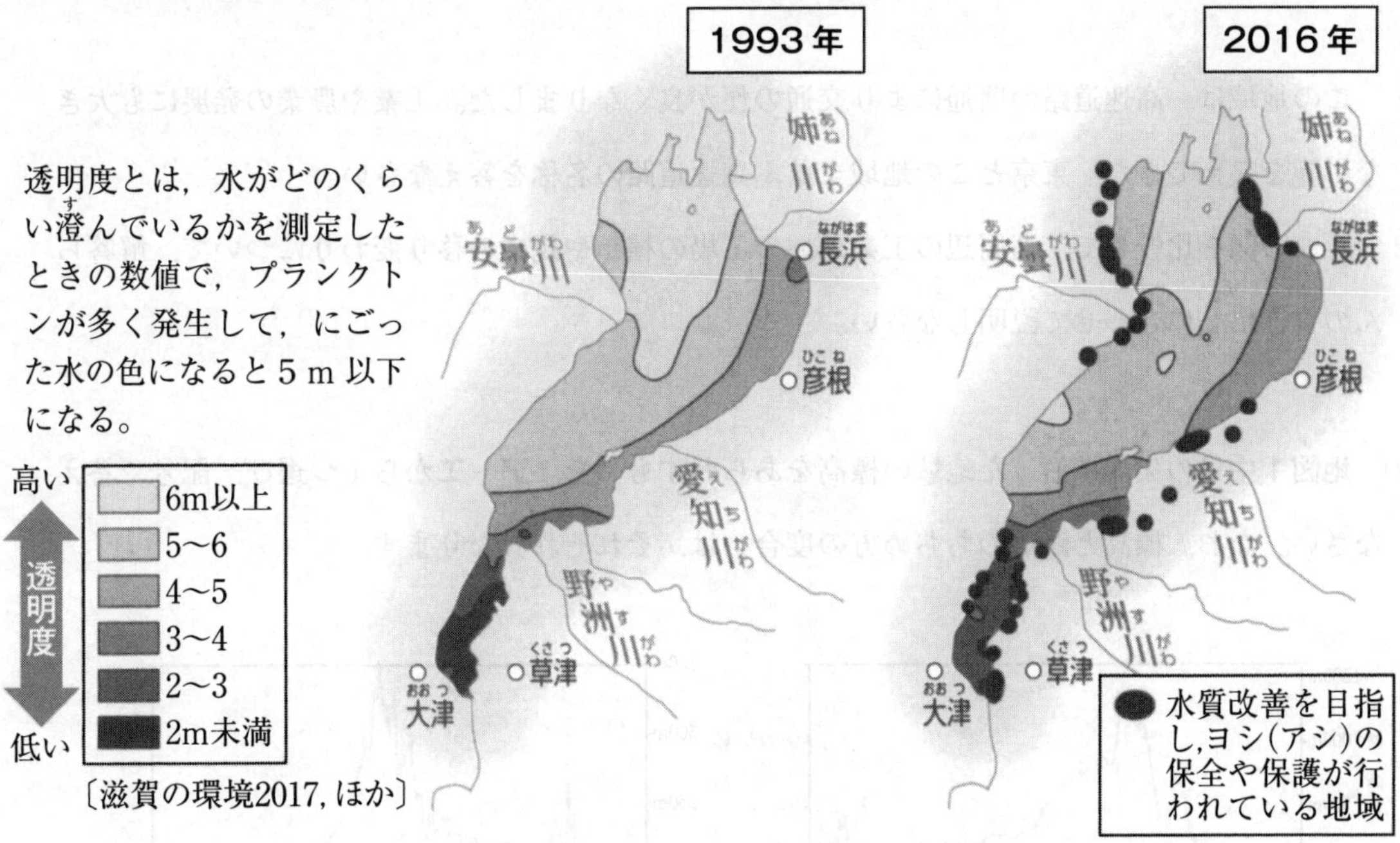

透明度とは，水がどのくらい澄《す》んでいるかを測定したときの数値で，プランクトンが多く発生して，にごった水の色になると５ｍ以下になる。

〔滋賀の環境2017，ほか〕

ア　2016年には，1993年に比べて透明度６ｍ以上の地域が減少している。

イ　1993年と2016年はともに，透明度６ｍ以上の地域が北部には見られるが，南部には見られない。

ウ　ヨシ（アシ）には水をきれいにする作用があり，2016年には南部や北西部などを中心に保全活動が行われている。

エ　2016年には，1993年に比べて透明度２ｍ未満の地域が増加している。

(6)　次の**図２**は，**地図１**中**Ａ～Ｅ**の矢印であらわされる線上に存在する**湖周辺の工業地域**の様子をあらわしています。**図２**について，次の問いに答えなさい。

図２　湖周辺の工業地域

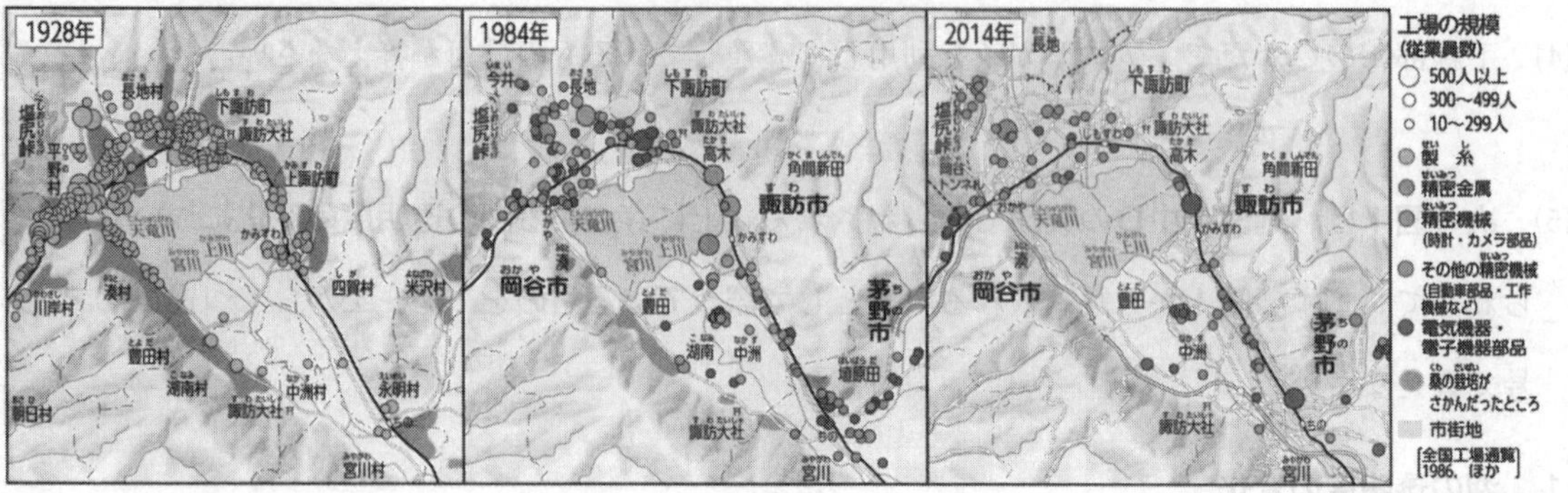

問１　この地域は，高速道路の開通により交通の便が良くなりました。工業や農業の発展にも大きな影響を与えてきた，東京とこの地域を結ぶ高速道路の名称を答えなさい。

問２　３つの図を比較して，湖周辺の工業地域の工場の種類や規模の移り変わりについて，解答らんの書き出しに合わせて説明しなさい。

(7)　**地図１**中**Ｃ**の矢印に沿った地域の標高をあらわすものを，**ア～エ**から１つ選び，記号で答えなさい。なお，標高と距離のちぢめ方の度合いは，それぞれ異なります。

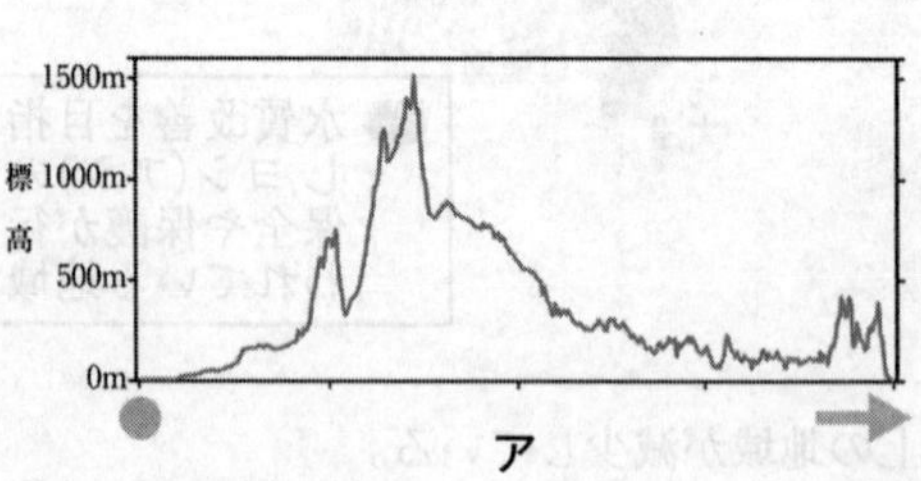

ア

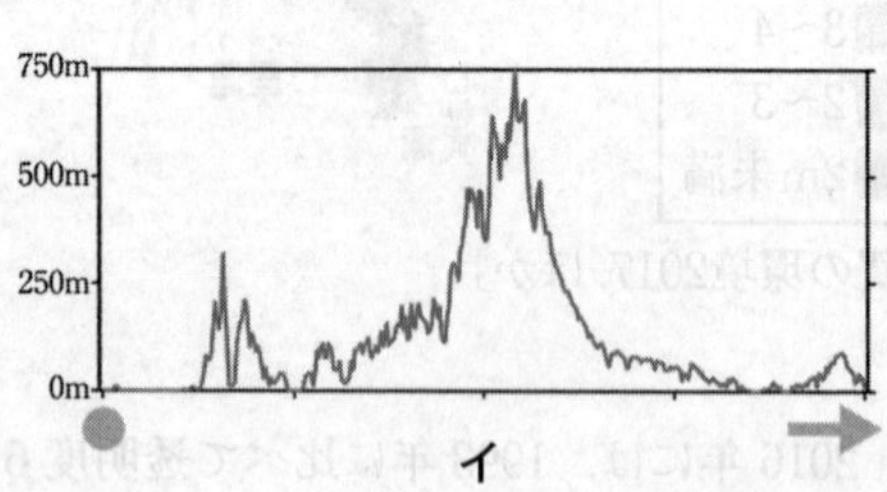

イ

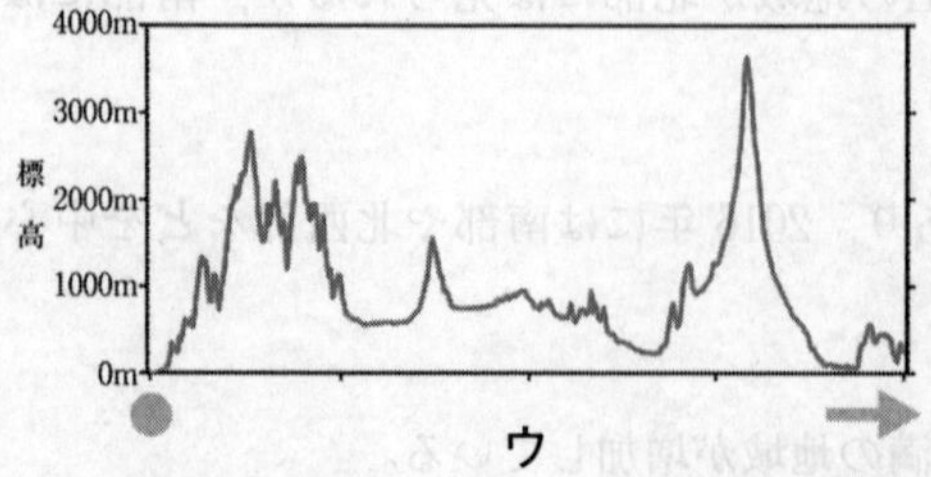

ウ

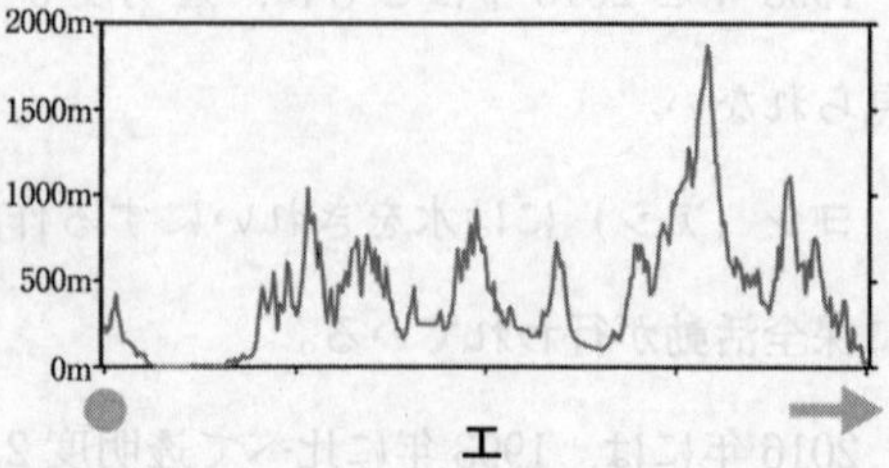

エ

(8) 次の**図３**は，東京と日本国内の各地点の間のへだたりを，距離ではなく所要時間であらわした地図が鉄道の発達によって変化したことを示しています。東京からの時間距離が，特に短縮された理由を答えなさい。

図３　鉄道の発達による時間距離の変化

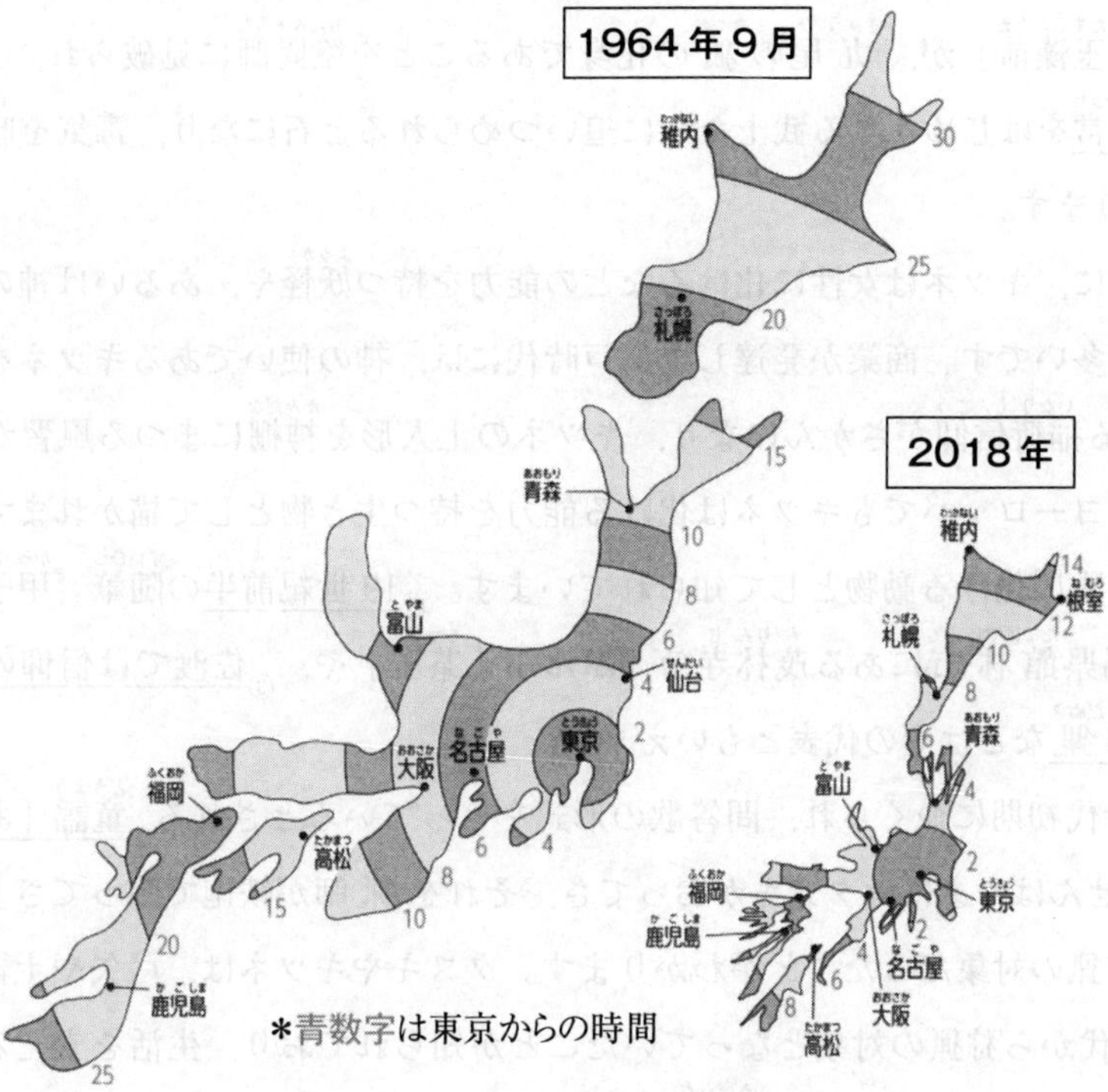

〈編集部注：枠で囲まれていない部分にあるのが青数字です。〉

2 次の文章を読んで，問いに答えなさい。

2022年3月5日に栃木県那須《なす》町にある国指定の名勝「殺生石《せっしょうせき》」が割れたことが確認されました。殺生石は付近から火山ガスが噴《ふ》き出し，生き物が死んでしまうことからそう呼ばれており，[A]の紀行文『おくのほそ道』にもそのことが記されています。殺生石には，鳥羽上皇に愛されていた「玉藻前《たまものまえ》」が，九尾《きゅうび》の狐《きつね》の化身であることを陰陽師《おんみょうじ》に見破られ，①この時代に活躍した上総広常《かずさひろつね》をはじめとする武士たちに追いつめられると石になり，毒気を吐《は》き続けたという伝承《でんしょう》があります。

九尾の狐のように，キツネは女性に化けるなどの能力を持つ妖怪《ようかい》や，あるいは神の使いとして描《えが》かれることが多いです。商業が発達した江戸時代には，神の使いであるキツネを豊作と商売繁盛《はんじょう》の神とする稲荷信仰《いなりしんこう》がさかんになり，キツネの土人形を神棚《かみだな》にまつる風習が見られるようになります。ヨーロッパでもキツネは化ける能力を持つ生き物として描かれますが，日本ではタヌキも人や物に化ける動物として知られています。②19世紀前半の随筆《ずいひつ》『甲子夜話《かっしやわ》』に記されている群馬県館林《たてばやし》市にある茂林寺《もりんじ》の「ぶんぶく茶釜《ちゃがま》」や，③佐渡では信仰の対象にもなっていた団三郎狸《だんざぶろうだぬき》などはその代表ともいえます。

幕末から明治時代初期につくられ，問答歌の形式をとっているとされる④童謡《どうよう》「あんたがたどこさ」では，「せんばやまにはタヌキがおってさ，それを猟師《りょうし》が鉄砲で撃《う》ってさ」とあるように，タヌキは狩猟の対象だったことがわかります。タヌキやキツネは，弓矢や土器が使われ始めた[B]時代から狩猟の対象となっていたことが知られており，生活を支える動物でもありました。筆を選ばずといわれた⑤弘法大師《こうぼうだいし》もタヌキの毛でできた筆を使ったと伝えられています。⑥明治時代には，南樺太《からふと》や千島列島で毛皮をとる目的でキツネが飼育されるようになり，徐々に飼育場が増加しました。⑦1930年代以降になると，毛皮産業も終戦まで戦争による影響を受けました。政府は軍事利用や外貨獲得を目的にタヌキの飼育を奨励する政策を打ち出しましたが，第二次世界大戦で海外の毛皮市場がいくつも閉鎖されたうえ，日本の戦況が悪化したことで毛皮産業は衰退《すいたい》してしまいました。

太平洋戦争からの復興以降を経て住宅や農地が拡張され，都市化に適応できないキツネはその数を減らしました。一方で，タヌキは雑食で，人工物を巣穴とすることができるため，キツネに比べて都市化に適応して生息しています。

昔ばなしに出てくる動物と人間をめぐる話には，人々にとって動物や自然がどのような存在であり，どのように接するべきかということが描かれていると読み取ることもできます。持続可能な社会を築いていく私たちには，動物とのかかわりを歴史の上から考えなおすという視点も必要です。

(1) A にあてはまる人物を，漢字で答えなさい。

(2) B にあてはまることばを，漢字で答えなさい。

(3) 下線部①について述べた文として正しいものを，**ア**〜**エ**から１つ選び，記号で答えなさい。

ア　「上総」とは九州の地名で，蒙古襲来では彼らのような九州の武士が博多湾の石塁を築いた。

イ　保元の乱や平治の乱で活躍した武士で，源頼朝による平氏打倒の呼びかけにも応じた。

ウ　藤原道長によって彼らは国司に任命され，地方に広がる藤原氏の荘園を守った。

エ　承久の乱では北条政子の呼びかけに応じ，上皇方の軍勢を次々と打ち破った。

(4) 下線部②の時期に関する次の文**X**・**Y**について，両方正しければ**ア**，両方誤っていれば**イ**，**X**のみが正しければ**ウ**，**Y**のみが正しければ**エ**と答えなさい。

X：ペリーから開国をせまられ，徳川慶喜は日米和親条約を結び貿易を開始した。

Y：元幕府の役人の大塩平八郎が，飢饉《ききん》に苦しむ人々を救うために立ち上がった。

(5) 下線部③について，団三郎は飼育して増やすために子ダヌキを販売していた人物ではないかと考えられています。佐渡で団三郎がタヌキを増やすことや販売に力を入れていた理由を，以下の資料を参考にしたうえで，江戸時代の佐渡の産業に触れながら説明しなさい。

資料１　「捕《と》らぬ狸の皮算用」

まだ捕《つか》まえてもいないのに，じょうぶなタヌキの皮を売ることを考えること。すなわち，手に入るかどうかわからないのに，それをあてにして計画を立てるという意味。

資料２　「ふいご」

より高い温度で燃焼させるために空気を送る（右の「ふいご」のしくみを参照）道具のことで，日本では動物の皮が使われた。特に，金属から不純物を取り除く過程や，金属の加工の際に使われる。

※「ふいご」のしくみ（青点線は空気の流れを表す）

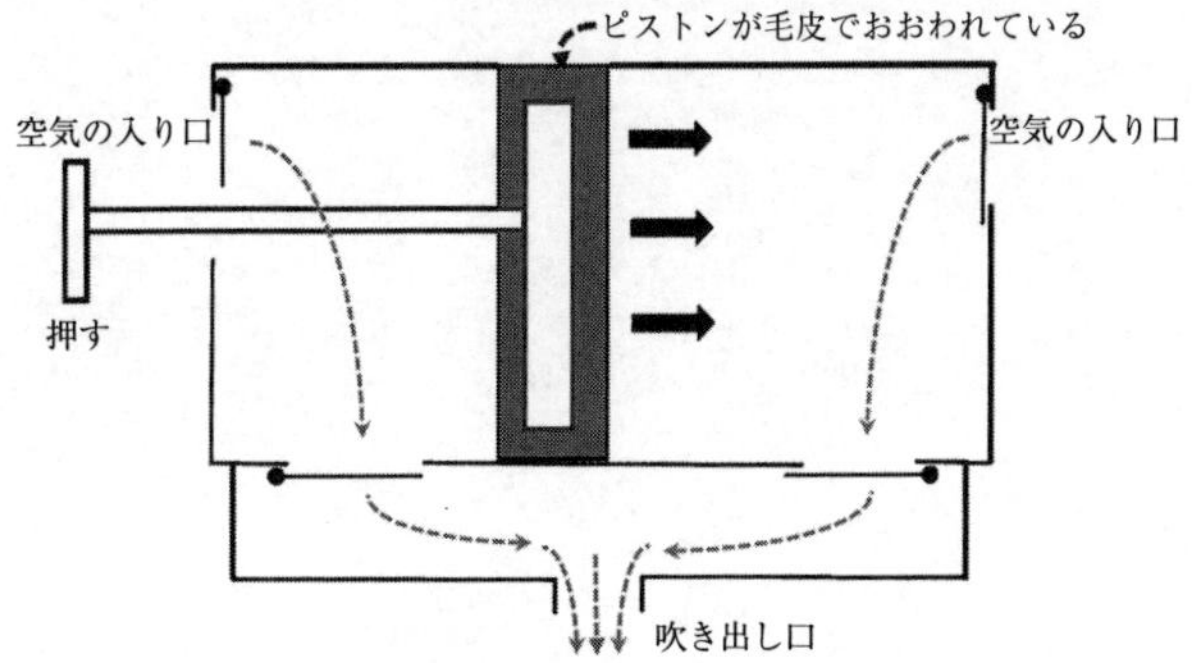

〈編集部注：「空気の入り口」や「吹き出し口」付近に示されているものが青点線です。〉

(6) 下線部④について，この童謡は埼玉県川越市でうまれたとする説があります。その説によれば，歌詞の中にある「せんばやま」は明治政府軍が滞在していた川越市の「仙波山」であり，肥後《ひご》（熊本県）の兵士と川越の人々の交流を歌にしたものだと考えられています。歌詞の中のやり取りは，歴史的には何という戦争のときのことになりますか。その戦争の名称を答えなさい。

(7) 下線部⑤について，この人物の別の呼び方と活躍した時代を明らかにして，解答らんに合わせてこの人物が行ったことを説明しなさい。

(8) 下線部⑥について述べた文として正しいものを，ア〜エから1つ選び，記号で答えなさい。

ア 南樺太でキツネが飼育されるようになったのは，日露戦争後のことである。

イ 千島列島でキツネが飼育されるようになったのは，第一次世界大戦後のことである。

ウ イギリスにかわり，日本は毛皮の生産量・輸出量ともに世界一となった。

エ アメリカの好景気を受けて，生糸にかわり毛皮が日本のおもな輸出品となった。

(9) 下線部⑦の時期に起こったできごと**ア〜エ**を年代の古い順に並べたときに，3番目にあたる記号を答えなさい。

ア 日中戦争が始まる。　　**イ** 日本が国際連盟を脱退する。

ウ 東条英機内閣が成立する。　　**エ** 広島に原爆が投下される。

3 次の文章を読んで，問いに答えなさい。

2019年10月1日より，①消費税率が引き上げられました。日本において消費税が導入されたのは1989年で，導入当初の税率は３％でした。

消費税は，そのおよそ90%が②社会保障費に使われています。消費税による歳入は税収としてはもっとも多く，2021年度は税収の35.3%を占めていました。少子高齢化が進み，社会保障の役割がさらに増してくる中で，消費税率引き上げやその使いみちについての議論がますます活発になってくることが考えられます。

世界に目を向けると，付加価値税という税金があり，これは，消費税と同じく，物品やサービスの購入時にかかる税金です。EUでは，下限が原則15%と定められており，上限についての規定はありません。たとえば，スウェーデンでは付加価値税の標準税率は25%です。そのかわり，小学校から大学までの学費は原則として無料であるなど，社会保障給付がとても手厚いことで知られています。

商品の購入に際して課税されるのは付加価値税だけではありません。EU加盟国であるデンマークでは，国民の健康を守る目的で，バターや乳製品などに「脂肪税」と呼ばれる税金が導入されたことがあります。しかし，この税金はあまり効果を上げることができず，１年ほどで廃止されました。デンマーク財務省は，脂肪税廃止の理由として， A ということを挙げています。国民の健康管理を政府が行うのか，国民自身が行うのか，それにともなう経済への影響をどのように評価するのか，一石を投じた政策であったといえるでしょう。

(1) 下線部①について，現在，酒類・外食を除く飲食料品にかかる消費税率はいくらか，答えなさい。

(2) 下線部②に関連して，「老齢・障がいなどによる生活保障を目的とし，一定期間または終身にわたって国や企業などによって支給されるお金」のことを何というか，漢字２字で答えなさい。

(3) 文中の[A]にあてはまる文としてもっとも適切なものを，**ア**～**エ**から1つ選び，記号で答えなさい。

ア デンマーク国内でバターや乳製品などの価格が下がり，売り上げが増えたことによってデンマークの人たちの働き口が増えた

イ デンマーク国内でバターや乳製品などの価格が下がり，販売店の収入が減ったことによって国民の不満が高まった

ウ デンマーク国内でバターや乳製品などの価格が上がり，デンマークの人たちが安価な商品を求め，EU に加盟している隣国で買い物をするようになった

エ デンマーク国内でバターや乳製品などの価格が上がり，販売店の売れ残りが減ったことによって電気代や倉庫の使用料などの保管費用が下がった

(4) 消費税は，原則として税率が一律であるので，所得にかかわらず，同じ買い物をした人は，同額の税金を支払うという点で公平であるといえます。一方で，別の観点からは不公平であるという指摘もあります。それは，どのような点で不公平なのか，次の資料をもとに，世帯年収と消費税負担の関係から説明しなさい。その際，①グラフ全体から読み取れることと②そこから導き出される不公平な点に分けて解答すること。

世帯年収別の推計消費税額（万円）

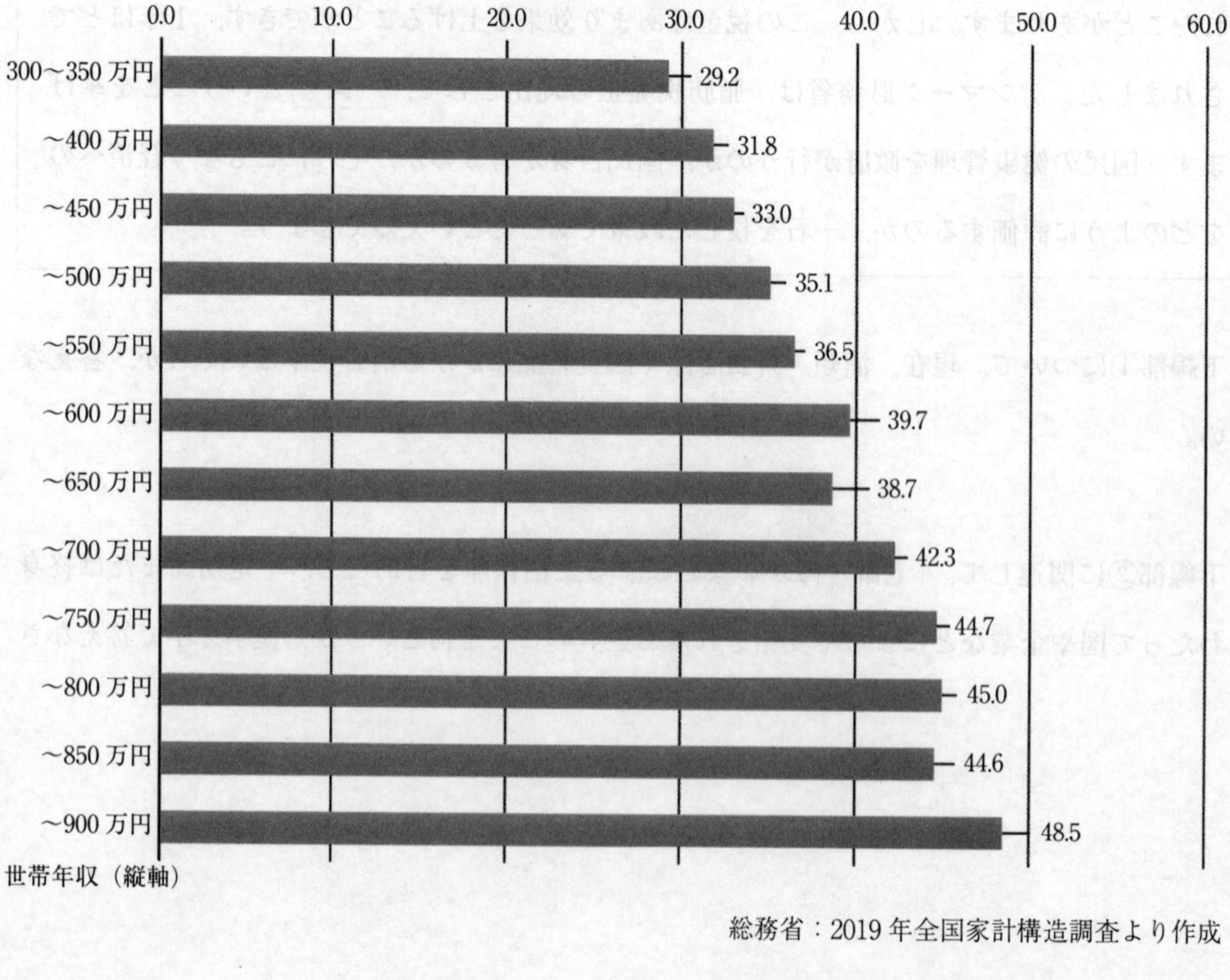

総務省：2019 年全国家計構造調査より作成

【理　科】〈第１回試験〉（30分）〈満点：50点〉

〈編集部注：実際の入試問題では，1(1)(2)(6)と2の(5)の図以外はカラーになっています。なお，一部の図はカラーのものを弊社のホームページに掲載してあります。右のＱＲコードからもアクセス可能です。〉

1　次の問いの答えを，**ア**～**エ**から１つ選び，記号で答えなさい。

(1)　図のように同じ電池と豆電球を使って**ア**～**エ**のような電気回路をつくりました。豆電球が一番明るくつくのはどれですか。

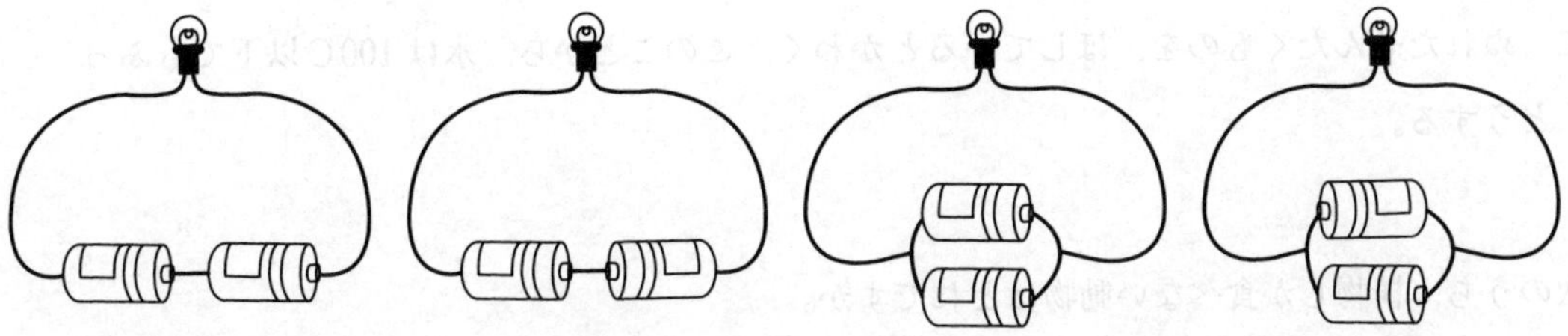

ア　　**イ**　　**ウ**　　**エ**

(2)　発電時に二酸化炭素を排出《はいしゅつ》しないクリーンなエネルギーとして太陽光発電が最近話題になっています。太陽光発電について，一番よく発電される光電池のおき方はどれですか。

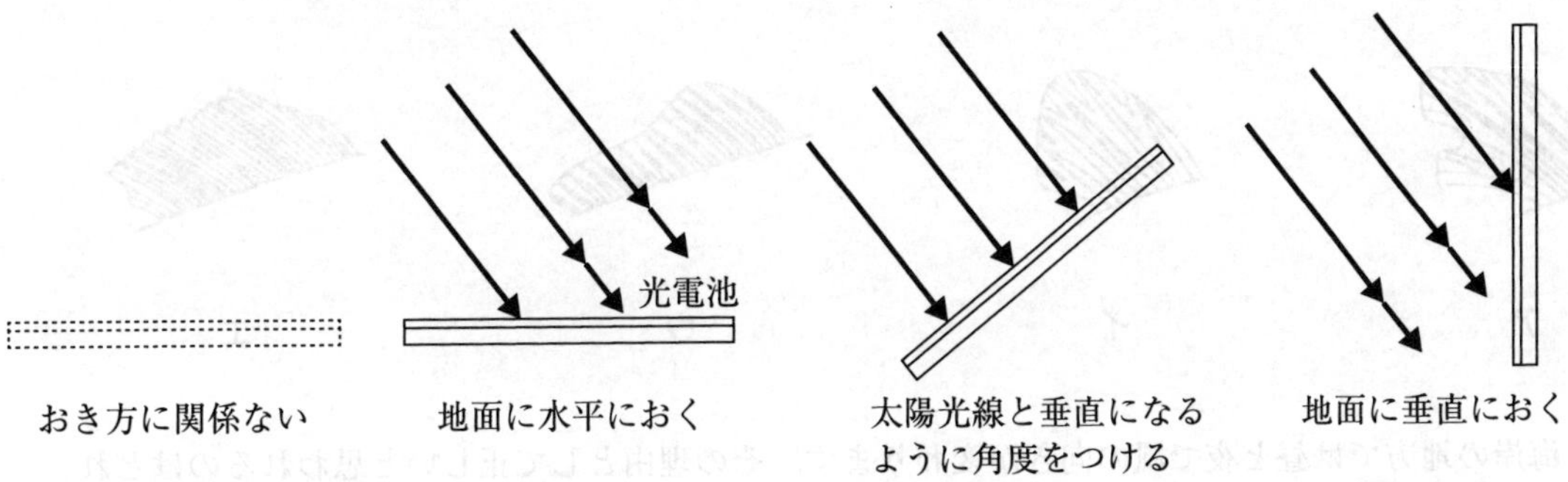

ア　　**イ**　　**ウ**　　**エ**

(3)　次のうち，無色で刺激臭《しげきしゅう》のある気体はどれですか。

ア　二酸化炭素　　**イ**　塩素　　**ウ**　水素　　**エ**　塩化水素

(4)　水について正しいものはどれですか。

ア　氷を使って０℃以下に冷やしたいときには，食塩をまぜてかきまぜるとよい。

イ　水を冷やしていって氷になると体積がへる。これは氷のつぶが小さくなるためである。

ウ　ガラスのコップに氷をいれて，メロンソーダを注いだところ，色のない液体がコップのまわりについた。このことからメロンソーダの色のもとはガラスを通りぬけることができないが，水はガラスを通りぬけることができる。

エ　ぬれたせんたくものを，ほしているとかわく。このことから，水は100℃以下でもふっとうする。

(5)　次のうち，植物しか食べない動物はどれですか。

ア　ニホンザル　　**イ**　アマガエル　　**ウ**　ニホンジカ　　**エ**　ナナホシテントウ

(6)　つぎのうち，一般《いっぱん》的なメダカのメスの背びれはどれですか。

ア　　**イ**　　**ウ**　　**エ**

(7)　海岸の地方では昼と夜で風の向きが変わります。その理由として正しいと思われるのはどれですか。

ア　海は陸地よりあたたまりやすく，冷めやすいので，昼は陸から海へ，夜は海から陸へ風がふく。

イ　海は陸地よりあたたまりやすく，冷めやすいので，昼は海から陸へ，夜は陸から海へ風がふく。

ウ　陸地は海よりあたたまりやすく，冷めやすいので，昼は陸から海へ，夜は海から陸へ風がふく。

エ　陸地は海よりあたたまりやすく，冷めやすいので，昼は海から陸へ，夜は陸から海へ風がふく。

(8) 東洋大学京北中学高等学校の正門を入ると，左前に本校創立者，井上円了《いのうええんりょう》先生の銅像があります。右の写真は８月初めごろに正門の北側から南東の方角に向かって逆光で撮影《さつえい》した写真です。撮影したのは何時ごろですか。

(東)　⇧南東　(南)

ア　６時ごろ　　イ　８時ごろ

ウ　16時ごろ　　エ　18時ごろ

2　学校で地層について学習した岳志《たけし》さんは，がけのようすを観察して，地層の特ちょうやでき方について調べました。観察結果や実験結果を参考にして，あとの問いに答えなさい。

(1) 地面の下は，なかなか見ることはできませんが，がけや切り通しでは，**図１**のようにしま模様のようすが観察できることがあります。がけを観察するときの方法として正しいものはどれですか。次の**ア～オ**から**すべて選び**，記号で答えなさい。

図１

ア　最初に，がけの全体のようすを観察し，高さや広がりを調べる。

イ　最初に，がけの一番上に行き，ロープを使って上から降りながら下まで調べる。

ウ　一つ一つのしま模様のつぶを少し取り，指でこすって手ざわりからつぶの大きさを調べる。

エ　一つ一つのしま模様にうすい塩酸をかけて，地層のとけ方を調べる。

オ　シャベルなどで少しがけの表面をけずり，あらわれた色を調べる。

【観察１】 岳志さんは，お父さんと地層の見られるがけに，観察に行きました。最初に観察した**Ａ地点**のがけは，全体で５ｍほどの高さでした。川の水面から２ｍほどの高さのところまでは白っぽい地層で，それより上は黒っぽい地層と，２層に分かれていました。そして，がけの上部は，草や木におおわれていて地層を見ることはできませんでした。お父さんは，２つの地層は，どろが多くふくまれる地層と砂が多くふくまれる地層だといいます。

【実験１】 砂とどろの地層を見分ける

① 地層をつくっているつぶをそれぞれ少し取り，ペットボトルに入れる。

② 水をペットボトルに半分ほど加え，ふたをしてよくふる。

③ 机の上におき，５分後にようすを観察する。

(2) **【実験１】**の結果，**図２**のようになった。どろが多かったのは，**W**と**X**のどちらだったと考えられますか。また，そのように考えた理由を**20～30字**で答えなさい。

W **X**

図２

(3) **Ａ地点**の白っぽい地層には，アサリの化石がふくまれていました。地層からアサリやシジミの化石が見つかると，その地層ができた当時のかん境がわかります。アサリとシジミの生育かん境として，最もふさわしいのはどれですか。次の**ア～エ**から１つ選び，記号で答えなさい。

ア アサリはあたたかくきれいな海で，シジミは沼《ぬま》や湖の流れの少ない場所

イ アサリは冷たくてやや深い海で，シジミは内湾《ないわん》のどろの多い場所

ウ アサリは砂浜《すなはま》や浅い海で，シジミは河口付近の海水と川の水が混ざる場所

エ アサリはどろが多くにごった海で，シジミは流れの速い場所

【観察２】 岳志さんは，**A地点**から川の上流に向かってしばらく歩いた**B地点**でがけを見つけました。**B地点**のがけでは，川の水面近くにサンゴの化石をふくむ地層があり，その上部には砂のつぶの多くふくまれた白っぽい地層がありました。それより上流には行けなかったので，再び**A地点**にもどり，さらに下流に向かって歩いて行ったところ，**C地点**で新たながけを見つけました。**C地点**のがけでは，川の水面近くに黒っぽいどろの地層がありました。その上には，オレンジ色のはっきりと目立つ地層が１ｍほどの厚さでありました。さらに，その上には，木の葉の化石がでてくる地層がありました。お父さんは，オレンジ色の地層は，火山灰の層だといいます。下の**図３**は，観察の結果を表したものです。

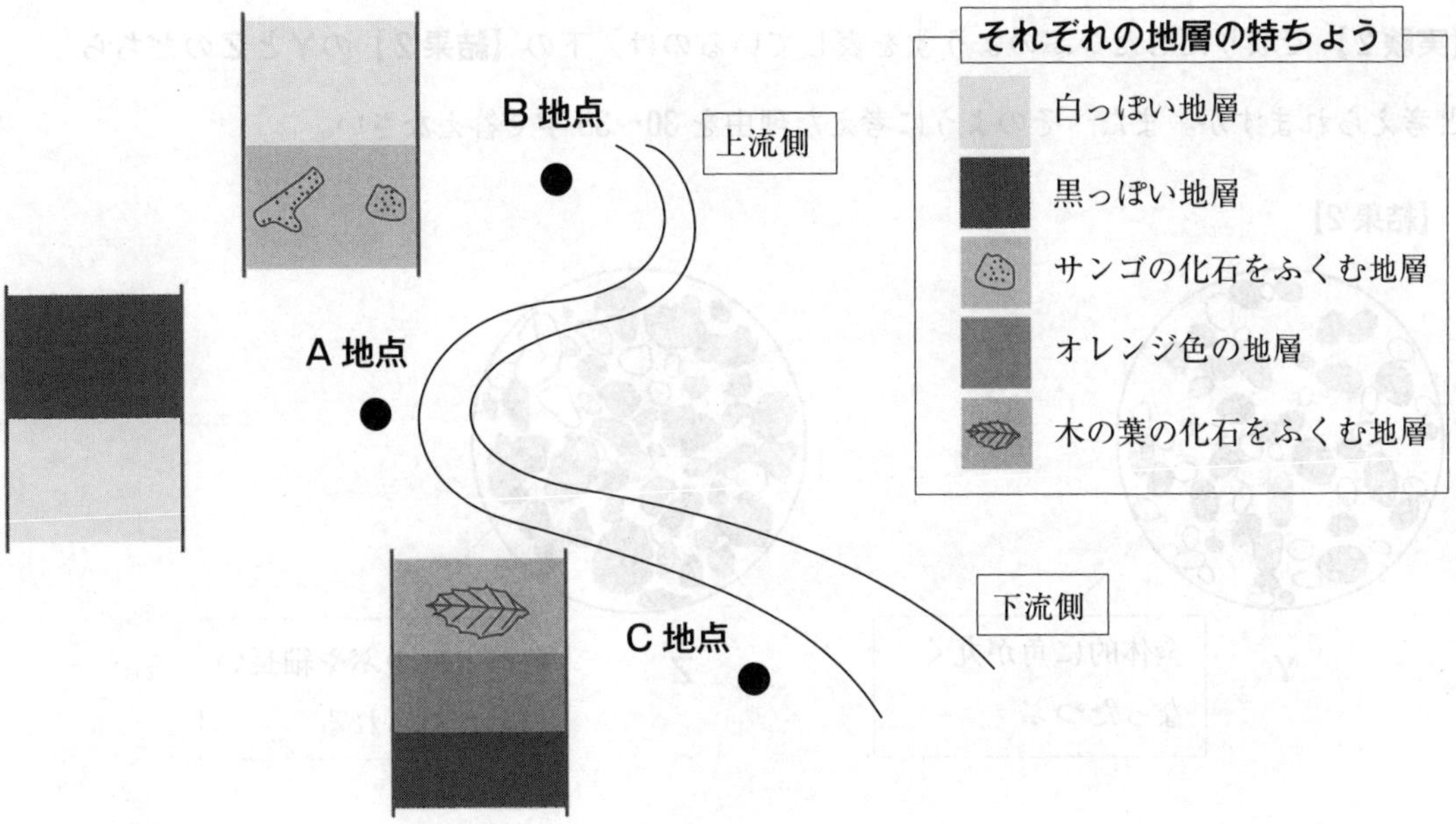

図３

(4) **【観察２】**をもとに，**A**，**B**，**C地点**のがけで見られた地層は，どのようなかん境で，そしてどんな順でたい積したと推定できますか。次の**ア**～**オ**を地層のできた順に並べなさい。ただし，**A**，**B**，**C地点**の地層はつながっていて，断層や大きなしゅう曲はないものとします。

ア 河口から少しはなれた海で，河川から運ばれてきたどろがたい積した。

イ 付近で火山のふん火があり，上空高くふき上げられた火山灰がたい積した。

ウ あたたかく水がきれいで，光がじゅう分に届くくらいの浅い海だった。

エ 木の葉がこわれずにたい積するような静かな湖になった。

オ 海辺の浅い海岸で，潮が引くと干《ひ》潟《がた》が広がるところに変わった。

【実験２】 ｜Ｃ地点のがけで見られたオレンジ色の地層を少しけずり取り，それを小さいカップに取る｜

① 水を入れ指でこすりながら洗う。

② 上ずみ液をすてる。

③ ①と②をくり返す。

④ 上ずみ液がにごらなくなったら底にしずんだつぶを顕《けん》微《び》鏡《きょう》で観察する。

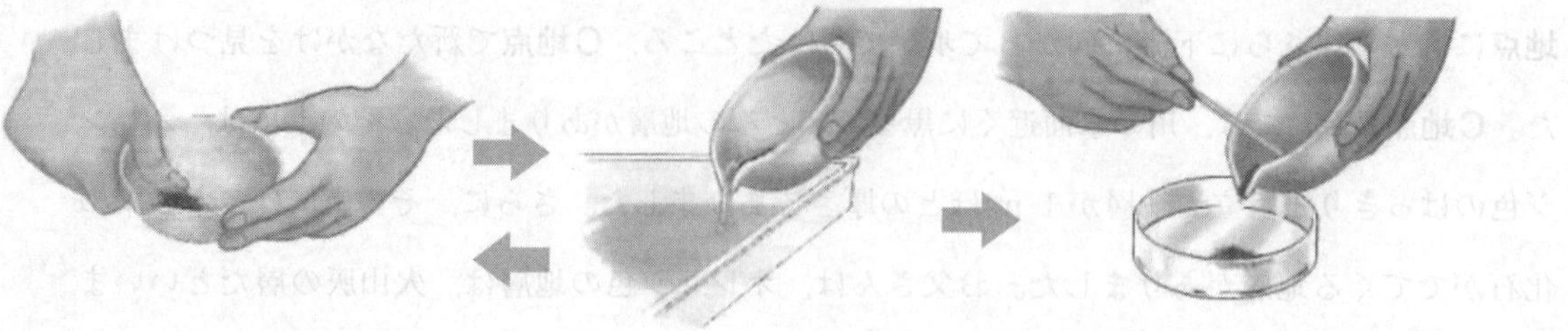

(5) **【実験２】**で取りだしたつぶのようすを表しているのは，下の**【結果２】**の**Ｙ**と**Ｚ**のどちらだと考えられますか。また，そのように考えた理由を**30～35字**で答えなさい。

【結果 2】

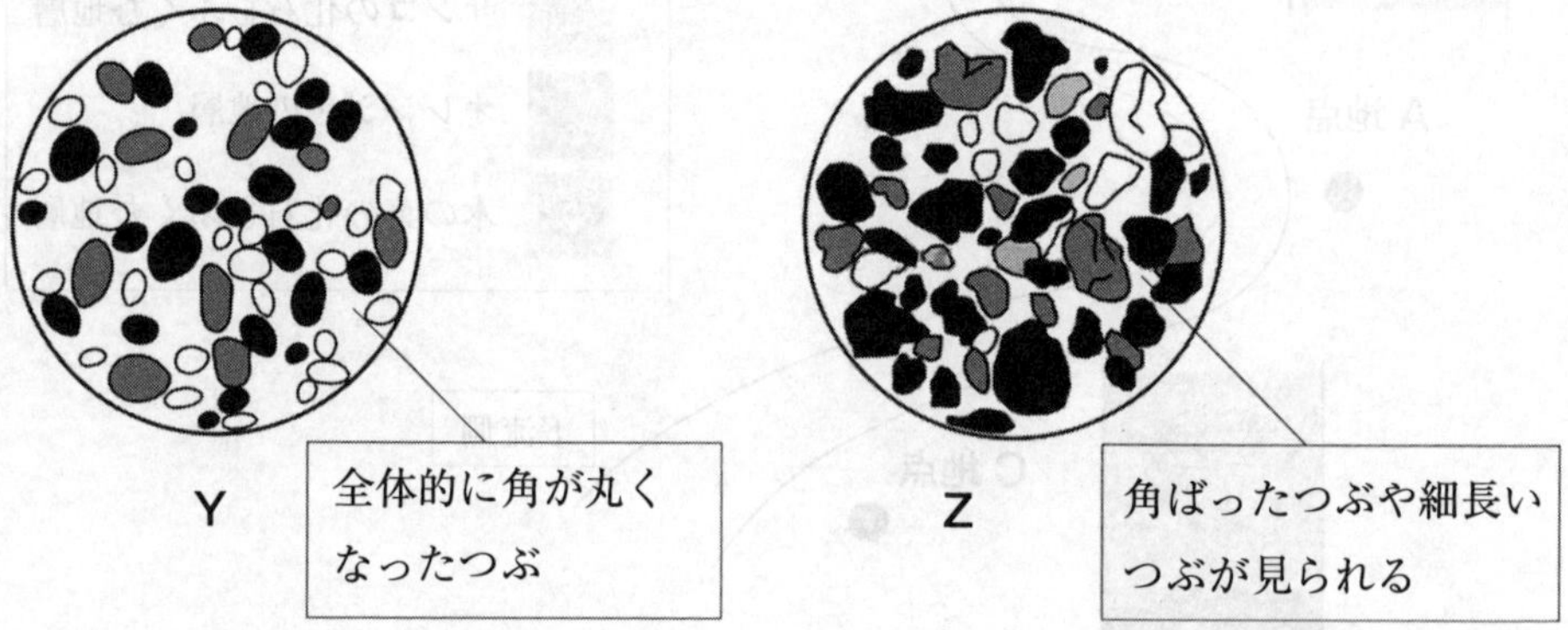

3　アサガオについて調べるため，アサガオを種から育てました。成長の記録と成長に関する実験，成長のようすを記録した資料を見て，あとの問いに答えなさい。

図１

〈アサガオの成長の記録〉

・アサガオの種を植え，発芽の条件を整えた。
・発芽した。
・つるが支柱に巻き付くように成長している。
・葉が増えてきた。
・**図１**のように花がさいた。
・花の数が増えてきた。

〈アサガオの養分の作られ方を調べる実験〉

① アサガオの葉**ａ**とふ入りのアサガオの葉**ｂ**を１日中アルミホイルにつつんで，光にあたらないようにした。
② **図２**のように，それぞれの一部にアルミホイルを巻いて，８時間光をあてた。
③ 葉をつみ取り，葉の色をぬいた。
④ 色をぬいた葉をヨウ素液につけ，色の変化を観察した。

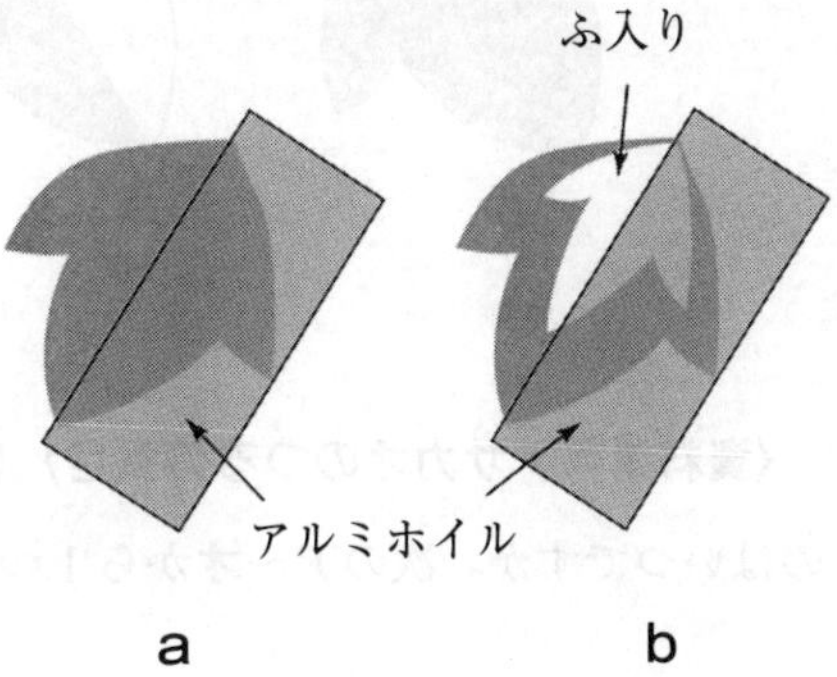

図２

〈資料１　アサガオのつるの長さ〉

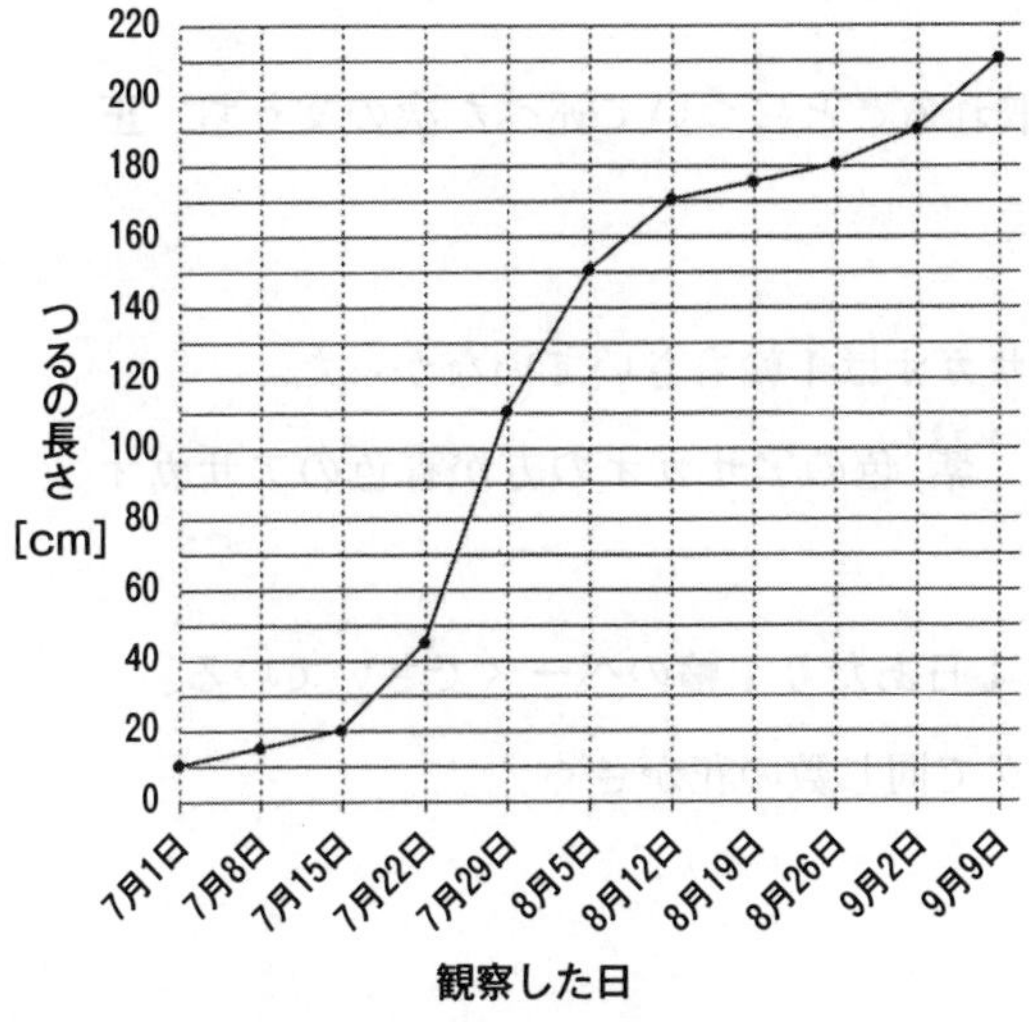

〈資料２　アサガオの花の数〉

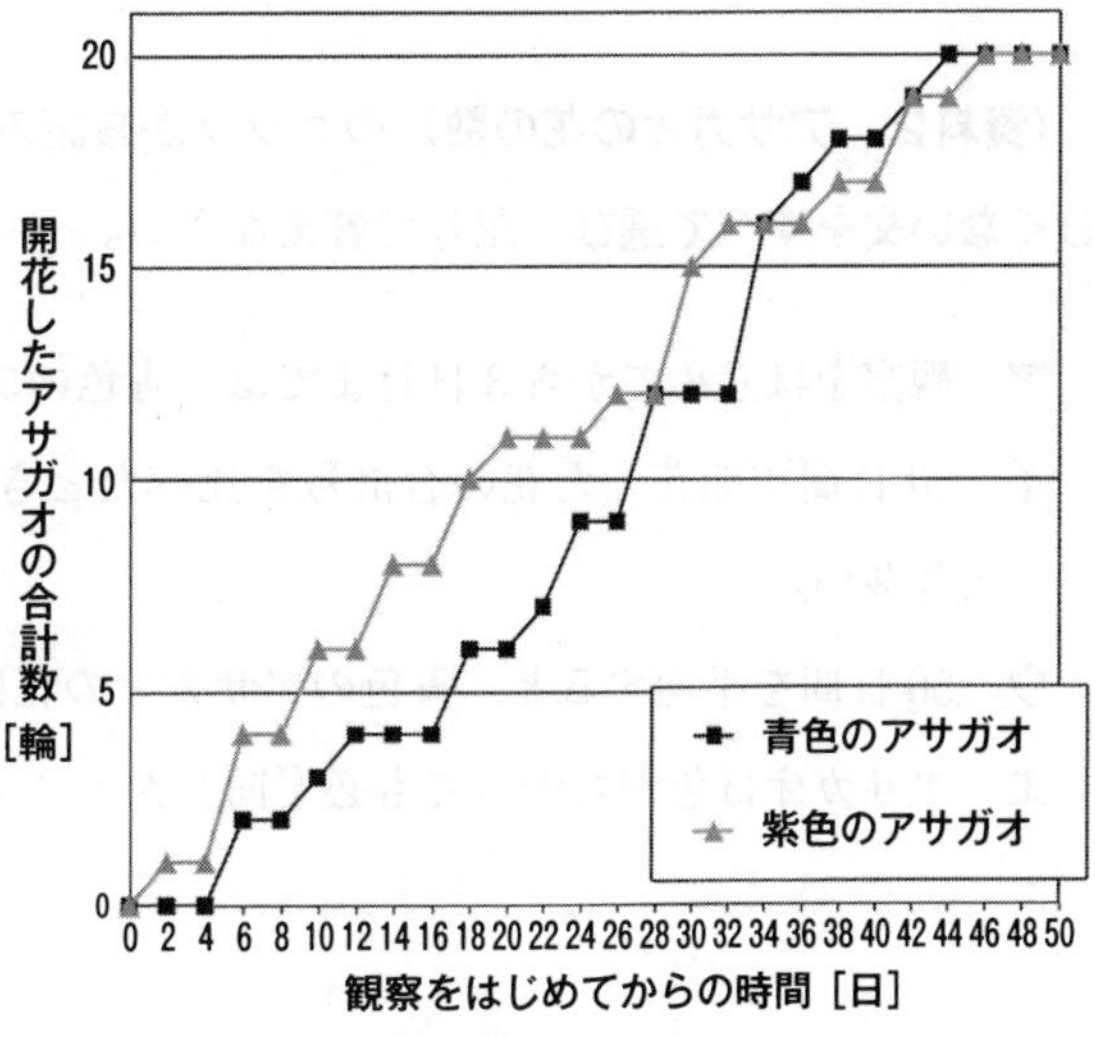

(1) **〈アサガオの成長の記録〉**で「発芽の条件を整えた」とありますが，アサガオの種の発芽に必要なものとして正しいものを次の**ア**～**オ**から**すべて選び**，記号で答えなさい。

ア 水　　**イ** 養分　　**ウ** 光　　**エ** 空気　　**オ** 適切な温度

(2) **〈アサガオの養分の作られ方を調べる実験〉**の結果で色が変わる部分を正しく示したものはどれですか。次の**ア**～**エ**から１つ選び，記号で答えなさい。なお，**ア**，**イ**は**a**の葉，**ウ**，**エ**は**b**の葉の変化を表したものである。

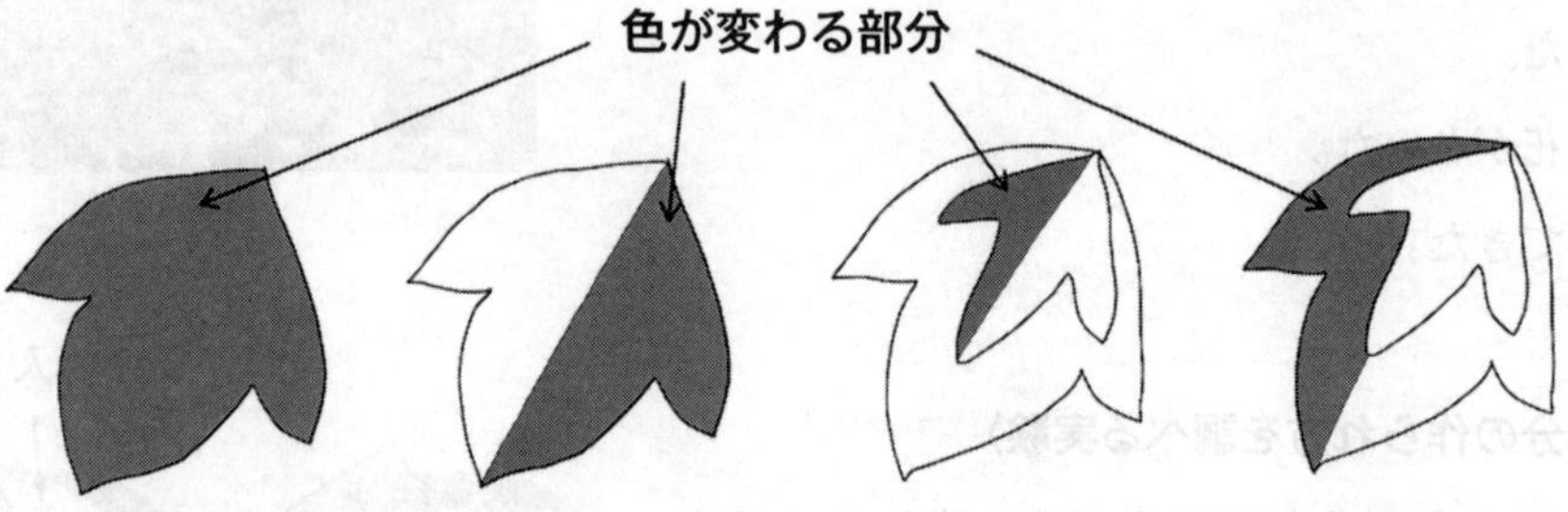

ア　　**イ**　　**ウ**　　**エ**

(3) **〈資料１　アサガオのつるの長さ〉**について，アサガオの１日あたりの成長速度が一番速いのはいつですか。次の**ア**～**オ**から１つ選び，記号で答えなさい。

ア　7月15日～7月22日　　**イ**　7月22日～7月29日
ウ　7月29日～8月5日　　**エ**　8月26日～9月2日
オ　9月2日～9月9日

(4) **〈資料２　アサガオの花の数〉**のグラフから読み取れることについて述べた次の文うち，**正しくない文**を**すべて選び**，記号で答えなさい。

ア　観察をはじめてから3日目までは，青色のアサガオは1輪もさいていなかった。
イ　50日間で開花した花の合計数を比べたとき，紫《むらさき》色のアサガオの方が青色のアサガオより多い。
ウ　50日間を平均すると，青色のアサガオの花は1日あたり1輪のペースでさいている。
エ　アサガオは色がちがっても必ず同じタイミングで同じ数の花がさく。

(5) **〈資料１　アサガオのつるの長さ〉**の７月21日を０日目として９月９日までを，**〈資料２　アサガオの花の数〉**の０～50日にあてはめて考えたとき，正しい説明をしている文はどれですか。次の**ア**～**ウ**から１つ選び，記号で答えなさい。なお，**〈資料１　アサガオのつるの長さ〉**は青色のアサガオのつるの長さを表しています。

ア　７月22日から９月９日までを平均するとつるがおよそ８～8.5 cm のびるごとに，１輪のペースでさいている。

イ　つるの長さが 120 cm 以上にならないと花はさかない。

ウ　花が一度に２輪以上増えるときには，つるは全くのびない。

4　次の文を読み，あとの問いに答えなさい。

先生　　漆喰《しっくい》という白い材料を知っていますか。

生徒　　昔の家やお城などに塗られているものですか。

先生　　そうです。耐久性《たいきゅうせい》や耐火性が高く，昔から日本では壁《かべ》に塗《ぬ》る材質として用いられてきました。

生徒　　白くてとても美しいですね。
　　　　でも，どのように作っているのかまでは知りません。

先生　　昔は貝殻《がら》などを材料に作っていたんですよ。

生徒　　えっ，あのかたい貝殻からですか。

先生　　そうです。簡単に作り方を再現してみます。まずは**図１**のように，貝殻をガスバーナーでしっかり焼きます。

図１　貝殻を焼いているようす

生徒　見た目はそんなに変化したようには見えません。

先生　そうですね。実際にはもっと長い時間をかけて加熱するのですが，少し焼いただけでも最初の物質とはちがうものに変化しています。それを確かめるために焼く前の貝殻と焼いた貝殻をそれぞれ水に入れ，フェノールフタレインよう液を加えてみましょう。その結果は，**図２**や**図３**のようになります。

図２　焼く前の貝殻のようす

図３　焼いた貝殻のようす

生徒　あっ，焼いた貝殻の水よう液は　A　性になっている。

先生　そうです。さらに，焼いた貝殻を水に入れてよくふり，それをろ過して得た水よう液に二酸化炭素をふきこんでみます。

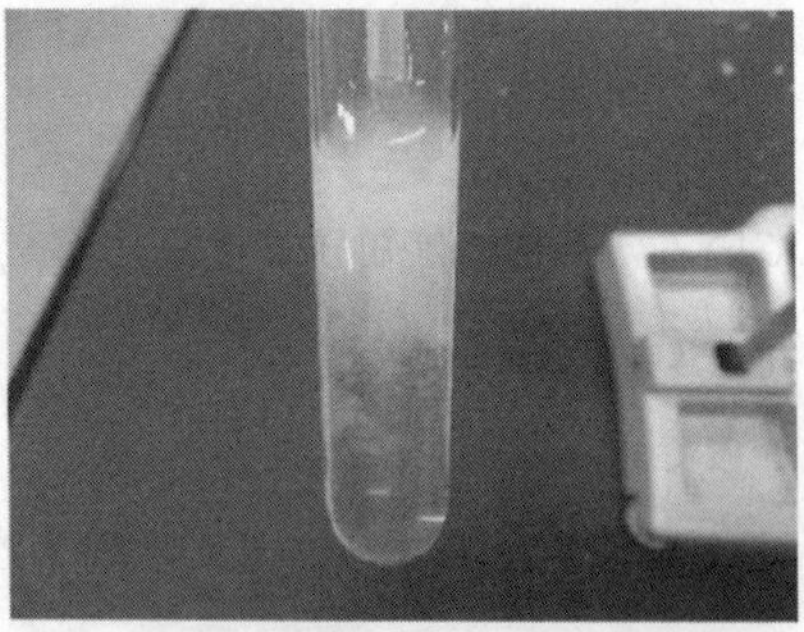

図４　二酸化炭素をふきこんだときのようす

生徒　このような変化（**図４**）があるということは，この水よう液は　B　ですか。

先生　そうです。焼いた貝殻の主成分に水を加え，二酸化炭素を加えると以下のような反応を示します。

焼いた貝殻の主成分　＋　水　＋　二酸化炭素　→　焼く前の貝殻の主成分
（反応前）　　　　　　　　　　　　　　　　　　（反応後）

先生　もっと時間をかけて貝殻を焼き，不純物を取り除いたものがこの白い粉です（**図５**）。この粉に水を加え，麻《あさ》や海藻《かいそう》を練り合わせます（**図６**左）。これが漆喰で，それを壁などに塗り付け，数日乾燥《かんそう》させて用います（**図６**右）。

図５　焼いた貝殻を細かくしたもの

図６　焼いた貝殻に水などを加えて練ったもの(左)とそれを木に塗り付けたもの(右)

(1)　文中の［　A　］，［　B　］内にあてはまる語句を答えなさい。

(2)　貝殻と主成分が同じと考えられる物質を次の**ア**～**エ**から１つ選び，記号で答えなさい。

ア　卵の殻　　**イ**　食塩　　**ウ**　ミョウバン　　**エ**　かたくり粉

(3)　漆喰は塗ってから時間が経過すると，強固な壁になっていくという性質があります。それはなぜですか。**50字以内**で答えなさい。

5 液体中にある物体は，その物体がおしのけた液体の重さと同じだけ上向きの力を受けます。これを浮《ふ》力《りょく》と言います。ここに，重さ 300 g，体積が 200 cm^3（底面積 10 cm^2，高さ 20 cm）の物体があります。この物体にばねばかりをつけて，容器の水の中に入れると**図１**のように物体全部がしずみました。水 1 cm^3の重さは 1 g として，次の問いに答えなさい。

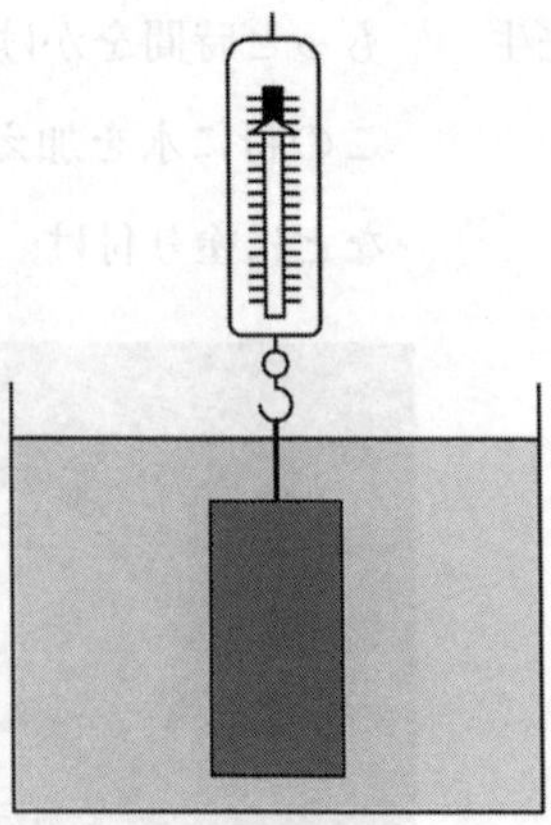

図１

(1) 物体全部が水の中にあるとき，物体にはたらく浮力の大きさは何 g ですか。次の**ア**～**オ**から１つ選び，記号で答えなさい。

ア 100 g　　**イ** 200 g　　**ウ** 300 g
エ 400 g　　**オ** 500 g

(2) 物体全部が水の中にあるとき，ばねばかりは何 g をさしますか。次の**ア**～**オ**から１つ選び，記号で答えなさい。

ア 100 g　　**イ** 200 g　　**ウ** 300 g
エ 400 g　　**オ** 500 g

(3) この物体を上に少し引き上げると，**図２**のように物体の上部が水から出て，ばねばかりが 250 g をさしていました。水の中にある物体の高さ**X**は何 cm ですか。次の**ア**～**エ**から１つ選び，記号で答えなさい。

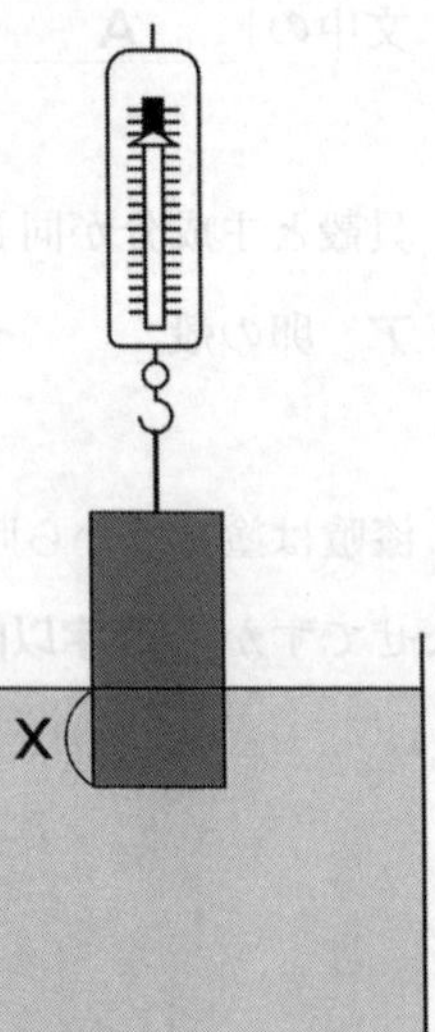

図２

ア 5 cm
イ 10 cm
ウ 15 cm
エ 20 cm

(4) 容器の水を別の液体にかえてみました。ばねばかりをつけてこの液体の中に入れると，物体全部がしずんで，ばねばかりは 0 g をさしていました。この液体 1 cm^3 の重さは何 g ですか。次の**ア**～**エ**から１つ選び，記号で答えなさい。

ア 1 g　　**イ** 1.5 g　　**ウ** 2 g　　**エ** 2.5 g

【下書き】

130

150

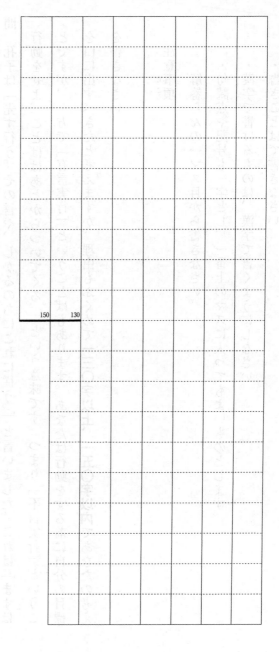

エ　人間の社会を構成するために必要な共感力は、音楽的なコミュニケーションによって養われ、他人のために行動する原動力となっている。

オ　人間は、教育があるからこそ複数の家族を集めた共同体を作ることができ、サルやゴリラは教育がないために共同体を作ることができない。

カ　サルやゴリラは言葉によるコミュニケーションができないため、小さな集団でしか生活することができない。

四

次の問いに答えなさい。

問　孔子《こうし》は「先ず行う。その言や、しかるのちにこれに従う。」と言いました。これは「まずは行動をせよ。ことばはあとからついてくる。」という意味です。つまり「不言実行」ということですが、一方で「有言実行」ということばもあります。あなたは行動をする前に自分の目標を口に出すべきだと考えますか。理由もふくめて**一三〇字以上、一五〇字以内**であなたの考えを書きなさい。

注意事項《じこう》

・解答らんの一マス目から書きなさい。
・句読点や記号も一字とし、一番上のマスに入ってもよいものとします。
・漢字で書けるものは、漢字で書くようにしなさい。
・書きことばで書きなさい。

問六　ぼう線部⑤「ますます教育の必要性は強まっている」とありますが、教育について本文に述べられていることとして適切なものを、**ア**～**オ**から一つ選び、記号で答えなさい。

ア　離乳期・思春期・それより後の時期、と時期によって学びの内容や学び方を変え、それにふさわしい教え方を考える必要がある。

イ　長い離乳期には世界に受け入れてもらうための知識を持たせ、大学生の時期には自分の力を社会の中で生かすための策を練らせる必要がある。

ウ　自分の知識や能力を自分の中だけで育てるのではなく、仲間との関係の中で自分を見つめ、自分には何が欠けているかを子どもに気づかせる必要がある。

エ　教育は他者に共感することで成り立っているので、教育の発展のためには、今後ますます人間の共感能力を高めていく必要がある。

オ　違う文化や考え方を持っている人たちとの交流のために、自分が所属する共同体の言葉だけでなく、所属していない共同体の言葉も話せるようにする必要がある。

問七　筆者の主張として適切なものを、**ア**～**カ**から**二つ**選び、記号で答えなさい。

ア　30～50人という集団は分裂《ぶんれつ》せずにまとまって行動できる規模であるため、学校のクラスの人数は、それ以上でもそれ以下でも教育効果が落ちてしまう。

イ　人間が一つの共同体ではなくさまざまな共同体を行き来することができるのは、「互酬性」と「向社会性」を持っているからである。

ウ　ゴリラやサルは、人間のような家族と共同体からなる強靭な社会を持たないため、生息地を世界各地に広げていくことが難しい。

問四　[X] に入ることばを**漢字二字**で文中からぬき出して答えなさい。

問五　ぼう線部④「人間は、知りたい、教えたい、という強い欲求を持っている」とありますが、その説明として適切なものを、**ア**〜**オ**から一つ選び、記号で答えなさい。

ア　人間は危険な離乳期や思春期を一人で乗り越えることができないため、周りの年長者から教えを受けようと思い、「知りたい」という欲求が生まれる。また、誰かにとって特別な存在になりたいという思いから、「教えたい」という欲求が生まれる。

イ　人間社会で生きるためには世界に受け入れてもらうことが必要で、世界に受け入れてもらうために知識や能力を得たいと思うようになる。また、社会を維持《いじ》するためには能力のある人間が必要だから「教えたい」という欲求が年長者に生まれる。

ウ　人間は、仲間から認めてもらったり賞賛してもらったりするために知識や能力を得ようとする。また、知識や能力を仲間に教えこむことによって、何か素晴らしいことをした気分になるため、「教えたい」という欲求が生まれる。

エ　人間には「共感能力」や「同化意識」があるため、他人に同調し、誰かと同じような人間になりたい、誰かを自分と同じような人間にしたいと考え、「知りたい」「教えたい」という欲求が生まれる。

オ　人間は自分が将来どうなりたいのかを想像することで、それを実現するために必要な知識や技術を「知りたい」と強く思うようになる。また、努力する他者を自分と重ね合わせることで、「教えたい」という欲求が生まれる。

ア　脳が小さいと小さい規模の集団を作り、脳が大きくなると集団の規模も大きくなることから人間の集団規模は脳の大きさに関係していると推測される。

イ　15人程度の規模の集団は、試合中のラグビーチームのように言葉を交わさなくてもまとまるが、１５０人程度の集団になると言葉を交わす必要性が生じてくる。

ウ　１５０人程度の集団は社会関係資本として機能するが、15人や30人程度の規模の集団は、暮らしを営む上でお互いが助けにならないため社会関係資本とは言えない。

エ　１５０人程度が、本来人間が作る集団の規模の限界であり、それ以上の規模になると争いが生じたりさまざまな問題が起きたりしてしまう。

オ　言葉が生まれる前から音楽的なコミュニケーションは存在していて、言葉よりも集団をまとめる力が強いと言える。

問二　ぼう線部②「共同体」とありますが、なぜ人間は共同体を作るようになったのか、**五〇字以内**で説明しなさい。

問三　ぼう線部③「音楽的なコミュニケーション」に当てはまるものを、**ア**～**オ**から**全て**選び、記号で答えなさい。

ア　泣いている赤ちゃんに声をかけること

イ　ゴリラの赤ちゃんが体を動かすこと

ウ　盆踊りを一緒に踊ること

エ　言葉のやりとりをすること

オ　人の歌声にアドバイスをすること

つか相手のようになっている自分を想像し、希望を抱《いだ》いたり悩《なや》んだりする。その上で、自分が他者とは違うことを再認識《にんしき》し、自分独自の道を探し歩もうとする。そのときに頼《たよ》りにするのが、そういった経験をすでに持っている人や、自分の知らない世界を知っている人だ。人間は道を探していたり、道に迷っていたりする人を見ると放っておけない。それも「相手の中に自分を見る能力」の一つだ。学ぼうとしている人の中にかつての自分や将来の自分を見つけ、足りない知識を補おうとする。

　人間の社会はこの高い共感力によって作られてきたと言っても過言ではない。地域共同体は人間の互酬性《ごしゅうせい》と向社会性によって支えられている。「互酬性」とは、何かをしてもらったことに対して応分のお返しをすること、「向社会性」とは、自分よりも相手を優先させて奉《ほう》仕《し》しようとすることである。どちらも、ともに生きている仲間に対して共感を抱かなければ成り立たない。また、人間の共同体は閉じた組織ではなく、人びとは他のさまざまな共同体や組織と行き来して暮らしている。そのときに必要なのは、自分がどの共同体や組織に属しているかというアイデンティティと、自分が活動する世界や社会についての知識である。人びとの移動が活発になり、組織の規模が拡大し、組織同士の関係が複雑になると、必要な知識は増大する。だから近年になるに従い、子どもたちが学ばなければならないことは飛躍的《ひやくてき》に増えて、⑤ますます教育の必要性は強まっていると考えられる。

（山極寿一『京大というジャングルでゴリラ学者が考えたこと』朝日新聞出版）

問一　ぼう線部①「集団規模」とありますが、その説明として適切なものを、**ア**～**オ**から一つ選び、記号で答えなさい。

に応じて、教育は適切に配慮《はいりょ》され、デザインされなければならない。

　これまで述べてきたような観点から眺《なが》めてみると、現代の教育は多様な問題をはらんでいる。人間の教育は幼児期から始まっており、とくに人間の子どもの成長にとって危険な二つの時期、すなわち「離乳期」と「思春期」の教育が最も重要である。

　④人間は、知りたい、教えたい、という強い欲求を持っている。私は人間に近縁《きんえん》なニホンザルやゴリラの野外研究を長年実施《じっし》してきたが、彼《かれ》らはこれほど強い欲求を持たない。しかも人間では、知りたいという欲求が何者かになりたいという希求に結びついている。ゴリラの子どもたちは他のゴリラのようになりたいとは思わない。人間の子どもはイチローのように、スティーブ・ジョブズのように、山中伸弥《やまなかしんや》のようになりたいと思う。そして、そうなるためにどうしたらいいか、道を模索《もさく》するのだ。もちろん、子どもたちは誰かに憧《あこが》れるだけでなく、何か素晴《すば》らしいこと、賞賛されるようなことをしたいと思う。ゴリラと違うのは、将来自分がどのような人間になって何をしているかを頭に描《えが》き、そのための目標を立てることだ。その姿を見て、人びとはその子どもに必要なことを教えてあげたいと強く思う。それは親や、子どもに血のつながりのある人に限らない。赤の他人であっても、子どもたちが目標へ向かって進むことを手助けし、自分が犠牲《ぎせい》を払《はら》っても必要な知識や技術を教えようとするのである。

　この両者の欲求が合致《がっち》するからこそ教育は成立する。なぜ両者がこれほど強い欲求を持つかというと、人間には高い「共感能力」と「同化意識」が発達しているからだと思う。私はこれを、「相手の中に自分を見る能力」と表現している。誰かのやっていることを模倣《もほう》しようとすれば、相手に同調する必要がある。人間はとてもこれがうまい。サルはサル真似《まね》が不得手だが、人間はサル真似の名手なのだ。そして人間は相手の身になって感じ、考える。い

この赤ちゃんに対して発せられる声が、音楽としておとなの間に普及《ふきゅう》することになったという説がある。この音楽的な声によって、赤ちゃんとお母さんの間のように、互いの境界を越《こ》えて一つになり、喜怒哀楽をともにするような感情世界をつくり上げたのではないかと言われている。つまり、言葉が登場する前に、人間は共同育児を通じて音楽的なコミュニケーションを発達させ、共感能力を高めたことが示唆されるのである。

改めて人類の進化史を振《ふ》り返ってみると、人類は類人猿《るいじんえん》が持つ特徴を受け継《つ》ぎながら熱帯雨林を出て、直立二足歩行による食物の運搬《うんぱん》と分配を通して X 力と社会力を高め、多産と脳の増大にともなって頭でっかちの成長の遅《おそ》い子どもをたくさん持つようになった。その結果、母親や父親だけでは十分に子どもを育てることができず、家族が複数集まって協力し合う共同体が生まれたのだと思う。この二重構造を持つ社会が強靭《きょうじん》だったために、人類の祖先は熱帯雨林をはるか離れたヨーロッパやアジアに進出し、サルさえ生存できない砂漠《さばく》や極地にまで足を延ばすことになったのである。

教育は家族と共同体という二重構造の社会に生まれた共感力の賜物《たまもの》である。人間の子どもが危険な時期は二つある。長い離乳期《りにゅうき》と不安定な思春期である。これらの時期を子どもたちは自力で乗り切ることはできない。とくに思春期は親だけではなく、同性・異性の経験を積んだ年長の仲間が必要となる。長い離乳期は小学校へ上がる前の時期、思春期は中学校と高校に対応する。そして、それらの時期を終え、自分を社会の中に正しく位置づけるための時期が大学にあたる。それぞれの時期で学びの内容は異なるはずである。

離乳期は子どもたちが世界に受け入れてもらっていることを自覚する時期である。思春期は自分の性を自認して仲間の間で自分の能力に目覚める時期。大学は自分の能力を社会の中で相対化して人生の目標を定める時期である。こうしたそれぞれの時期で異なる学びの内容

頼《たの》みごとができる人の資本である。言葉ではなく、身体を通してつながった間柄であることが重要だ。

これらの規模の異なる集団を日常の暮らしに当てはめてみると、10～15人は家族、その家族が集まる最大１５０人規模の②共同体が浮かび上がる。これらは言葉というより、音楽的なコミュニケーションでつながっている。地域に特有なお祭り、お囃子《はやし》、歌や踊《おど》り、方言による調子、そして食事や服装、礼儀《れいぎ》や作法で身体を共鳴させることによって暮らしを整えている。言葉の論理によって頭でつながるというより、身体のリズムを合わせることによって調和しているのが、地域共同体なのではないだろうか。

③この音楽的なコミュニケーションは、人間の赤ちゃんが生まれてすぐに出会うものでもある。おとなしいゴリラの赤ちゃんと違《ちが》って、人間の赤ちゃんは生まれた直後から大きな声で泣く。これは自己主張である。ゴリラの母親は生後1年間、赤ちゃんを腕《うで》の中で育てる。不安になったり気持ちが悪くなったら、ゴリラの赤ちゃんは体を動かすか、低い声を立てるだけでいい。すぐに母親は気づいてくれる。一方、人間の赤ちゃんは重いし、自力でつかまれないため、お母さんは赤ちゃんを手から放して置くか、人の手に委ねる。母親から離《はな》れるから、赤ちゃんは泣くのである。その赤ちゃんを泣きやまそうとして、周囲がこぞってやさしい声を投げかける。その声をＩＤＳ（Infant Directed Speech ＝対幼児音声）と呼び、ピッチが高く、変化の幅《はば》が広く、母音が長めに発音されて、繰《く》り返しが多いという世界共通の特《とく》徴《ちょう》がある。絶対音感の能力を持って生まれてくる赤ちゃんは、言葉で話しかけられてもその意味を理解することはなく、声のピッチやトーンを聞いて安心するのだ。そして、その声は習う必要はなく、誰でも出すことができる生まれつきの能力である。実際、この声の出し方を親から教わったこともないし、学校で習ったこともないはずだ。

三

次の文章を読んで、問いに答えなさい。

人間はだいたい150万年をかけて①集団規模を15人から150人に増やした。それは言葉が登場する以前にできた社会である。ではいったいどういうコミュニケーションで集団をまとめていたのだろうか。

それを示唆《しさ》してくれるのがゴリラである。ゴリラは常に小さな集団でまとまっていて、何か危険を感じるとみんなが同調し、まるで一つの生き物のように動く。これと似ているのが人間のスポーツの集団である。ラグビーは15人、サッカーは11人で、互《たが》いに仲間の動きに合わせて生き物のように動くチームを編成する。練習する際には言葉で説明するが、いざ試合になれば、言葉を交わす余裕《よゆう》などなく、目配せやしぐさ、声だけで意図を伝える。

脳が増加し始めたころの30～50人という集団規模でも、言葉は重要な働きをしていない。これは学校のクラスに相当する。毎日顔を合わせているから、誰《だれ》かがいなくなったらすぐわかる。全員がかろうじて分裂《ぶんれつ》せずにまとまって行動できるので、先生や学級委員が先導できるというわけだ。面白《おもしろ》いことに宗教の布教集団、軍隊の小隊の規模もこれに匹敵《ひってき》する。会社でも毎日顔を合わせる課や部の規模がこの数だ。

では、現代人の脳の大きさに見合った150人という集団規模はどうか。これは、年賀状を書くときに名前のリストによらずに、顔が浮《う》かぶ人の数だと私は考えている。言い換《か》えれば、過去に喜怒哀楽《きどあいらく》をともにしたり、一緒《いっしょ》に何かの活動をしたりして、顔を覚えている人の数である。つまり、共感を抱《いだ》くような活動を通じて知り合った人びとということで、ここまでが社会関係資本として機能する間柄《あいだがら》だと思われる。 社会関係資本（Social Capital）とは、人びとが暮らしを営む上で助けとなる人びとのことを指し、何か困ったときに相談したり、

問七　この文章に関する説明として**適切でないもの**を、**ア**～**オ**から一つ選び、記号で答えなさい。

ア　「ひときわの遠回り」や「長期休みでもない時期に実家に帰ってくることが、なにを意味しているのか」という部分は護の東京での生活がうまくいっていないことを示している。

イ　「大人が見れば目尻を下げてしまうほどの」という部分は「幼なじみ」を修飾しており、「私」と「護」の関係が客観的に見てもほほえましいものであったことを表現している。

ウ　「（小学校を出る直前まで、私は夕食後の護んちにあがりこんで、宿題を手伝ってもらうことがあった）」という部分は「私」と「護」の関係が親密なものであったことを強調している。

エ　「大きい声が出せない」や「ひっそりと笑う」という部分は、おとなしくひかえめな性格である「護」を、「私」が心の中ではさげすみ、あざわらっていることを暗示している。

オ　「護う」という呼び方は「私」の中によみがえってくる幼い頃の「護」が、大人になった「護」の姿に重なり、懐かしさで胸がいっぱいになっている様子を表している。

問六　ぼう線部⑥「こちらへ近づいてくる姿が、小さい頃のまんまに見えたり、居間の灯りが漏れたところでは急にのっと大きくなったりして見えた」とありますが、「私」に「護」の姿がこのように見えた理由として適切なものを、**ア**～**オ**から一つ選び、記号で答えなさい。

ア　何年かぶりに「護」に会えた喜びで舞《ま》い上がってしまい、しっかりと「護」の姿を目でとらえることができていないから。

イ　久しぶりに会った大人の「護」には昔と変わらない部分があり、「私」の中の以前の「護」の記憶がだんだんと呼び起こされてきているから。

ウ　「護」の家は大きく広いために光が行き届かず、薄暗い中で大きく変わってしまった「護」の姿がよく見えないから。

エ　「護」に会うのは中学を卒業してからはじめてだったが、あの時のまま変わらないでいてほしいという思いが「私」の中にあったから。

オ　ずっと口を聞いていなかった「護」の姿を見たことで動揺《どうよう》してしまい、何て声をかけたらいいか考えることで頭がいっぱいだから。

ウ　「私」自身も以前から不安に感じていたが、「護」のような「いい」男の子には、やはり自分はつり合わなかったと再確認してがっかりしている。

エ　ずっと「護」のことを異性として意識してきたのに、なぜもっと早く思いを伝えなかったのかと自分の意気地なさに落ち込《こ》んでいる。

オ　「護」は女子に興味がないと思い込んでいたので、他の生徒たちと同じように男女交際をしていることに驚きをかくせずにいる。

問五　ぼう線部⑤「護の家に向かった」とありますが、「私」が「護の家に向かった」理由として適切なものを**ア**～**オ**から一つ選び、記号で答えなさい。

ア　幼なじみだった「私」に何も言わずに彼女を作ったことを引きずってはいたが、久しぶりに帰ってきた「護」に会ってみたいという気持ちもあったから。

イ　自分が「護」の幼なじみに過ぎなかったことをずっと気にしており、大人になった今ならその時の気持ちを「護」に打ち明けられると思ったから。

ウ　「護」が彼女を作ったことに傷ついたこともあったが、それから時間も経っており、大人になった「護」の顔を見たいという気持ちになったから。

エ　中学生の時は「護」に失恋《しつれん》したような気持ちになっていたが、人並みに恋愛を経験した今なら「護」よりも優位に立てると思ったから。

オ　「護」と疎遠《そえん》になってしまったことを後悔《こうかい》しており、これからまた以前のような「幼なじみ」に戻りたいと思ったから。

問三　ぼう線部③「護はとても『いい』男の子だった」とありますが、「『いい』男の子」の説明として適切なものを、**ア**～**オ**から一つ選び、記号で答えなさい。

ア　他人がいやがるようなことをいっさいせず、誰にでも親切でリーダーシップのある男の子。

イ　特に自己主張をすることなくひかえめだが、女子から決してきらわれることのない男の子。

ウ　ほめられるところも、叱《しか》られるところもない、周囲に埋《う》もれてしまうような印象の薄い男の子。

エ　異性から好意を寄せられるような、優《やさ》しさと行動力を備え、人間的な魅《み》力《りょく》にあふれた男の子。

オ　一言で言い表すことはできないが、かもし出す雰《ふん》囲《い》気《き》が他人を引き付ける、味のある男の子。

問四　ぼう線部④「私はひそやかな失望を感じた」とありますが、このときの「私」の気持ちとして適切なものを、**ア**～**オ**から一つ選び、記号で答えなさい。

ア　みんなから人気のある「いい」男の子であった「護」が、結局同じような「いい」女の子と付き合っていることにつまらなさを感じている。

イ　「私」が「護」のことを最も多く知っているはずだったのに、「私」の知らないところで女子と付き合い出したことにひょうしぬけしている。

すぐそばまで歩いてきてやっと、ひっそりと笑うのも、護の癖《くせ》だった。

なにもかもが懐《なつ》かしくて——忘れたと思っていたフィルムが頭の底から次々と引き出され、「今」に重なっていくのが面白《おもしろ》くて——私は思わず顔を崩《くず》して笑っていた。

「護」

右の頬《ほほ》の下の、輪郭《りんかく》から外れそうなところにぽつんとほくろがある。のも、今、思い出した。

「護う」

ともう一度呼んでしまった。大人の顔の護が笑った。

（豊島《としま》ミホ『夏が僕《ぼく》を抱《だ》く』所収「ストロベリー・ホープ」祥伝社）

問一　ぼう線部①「間抜けな顔」とありますが、「私」（十和子）が「間抜けな顔」になったのはなぜですか。理由として適切なものを、**ア**～**オ**から一つ選び、記号で答えなさい。

ア　クリーニング屋さんが「護」と「私」が同い年であることを知っていたから。

イ　仕事から帰ってきたばかりのところに突然《とつぜん》クリーニング屋さんが来たから。

ウ　東京の大学へ進学したという「護」の名前を聞くのがあまりに久しぶりだったから。

エ　別の高校に進んだきり口をきいていない「護」のことを思い出せなかったから。

オ　幼い頃から仲の良かった「護」に何かあったのかと不安になってしまったから。

問二　ぼう線部②「私と護は、記憶にある限り幼い頃から、多分小学校いっぱいくらいまでは、帰り道を一緒に歩いてきた」とありますが、「私」と「護」の関係をたとえた表現を、ここより後の本文中から**十五字以内**でぬき出して答えなさい。

「はあい」

スリッパをばたばたと鳴らして廊下《ろうか》を駆けてきたおばさんは、私の顔を見ると、「あら、十和ちゃん」と顔をほころばせた。そうしていきなり、奥へ向かって声を張り上げた。

「護！　十和ちゃんよ！」

　ぎょっとした。そういえば昔は、私が玄関に立つと、すぐにおばさんが護を呼んでくれたけれど、そんなの何年もないことだった。私が桜田家に回覧板やおすそわけを持ってくることはたびたびあったけれど、そこに護がいたことはなかったのだ。今、いきなりこうして昔の「お約束」を持ち出されると、どぎまぎしてしまう。

「あ、あの、護、帰ってるんですか？」

一応知らなかったふりを試みたものの、おばさんは、「クリーニング屋さんに聞いたんでしょ、さっき急に戻ってきたのよ」とこともなげに言った。

　ふたりで家の奥に目をやる。返事はない。灯りの少ない廊下が、奥に向かって消えていくようにしんとのびているだけだ。

――今更《いまさら》、「十和ちゃんよ」って言われても、別に会いたくないんじゃないのかな。

　そう思ったところで、廊下の奥のふすまから、ひょいと頭が出た。ああ、護って大きい声が出せないから、いつもおばさんに呼ばれても返事をしないんだった、と急に思い出した。頭の出る高さが違ったけれど、周りの薄闇《うすやみ》から浮《う》いた白い顔の色が、そのままだった。

　護はひたひたと廊下を歩いてきた。⑥こちらへ近づいてくる姿が、小さい頃のまんまに見えたり、居間の灯りが漏《も》れたところでは急にのっと大きくなったりして見えた。そうして私の前に立った護は、やっぱり昔とだいぶ身体の大きさが変わっていたけれど、護そのものだった。

「十和ちゃん」

清い交際だったらしいのだけれど、④私はひそやかな失望を感じた。護に対する失望じゃない。やっぱり私は、「いい」男の子と一緒にいるべき子じゃなかったんだという、自分の立ち位置への失望だった。

――幼なじみってこんなものなんだ。

雫《しずく》のついたビニール傘の向こうに、護と彼女《かのじょ》の後ろ姿を見ていた。珍《めずら》しく部活がない日の学校帰りで、校門を出ようとしたところで、ふたりの背中を見つけてしまい、動くに動けなくなってしまった。

そのまま別の高校に進み、私は護と口をきいていない。

それでも、雨の中をすぐ護に会いにいったのは、単に好奇《こうき》心からだったと思う。

なにしろ時間が経《た》って、私は、恋人《こいびと》たちの後ろ姿に傷ついた十四歳《さい》じゃなかった。もう二十三で、この町から出ないままでも色んな人と会って、人並みには恋をしている。だから自分が護の「幼なじみ」に過ぎなかったことを気にしているわけじゃない。

「護が帰ってきたらしいんだよ、顔見にいきたいから、なんか桜田さんちに届けるものちょうだい」

とおばあちゃんに言い、畑でとれた野菜を持って⑤護の家に向かった。「隣」とはいえ、家もまばらな集落だから、畑をはさんで五十メートルほど離れている。半端《はんぱ》な近さで面倒《めんどう》だったけれど、一応傘をさした。

護の家は、農家だった名残《なごり》をとどめて、とても古く広い。玄関で「こんにちはぁ」と呼びかけても、一回では届かないことが多く、こんにち、はあ！と声を張り上げてやっと、おばさんの返事がかえってくる。

十和ちゃんと護くん。子どもの頃は、スプーンとフォークみたいに、セットでそう呼ばれた。先生も友だちも近所の人たちも、みんなそういうふうに呼んだ。

「護くん」とセットになっている私はラッキーなのだ。そう気付いたのは八つか九つの頃で、西口みたいな悪い男子が幼なじみじゃなくてほんとによかったあ、と無邪気《むじゃき》にまにましていたのだけれど、もう少しだけ大きくなると、幸運を享受《きょうじゅ》するにも、小さな不安のようなものが生まれてきた。

――こんなに「いい」男の子と、私が、一緒にいていいのかな？

それはカタツムリの目ほどもない、本当に米粒《こめつぶ》以下の不安だったし、口にしたら卑屈《ひくつ》な言葉にしかならないとわかっていたから、護にも他の子にも告げたりはしなかったけれど、確かに私の内部にはあった。

だからきっと、中学へ進んだ機会に、私は護と「セット」の場所から離《はな》れてしまったのだ。護となら、学校で口をきくのは照れくさくても、帰り道や、家に帰った後で、仲良くする時間を持つことはできた気がする（小学校を出る直前まで、私は夕食後の護んちにあがりこんで、宿題を手伝ってもらうことがあった）。でも私は、ふもとの中学と共同で練習する吹奏楽《すいそうがく》部を選び、放課後の時間を全部つぶした。授業が終わるとマイクロバスでそこの中学へ行き、帰りはそのまま、バスで戻ってきて家の前で降ろしてもらう。きつい練習と、見慣れぬ顔に囲まれる緊張《きんちょう》で、私は帰るとヘトヘトだった。勉強もろくにせず、めし・風呂《ふろ》・寝《ね》るというオヤジの三点セット生活を素《す》でなぞってしまう。

それを二年も繰《く》り返したら、私はいつのまにか、「十和ちゃんと護くん」の片割れではなくなっていた。中学三年の春、護は同じクラスの女子と付き合い出した。それはとても「いい」子らしい、交換《こうかん》日記をしたり日曜日に隣町のショッピングモールで会ったりといった、

り、パーカのフードに生きたカエルを入れたりしてくるクソガキのことで（死んでるカエルのほうが多分もっとやだけど）、いい男の子というのはその逆、大人しく無害な子のことだった。

うちの小学校は小さくて、しかも私の学年は男子十人女子五人というちょっとアンバランスな構成だったため、女の子五人で、たまにこっそりと、男子を「いい」と「悪い」に分ける遊びをした。外体育で幅跳《はばと》びをする前の休み時間なんか、手持ちぶさたな時、地面に棒で線を引き、右と左に男子の名前を書き入れていく。右はいい男子、左は悪い男子。「西口《にしぐち》、西口。あいつまじ最悪」「こないだユカちゃんのキンキ下敷《したじ》きにラクガキしたよね」とか、まず名前が出るのは悪い男子のほうで、それが上から三つ四つ一気に並んだ後で、「でも中《なか》田《た》くんは、いい」「あいつ、いいやつ」と「いい男子」の名前が出始め、それから残りの男子を便宜《べんぎ》的にどちらかに分ける作業になる（微妙《びみょう》なラインで「どっちか」を決めるのも意外と盛り上がる）。護は、その最後の最後で、みんなが無言のままに、「いい男子」の末尾《まつび》に入れられるような子だった。関心を持たれていないわけではない。あきらかに「いい」ほうすぎて、わざわざ議論するまでもないし、あんまり話すと、彼《かれ》に向けた好意の一片《いっぺん》がばれてしまう――そんな感じだったと思う。あの頃の私たちは、みんなどこかしら、護の一部を好きだったんじゃないだろうか。見た目が、子どもの中でも清くかわいらしかった。高学年になると、その中に、強く育っていくであろう身体の線が見え隠《かく》れしてわずかに異性のにおいがした。頭がいいのに、朗読なんかで先生にあてられると、はにかんで小さい声しか出せなかった。――客観的に見ても、小学校でモテるタイプだったはずだけれど、五人しかいない女の子の中で、護のそういう「いい」部分を最も多く知っているのが私であることは誰《だれ》の目にも明らかで、多分それゆえ、護を好きだと言い出す子はいなかったのだ。

その護が、長期休みでもない時期に実家に帰ってくることが、なにを意味しているのか――クリーニング屋のおじさんは、どことなく話したそうでもあったけれど、今は繁忙《はんぼう》期で忙《いそが》しいのだろう、領収書を切るとすぐ、玄関のガラス戸に手をかけた。

「会いにいったら？　もうずっと会ってないんでしょう」

と、出ていく時に言われた。私は笑顔《えがお》をつくって「はいっ」といい返事をしていた。それはとりあえず、脊髄《せきずい》反射というか社交辞令というかそういうものに過ぎなかったのだけれど、水を跳《は》ねさせてクリーニング屋さんが駆《か》けていった、庭の飛び石を眺《なが》めている間に、私はゆっくりと護のことを思い出そうとし始めていた。

雨音がする。玄関からはみ出した家の灯《あか》りが、濡《ぬ》れた地面を光らせている。いつのまにか、領収書を受け取った指に力が入っていたらしく、かさりと紙の音がした。

護は私の幼なじみだ。

私たちはきっと、大人が見れば目尻《めじり》を下げてしまうほどの、絵に描《か》いたような幼なじみ同士だったに違《ちが》いない。クリーニング屋さんが言った通り、②私と護は、記憶《きおく》にある限り幼い頃から、多分小学校いっぱいくらいまでは、帰り道を一緒に歩いてきた。四方八方にどかんと山が立ちふさがるこの町で、ひときわ奥《おく》まった集落に住んでいる私たちは、必然的にふたりきりで歩く時間が長かった。晴れの日はあぜ道に入って道草をくい、雨の日は傘《かさ》をぶつからせて身を寄せおしゃべりをした。

③護はとても「いい」男の子だった。いい男の子、という言い方は普通《ふつう》あまりしないのかもしれないけれど、私と数人の友だちは、「悪い」男の子の対義語としてその言葉を使うことがあった。悪い男の子とはむろん、道ばたに落ちている蛾《が》の死骸《しがい》を持って追いかけてきた

あまりに久しぶりすぎて、私は思わず聞き返してしまった。

「護って、桜《さくら》田《だ》護？」

おじさんは、私の反応に驚《おどろ》いたようだったけれど、「若い人は時間が過ぎるのが速いのかな」と笑った。

「小学校の頃《ころ》は、いつも一緒《いっしょ》に帰ってたじゃない」

とまで言われたので、慌《あわ》てて「いやいや、憶《おぼ》えてますよ！」と弁解して洗濯物を受け取る。でないと、次の家には「桜田さんちの護くんが帰ってきたのに、桐島《きりしま》さんちの十和子ちゃんときたら名前も憶えてなかった」という話になって伝わってしまう。お金を払《はら》い、おつりをもらいながら少し話をした。

「護が、ええと、東京から帰ってきたってことですか？」

「うん、さっき桜田さんちに行ったら、ちょうど着いたところらしくてね、玄関で鉢《はち》合《あ》わせしたんだ。しばらくはこっちに居るって言ってたよ」

ちなみに外は雨で、ガラス戸の外に見える土はくろぐろと湿《しめ》っていた。最近は雨が多い。五月の連休が終わった頃から、この町はなぜか雨が多くなる。そうして止んだりまた降ったりしながら、梅雨《つゆ》まで通して降り続ける。

私が耳にした護の最後の消息は、東京で学生をしているというものだった。高校を出てすぐ、農協に勤めるようになった私には、いったい自分が何年働いて、同じ年で大学に行った人たちが順調に進んでいると今何年生であるのか、計算しないとわからないけれど、護は一度入ったとてもいい大学を途《と》中《ちゅう》でやめて、専門学校に入り直したり、ひときわの遠回りをしているとは聞いた。そのあとなにも噂《うわさ》を聞かないから、きっと、田舎《いなか》に帰ってくるかどうかがまだ問題にならない身分なのだろうと、ぼんやり認識していた気はする。

(1) 空らん X ・ Y にあてはまることばとして適切なものを、ア～カからそれぞれ一つ選び、記号で答えなさい。

ア なぜなら　**イ** しかし　**ウ** たとえば　**エ** 同時に
オ 確かに　**カ** もしくは

(2) ぼう線部「行事だ」の主語として適切なものを、ア～オから一つ選び、記号で答えなさい。

ア 大切な　**イ** 交友関係を　**ウ** 私は　**エ** 地元に　**オ** 町祭りは

二

次の文章を読んで、問いに答えなさい。

護《まもる》が帰ってきたというニュースを持ってきたのは、クリーニング屋のおじさんだった。私は仕事から戻《もど》ってきたばかりで、土臭《つちくさ》くよごれた手を石けんで洗おうとしていたのだけれど、ピンポンが鳴って、台所に立っているおばあちゃんの代わりに玄関《げんかん》に出ていったところで告げられたのだ。ああ十和子《とわこ》ちゃん。もう仕事終わった時間なんだね。護くんには会いにいった？――と。

「護？」

私は①間抜《ぬ》けな顔でその名前を口にしたと思う。こうして町じゅうの家をまわって、洗濯《せんたく》物を回収し手渡《てわた》しているクリーニング屋さんが、隣《となり》に住む護のことを知っていて、私と同い年だと認識《にんしき》していることはまったく不自然ではなかったけれど、でもその名前を耳にするのが

問三　(1)～(4)のことばの対義語を、**ア**～**タ**の漢字から**二つ**組み合わせて作り、記号で答えなさい。

(1)　生産　　(2)　損害　　(3)　結果　　(4)　共同

ア　可　**イ**　益　**ウ**　原　**エ**　動　**オ**　困
カ　費　**キ**　単　**ク**　許　**ケ**　受　**コ**　従
サ　難　**シ**　消　**ス**　因　**セ**　独　**ソ**　服
タ　利

問四　次の文章は本校の生徒が書いた文章です。以下の問いに答えなさい。

先日帰宅する途《と》中《ちゅう》に、ある求人の張り出しが目に入った。祭りのおみこしの担ぎ手の募《ぼ》集《しゅう》だった。祭りとは、その地域の人たちが引き継《つ》いでいくものであるから、募集にかなり驚《おどろ》いた。

伝統文化を引き継ぐ人材が少なくなってきたのは前々から知っていた。 X 、祭りで募集が出されるとまでは思っていなかった。 Y 、今後、地域の祭りがなくなってしまうのではないかと心配になった。

祭りは、友達や地元に帰ってきた先輩《せんぱい》・後輩に会える機会であり、また、新しい交友関係を築ける大切な行事だと私は思う。だからこそ、自分の地域の祭りがなくならないよう、大人になっても積極的に祭りに参加していきたい。

2023年度

東洋大学京北中学校

【国　語】〈第一回試験〉（五〇分）〈満点：一〇〇点〉

《注　意》1．作問のため本文にふりがなをつけた部分があります。
2．字数指定のある問いはすべて、句読点・記号も一字と数えるものとします。

一 次の問いに答えなさい。

問一　ぼう線部に相当するカタカナを、漢字に直しなさい。

(1)　この物語は代々コウショウされてきた。

(2)　一日センシュウの思いで待ち続ける。

(3)　論文のヒヒョウをする。

(4)　様々な役を演じられる役者はチョウホウされる。

(5)　蔵に米ダワラを運び入れる。

問二　(1)～(3)の作品の筆者（作者）として適切なものを、ア～コからそれぞれ選び、記号で答えなさい。

(1)　蜘蛛《くも》の糸　　(2)　おくのほそ道　　(3)　雪国

ア　川端康成　**イ**　太宰治　**ウ**　森鷗外　**エ**　松尾芭蕉　**オ**　清少納言

カ　芥川龍之介　**キ**　夏目漱石　**ク**　小林一茶　**ケ**　坂口安吾　**コ**　紫式部

2023年度

東洋大学京北中学校 ▶解説と解答

算　数　＜第１回試験＞（50分）＜満点：100点＞

解　答

1 (1) $\frac{14}{15}$　(2) 11　(3) $\frac{1}{2}$　(4) 108通り　(5) 84枚　(6) 144度　(7) 18cm^2　(8) 64cm^2　**2** (1) 2　(2) 6，7，8　**3** (1) 3番から12番まで　(2) 8回　(3) 6月23日　**4** (1) 100cm^2　(2) 56cm^2　(3) $62\frac{2}{3}$$cm^2$　**5** (1) ②，⑤　(2) 12個　(3) 184cm^2　(4) 1.5倍

解　説

1 **四則計算，逆算，場合の数，倍数算，角度，面積，表面積**

(1) $\left(4\frac{3}{8}-2.625\right)\div\left(3\frac{1}{16}-1.1875\right)=\left(4\frac{3}{8}-2\frac{5}{8}\right)\div\left(3\frac{1}{16}-1\frac{3}{16}\right)=\left(3\frac{11}{8}-2\frac{5}{8}\right)\div\left(2\frac{17}{16}-1\frac{3}{16}\right)=1\frac{6}{8}\div1\frac{14}{16}=1\frac{3}{4}\div1\frac{7}{8}=\frac{7}{4}\div\frac{15}{8}=\frac{7}{4}\times\frac{8}{15}=\frac{14}{15}$

(2) $\frac{1}{6}+\frac{1}{3}+\frac{1}{2}+\frac{2}{3}+\frac{5}{6}+1+1\frac{1}{6}+1\frac{1}{3}+1\frac{1}{2}+1\frac{2}{3}+1\frac{5}{6}=\left(\frac{1}{6}+\frac{5}{6}+1\frac{1}{6}+1\frac{5}{6}\right)+\left(\frac{1}{3}+\frac{2}{3}+1\frac{1}{3}+1\frac{2}{3}\right)+\left(\frac{1}{2}+1\frac{1}{2}\right)+1=(1+3)+(1+3)+2+1=4+4+3=11$

(3) $2\frac{1}{7}+\left(1\frac{1}{4}-\square\right)\times1\frac{1}{7}=3$ より，$\left(1\frac{1}{4}-\square\right)\times1\frac{1}{7}=3-2\frac{1}{7}=\frac{6}{7}$，$1\frac{1}{4}-\square=\frac{6}{7}\div1\frac{1}{7}=\frac{6}{7}\div\frac{8}{7}=\frac{6}{7}\times\frac{7}{8}=\frac{6}{8}=\frac{3}{4}$　よって，$\square=1\frac{1}{4}-\frac{3}{4}=\frac{5}{4}-\frac{3}{4}=\frac{2}{4}=\frac{1}{2}$

(4) $a+b+c$が奇数《きすう》となるのは，a，b，cがすべて奇数であるときか，a，b，cのうち１個が奇数でほか２個が偶数《ぐうすう》のときである。a，b，cがすべて奇数であるのは，a，b，cのそれぞれが１，３，５の３つのどれか１つなので，$3\times3\times3=27$(通り)ある。また，a，b，cのうち１個が奇数で２個が偶数であるときについて，まず，aが奇数でbとcが偶数である場合，aは１，３，５の３通り，bとcはそれぞれ２，４，６の３つのどれか１つで，$3\times3=9$(通り)あるので，aが奇数でbとcが偶数なのは，$3\times9=27$(通り)あるとわかる。ほかにも，bが奇数でaとcが偶数である場合，cが奇数でaとbが偶数である場合があり，それぞれ27通りあるので，１個が奇数で２個が偶数である場合は，$27\times3=81$(通り)ある。よって，$a+b+c$が奇数となる場合は，$27+81=108$(通り)あるとわかる。

(5) 姉のはじめの枚数を③，弟のはじめの枚数を①と表す。姉は弟に４枚あげたので，姉の枚数は，③－４(枚)となり，弟は姉から４枚もらい，さらに３枚買ったので，弟の枚数は，①＋４＋３＝①＋７(枚)となる。すると，(③－４)：(①＋７)＝16：７と表せる。$A:B=C:D$であるとき，内項《ないこう》の積と外項の積は等しいので，$B\times C=A\times D$である。したがって，(①＋７)×16＝(③－４)×７となり，(①＋７)×16＝①×16＋７×16＝⑯＋112，(③－４)×７＝③×７－４×７＝㉑－28より，⑯＋112＝㉑－28となる。そのとき，右上の図１より，㉑－⑯＝⑤が，112＋28＝

図１

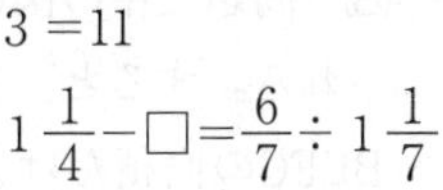

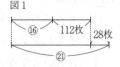

140(枚)であり，①は，140÷５＝28(枚)とわかる。すると，姉のはじめの枚数は，③＝28×３＝84(枚)と求められる。

⑹　右の図２で，三角形ABCについて，角BACの大きさは，角xと等しい。また，２本の直線lとmは平行なので，角Ｃの大きさは角yと等しい。さらに，多角形の外角の和は360度なので，正五角形の１つの外角の大きさは，360÷５＝72(度)であり，図２で角アと角イの大きさはどちらも72度となる。すると，角Ｂの大きさは，180－72×２＝36(度)とわかる。よって，三角形ABCにおいて，(角xの大きさ)＋(角yの大きさ)＋36＝180(度)より，角xと角yの大きさの和は，180－36＝144(度)と求められる。

図２

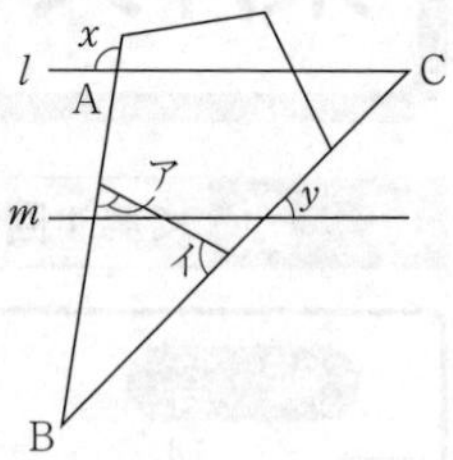

⑺　右の図３のように，正六角形を18個の三角形に分割する。このうち，12個は正三角形であり，それらは合同なので，面積も等しい。また，図３で三角形アとウは合同だから，三角形イとウは長さの等しい辺をもつとわかり，底辺と高さが等しいので，イとウの面積も等しい。同様にして，18個すべての三角形の面積が等しいとわかる。外側の正六角形の面積は54cm^{2}なので，分割されてできた小さな三角形１個の面積は，54÷18＝３(cm^2)である。よって，内側の正六角形は６個の小さな三角形からなるので，その面積は，３×６＝18(cm^2)と求められる。

図３

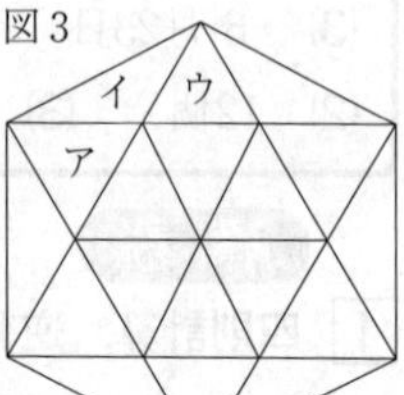

⑻　問題文中の図のように切ると，四角すいと三角すいに分けられる。すると，右の図４より，四角すいの表面積の方が，面BEFCの面積だけ大きいとわかる。面BEFCは１辺８cmの正方形なので，その面積は，８×８＝64(cm^2)であり，２つの立体の表面積の差は64cm^{2}と求められる。

図４

四角すい		三角すい
面AEBの面積	＝	面ADEの面積
面AEFの面積	＝	面AEFの面積
面AFCの面積	＝	面ADFの面積
面ABCの面積	＝	面DEFの面積
面BEFCの面積		

2　約束記号

⑴　$0.7+\frac{3}{2}=0.7+1.5=2.2$より，$\left[0.7+\frac{3}{2}\right]=2$となり，$\left[0.7+\frac{3}{2}\right]\times2=2\times2=4$である。そのとき，$\left[\frac{20}{3}-\left[0.7+\frac{3}{2}\right]\times2\right]=\left[\frac{20}{3}-4\right]=\left[\frac{20}{3}-\frac{12}{3}\right]=\left[\frac{8}{3}\right]$となり，$\frac{8}{3}=2.66\cdots$なので，$\left[\frac{8}{3}\right]=2$とわかる。

⑵　$\left[\frac{1}{3}\times\square+2\right]-1=3$より，$\left[\frac{1}{3}\times\square+2\right]=3+1=4$となり，$\frac{1}{3}\times\square+2$の値は，４以上５未満とわかる。すると，$\frac{1}{3}\times\square$の値は，４－２＝２以上，５－２＝３未満であり，□は，$2\div\frac{1}{3}=6$以上，$3\div\frac{1}{3}=9$未満となる。よって，□に入る整数は，６，７，８と求められる。

3　周期算

⑴　６月５日は日曜日なのでそうじをしない。すると，６月１日から６月８日までの８日間のうち，そうじをするのは，８－１＝７(日)であり，その７日の期間でそうじをするのべ人数は，10×７＝70(人)となる。クラスの人数は34人なので，70÷34＝２あまり２より，６月８日にそうじをしたのは，はじめにもどって出席番号が２番までの人である。すると，６月９日にそうじをするのは，出席番号が３番から，３＋(10－１)＝12(番)までの人と求められる。

⑵　６月中に日曜日は，５日，５＋７＝12(日)，12＋７＝19(日)，19＋７＝26(日)の４回ある。し

たがって，６月１日から６月30日までの30日間のうち，そうじをするのは，30－４＝26(日)であり，その26日の期間でそうじをしたのべ人数は，10×26＝260(人)とわかる。クラスの人数は34人なので，260÷34＝７あまり22より，全員少なくとも７回そうじをして，１番から22番までの人は，７＋１＝８(回)そうじをした。よって，Kさんの出席番号は５番なので，Kさんがそうじをした回数は８回と求められる。

(3)　出席番号が23番であるHさんが６回目にそうじをするのは，そうじをしたのべ人数がはじめて，34×５＋23＝193(人)以上になる日である。その日は，日曜日をのぞくと，193÷10＝19あまり３より，19＋１＝20(日目) である。１週間でそうじをするのは日曜日をのぞいた，７－１＝６(日)なので，20÷６＝３あまり２より，Hさんが６回目にそうじをするのは，そうじをはじめてから３週間と２日後とわかる。すると，右上の図より，６月23日と求められる。

水	木	…	火
1	2	…	7
8	9	…	14
15	16	…	21
22	23		

4　平面図形―辺の比と面積の比，相似

(1)　AE：ED＝２：３，BF：FC＝１：２なので，ADの長さを，２＋３＝５と，１＋２＝３の最小公倍数から⑮とおくと，右の図のようになる。ADとBCは平行なので，太線の三角形AGEと三角形CGBは相似であり，対応する辺の長さの比は，６：15＝２：５である。相似比が，m：nであるとき，面積比は，($m \times m$)：($n \times n$)となるので，三角形AGEと三角形CGBの面積の比は，(２×２)：(５×５)＝４：25となる。よって，三角形AGEの面積は$16cm^2$なので，三角形BCGの面積は，$16 \times \frac{25}{4} = 100(cm^2)$と求められる。

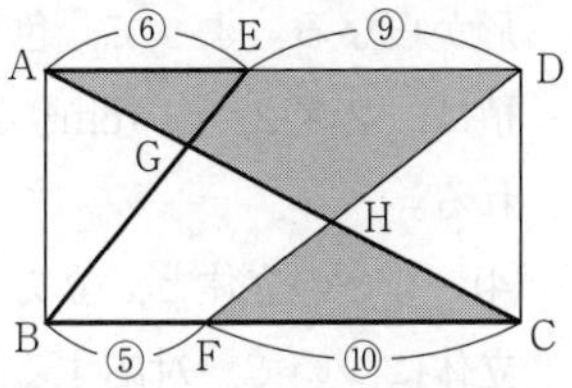

(2)　三角形AGEと三角形CGBの相似より，AG：GC＝２：５となる。三角形ABGと三角形BCGは，AG，GCを底辺としてみると高さが等しいので，面積の比は底辺の比と等しい。すると，三角形ABGと三角形BCGの面積の比も，２：５とわかる。(1)より，三角形BCGの面積は$100cm^2$なので，三角形ABCの面積は，$100 \times \frac{2+5}{5} = 140(cm^2)$となる。三角形ABCと三角形ACDの面積は等しいので，三角形ACDの面積も$140cm^2$である。図で，かげをつけた三角形AHDと三角形CHFは相似であり，対応する辺の長さの比は，15：10＝３：２なので，AH：HC＝３：２とわかる。また，三角形AHDと三角形DHCについて，AH，HCを底辺としてみると高さが等しいので，面積の比も，３：２である。よって，三角形DHCの面積は，$140 \times \frac{2}{3+2} = 56(cm^2)$と求められる。

(3)　(2)より，DH：HF＝３：２であり，三角形CHFの面積は，$56 \times \frac{2}{3} = 37\frac{1}{3}(cm^2)$とわかる。よって，三角形BCGの面積は$100cm^2$だから，四角形GBFHの面積は，$100 - 37\frac{1}{3} = 62\frac{2}{3}(cm^2)$と求められる。

5　立体図形―構成，分割

(1)　問題文中の立体を正面から見ると，右の図１のように見える。また，上から見ると，右の図２のように見えるが，斜線《しゃせん》部分には，床《ゆか》についた立方体が１個あるのか，それとも１個も立方体がないのかは，問題文中の図から決まらない。よって，正しいと考えられるのは，②と⑤である。

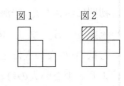

図１

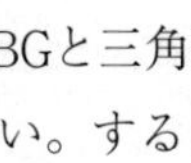

図２

(2)　立方体の個数が最も多いのは，図２の斜線部分に，床についた立方体が１個あるときである。

そのとき，上から１段目，２段目，３段目にある立体を上から見た図は，右の図３のようになる。立方体の個数は，上から１段目に１個，２段目に５個，３段目に６個あるので，考えられる最も多い立方体の個数は，１＋５＋６＝12(個)とわかる。

図３

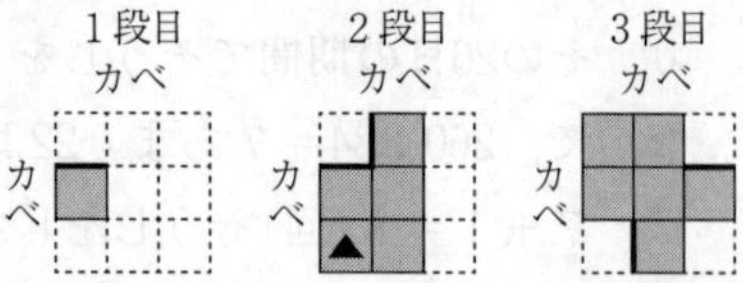

(3)　(1)，(2)より，立方体の個数が最も多いとき，上から見たときに見える正方形の個数は７個，正面から見たときに見える正方形の個数は６個とわかる。また，立体を右から見ると，右の図４のように見えるので，右から見たときの正方形の個数は７個である。ほかに，床についていない下の面(図３で▲にある立方体の下の面１つ)と，カベについていない後ろや左の面(図３で太線部分の５面)に色をぬる。したがって，色をぬられる正方形はあわせて，７＋６＋７＋１＋５＝26(個)である。(2)より，立体は12個の立方体から構成され，１個の立方体は６個の正方形からなるので，ばらばらにすると全部で，６×12＝72(個)の正方形からなる。よって，色をぬられていない正方形は，72－26＝46(個)とわかる。１個の正方形の面積は，２×２＝４(cm^2)なので，色がぬられていない面の面積の和は，４×46＝184(cm^2)と求められる。

図４

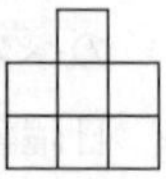

(4)　もとの立体と，立方体の１辺の長さを何倍かに拡大してできる立体は相似である。相似である立体について，対応する辺の長さの比が，m：nであるとき，体積の比は，(m×m×m)：(n×n×n)となる。もとの立体の体積は，２×２×２×12＝96(cm^3)なので，もとの立体と，拡大してできる立体の体積の比は，96：324＝８：27である。すると，８：27＝(２×２×２)：(３×３×３)より，対応する辺の長さの比は，２：３となり，立方体の１辺の長さを，３÷２＝1.5(倍)したとわかる。

社　会　＜第１回試験＞（30分）＜満点：50点＞

解　答

1　(1)　**a**　Ｅ　**b**　Ａ　**c**　Ｂ　**d**　Ｄ　(2)　ア　(3)　なまはげ　(4)　真じゅ(珠)　(5)　エ　(6)　**問１**　中央自動車道(中央道)　**問２**　(例)　(1928年には，)製糸工場が多く，規模の小さい工場(10～299人)が多い。(1984年には，)精密機械で規模の大きい工場(500人以上)に変わった。(2014年には，)工場の数が減った。　(7)　ウ　(8)　(例)　新幹線が開通したから。　2　(1)　松尾芭蕉　(2)　縄文　(3)　イ　(4)　エ　(5)　(例)　佐渡では金や銀がとれ，それらから不純物を取り出すときにふいごが使われるので，ふいごに使うじょうぶな皮を手に入れるため，タヌキの販売に力を入れた。　(6)　戊辰戦争　(7)　平安(時代の初期に活躍した)空海(は)真言(宗を開いた。)　(8)　ア　(9)　ウ　3　(1)　８(％)　(2)　年金　(3)　ウ　(4)　①　(例)　(資料からは)消費税の年収に占める割合は，年収の多い人ほど低い(少ない人ほど高い)(という傾向が読み取れる。)　②　(例)　(ここから，)年収の多い人よりも少ない人のほうが，税負担が重くなっている(という点で不公平といえる。)

解　説

1　日本各地についての問題

⑴　**a**　「日本最大の干潟」は有明海に広がる干潟，「世界最大級のカルデラを持つ火山」は阿蘇山，「2016年に発生した地震」は平成28年熊本地震を指している。　**b**　「汽水《きすい》湖としては日本最大の面積」はサロマ湖，「日本一の透明度を誇るカルデラ湖」は摩周湖，「パイロットファーム計画も行われ」た台地は根釧台地を指している。　**c**　「かつては日本で第２位の面積の湖」は八郎潟，「日本で最も深い湖」は田沢湖，太平洋岸に広がっている「リアス海岸」は三陸海岸を指している。　**d**　「原子力発電所が集中している」リアス海岸は若狭湾，「日本最大の貯水量を持つ湖」は琵琶湖，「太平洋岸」に広がるリアス海岸は志摩半島沿岸を指している。

⑵　熊本県北東部にそびえる阿蘇山のふもとに広がる草原では，「あか牛」とよばれる肉牛の放牧が行われている。また，根釧台地は，北海道東部の根室から釧路にかけて広がる台地で，牧草などの飼料を栽培《さいばい》して乳用牛を育て，牛乳やバター・チーズなどの乳製品を生産する酪農《らくのう》がさかんである。

⑶　秋田県の男鹿半島では，それぞれの集落の青年たちが「なまはげ」という神の使いに扮《ふん》し，「泣く子はいねがー，親の言うこど聞がね子はいねがー」などと大声でさけびながら，家々を回ってなまけ者をさとしたり，田畑の実りや健康を願ったりする伝統行事が行われている。この行事は，2018年にユネスコ(国連教育科学文化機関)の無形文化遺産に登録された。

⑷　志摩半島の沿岸は，山地が沈《しず》みこんでできた典型的なリアス海岸で，その南部に位置する英虞《あご》湾では，明治時代に初めて御木本幸吉が真珠の養殖に成功して以来，真じゅ(珠)の養殖がさかんに行われている。

⑸　図１中では，２m未満の地域は最も濃い色で表されている。1993年に南部に広がっているその大きさは，2016年には非常に小さくなっているので，エが誤っている。

⑹　**問１**　図２には長野県のほぼ中央に位置する諏訪《すわ》湖があり，この南を通る高速道路は中央自動車道(中央道)である。中央道は，高井戸インターチェンジ(東京都杉並区)と小牧ジャンクション(愛知県小牧市)を結び，東京都・神奈川県・山梨県・長野県・岐阜県・愛知県を通っている。

問２　諏訪湖周辺では，かつて養蚕がさかんに行われ製糸工場が多くあったが，太平洋戦争後には，製糸業で培った精密な技術を利用して，時計やカメラなどを製造する精密機械工業が発達し，近年は，電気機器の工場が増えた。また，工場の規模の大きさは○の大きさで表されており，1928年から1984年にかけて従業員数500人以上の規模の大きい工場に変わり，2014年にかけては工場の数が減ったこともわかる。

⑺　Ｃの●からすぐのところには，奥穂高岳《おくほたかだけ》など3000m級の高さの山々が連なる飛驒《ひだ》山脈があり，そのあと1000m前後の地域が続き，山梨県と静岡県の県境に標高3776mの高さをほこる富士山が位置している。

⑻　北海道札幌までの所要時間は，20時間から８時間まで短縮されている。これは2016年に北海道新幹線が開通したことによると考えられる。同様に1964年10月以降に東海道・山陽新幹線や北陸新幹線などが開通し，東京と日本各地までの所要時間が大幅《おおはば》に短縮された。

2　動物とのかかわりからみる歴史についての問題

⑴　松尾芭蕉《ばしょう》は，江戸時代前半に栄えた元禄文化のときに活躍《かつやく》した俳人で，旅先でよんだ俳句をまとめた紀行文の『おくのほそ道』が有名である。

⑵　縄文時代には，気温が温暖になって海水面が上昇《じょうしょう》し，日本列島は大陸と切り離されて現在に近い自然環境となった。そのころの人々は，弓矢を使ってイノシシやタヌキなどの中・小型動物を捕らえたり，ブナ・ナラ・シイなどの木の実を採集し，それらを煮《に》たり保管したりするために土器を用いたりするようになった。

⑶　上総広常は，源頼朝の父である源義朝に仕えていた武士で，1156年の保元の乱と1159年の平治の乱で戦い，1180年に源平の合戦が始まると頼朝軍に合流した。なお，アについて，「上総」は千葉県中部の地名で，蒙古《もうこ》襲来（元寇）は1274年（文永の役）と1281年（弘安の役）のできごとである。ウの藤原道長は11世紀前半ごろに活躍した人物，エの承久の乱は1221年に起こった。

⑷　1853年に来航したペリーから開国をせまられ，翌54年に日米和親条約を結んだのは，老中の阿部正弘（このときの将軍は第13代将軍徳川家定）である。また，貿易を開始したのは1858年に日米修好通商条約を結んだことによる。よって，Ｘは誤り。大阪町奉行所の元役人で陽明学者の大塩平八郎は，天保のききんのときの幕府の対応に不満を持ち，ききんで苦しんでいる人々を救おうと，1837年に大阪で反乱を起こしたが，わずか半日でしずめられた。よって，Ｙは正しい。

⑸　江戸時代の初めに佐渡で金山が開山されると，佐渡は江戸幕府の直轄《ちょっかつ》地（幕領）となり，多くの金や銀を産出した。資料２から，金属から不純物を取り除く過程で用いられる「ふいご」とよばれる道具に，タヌキの皮が使われたと考えられるため，タヌキが重宝された。

⑹　1868年，会津藩（福島県）をはじめとした旧幕府軍と，薩摩藩（鹿児島県）や長州藩（山口県）を中心とする明治政府軍との対立がはげしくなり，戊辰戦争が起こった。このとき，明治政府軍に加わっていた熊本県出身の兵士が埼玉県川越市の仙波山に滞在《たいざい》したさい，「あんたがたどこさ」という童謡《どうよう》がうまれたとする説がある。

⑺　弘法大師は，空海の死後に醍醐天皇から贈られた「おくりな」である。空海は，平安時代の初めに遣唐使に同行して唐（中国）にわたり，密教を学んで帰国すると，真言宗を開き，高野山（和歌山県）に金剛峯寺を建てた。

⑻　明治時代の1905年に日露戦争の講和条約であるポーツマス条約が結ばれ，日本が韓国に対する優越権を持つこと，長春以南の鉄道と周辺の鉱山を日本にゆずること，旅順・大連の租借権を日本にゆずること，樺太の南半分を日本にゆずることなどが決められた。

⑼　アは1937年，イは1933年，ウは1941年，エは1945年のできごとなので，年代の古い順にイ→ア→ウ→エとなる。

3　消費税についての問題

⑴　2019年10月に消費税率が10％に引き上げられたさい，特定の品目の税率を他の品目に比べて低く定める軽減税率が導入された。酒類や外食を除く飲食料品と定期購読《こうどく》している新聞にこの軽減税率が適用されることになり，税率は８％とされた。

⑵　高齢者になったときや障がいを負ったときに，おもに保険料として納めていたお金をもとに，一定期間または終身にわたって国や企業などによって支給されるお金を年金といい，1961年に自営業者なども加入できる国民年金法が全面的に施行されたことにより，国民皆年金が実現した。

⑶　新たな税金が導入されると，その分価格が上がることになる。その結果，同じEUに加盟して

いる国で安価なバターや乳製品を買うようになり，国内の商品が売れにくくなると予想される。

⑷　①，②　消費税は，税を負担する人と実際に納める人が異なる間接税である。年収による免除や割引がなく，年収が多い人にも年収が少ない人にも同じ税率がかかるため，年収の少ない人ほど負担が大きくなると考えられる。

理　科　＜第１回試験＞（30分）＜満点：50点＞

解　答

1　⑴　ア　⑵　ウ　⑶　エ　⑷　ア　⑸　ウ　⑹　イ　⑺　エ　⑻　イ

2　⑴　ア，ウ，オ　⑵　**記号**…X　**理由**…（例）どろのつぶは小さく，水にすぐにしずまないのでにごるから。　⑶　ウ　⑷　ウ→オ→ア→イ→エ　⑸　**記号**…Z　**理由**…（例）火山灰のつぶは流れる水のはたらきをほとんど受けず，角ばっているから。　3　⑴　ア，エ，オ　⑵　エ　⑶　イ　⑷　イ，ウ，エ　⑸　ア　4　⑴　**A**　アルカリ　**B**　石灰水　⑵　ア　⑶　（例）漆喰の成分は，空気中の水や二酸化炭素と反応して，もとの貝殻のかたい成分にもどるため。　5　⑴　イ　⑵　ア　⑶　ア　⑷　イ

解　説

1　**小問集合**

⑴　豆電球１個に電池１個をつないだときに，豆電球に流れる電流の強さを１とすると，電池を２個直列につないだアの回路では，豆電球に２の強さの電流が流れる。電池を２個並列につないだウの回路では，豆電球に流れる電流の強さは１となる。イの回路とエの回路は，電池のつなぎ方が正しくないので，豆電球に電流が流れない。よって，一番明るくつくのはアの回路の豆電球である。

⑵　光電池に対して太陽光線が垂直にあたる場合に，光電池にあたる太陽光線の強さが最も強くなるので，発電量も最も大きくなる。

⑶　二酸化炭素と水素は，無色で無臭《むしゅう》の気体である。塩素は，刺激《しげき》臭はあり，黄色っぽい色をしている。塩化水素は，無色で刺激臭のある気体である。

⑷　イについて，水が氷になると，体積が約1.1倍に増える。ウについて，ガラスのコップのまわりについた色のない液体は，コップのまわりの空気にふくまれていた水蒸気がコップで冷やされて水に変わり，コップについたものである。エについて，ふっとうは，水が約100℃になって，水の中でも水蒸気のあわがさかんに発生するようすのことをいう。せんたくものがかわくのは，水が100℃以下でも蒸発するからである。

⑸　ニホンザルは動物も植物も食べ（雑食という），アマガエルとナナホシテントウはほかの動物だけを食べる。ニホンジカは木の葉，樹皮，木の実などを食べる草食性の動物である。

⑹　メダカの背びれはアとイである。このうち，切れこみがあるアがオスの背びれ，切れこみがないイがメスの背びれである。

⑺　地面は水よりあたたまりやすく冷めやすい。つまり，陸地は海よりあたたまりやすく，冷めやすい。そのため，昼は，陸地の上の空気の方が海の上の空気よりもあたたかくなり，陸地の上の空気が上にのぼっていき，海の上の空気が陸地に流れていくので，海岸の地方では海から陸へ向かっ

て風がふく(海風)。夜は，昼とは逆の空気の流れになって，海岸の地方では陸から海へ向かって風がふく(陸風)。

(8) 太陽は東からのぼり，正午ごろに真南の空にくる(南中)。写真では，南東よりもやや東寄りの方角に太陽があり，高さは日の出のときのように低くない。したがって，日の出からある程度時間が過ぎていると考えられるので，イの8時ごろに撮影《さつえい》したものといえる。

2 地層の観察についての問題

(1) イのように危険な方法で調べたり，エのように地層に直接うすい塩酸をかけたりするのは，地層を観察するときの方法として適切ではない。

(2) 地層をつくっているつぶのうち，どろはつぶが小さく軽いためしずみにくい。どろのつぶがしずまずに水中をただよっているとき，水はにごって見える。図2で，Wでは水のにごりが少ないが，Xでは水が黒っぽくにごっていることから，Xの方がどろを多くふくんでいると考えられる。

(3) アサリは遠浅の砂浜に，シジミは河口のような海水と淡水《たんすい》(川の水など)が混じり合うかん境に生育している。よって，これらの化石をふくむ地層ができた当時は，これらの生物が生育するのに適したかん境であったと推測することができる。

(4) A地点とB地点にある白っぽい地層，A地点とC地点にある黒っぽい地層はそれぞれ同じものと考えられる。断層や大きなしゅう曲はないと述べられていることから，下の地層ほど古いので，この地域の地層は，サンゴの化石をふくむ地層→白っぽい地層→黒っぽい地層→オレンジ色の地層→木の葉の化石をふくむ地層の順にたい積したといえる。アはどろでできた黒っぽい地層，イは火山灰でできたオレンジ色の地層，ウはサンゴの化石をふくむ地層，エは木の葉の化石をふくむ地層，オは砂を多くふくむ白っぽい地層についての説明なので，できた順は，ウ→オ→ア→イ→エとなる。

(5) オレンジ色の地層は，火山がふん火したときにふき出された火山灰がたい積してできたものである。火山灰のつぶは流れる水のはたらきをほとんど受けていないため，Zのようにつぶが角ばっている。

3 アサガオの成長についての問題

(1) 植物の種子が発芽するためには，一般《いっぱん》に水・空気・適切な温度の3つの条件がすべてそろっている必要がある。

(2) 植物は葉で光合成を行うことで養分をつくり出す。光合成は葉の緑色の部分で行われ，白くなっている「ふ」の部分では行われない。また，光合成を行うには光を必要とする。よって，実験では，アルミホイルが巻かれていない緑色の部分で養分(デンプン)がつくられ，ヨウ素液の色が変わる。

(3) 資料1より，アサガオの1日あたりの成長速度が一番速い，つまり，グラフのかたむきが最も急になっているのは，7月22日から7月29日までの間である。

(4) ア　資料2から，青色のアサガオの花は，観察をはじめてから4日目までは1輪もさいていないことが読み取れる。　イ　開花したアサガオの合計数は，青色のアサガオも紫《むらさき》色のアサガオも最大が20輪で，同じである。　ウ　青色のアサガオは50日間で20輪さいたことから，1日あたりにさいた花の数は，20÷50＝0.4(輪)である。　エ　もし同じタイミングで同じ数の花がさいたら，青色のアサガオのグラフと紫色のアサガオのグラフは完全に重なるはずだが，そうはなっていない。

(5)　ア　資料１で，つるの長さは，７月21日がおよそ40cm，９月９日が210cmとなっており，その間のつるののびは，210－40＝170(cm)である。また，資料２より，７月21日から９月９日までの50日間に開花した花の合計数は20輪である。したがって，つるが，170÷20＝8.5(cm)のびるごとに１輪のペースでさいているといえる。　　イ　資料１より，つるの長さが120cmになるのは７月31日ごろで，この日は７月21日を０日目として数えると10日目にあたるが，資料２より，アサガオの花は10日目より前からさいている。　　ウ　資料１より，花のさき方に関係なく，50日間を通してつるの長さは長くなり続けている。なお，資料１は７日ごとの記録なので，２輪以上増えた日だけ全くのびず，ほかの日にのびたという可能性はあるものの，２つの資料だけではこれを示すことはできない。

4　漆喰《しっくい》についての問題

(1)　**A**　フェノールフタレインよう液は，アルカリ性の水よう液に加えると赤色に変化する。したがって，図３より，焼いた貝殻《かいがら》の水よう液はアルカリ性であることがわかる。　　**B**　図４より，焼いた貝殻の水よう液は，二酸化炭素をふきこむと白くにごることがわかる。このことから，焼いた貝殻の水よう液は石灰水であるといえる。

(2)　貝殻や卵の殻はともに炭酸カルシウムという物質を主成分としている。

(3)　会話文中に示されている反応が，塗《ぬ》り付けた漆喰を乾燥《かんそう》させるときに起こる。つまり，焼いた貝殻からつくられた漆喰は，ふくませた水や雨水，空気中の水蒸気や二酸化炭素と反応して，もとのかたい貝殻の成分にもどる。このような反応によって，強固な壁《かべ》となる。

5　浮力《ふりょく》についての問題

(1)　体積が200cm^3の物体全部が水の中にあるとき，物体は200cm^3の水をおしのけている。200cm^3の水の重さは200ｇなので，物体にはたらく浮力の大きさは200ｇになる。

(2)　物体の重さ300ｇのうち，上向きの浮力によって200ｇが支えられているので，ばねばかりがさす値(ばねばかりが物体を支える力)は，300－200＝100(ｇ)となる。

(3)　ばねばかりが250ｇをさしているとき，物体が受けている浮力の大きさは，300－250＝50(ｇ)である。よって，物体は50ｇの水をおしのけている。50ｇの水の体積は50cm^3だから，水の中にある物体の体積(水面より下の部分の体積)は50cm^3とわかる。したがって，水の中にある物体の高さは，50÷10＝５(cm)と求められる。

(4)　ばねばかりが０ｇをさしたので，物体の重さは全て浮力によって支えられている。つまり，物体が受けている浮力は300ｇである。また，物体は全部がしずんだので，おしのけた液体の体積は200cm^3になる。よって，物体がおしのけた液体200cm^3の重さが300ｇであることがわかるから，液体１cm^3あたりの重さは，300÷200＝1.5(ｇ)となる。

国　語　＜第１回試験＞(50分)＜満点：100点＞

解　答

一　**問１**　下記を参照のこと。　**問２**　(1)　カ　(2)　エ　(3)　ア　**問３**　(1)　シ，カ

⑵　タ，イ　⑶　ウ，ス　⑷　キ，セ　**問４**　⑴　**X**　イ　**Y**　エ　⑵　オ
二　**問１**　ウ　**問２**　スプーンとフォーク（みたいに）　**問３**　イ　**問４**　ウ　**問５**　ウ
問６　イ　**問７**　エ　**三**　**問１**　ア　**問２**　（例）子どもをたくさん持つようになった結果，母親や父親だけでは十分に子どもを育てられなくなったから。　**問３**　ア，ウ　**問４**　共感　**問５**　オ　**問６**　ア　**問７**　ウ，エ　**四**　（例）私は行動をする前に自分の目標を口に出すべきだ，と考えます。口に出すことによって，自分を奮い立たせることができ，目標を達成するためには，どんな努力をするべきかを自覚することができる，と思うからです。また，目標を口に出せば，他者からの協力や助言を得られやすくなる，という利点もあると思います。

●漢字の書き取り

一　**問１**　⑴　**口承**　⑵　**千秋**　⑶　**批評**　⑷　**重宝**　⑸　**俵**

解　説

一　漢字の書き取り，文学作品の知識，対義語の完成

問１　⑴　口から口へと伝えること。　⑵　「一日千秋」は，一日が千年にも感じられるほど，待ち遠しいこと。「一日三秋」ともいう。　⑶　物事の良さと悪さを見分けて，自分の考えを述べること。　⑷　便利で役に立つこと。　⑸　音読みは「ヒョウ」で，「土俵」などの熟語がある。

問２　⑴　『蜘蛛《くも》の糸』の作者は，芥川龍之介《あくたがわりゅうのすけ》である。　⑵　『おくのほそ道』の作者は，松尾《まつお》芭蕉《ばしょう》である。　⑶　『雪国』の作者は，川端康成《かわばたやすなり》である。　その他の作者の代表作には，太宰《だざい》治《おさむ》『走れメロス』，森鷗外《もりおうがい》『舞姫《まいひめ》』，清少納言《せいしょうなごん》『枕草子《まくらのそうし》』，夏目漱石《なつめそうせき》『吾輩《わがはい》は猫《ねこ》である』，小林《こばやし》一茶《いっさ》の句文集『おらが春』，坂口安吾《さかぐちあんご》『桜の森の満開の下』，紫式部《むらさきしきぶ》『源氏物語《げんじものがたり》』などがある。

問３　⑴　「生産」は，生活に必要なものをつくり出すこと。対義語は，ものを使ってなくすことを意味する「消費」。　⑵　「損害」は，損をすることや，利益を失うこと。対義語は，得になること，もうけを意味する「利益」。　⑶　「結果」は，あることがもとで生じた状態。対義語は，ものごとが起きるもとを意味する「原因」。　⑷　「共同」は，二人以上の人がともに行うこと。対義語は，ただ一人だけであることを意味する「単独」。

問４　⑴　**X**　「伝統文化を引き継《つ》ぐ人材が少なくなってきたのは前々から知っていた」としたうえで，「祭りで募集《ぼしゅう》が出されるとまでは思っていなかった」と続くので，前のことがらを受けて，それに反することがらを述べるときに用いる「しかし」が合う。　**Y**　祭りでおみこしの担《かつ》ぎ手を募集するほど，伝統文化を引き継ぐ人材が少なくなってきたことに驚《おどろ》いた筆者は，一方で地域の祭り自体が失われてしまうことも心配になったのだから，「同時に」があてはまる。　⑵　ことばのかかり受けでは，直接つなげてみて意味のまとまる部分が答えになる。「祭りは」→「行事だ」となる。

二　出典は豊島《としま》ミホの『夏が僕《ぼく》を抱《だ》く』所収の「ストロベリー・ホープ」による。

護《まもる》が東京から帰ってきたという話を聞いて，幼なじみである「私」は，過去の自分と護の関係を振《ふ》り返り，護に会いにいく。

問１　ぼう線部①の段落の最後に，護の「名前を耳にするのがあまりに久しぶりすぎて，私は思わ

ず聞き返してしまった」とあるため，ウが合う。

問２　「私」と護が，子どものころ，「十和《とわ》ちゃんと護くん」と，「スプーンとフォークみたいに」セットで呼ばれていたことが三段落後に書かれている。

問３　ぼう線部③の段落に，「私」と友だちが，「『いい』男の子」という言葉を，「『悪い』男の子の対義語として」使っていたとある。「『いい』男の子」とは，女子に好感を持たれるような，「大人しく無害な子」のことだったのである。

問４　「私」は，以前から，自分が護のような「『いい』男の子」と「一緒《いっしょ》にいていいのかな？」という不安を感じていた。そのため，中学生になると，「私」は護から距離《きょり》を取るようになり，やがて，中学三年生になると，護は，同じクラスの女の子と，「とても『いい』子らしい」清い交際を始めた。それを知って，「私」は，やはり自分は護のような「『いい』男の子」と付き合えるような人間ではなかったのだ，ということを思い知らされて，がっかりしたことが読み取れる。

問５　護がほかの女の子と付き合ったのを知って，がっかりしたこともあったが，それから長い時間が経《た》ち，「私」も「人並みには恋《こい》をして」きた。ぼう線部⑤の少し前に，護に会いにいったのは「単に好奇《こうき》心から」だったとあることから，「私」が，成長した護に興味がわき，会ってみようと思ったことがわかる。

問６　こちらに向かってくる護は，すっかり背が高くなっていたが，まだ子どものころのおもかげが残っていた。昔の護をよく知っている「私」には，護が，大人になった護に見えたり，子どものころの護に見えたりしていたのだと考えられる。

問７　小学生時代の護は，「頭がいいのに，朗読なんかで先生にあてられると，はにかんで小さい声しか出せなかった」。「私」は，そのような護に好意を持っていたし，それは大人になった今も変わっておらず，さげすみあざわらうような気持ちは全くないことから，エが正しくない。

三　**出典は山極寿一《やまぎわじゅいち》の『京大というジャングルでゴリラ学者が考えたこと』による。**人類の進化の過程で共同体が生まれた理由を推測し，人間にとっての教育の意義について考察している。

問１　人間も，かつてはゴリラのように，15人程度の「小さな集団でまとまって」いたと考えられる。「脳が増加し始めたころ」には，集団規模は30～50人になり，「現代人の脳の大きさに見合った」集団規模は150人だと述べられている。脳が大きくなるにつれて，人間の集団規模は大きくなっているので，アが正しい。

問２　空らんXの段落に注目する。人類は，「多産と脳の増大にともなって頭でっかちの成長の遅《おそ》い子どもをたくさん持つようになった」結果，「母親や父親だけでは十分に子どもを育てること」ができなくなった。そのため，「家族が複数集まって協力し合う共同体が生まれた」のだろうと述べられている。

問３　「音楽的なコミュニケーション」とは，「地域に特有なお祭り，お囃子《はやし》，歌や踊《おど》り」で「身体を共鳴させることによって暮らしを整えている」ものであり，ウがあてはまる。また，泣いている赤ちゃんを「泣きやまそうとして，周囲がこぞってやさしい声を投げかける」のも，「音楽的なコミュニケーション」の一例であり，「人間の赤ちゃんが生まれてすぐに出会うもの」だとされているので，アもあてはまる。「不安になったり気持ちが悪くなったら，ゴリラの赤ちゃんは体を動かすか，低い声を立てるだけ」で，「すぐに母親は気づいてくれる」が，これは身体的なコミュニケーションなのでイは合わない。「言葉のやりとり」をしたり，「アドバイス」をしたりすることは，言語的なコミュニケーションであるためエとオもあてはまらない。

問４　空らんＸの前の段落では，「言葉が登場する前に，人間は共同育児を通じて音楽的なコミュニケーションを発達させ，共感能力を高めたことが示唆《しさ》される」とある。人類が「直立二足歩行による食物の運搬《うんぱん》と分配を通して」，社会力と共に高めた能力なので，「共感力」とするのがよい。さらに次の段落で，教育が「共感力の賜物《たまもの》」だと述べられていることも参考になる。

問５　ぼう線部④に続く部分で，「人間では，知りたいという欲求が何者かになりたいという希求に結びついている」とされている。人間の子どもは，「将来自分がどのような人間になって何をしているかを頭に描《えが》き，そのための目標を立て」て，その目標を達成するために何をする必要があるのか「知りたい」と望む。「その姿を見て，人びとはその子どもに必要なことを教えてあげたいと強く思う」のである。それは，「人間には高い『共感能力』と『同化意識』が発達して」いて，「相手の中に自分を見る」からである。この内容がオに合う。

問６　空らんＸの次の段落で，「長い離乳期は小学校へ上がる前の時期，思春期は中学校と高校に対応」し，「それらの時期を終え，自分を社会の中に正しく位置づけるための時期が大学にあたる」と述べられている。さらに次の段落で「それぞれの時期で異なる学びの内容に応じて，教育は適切に配慮《はいりょ》され，デザインされなければならない」とあるので，アが正しい。

問７　「30～50人という集団」は，「全員がかろうじて分裂《ぶんれつ》せずにまとまって行動できる」規模である。「学校のクラスの人数」が，「それ以上」の規模になると，集団が分裂して，「教育効果」は落ちるだろうが，「それ以下」でも「教育効果」が落ちるとは考えられないので，アは正しくない。人間が，「他のさまざまな共同体や組織と行き来して暮らして」いけるのは，「人間の共同体」が「閉じた組織」ではないからなので，イは合わない。人類の築いた「家族と共同体という二重構造の社会」が「強靭《きょうじん》だったために，人類の祖先は熱帯雨林をはるか離《はな》れたヨーロッパやアジアに進出し，サルさえ生存できない砂漠《さばく》や極地にまで足を延ばすことになった」と説明されている。ゴリラやサルは，そのような社会を持たないため，人類ほど生息地を広げられなかったので，ウは正しい。「言葉が登場する前に，人間は共同育児を通じて音楽的なコミュニケーションを発達させ，共感能力を高めた」と述べられている。共感能力とは，「相手の身になって感じ，考える」能力であり，人間は，自分が共感した相手を助けようとする。「人間の社会はこの高い共感力によって作られてきたと言っても過言ではない」とされているので，エはよい。人間は「母親や父親だけでは十分に子どもを育てることができず，家族が複数集まって協力し合う共同体が生まれた」と思われる。共同体をつくることができたかどうかに「教育」は関係ないため，オはふさわしくない。「現代人の脳の大きさに見合った」150人程度の集団であっても，「社会関係資本として機能する」ためには，「言葉ではなく，身体を通してつながった間柄《あいだがら》であることが重要」だとされている。「言葉によるコミュニケーション」ができなくても，比較《ひかく》的大きな集団を形成することは可能なので，カは合わない。

四　条件作文

「行動をする前に自分の目標を口に出すべきだ」と考えるか，それとも口に出すべきではないと考えるかを明記し，それぞれ理由を述べればよい。目標を口に出すべきだと考える理由としては，逃《に》げられない立場に自分を追いこんで，限界を超《こ》えて自分の能力を引き出したいから，などが考えられる。口に出すべきではないと考える理由としては，他人の評価や意見を気にせず目標に向かうことができるから，などがあげられる。

Dr.福井の
入試に勝つ！脳とからだのウルトラ科学

歩いて勉強した方がいい？

みんなは座って勉強しているよね。だけど，暗記するときには歩きながら覚えるといいんだ。なぜかというと，歩いているときのほうが座っているときに比べて，心臓が速く動いて（脈はくが上がって）脳への血のめぐりがよくなるし，歩いている感覚が背骨の中を通って脳をつつくので，頭が働きやすくなるからだ（ちなみに，運動による記憶力アップについては，京都大学の久保田名誉教授の研究が有名）。

具体的なやり方は，以下のとおり。まず，机の上にテキストを広げ，1ページぐらいをざっと読む。そして，部屋の中をゆっくり歩き回りながら，さっき読んだ内容を思い出す。重要な語句は，声に出して言ってみよう。その後，机にもどってテキストをもう一度読み直し，大切な部分を覚え忘れてないかをチェック。もし忘れている部分があったら，また部屋の中を歩き回りながら覚え直す。こうしてひと通り覚えることができたら，次のページへ進む。あとはそのくり返しだ。

さらに，この“歩き回り勉強法”にひとくふう加えてみよう。それは，なかなか覚えられないことがら（地名・人名・漢字など）をメモ用紙に書いてかべに貼っておくこと。ドンドン貼っていくと，やがて部屋中がメモでいっぱいになるハズ。これらはキミの弱点集というわけだが，これを歩き回りながら覚えていくようにしてみよう！　このくふうは，ふだんのときにも自然と目に入ってくるので，知らず知らずのうちに覚えることができてしまうという利点もある。

歴史の略年表や算数の公式などを大きな紙に書いて貼っておくのも有効だ。

Dr.福井（福井《ふくい》一成《かずしげ》）…医学博士。開成中・高から東大・文Ⅱに入学後，再受験して翌年東大・理Ⅲに合格。同大医学部卒。さまざまな勉強法や脳科学に関する著書多数。

2022年度　東洋大学京北中学校

〔電　話〕　(03) 3816－6211
〔所在地〕　〒112－8607　東京都文京区白山２－36－５
〔交　通〕　都営三田線 —「白山駅」６分，東京メトロ南北線 —「本駒込駅」10分，東京メトロ丸ノ内線 —「茗荷谷駅」14分，東京メトロ千代田線 —「千駄木駅」19分

【算　数】〈第１回試験〉（50分）〈満点：100点〉

《注　意》円周率は３.１４とします。

１　次の問いに答えなさい。

(1)　$\left(1\frac{2}{5}+\frac{4}{7}\right)\div 0.6-3\frac{3}{35}$ を計算しなさい。

(2)　$29\times41+29\times19+60\times53-60\times32$ を計算しなさい。

(3)　□にあてはまる数を求めなさい。

$\left\{(\square-100)\times\frac{1}{2}+5\right\}\div20=4$

(4)　□にあてはまる数を求めなさい。

□円の２割増しは，2400円の70％です。

(5)　あるグループで算数の試験を行いました。グループの平均点は72点で，84点の人が10人，残りは全員66点でした。このグループの人数を求めなさい。

(6)　現在，12才のＡさんには，15才の姉と６才の弟がいます。Ａさんのお母さんは43才です。Ａさん，姉，弟の３人の年令の合計がお母さんの年令と同じになるのは今から何年後ですか。

(7)　食塩水200ｇに食塩20ｇを混ぜると濃度15％の食塩水ができました。食塩を混ぜる前の食塩水の濃度を求めなさい。

(8)　ある分数の分母と分子の和は126です。この分数を約分したとき $\frac{5}{13}$ となる分数を求めなさい。解答らんには考え方や途中の計算式も必ず書きなさい。

2　１周1800 mのコースを，Ａさんと B さんが自転車で進みます。スタート地点から同時に逆方向に進むと，２人は２分後にはじめて出会います。A さんが時速 30 km で進むとき，次の問いに答えなさい。ただし，２人は一定の速さで進むものとします。

(1)　B さんが進む速さは，時速何 km ですか。

(2)　B さんがスタート地点を出発した１分後に A さんがスタート地点から同じ方向に進むとき，A さんが B さんをはじめて追いこすのは，B さんが出発してから何分後ですか。また，スタート地点から何 m 先の地点ですか。

(3)　２人がスタート地点から同じ方向に進むとき，コースを２周して同時にゴールするには，A さんは B さんより何分何秒おくれて出発すればよいですか。

(4)　２人が同時に同じ方向に進むとき，A さんがコースを２周して B さんと同時にゴールするには，B さんはスタート地点の何 m 先から出発すればよいですか。

3　０と１の２つの数字のみを使って数をつくり，次のように小さい数から順にならべます。１番目の数は１，２番目の数は 10 として数えていくとき，次の問いに答えなさい。

1，10，11，100，101，110，111，1000，…

(1)　はじめから数えて，15 番目の数を求めなさい。

(2)　11111 は，はじめから数えて何番目の数ですか。

(3)　記号※は，（A 番目の数）※（B 番目の数）＝（A－B 番目の数）の計算を表すことにします。たとえば，８番目の数は 1000，５番目の数は 101，３番目の数は 11 なので，1000 ※ 101 ＝ 11 となります。このとき，10100 ※ 1101 を計算しなさい。

4　右の**図１**は，１辺の長さが３ cm の立方体を７個使ってできた立体です。このとき，次の問いに答えなさい。

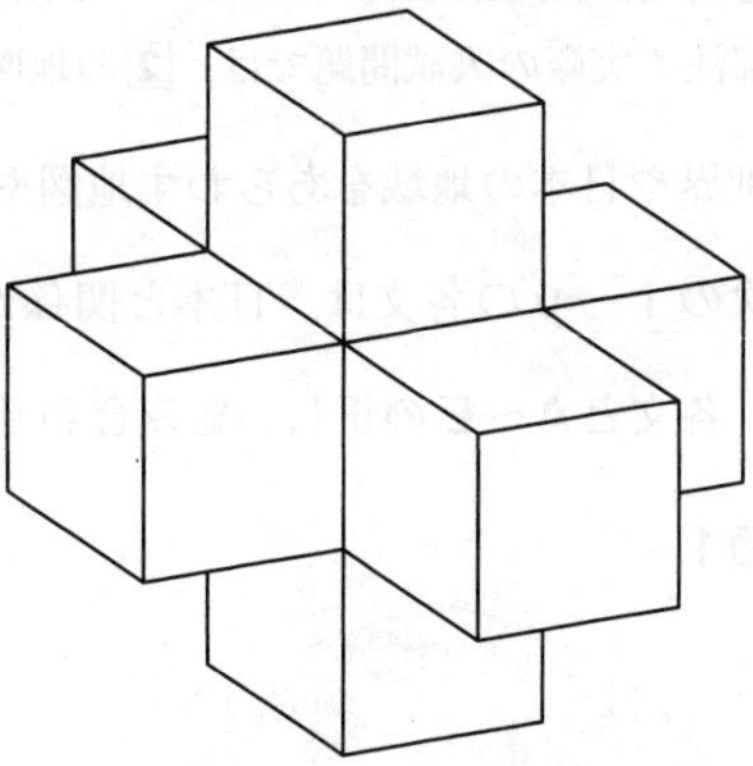

図１

(1)　この立体の表面積を求めなさい。

(2)　この立体の表面全体を黒いペンキでぬったあと，７個の立方体に分解しました。ペンキがぬられていない面の面積の合計を求めなさい。

(3)　**図１**の立体の各頂点を結んで，右の**図２**のような立体を作りました。この立体の体積を求めなさい。

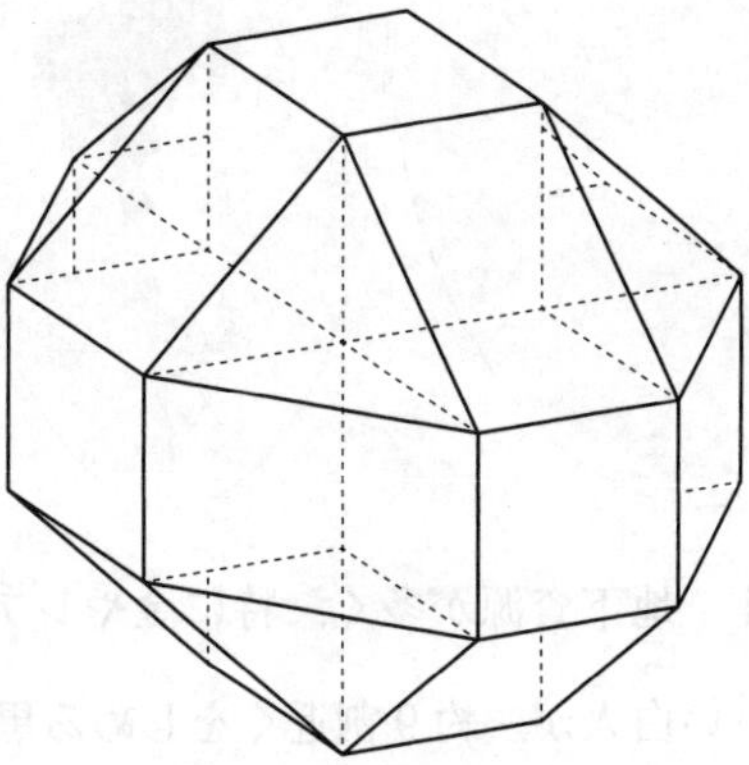

図２

5　右の図の三角形 ABC は正三角形で，四角形 DBEF は平行四辺形です。三角形 FEC と平行四辺形 DBEF の面積の比は１：６です。このとき，次の問いに答えなさい。

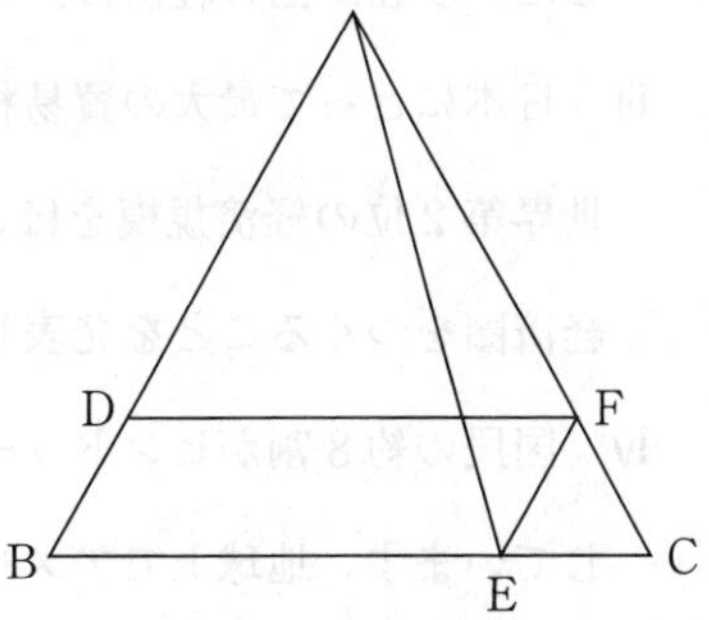

(1)　BE：EC を最も簡単な整数の比で求めなさい。

(2)　三角形 AEF の面積が $7\,\mathrm{cm}^2$ のとき，台形 ABEF の面積を求めなさい。

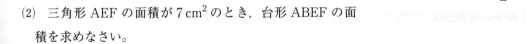

【社　会】〈第１回試験〉（30分）〈満点：50点〉

〈編集部注：実際の入試問題では，**2**の地図以外はカラーになっています。〉

1　世界や日本の地域をあらわす地図や図表を見て，問いに答えなさい。

(1)　次の**ⅰ～ⅴ**の各文は，日本と関係が深い，**地図１**の**Ａ～Ｅ**の国のようすをあらわしています。各文と**Ａ～Ｅ**の正しい組み合わせを，**ア～カ**から１つ選び，記号で答えなさい。

地図１

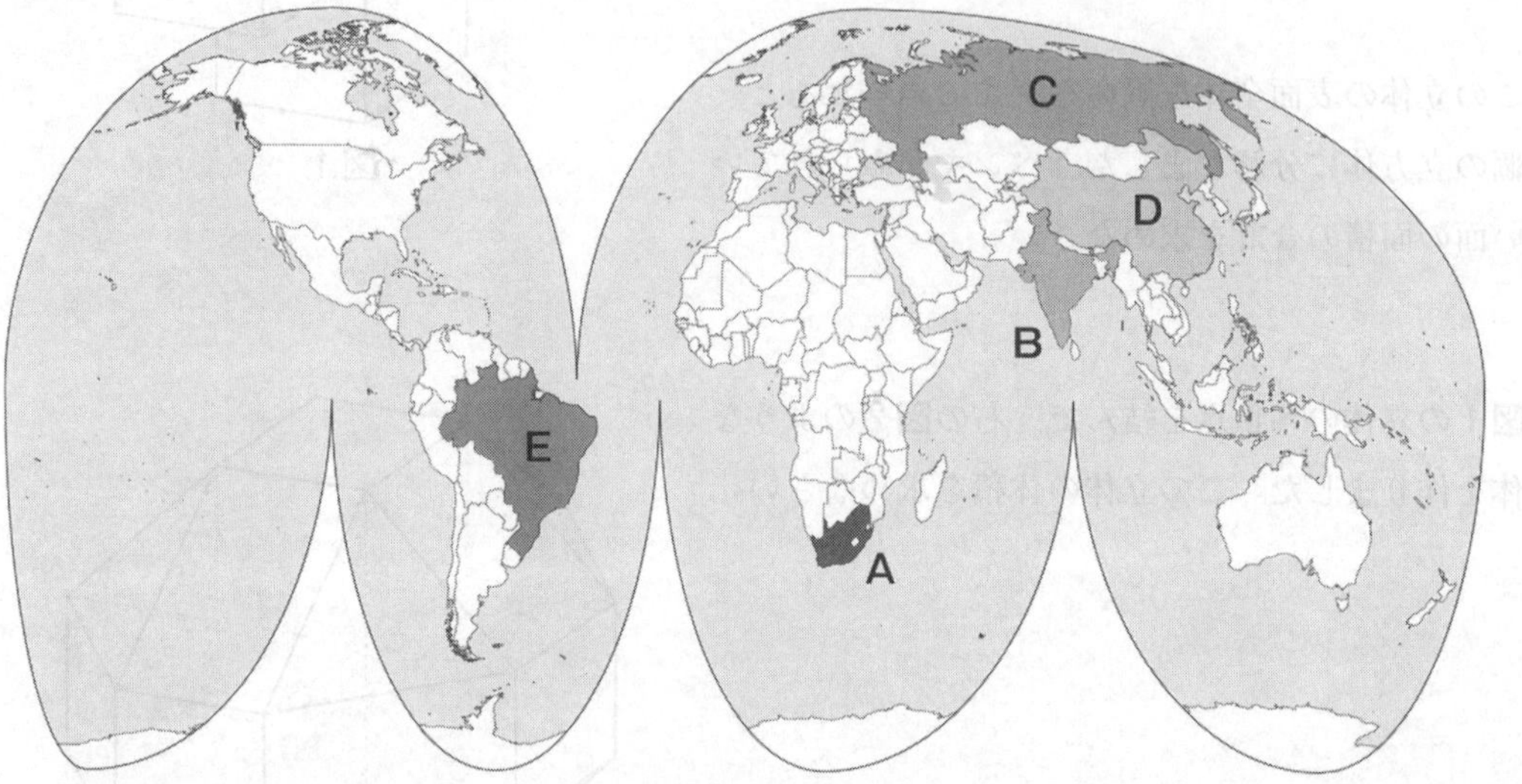

ⅰ　地下資源が多く，特に金やレアメタル（希少《きしょう》金属）が豊富です。国民の１割に満たない白人が，約９割近くをしめる黒人などの有色人種を支配する「アパルトヘイト」という人種隔離《かくり》政策を1991年までおこなってきました。白人と黒人の所得《しょとく》格差が大きいという問題があります。

ⅱ　かつては社会主義国のリーダーとして，世界の政治や経済に大きな影響力を持っていました。現在，国の経済は，石油・天然ガスなどの天然資源に依存《いぞん》しています。

ⅲ　日本にとって最大の貿易相手国です。「世界の工場」として第２次産業を中心に発展し，世界第２位の経済規模をほこる国になりました。また，①「一帯一路《いったいいちろ》」とよばれる新しい経済圏をつくることを発表し，影響力を強めようとしています。

ⅳ　国民の約８割がヒンドゥー教徒の国です。多くの人口をかかえ，近年著しい経済発展をしています。地球上でアメリカ合衆国とは半日程度の時差があるため，昼夜を通じてソフト開発の国際分業が可能で，近年IT産業が発展しています。

ｖ 人口は約２億人，宗教はキリスト教カトリックの信者が国民の約３分の２，公用語はポルトガル語です。鉄鉱石などの鉱産資源が豊富で，コーヒー豆，大豆，サトウキビ，トウモロコシなどの農産物にめぐまれています。②約110年前からしばらくの間，日本人が移民としてたくさん入植していた時期もありました。

	ｉ	ⅱ	ⅲ	ⅳ	ｖ
ア	B	E	A	D	C
イ	E	D	B	C	A
ウ	A	C	D	B	E
エ	C	B	E	A	D
オ	E	C	D	B	A
カ	A	D	C	E	B

⑵ 下線部①は，アジアや中東，ヨーロッパを陸路と海路でむすぶ新しい経済圏をつくろうとする考えです。このルートは，過去に存在した「オアシスの道」や「草原の道」，「海の道」からなる東西交易路にほぼ沿っています。この交易路を何というか，カタカナで答えなさい。

⑶ 下線部②に関して，両親の一方もしくは両方が日本人にルーツを持ち，日本国籍を持たない人が**ｖ**の国をはじめ海外にはたくさんいます。この人たちを何というか答えなさい。

⑷ **ｉ**～**ｖ**の各文があらわす国の中で，人口が２番目に多い国を，**ｉ**～**ｖ**の記号で答えなさい。

(5) **表１**は，日本と**地図１**の**Ａ～Ｅ**の国との貿易額（日本から各国への輸出額と各国から日本への輸入額）とおもな貿易品をあらわしています。**Ｅ**の国を**表１**の**ア～オ**から１つ選び，記号で答えなさい。

表１　日本との貿易額とおもな貿易品（2019年）

ア	輸出	一般機械	電気機器	プラスチック
	14兆6,819億円	23.1%	20.7%	5.6%
	輸入	電気機器	一般機械	衣類
	18兆4,537億円	28.7%	18.3%	9.7%
イ	輸出	バス・トラック	乗用車	一般機械
	2,633億円	22.7%	22.0%	17.5%
	輸入	パラジウム（貴金属）	白金	ロジウム（貴金属）
	5,591億円	28.7%	15.2%	11.5%
ウ	輸出	一般機械	自動車部品	電気機器
	4,102億円	23.6%	19.9%	13.7%
	輸入	鉄鉱石	鶏肉	飼料用トウモロコシ
	8,723億円	38.4%	10.8%	10.6%
エ	輸出	乗用車	一般機械	自動車部品
	7,826億円	39.5%	18.0%	11.7%
	輸入	原油	液化天然ガス	石炭
	1兆5,606億円	27.9%	21.6%	16.0%
オ	輸出	一般機械	電気機器	鉄鋼
	1兆1,965億円	27.5%	14.9%	10.3%
	輸入	有機化合物	揮発油	ダイヤモンド
	5,855億円	13.4%	9.9%	6.4%

（出典　データブック　オブ・ザ・ワールド2021）

(6)　**表２**は，**地図２**の**Ｆ〜Ｈ**の県庁所在地における１月の平均気温，降水量の合計，日照時間の合計の平年値（1991 年〜2020 年）をあらわしています。**表２**の①〜③と**地図２**の**Ｆ〜Ｈ**の正しい組み合わせを，**ア〜エ**から１つ選び，記号で答えなさい。

表２

	平均気温	**降水量の合計**	**日照時間の合計**
①	3.7℃	29.7mm	213.1 時間
②	6.1℃	67.5mm	191.6 時間
③	2.5℃	180.9mm	56.4 時間

（出典　気象庁ホームページ）

地図２

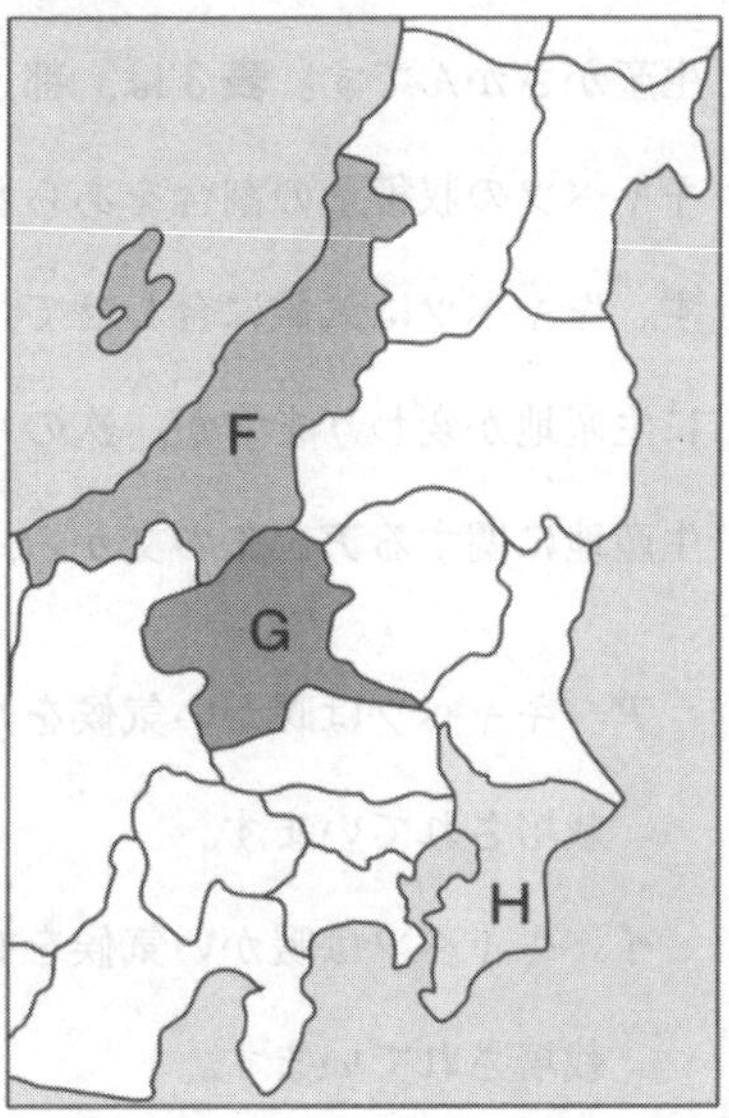

	①	②	③
ア	**Ｆ**	**Ｇ**	**Ｈ**
イ	**Ｇ**	**Ｈ**	**Ｆ**
ウ	**Ｈ**	**Ｆ**	**Ｇ**
エ	**Ｈ**	**Ｇ**	**Ｆ**

(7)　**地図２**の**Ｆ**の県では，米作りがさかんです。米作りに関する**ア〜エ**の各文の中で**誤っているもの**を１つ選び，記号で答えなさい。

ア　稲は寒いところでよく育つ作物なので，豪雪地帯の**Ｆ**の県では，雪どけと同時に田植えをおこない，山の上に積もった雪がとけて流れる清らかで豊富な水を田に引き込むことで，収穫量をふやすくふうを続けています。

イ　溝《みぞ》切《き》りで田に溝をつくって排水をスムーズにする作業や，中ぼしで田の水をいったんぬく作業をすると，稲は根をしっかりと張ろうとするのでよく育ちます。米の単作地帯である**Ｆ**の県では，このような作業を続けています。

ウ　**Ｆ**の県で多く作られているコシヒカリは，味がよい一方で，病気に弱くたおれやすい欠点があります。**Ｆ**の県では丈《じょう》夫《ぶ》な苗《なえ》を作り，肥料をやり，水をこまめに管理するなどのくふうを続けています。

エ　農作業をしやすくするために，**Ｆ**の県では水田の形を広く整える耕地整理がおこなわれてきました。その結果，大型の機械が使えるようになりましたが，農業機械は値段が高く，修理代や燃料代にも多くの費用がかかるようになりました。

(8)　**地図２**の**G**の県では，高原でのキャベツ生産がさかんです。**表３**は，都道府県別のキャベツの収穫量の割合をあらわしています。キャベツは気候に合わせて，季節ごとに生産地が変わりますが，次のキャベツの生産地に関する**ア～エ**の文から，正しいものを１つ選び，記号で答えなさい。

表３　キャベツの収穫量の割合（2019年度）

１位	群馬県	18.7%
２位	愛知県	18.2%
３位	千葉県	7.5%

（出典　農林水産省野菜生産出荷統計）

ア　キャベツは暖かい気候を好むので，春は愛知県，夏～秋は群馬県，冬は千葉県を中心に栽培されています。

イ　キャベツは暖かい気候を好むので，春は愛知県，夏～秋は千葉県，冬は群馬県を中心に栽培されています。

ウ　キャベツは涼しい気候を好むので，春は群馬県，夏～秋は愛知県，冬は千葉県を中心に栽培されています。

エ　キャベツは涼しい気候を好むので，春は千葉県，夏～秋は群馬県，冬は愛知県を中心に栽培されています。

(9)　次の**グラフ１**は，2020年に東京都中央卸売《おろしうり》市場に入荷した野菜の都道府県別の数量をあらわしています。東京都からは遠い北海道や青森県，愛知県が上位に入っている理由を，解答らんの形式に合わせて２点答えなさい。

※「**予冷**《よれい》（**技術**）」…収穫《しゅうかく》した野菜やくだものを出荷する前に冷やす（技術の）こと

グラフ１　東京都中央卸売市場に入荷した野菜の都道府県別入荷量（2020年）

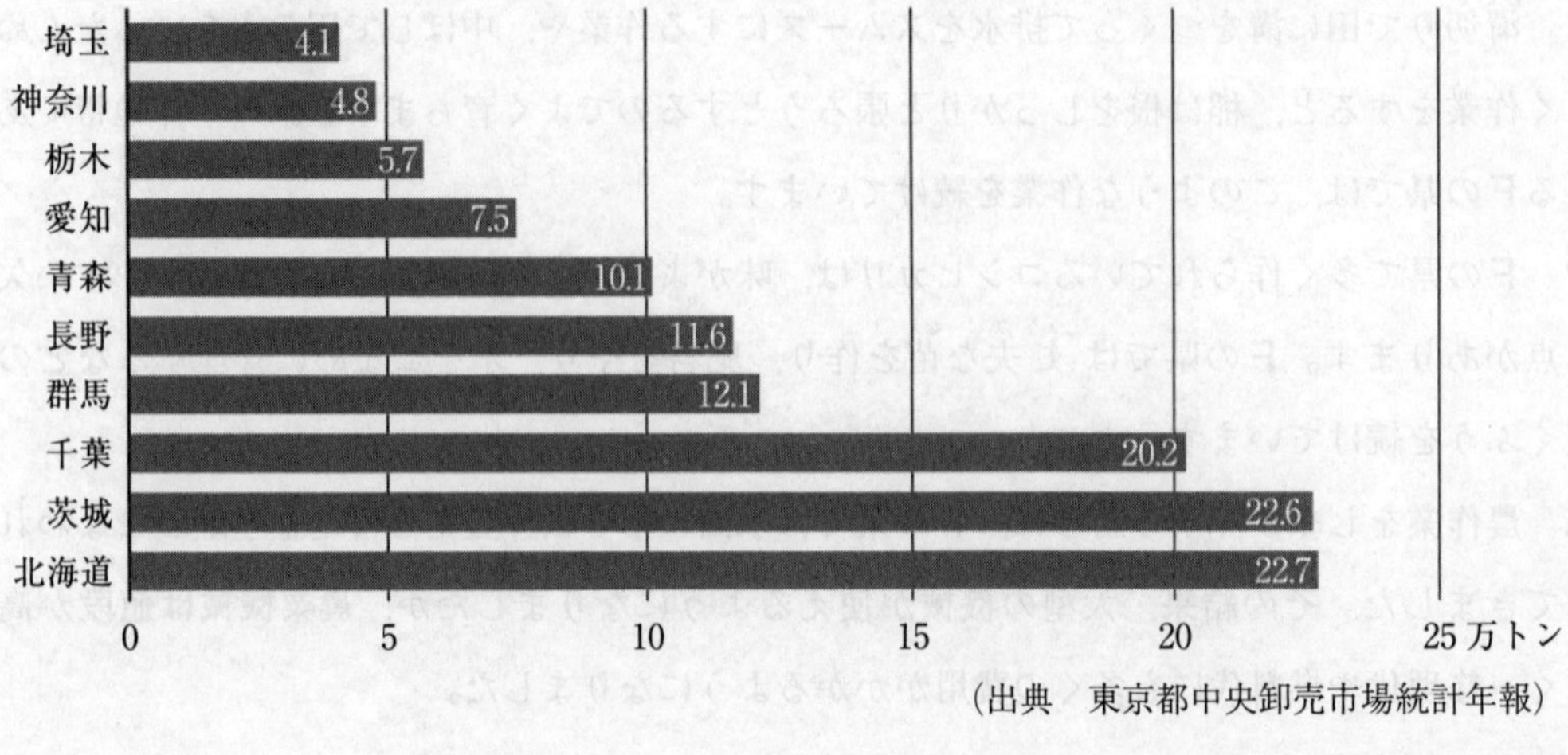

（出典　東京都中央卸売市場統計年報）

2　次の文を読んで，問いに答えなさい。

みなさんは今日，どのような交通手段で本校に来ましたか。バス，電車など，さまざまだと思います。これらは人の移動手段として使われるばかりでなく，モノを運送し，交易するときにも使用されています。では，このような日本の交通について，歴史的に見てみたいと思います。

日本の交通制度は江戸時代に大きく発達し，江戸の日本橋を起点に五街道が整備されました。当時，大名は江戸と領地を１年ごとに行き来する［　A　］の際，主にこの道を利用し，道中にある宿場町にはモノの運送用の馬が置かれました。①『おくのほそ道』で有名な松尾芭蕉など，多くの旅人の「道」に対する関心は強かったと言えるでしょう。

一方，②大量のモノを運送するための主な手段は，船でした。江戸時代は河川や海を利用した運送が発達しました。建築資材である木材や農産物は川の流れを利用して江戸まで運ばれ，川のほとりにはいくつもの河岸《かし》（荷物の積み下ろしをする所）が設けられて，にぎわいました。特に，全国各地から年貢米や特産物が運び込まれ，商業の中心地となった大坂（大阪）は，「［　B　］」と呼ばれました。

明治時代には鉄道が登場しました。人・モノを輸送する主要機関となった③鉄道は，1872年，新橋（東京都）から横浜（神奈川県）の間で初めて開通しました。当時，④政府は日本の文明発展のため，外国からたくさんの技術者や教師を招きました（お雇《やと》い外国人）。その一人がイギリス人のエドモンド＝モレルで，彼の指揮のもと日本初の鉄道が建設されました。この頃の鉄道は，船と連携しながら，⑤モノの生産地と大都市・港町とを結んで，運送ネットワークをつくってきました。その後，明治から大正時代にかけて，日本の鉄道は全国各地へと拡大することになります。

やがて，二度にわたる世界大戦の後，日本は戦後復興を経て⑥技術革新によって産業や人びとの生活は大きく変わりました。交通面では，1964年の東京オリンピックの開催に合わせて，日本初の新幹線である［　C　］新幹線が開通し，高速道路の建設も進みました。また，飛行機での人・モノの移動が本格的に始まり，これまでに比べて，人・モノの移動時間が大幅に短くなりました。将来は，リニア中央新幹線も開通する予定です。今後も交通の発達とともに，人の生活も変容していくことでしょう。

(1)　A ～ C にあてはまることばを答えなさい。

(2)　下線部①について，『おくのほそ道』には，松尾芭蕉が平泉（岩手県）を訪れたことが記されています。平泉に関係のある人物と寺院の組み合わせとして正しいものを，**ア～エ**から１つ選び，記号で答えなさい。

ア　藤原清衡　―　中尊寺金色堂　　　**イ**　藤原清衡　―　平等院鳳凰堂

ウ　藤原頼通　―　中尊寺金色堂　　　**エ**　藤原頼通　―　平等院鳳凰堂

(3)　下線部②について，運送に関する文として**誤っているもの**を，**ア～エ**から１つ選び，記号で答えなさい。

ア　飛鳥時代から平安時代にかけて，遣隋使船や遣唐使船は，中国の進んだ文化を日本に持ち帰った。

イ　平安時代のおわりごろ，平清盛は中国からの船を迎え入れるため，現在の神戸港を拡張・修築した。

ウ　戦国時代には，ポルトガル人の乗った船が種子島に着き，初めて鉄砲（火縄銃）が日本に伝わった。

エ　江戸時代には，貿易相手をオランダと中国に制限し，貿易船の出入りを平戸に制限した。

(4)　下線部③について，鉄道が開通した際，江戸湾の海上に線路を設置するために「高輪築堤《たかなわちくてい》」というものが造られました。そこを走る蒸気機関車は「海上を走る鉄道」と呼ばれ親しまれたそうです。次ページの**絵**は，当時の様子を描いた浮世絵です。この**絵**から読み取れることとして**誤っているもの**を，**ア～エ**から１つ選び，記号で答えなさい。

絵『東京品川海辺蒸気車鉄道之真景』

(港区立郷土歴史館所蔵)

ア　鉄道開通時には，駅と駅の連絡に使われた電信線があったことがわかる。

イ　鉄道開通時の民衆は，みな西洋風の衣服を着ていたことがわかる。

ウ　鉄道開通時の江戸湾には，大小たくさんの船が出ていたことがわかる。

エ　鉄道開通時の移動手段として，人力車や馬車があったことがわかる。

(5)　下線部④について，お雇い外国人に関する下の**表**から読み取れることとして**誤っているもの**を，**ア**～**エ**から１つ選び，記号で答えなさい。

表　明治初期におけるお雇い外国人の役割と人数

年代（年）	学術教師（人）	技術指導（人）	事務（人）	その他（人）	合計（人）
1872	102	127	43	97	369
1874	151	213	68	92	524
1875	144	205	69	109	527
1878	101	118	51	51	321
1881	52	62	29	23	166
1884	52	40	44	15	151

(出典：『近代日本経済史要覧』)

ア　お雇い外国人の合計人数は，1875年をピークに減少している。

イ　「学術教師」の人数が，合計人数の半数以上を占めている年代はない。

ウ　どの年代でも，「技術指導」の人数が「事務」の人数よりも倍以上多い。

エ　「その他」の人数が最も多い年は，合計人数が最も多い年と同じである。

(6)　下線部⑤について，明治初期には，高崎（群馬県）と横浜（神奈川県）が鉄道で結ばれました。この区間が鉄道で結ばれた目的について，次の**地図**と**グラフ**，**資料**を参考にして，説明しなさい。

地図　明治初期の路線の一部

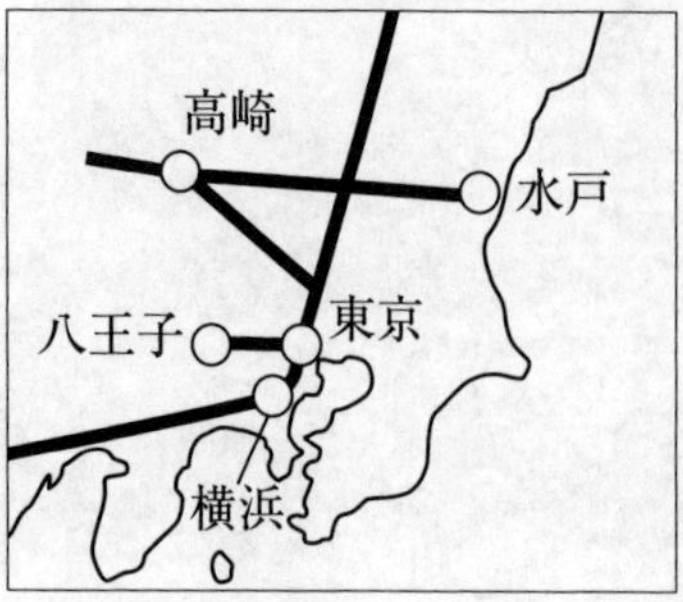

グラフ　明治初期の外国への輸出品の割合

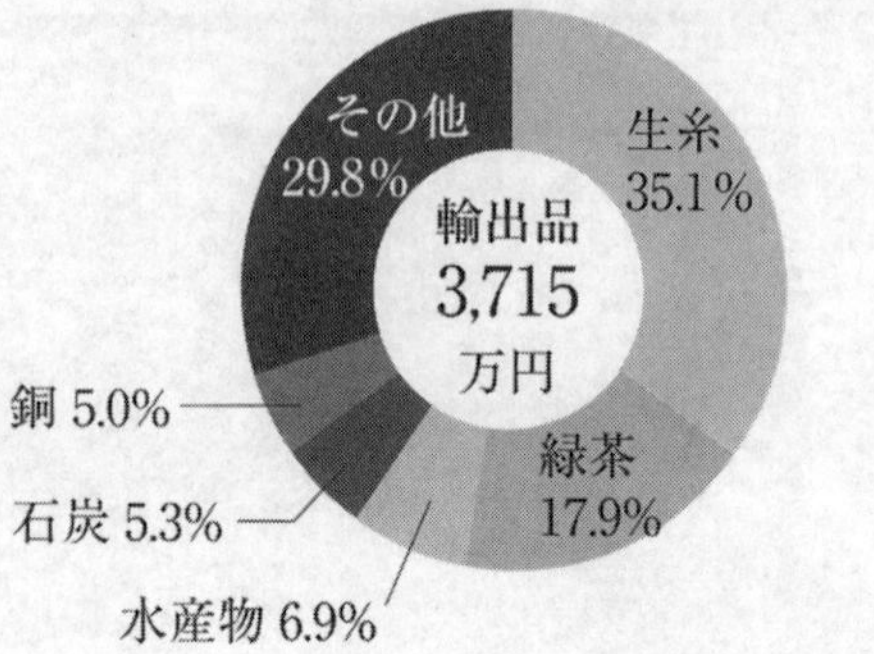

（出典：『最新日本史図表三訂版』）

資料　近代群馬の養蚕・製糸

群馬県の養蚕《ようさん》・製糸《せいし》の本格的な発展は，幕末の横浜開港によって始まる。
その後，明治10年（1877）には，繭《まゆ》の生産量が全国でトップクラスとなり，同43年（1910）には，繭・蚕糸・織物の物産価格の割合は，県の重要物産全体の66%にまで達した。
　※養蚕…繭（生糸の原料）をつくる蚕《かいこ》という虫を飼育すること
　※製糸…繭から生糸をつくること

（出典：群馬県立文書館HP）

(7)　下線部⑥について，これに関連することばとして正しいものを，**ア**～**エ**から１つ選び，記号で答えなさい。

ア　高度経済成長　　**イ**　産業革命　　**ウ**　バブル崩壊　　**エ**　文明開化

3　次の文章を読んで，問いに答えなさい。

日本の学校給食の始まりは，明治時代に山形県の小学校でおにぎりと焼き魚，漬物が配られたことだとされます。その後，少しずつ学校給食の仕組みが広がり，第二次世界大戦による中断はありましたが，戦後，国連児童基金すなわち［　A　］から※脱脂《だっし》粉乳が贈られ，アメリカから小麦粉が支援されたことにより，学校給食が再開しました。

経済や食料をめぐる状況が良くなると，①国が地方交付税交付金や補助金を出して，多くの自治体で十分な給食が提供されるようになりました。一方で，給食を通じた食品ロスを減らすことは長い間課題となっており，②食べ残しのリサイクルを積極的におこなう自治体や，食育や献立などで工夫をこらす自治体が増えています。

学校給食は単に食事を通して子どもたちの健康を守るだけでなく，教育の一環としておこなわれています。そのため，栄養士や栄養教諭による指導や，生産者とのふれあい，環境問題や異文化理解なども食育として給食の中でおこなわれることがあります。

※**脱脂粉乳**…牛乳から脂肪分や水分を抜いて長期保存を可能にした粉末状の牛乳

(1)　［　A　］に当てはまることばを，カタカナで答えなさい。

(2)　下線部①について説明したものとして，正しいものを，**ア**～**エ**から１つ選び，記号で答えなさい。

ア　地方交付税交付金は，税収の中心である所得税や消費税をもとにしている。

イ　地方交付税交付金は，政府の方針と同じ政策をとる自治体にのみ拠出《きょしゅつ》される。

ウ　地方交付税交付金の額は，国の財政を担当する経済産業省が決めている。

エ　地方交付税交付金をどのようなことに使うかは，内閣総理大臣が決めている。

(3)　下線部②について説明したものとして，正しいものを，**ア**～**エ**から１つ選び，記号で答えなさい。

ア　残り物を生徒や教職員が持ち帰って別の料理にすること。

イ　残り物で海を埋め立てて農地を広げること。

ウ　残り物を高熱で処理して二酸化炭素を発生させないこと。

エ　残り物をたい肥や飼料に加工して再活用すること。

(4)　現在，一部の自治体では学校給食の無料化が進んでいますが，全国的には普《ふ》及《きゅう》しているとはいえません。給食の無料化をめぐっては様々な考え方があります。次の**資料１～４**を参考にして，給食の無料化に賛成の意見，反対の意見を，それぞれ解答らんにあわせて答えなさい。

資料１

無料のもの	有料のもの
・教科書	・上履き ・絵具セットなどの教材 ・給食

資料２

Ａ市は７年間にわたって給食の完全無料化を実施してきた。しかし，庁舎建て替えなどにより財政事情が厳しいことをふまえ，2020年度から無料化をやめて保護者に20％の自己負担を求めることにした。

資料３

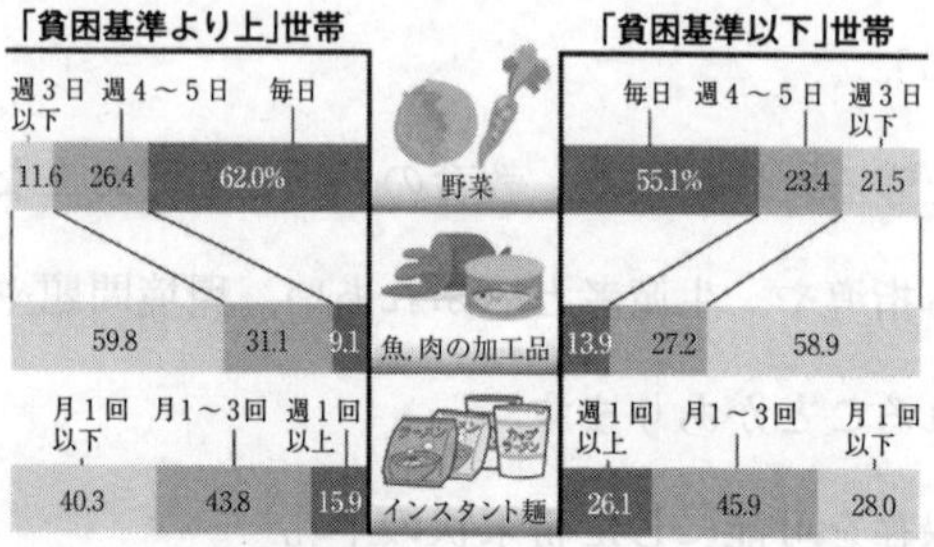

出典：朝日新聞 digital「（フォーラム）子どもと貧困　中学校の給食」より

資料４

子どもの医療費を無料にするのと同じ考え方で，給食費の無料化を社会保障の一つとして考えることができる。現在，給食費には補助制度もあるが，給食を無料化すれば，補助を求めることに対する気持ちの負担がなくなる。

【理　科】〈第１回試験〉（30分）〈満点：50点〉

〈編集部注：実際の入試問題では，４の図以外はカラーになっています。〉

１　次の問いの答えを，**ア**～**エ**から１つ選び，記号で答えなさい。

(1)　正しい光の進み方を表しているものはどれですか。

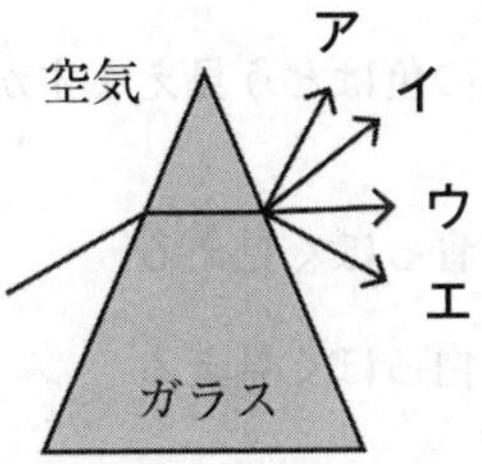

(2)　糸の一方のはしにおもりをつけたふりこが１おうふくする時間についてまちがっているものはどれですか。

ア　糸につけるおもりを軽くすると，ふりこが１おうふくする時間は長くなる。

イ　糸につけるおもりを重くしても，ふりこが１おうふくする時間は変わらない。

ウ　ふりこの糸の長さを短くすると，ふりこが１おうふくする時間は短くなる。

エ　ふりこのふれはばを大きくしても，ふりこが１おうふくする時間は変わらない。

(3)　次のうち，水上置かん法で集めるのが適さない気体はどれですか。

ア　ちっ素　　**イ**　二酸化炭素　　**ウ**　酸素　　**エ**　アンモニア

(4)　100gの水に25gの食塩をとかしたところ，完全にとけて見えなくなりました。この食塩水の濃度《のうど》は何％ですか。

ア　0.25％　　**イ**　20％　　**ウ**　25％　　**エ**　75％

(5)　次のうち，魚類ではない生き物はどれですか。

ア　シャチ　　**イ**　サメ　　**ウ**　ウナギ　　**エ**　メダカ

(6)　次のうち，葉を残したまま冬をこして，次の年に花を咲《さ》かせる植物はどれですか。

ア　タンポポ　　　**イ**　サクラ　　　**ウ**　ホウセンカ　　　**エ**　ヒマワリ

(7)　2021 年 5 月 26 日，日本で皆《かい》既《き》月《げっ》食《しょく》が見られました。皆既月食での月は完全には消えず，ほんのり光って見えます。そのときの月の色はどう見えますか。

ア　緑っぽく見える　　　**イ**　青っぽく見える

ウ　赤っぽく見える　　　**エ**　白っぽく見える

(8)　図はある晴れた日の太陽高度・地温・気温・しつ度の時刻による変化をそれぞれ表しています。太陽高度を表しているのはどれですか。

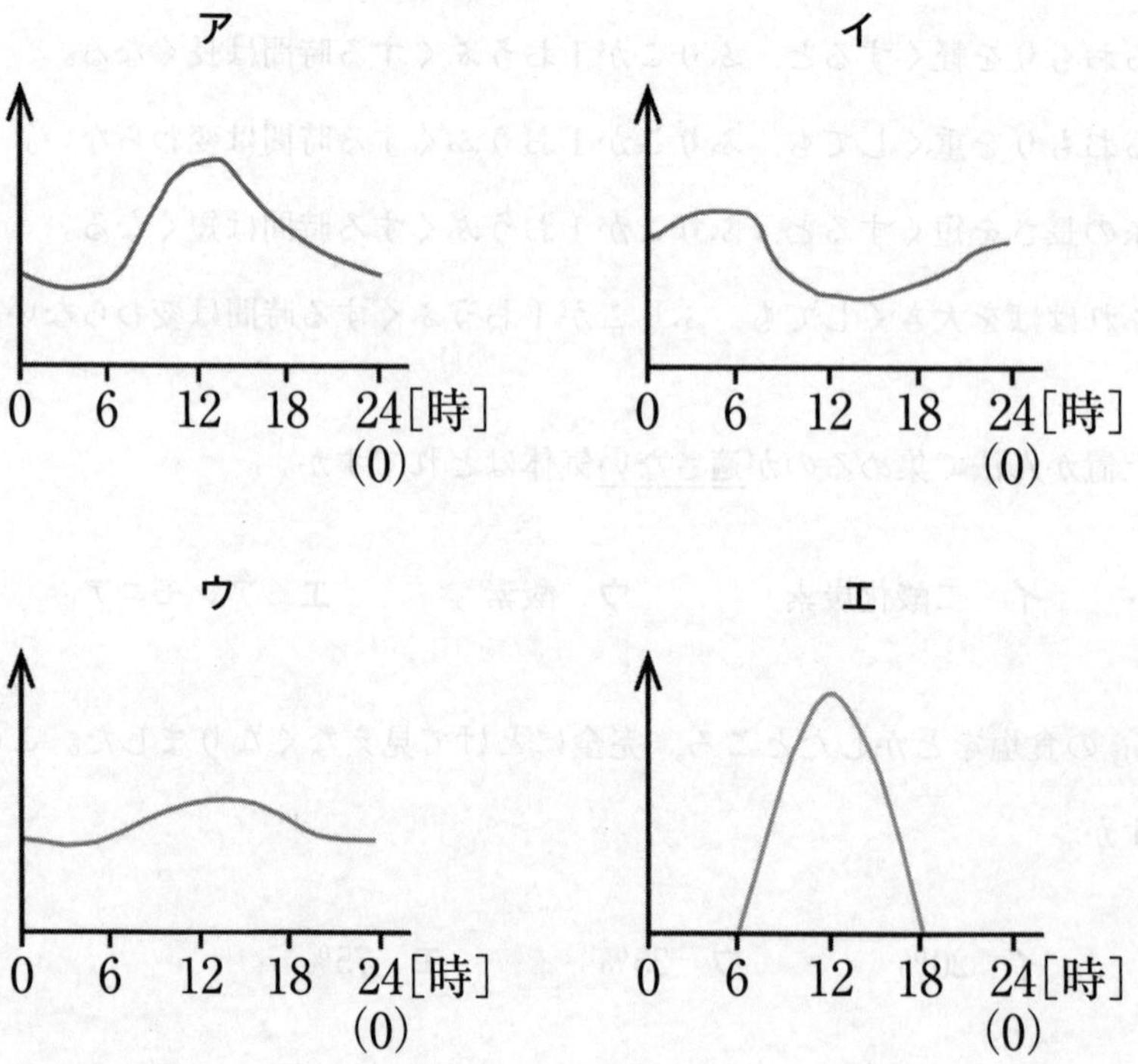

2 2021年7月，第44回世界遺産委員会拡大会合において，「奄美大島《あまみおおしま》，徳之島《とくのしま》，沖縄島北部及《およ》び西表島《いりおもてじま》」の世界遺産への登録が決定しました。世界遺産とは，地球や人類の歴史によって生み出され，過去から現在へと引きつがれてきたかけがえのない宝物です。現在を生きる世界中の人びとが過去から引きつぎ，未来へと伝えていかなければならない人類共通の遺産です。

世界遺産は，UNESCO《ユネスコ》総会で採択《たく》された『世界の文化遺産及び自然遺産の保護に関する条約』の中で定義されており，①人類がつくり上げた「文化遺産」と，地球の歴史や動植物の進化を伝える「自然遺産」，その両方の価値をもつ「複合遺産」に分類されます。2018年12月の時点で，世界遺産は1092件（文化遺産845件，自然遺産209件，複合遺産38件）登録されています。

今回登録された「奄美大島，徳之島，沖縄島北部及び西表島」は，多くの固有種《こゆうしゅ》※1や絶《ぜつ》滅危惧種《めつきぐしゅ》※2を含《ふく》む特別な陸の生物にとって，かけがえのない地域であり，独特で豊かな生物多様性※3を守っていくために重要な生息・生育地を含んでいます。

次のページの**写真1**は西表島の森，**写真2**は木ぼりのアマミノクロウサギ，**表**は奄美大島，徳之島のみに生息することで有名なアマミノクロウサギの数を示したものです。近年では，けい向が変わりつつあるといわれていますが，過去のデータを見てみると，奄美大島においては，1990年代前半には多く見積もって［ A ］頭ほどだったアマミノクロウサギは，2003年時点では多く見積もって［ B ］頭ほどになっており，［ C ］けい向にあったことがわかります。原因は，開発によって森林が減ったこと，②外来種のしん入などによって生息に適した場所が失われたこと，生息地の分断が進んだことなどがあげられ，地域的な絶滅の危険性があるといわれています。他にも，交通事故にあってしまうこと，ノネコやノイヌ（もともと人が飼っていたイヌやネコが野生化したもの）に食べられてしまうこと，マングース（外来種）に食べられてしまうことも生息をおびやかす原因であるといわれています。私たちは，貴重な環境《かんきょう》を守っていくために，一人ひとりできることを実行していく必要があります。

※1　分布が特定の地域に限定される生き物のこと。

※2　絶滅のおそれのある生き物のこと。

※3　いろいろな生き物が存在している状態。

写真１　西表島の森

写真２　アマミノクロウサギ

表　アマミノクロウサギの数

	1990年代前半	2003年
奄美大島	2,600頭から6,200頭	2,000頭から4,800頭
徳之島	120頭から290頭	200頭

(1)　下線部①について，今回新たに登録された「奄美大島，徳之島，沖縄島北部及び西表島」は，「文化遺産」「自然遺産」「複合遺産」のうち，どれに当てはまりますか。文章中の説明をもとに，次のア～ウから１つ選び，記号で答えなさい。

ア　文化遺産　　イ　自然遺産　　ウ　複合遺産

(2)　文章中［ A ］，［ B ］，［ C ］に当てはまる数値やことばとして最も適した組み合わせを，次のア～カから１つ選び，記号で答えなさい。

	A	B	C
ア	2,600	2,000	増加
イ	6,200	4,800	減少
ウ	6,200	2,000	減少
エ	290	120	増加
オ	290	200	減少
カ	120	200	増加

(3)　下線部②の，外来種とは，人間の活動のえいきょうや人間の都合によって，自然に分布している地域の外へ移動をしてしまった生物のことをいいます。日本で問題となっている外来種として正しくないものを，次の**ア**～**エ**から１つ選び，記号で答えなさい。

ア　ブルーギル　　　　**イ**　アメリカザリガニ

ウ　オオムラサキ　　　**エ**　セアカゴケグモ

(4)　アマミノクロウサギなどの生物を守っていくための方法について説明した次の**ア**～**ウ**の文のうち，数年先のことまで考えたとき，正しくないと考えられるものはどれですか。１つ選び，記号で答えなさい。また，なぜ正しくないといえるのかの理由を，生き物の関係性に注意して50字程度で具体的に答えなさい。

ア　生息地をうばわないように，開発を行うときには事前調査をきちんとして，無理な計画は立てない。

イ　ノネコやノイヌがアマミノクロウサギを食べないように，一時的に人間がえさをあげる。

ウ　交通事故を防ぐために，標識などで注意をうながし，運転するときには周囲をよく見る。

3 ここ10年ほどの自然災害について，地震《じしん》，火山噴火《ふんか》，台風や集中ごう雨，もう暑や大雪などの異常気象に分けて表にまとめました。この表を参考に次の(1)〜(5)の問いに答えなさい。

表　ここ10年ほどの主な自然災害

年	地震	火山噴火	台風・集中ごう雨	もう暑・大雪
2011 平成23	3月　東北地方太平洋沖地震 M9.0 最大震度7　きょだい津《つ》波による大きな被害 （日本での記録上最大の地震）	1月　鹿児島県と宮崎県の県境にある霧島《きりしま》連山の新燃《しんもえ》岳《だけ》で，約300年ぶりにマグマ噴火	8・9月　台風12号で和歌山県や奈良県中心に大雨による土砂災害	
2012 平成24				
2013 平成25		11月〜　本州から南へ約1000kmの西之島《にしのしま》で噴火	10月　台風26号で伊豆《いず》大島中心に大雨による土砂災害	7・8月　全国的なもう暑
2014 平成26		9月　長野県と岐阜県の県境にある御嶽山《おんたけさん》で噴火	8月　広島市を中心に大雨による土砂災害	2月　大雪 東京などの首都けんで約30〜110cmの積雪，交通機関が止まる
2015 平成27				
2016 平成28	4月　熊本地震 M7.3 最大震度7 建物倒壊《とうかい》や土砂くずれ		8月　台風7・9・10・11号が東方地方や北海道に次々に上陸し，河川はんらん	
2017 平成29			7月　九州北部ごう雨で，福岡県や大分県で土砂災害や河川はんらん	
2018 平成30	6月　大阪府北部地震 M6.1で家の倒壊 9月　北海道胆振《いぶり》東部地震 M6.7 最大震度7　がけくずれや広はん囲での停電	1月　群馬県の草《くさ》津《つ》白《しら》根《ね》山《さん》で噴火	7月　西日本ごう雨で広島県・岡山県中心に河川はんらん	7月　もう暑で，熊谷市で41.1℃の日本最高気温を記録
2019 平成31／ 令和1			8月　九州地方北部を中心に大雨 9月　台風15号では，関東地方への上陸時に過去最大の風がふき，建物倒壊 10月　台風19号では東日本で記録的大雨による河川はんらん	
2020 令和2			7月　集中ごう雨で熊本県を中心に河川はんらん	8月　もう暑で，浜松市では41.1℃を記録
2021 令和3			7月　静岡県熱海《あたみ》市で大雨による土砂災害	

(1)　地震におけるＭとは，マグニチュードのことです。マグニチュードと震度について正しく説明した文はどれですか。次の**ア〜エ**から１つ選び，記号で答えなさい。

ア　マグニチュードは地震の規模の大きさで最大値が９，震度はその地点でのゆれの大きさで最大値が10である。

イ　マグニチュードの数値が大きいほど地震の規模が大きく，震度の数値が大きいほどその地点のゆれが大きい。

ウ　マグニチュードは地震の規模の大きさ，震度はその地点でのゆれの大きさで，どちらも小数第１位までの数で表す。

エ　マグニチュードは地震のえいきょうした広さによって決まり，震度は建物のひ害によって決まる。

(2)　火山の噴火のようすや災害として，正しくないものを，次の**ア〜エ**から１つ選び，記号で答えなさい。

ア　噴火で出る水蒸気や火山灰などが火さい流として流れ，ふもとの建物を破かいする。

イ　火山灰が空高くまでふき上げられ，遠くまで運ばれて，建物や農作物にひ害をあたえる。

ウ　海底火山では，噴火した高熱のよう岩や水蒸気で海水の温度を上げ魚類にひ害をあたえる。

エ　溶岩は，火山灰よりも細かいつぶであり，呼吸を困難にさせて人や動物にひ害をあたえる。

(3)　もう暑日とは，一日の最高気温が何℃以上の日のことですか。

(4)　二酸化炭素の増加によって，地球の温暖化が進んでいる可能性があるといわれています。地球温暖化と関係が深いと考えられている自然災害を，次の**ア〜オ**から２つ選び，記号で答えなさい。

ア　地震がきょだい化し，海こう付近で必ず起こる。

イ　火山噴火が広域化し，北海道から九州までどこでも起こる。

ウ　海水の温度の上しょうにともない，台風が大型化している。

エ　集中ごう雨は西日本だけで起こり，台風は東日本だけにえいきょうをあたえる。

オ　もう暑日や大雪などの異常気象の回数が増えている。

(5)　災害から身を守るには，各県や市区町村で出しているハザードマップ※で，危険か所やひ難場所を確認しておくことが必要です。【住んでいる場所A～C】と，特に関係のある【ハザードマップの種類ア～オ】をそれぞれ１つずつ結びつけなさい。

※ハザードマップの種類の名称《しょう》については，代表的な物であり，他の名称が使われている地域もある。

【住んでいる場所A～C】

A　近くに川の流れているてい防沿いの家
B　海の入りえのおくで，海岸の近くの家
C　すぐ裏にがけのある開発した宅地

【ハザードマップの種類ア～オ】

ア　津波・高潮ハザードマップ
イ　土砂さい害ハザードマップ
ウ　火山噴火ハザードマップ
エ　道路防災情報マップ
オ　こう水ハザードマップ

4　電気のはたらきについて，次の問いに答えなさい。

導《どう》線，豆電球，かん電池を次のように表します。

導線　豆電球　かん電池

導線と豆電球，かん電池を使い，次の①～⑧のような電気回路をつくりました。同じ種類の道具は同じ性質のものを使っているものとします。

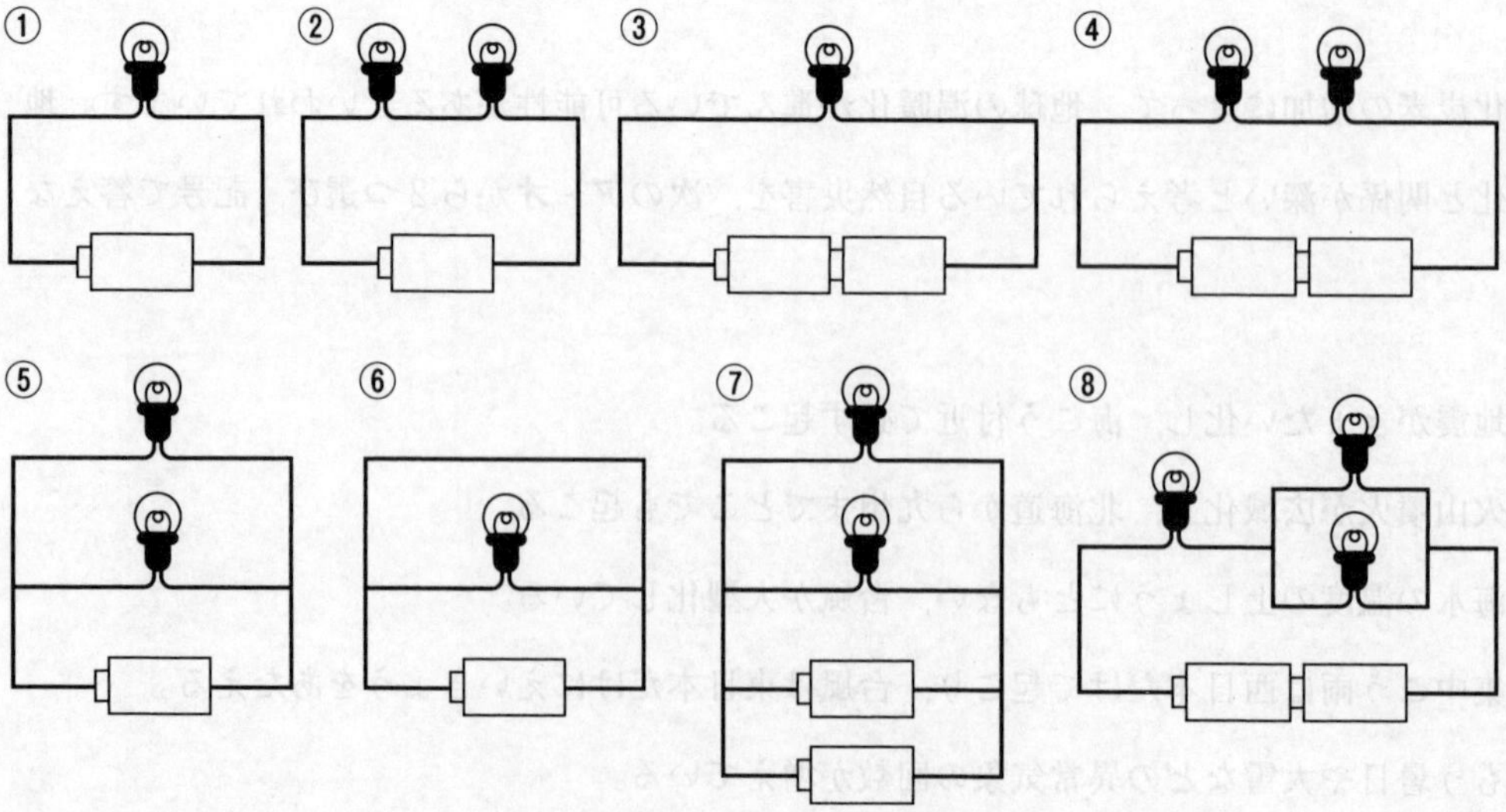

(1)　豆電球が一番明るくつくのはどれですか。①～⑧から１つ選び，番号で答えなさい。

(2)　豆電球がつかないのはどれですか。①～⑧から１つ選び，番号で答えなさい。

(3)　①の豆電球と同じ明るさでつく豆電球がある電気回路はどれですか。②～⑧からすべて選び，番号で答えなさい。

下の**図１**のように，**A**～**D**の４つの端子《たんし》がついている中の見えない箱を用意しました。箱の中には①～⑧と同じ種類の豆電球と，かん電池がそれぞれ１つずつ導線でつながれています。**図２**の**P**，**Q**を**図１**の各端子につないだときの豆電球の明るさを比べました。

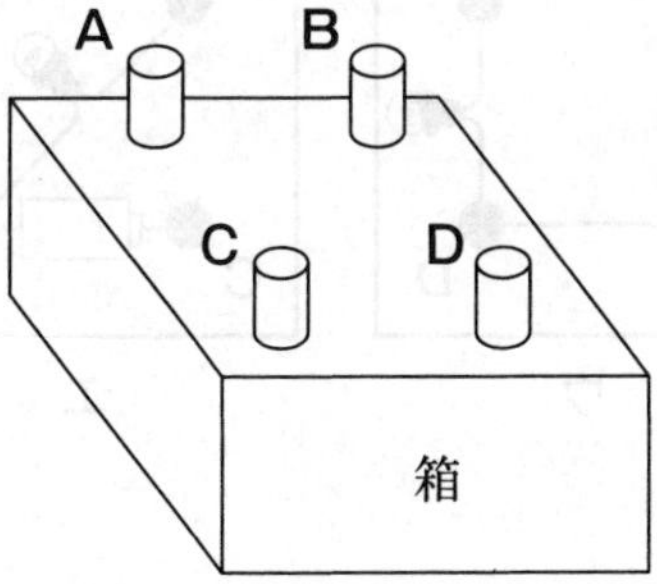

図１

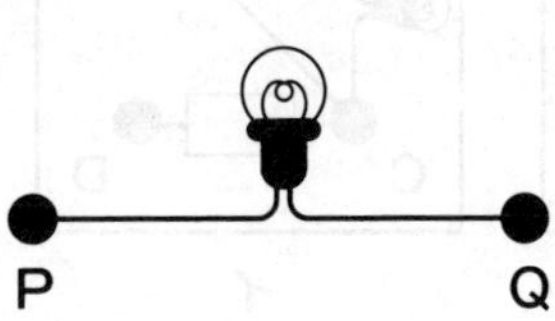

図２

(4)　箱の中が**図３**のようになっているとき，下の**表１**のようになりました。解答らんの表の空らんに当てはまる記号（○，△，×）を入れ，表を完成させなさい。

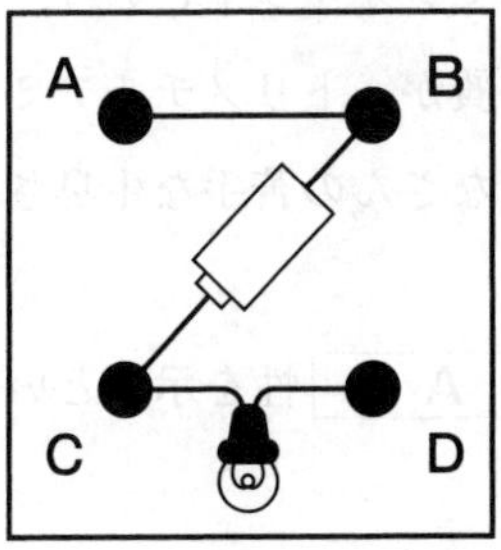

図３

表１

		Pをつなぐ場所			
		A	B	C	D
Qをつなぐ場所	A	＼	×	○	△
	B	×	＼		
	C	○		＼	
	D	△			＼

豆電球の明るさ
○…①と同じ明るさ
△…①より暗い
×…つかない

(5) 別の箱で，同じように３か所を調べたら**表２**のようになりました。箱の中のようすはどれですか。下の**ア**～**エ**から１つ選び，記号で答えなさい。

表２

		Pをつなぐ場所			
		A	B	C	D
Qをつなぐ場所	A		×		
	B				×
	C				○
	D				

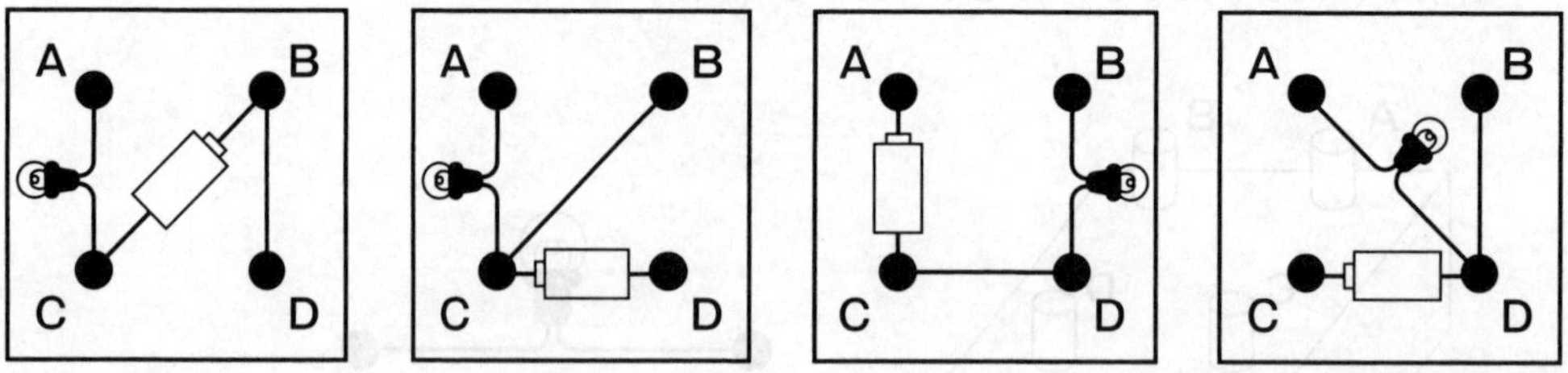

ア　　イ　　ウ　　エ

5 東洋大学京北中学校で，理科の授業が行われていました。下の先生と生徒のやり取りを読んで，次の問いに答えなさい。

先　生：みなさんは魚を食べますか。

生徒①：魚って生臭《ぐさ》いし，苦手だからあまり食べません。

先　生：確かに魚には特有の生臭さがありますね。魚にはトリメチルアミンオキシドという，うま味の成分がふくまれているのですが，時間が経つとこの物質が，トリメチルアミンというアンモニアに似た物質へと変化します。この物質がみなさんの苦手な生臭さの正体です。

生徒②：アンモニアに似ているってことはその物質を水にとかすと［　A　］性を示すということですか。

先　生：その通りです。この前の実験で緑色のBTBよう液をアンモニア水に入れると［　B　］色になりましたね。

生徒①：先生，魚の生臭さを取って，美味しく食べる方法って何かないですか。

先　生：そうした方法はいくつかあげられます。例えば魚に塩をふりかけて，魚の体内の臭みの成分を取り出す方法があります。

生徒②：どうして，塩をかけると内部から臭み成分が取り出せるのですか。

先　生：魚の細胞《さいぼう》は半透膜《はんとうまく》というすい膜でおおわれています。この膜には**図３**のような小さな穴がたくさん空いています。塩分濃度の異なる水の間にこの半透膜があると，水は半透膜を通過して塩分濃度の高い側に移動します。魚の表面に塩をふりかけると，身の表面が濃《こ》い食塩水でおおわれた状態になるからです。

図１　魚に塩をふりかけたようす（全体）

図２　魚に塩をふりかけたようす（拡大）

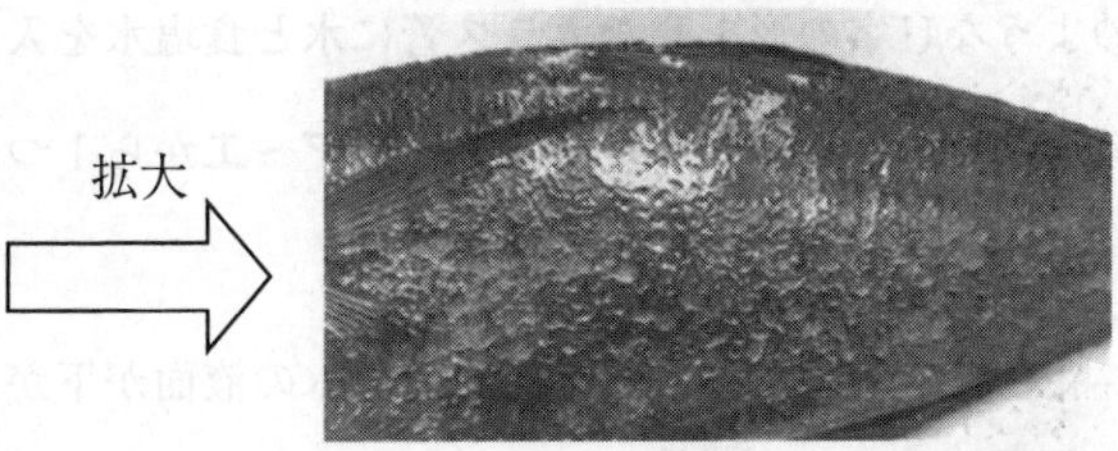

図３　魚の表面のようす

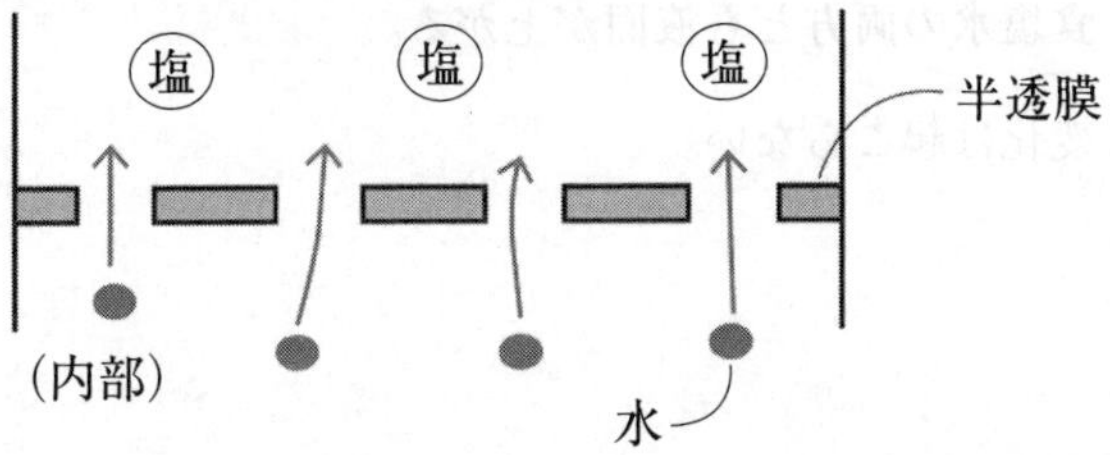

生徒①：そうか，表面が塩分濃度の高い状態になるから，魚の中の臭みの成分が体内の水分といっしょに表面に出てくるのですね。

先　生：その通りです。

生徒②：昔の人って，色々な工夫をしながら魚の調理法を考え出していたのですね。
僕はお寿司《すし》なら魚の臭みとか気にせずに食べられる気がするなあ。

先　生：確かに，お寿司の酢飯《すめし》は生魚にとても合いますね。その理由も今回の授業からわかると思いますよ。

(1)　文中の［　A　］，［　B　］に当てはまることばを答えなさい。

(2) 魚に塩をかけたときのような塩の効果を利用していないものを，次のア～エから1つ選び，記号で答えなさい。

ア ナメクジに塩をかけると，小さくなる。

イ つけ物は野菜に塩をかけてつくる。

ウ 氷水に塩をかけると0℃以下にすることができる。

エ 牛肉に塩をかけると身を引きしめることができる。

(3) 図のようなU字の形をしたガラス管に水と食塩水を入れて，間を半透膜で仕切ると，どのような結果になると考えられますか。次のア～エから1つ選び，記号で答えなさい。

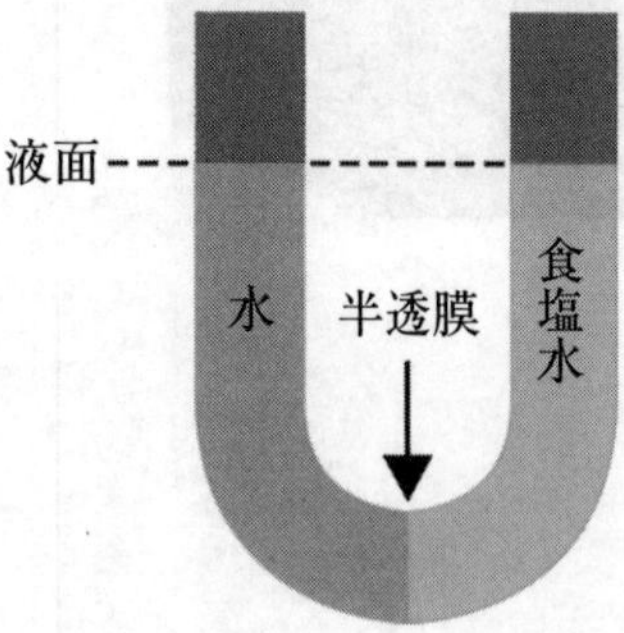

ア 水の液面が下がり，食塩水の液面が上がる。

イ 水の液面が上がり，食塩水の液面が下がる。

ウ 水，食塩水の両方とも液面が上がる。

エ 特に変化は起こらない。

(4) 下線部の理由を授業内容から考え，45字以内で簡単に説明しなさい。

【下書き】

問六　本文の内容として**適切ではないもの**を、**ア**～**エ**から一つ選び、記号で答えなさい。

ア　目が見える人は、ずっと先まで見通すことができないが、空間を三次元でとらえられる。

イ　目が不自由な人は、少ない情報を結びつけることによって物事を理解しようとする。

ウ　「トリガー」とは、人の行動を引き出すきっかけのようなものである。

エ　桂離宮には、人がどこを見るようになるか、どのように移動するかといった仕掛けがある。

四　次の問いに答えなさい。

問　「自分を好きになろう」という考え方がありますが、あなたは自分を好きになることは重要だと考えますか。理由をふくめて**一四〇字以上、一五〇字以内**であなたの考えを書きなさい。

注意事項《じこう》

・解答らんの一マス目から書きなさい。
・句読点や記号も一字とし、一番上のマスに入ってもよいものとします。
・漢字で書けるものは、漢字で書くようにしなさい。
・書きことばで書きなさい。

ア　見る人に影響を与えかねないような多量の視覚的情報
イ　見る人の脳内で次々に作られる多様な想像的情報
ウ　見る人の中で生み出され続ける新たな商品を知らせる人工的情報
エ　見る人が手や肌《はだ》で感じることができる無限の空間的情報

問四　ぼう線部③「比喩的な道」とありますが、このことばを説明している本文中の部分として適切なものを、**ア**～**エ**から一つ選び、記号で答えなさい。

ア　方向性を持つ「道」に、いわばベルトコンベアのように運ばれている存在
イ　コンクリートや土を固めて作られた文字通りの道
ウ　行為を次々に導いていく環境の中に引かれた導線
エ　資本主義システムが過剰な視覚刺激を原動力にして回っていること

問五　ぼう線部④「私たちは日々、軽い記憶喪失に見舞われています」とありますが、この例として適切なものを、**ア**～**エ**から一つ選び、記号で答えなさい。

ア　飛行機で九州に行こうと考えていたが、天気が悪いので行き先を四国に変えた。
イ　家に帰ったら宿題をしようと考えていたが、学校にノートを忘れて宿題ができなかった。
ウ　五年前の家族旅行の写真を見て、忘れてしまっていた楽しかったことを思い出した。
エ　鶏肉《とりにく》を買おうとスーパーに行ったが、特売の看板を見て思わず牛肉を買ってしまった。

問一　ぼう線部①「全く違う世界を歩いていた」とありますが、同じ場所を歩いていながらなぜそのように筆者は述べているのですか。その説明として適切なものを、**ア**～**エ**から一つ選び、記号で答えなさい。

ア　人によって興味関心を抱《いだ》く対象が異なっているため、気になるものだけを意識しイメージしているから。

イ　同じ道を歩いたとしても人によって歩き方が異なるため、違う道のようにイメージしてしまうから。

ウ　実際の空間を歩いていたとしても、それぞれの頭の中で作り上げたイメージで空間を認識《にんしき》しているから。

エ　その環境をこれまでに何回歩いたかによって印象が変わるため、意識する部分が異なってしまうから。

問二　空らん［**X**］・［**Y**］にあてはまることばの組み合わせとして適切なものを、**ア**～**エ**から一つ選び、記号で答えなさい。

ア　**X**　音の反響　**Y**　白杖の感触

イ　**X**　大岡山という地名　**Y**　足で感じる傾き

ウ　**X**　脳内のイメージ　**Y**　道

エ　**X**　お椀のような地形　**Y**　ふもとにある学校

問三　ぼう線部②「こうした洪水」とありますが、このことばの説明として適切なものを、**ア**～**エ**から一つ選び、記号で答えなさい。

いスーパーに入って余計な買い物をしてしまう。その欲望がもともと私の中にあったかどうかは問題ではありません。視覚的な刺激《しげき》によって人の中に欲望がつくられていき、気がつけば「そのような欲望を抱《かか》えた人」になっています。

資本主義システムが過剰《かじょう》な視覚刺激を原動力にして回っていることは言うまでもないでしょう。それを否定するのは簡単ではないしするつもりはありませんが、都市において、私たちがこの振り付け装置に踊《おど》らされがちなのは事実です。最近ではむしろ、パソコンのデスクトップやスマートフォンの画面上に、こうしたトリガーは増殖《ぞうしょく》しているかもしれません。仕事をするつもりでパソコンを開いたら買い物をしていた……よくあることです。④私たちは日々、軽い記憶喪失《きおくそうしつ》に見舞《みま》われています。いったい、私が情報を使っているのか、情報が私を使っているのか分かりません。

（伊藤亜紗『目の見えない人は世界をどう見ているのか』光文社）

※問題の作成上、文章の一部を省略している。

＊１　俯瞰…高いところから広い範囲を見おろしながめること。
＊２　白杖…視覚障害者が使用する白いつえ。
＊３　誘発…あることが原因となって、他の事をひき起こすこと。
＊４　桂離宮…京都にある離宮。
＊５　舞踏譜…ダンスの振り付けが記されているもの。

つまり、「こっちにおいで」と人の進むべき方向を示すもの、という意味です。

人は自分の行動を一〇〇パーセント自発的に、自分の意志で行っているわけではありません。知らず知らずのうちにまわりの環境《かんきょう》に影響《えいきょう》されながら行動していることが案外多いものです。

「寄りかかって休む」という行為《こうい》ひとつとっても、たいていは寄りかかろうと思って壁《かべ》を探すのではなくて、そこに壁があるから寄っかかってしまう。子どもの場合は特にその割合が高くなります。「いたずら」とはたいていそうしたものです。ボタンがあるから押《お》したくなるし、台があるからよじ登ってしまう。環境に埋め込まれたさまざまなスイッチがトリガーになって、子どもたちの行動が誘発《ゆうはつ》*3されていきます。

いわば、人は多かれ少なかれ環境に振《ふ》り付けられながら行動している、と言えるのではないでしょうか。

あるトリガーから別のトリガーへとめまぐるしく注意を奪われながら、人は環境の中を動かされていきます。人の進むべき方向を示す「道」とは、「こっちに来なさい、こっちに来てこうしなさい」と、行為を次々と導いていく環境の中に引かれた導線です。

たとえば京都の桂離宮《かつらりきゅう》*4に行くと、その場所でどこを見るべきかというまなざしの行方《ゆくえ》までもが計算されていることに気づきます。人の行動をいざなう「道」が随所《ずいしょ》に仕掛《しか》けられているわけです。実際に訪《おとず》れてみて、桂離宮というのはまるで舞踏譜《ぶとうふ》*5のようだなとしきりに感心しました。

桂離宮ではひとつの道が明瞭《めいりょう》に引かれていますが、都市においては無数の道が縦横無尽《じゅうおうむじん》に引かれています。しかもその多くは、人の欲望に強く訴《うった》えてくる。真夏のかんかん照りの道にコーラの看板があれば飲みたくなってしまうし、「本日三割引き」ののぼりを見ればつ

した。少ないどころか、たぶん二つの情報しかなかったはずです。つまり「 X 」と「 Y 」の二つです。しかし情報が少ないからこそ、それを解釈《かいしゃく》することによって、見える人では持ち得ないような空間が、頭の中に作り出されました。

木下さんはそのことについてこう語っています。「たぶん脳の中にはスペースがありますよね。見える人だと、そこがスーパーや通る人だとかで埋《う》まっているんだけど、ぼくらの場合はそこが空いていて、見える人のようには使っていない。でもそのスペースを何とか使おうとして、情報と情報を結びつけていくので、そういったイメージができてくるんでしょうね。さっきなら、足で感じる『斜面を下っている』という情報しかないので、これはどういうことだ？と考えていくわけです。だから、見えない人はある意味で余裕があるのかもしれないね。見えると、坂だ、ということで気が奪われちゃうんでしょうね。きっと、まわりの風景、空が青いだとか、スカイツリーが見えるとか、そういうので忙《いそが》しいわけだよね」。

まさに情報の少なさが特有の意味を生み出している実例です。都市で生活していると、目がとらえる情報の多くは、人工的なものです。大型スクリーンに映し出されるアイドルの顔、新商品を宣伝する看板、電車の中吊《なかづ》り広告……。見られるために設《しつら》えられたもの、本当は自分にはあまり関係のない＝「意味」を持たないかもしれない、純粋《じゅんすい》な「情報」もたくさんあふれています。視覚的な注意をさらっていくめまぐるしい情報の洪水《こうずい》。確かに見える人の頭の中には、木下さんの言う「脳の中のスペース」がほとんどありません。

それに比べて見えない人は、②こうした洪水とは無縁《むえん》です。もちろん音や匂《にお》いも都市には氾《はん》濫《らん》していますが、それでも木下さんに言わせれば「脳の中に余裕がある」。さきほど、見えない人は道から自由なのではないか、と述べました。この「道」は、物理的な道、つまりコンクリートや土を固めて作られた文字通りの道であると同時に、③比喩的《ひゆてき》な道でもあります。

けれども、見える人にとって、そのような俯瞰的で三次元的なイメージを持つことはきわめて難しいことです。坂道の両側には、サークル勧誘《かんゆう》の立て看板が立ち並んでいます。学校だから、知った顔とすれ違うかもしれません。前方には混雑した学食の入り口が見えます。目に飛び込《こ》んでくるさまざまな情報が、見える人の意識を奪《うば》っていくのです。あるいはそれらをすべてシャットアウトしてスマホの画面に視線を落とすか。そこを通る通行人には、自分がどんな地形のどのあたりを歩いているかなんて、想像する余裕《よゆう》はありません。

そう、私たちはまさに「通行人」なのだとそのとき思いました。「通るべき場所」として定められ、方向性を持つ「道」に、いわばベルトコンベアのように運ばれている存在。それに比べて、まるでスキーヤーのように広い平面の上に自分で線を引く木下さんのイメージは、より開放的なものに思えます。

物理的には同じ場所に立っていたのだとしても、その場所に与《あた》える意味次第《しだい》では全く異なる経験をしていることになる。それが、木下さんの一言が私に与えた驚《おどろ》きでした。人は、物理的な空間を歩きながら、実は脳内に作り上げたイメージの中を歩いている。私と木下さんは、同じ坂を並んで下りながら、実は①全く違う世界を歩いていたわけです。

彼《かれ》らは「道」から自由だと言えるのかもしれません。道は、人が進むべき方向を示します。もちろん視覚障害者だって、個人差はあるとしても、音の反響《はんきょう》や白杖《はくじょう》*2の感触《かんしょく》を利用して道の幅《はば》や向きを把握《はあく》しています。しかし、目が道のずっと先まで一瞬にして見通すことができるのに対し、音や感触で把握できる範囲《はんい》は限定されている。道から自由であるとは、予測が立ちにくいという意味では特殊《とくしゅ》な慎重《しんちょう》さを要しますが、だからこそ、道だけを特別視しない俯瞰的なビジョンを持つことができたのでしょう。

全盲《ぜんもう》の木下さんがそのとき手にしていた「情報」は、私に比べればきわめて少ないもので

三　次の文章を読んで、問いに答えなさい。

見えない人が「見て」いる空間と、見える人が目でとらえている空間。それがどのように違《ちが》うのかは、一緒《いっしょ》に時間を過ごす中で、ふとした瞬間《しゅんかん》に明らかになるものです。たとえば、先ほども登場していただいた木下路徳《きのしたみちのり》さんと一緒に歩いているとき。その日、私と木下さんは私の勤務先である東京工業大学大岡山キャンパスの私の研究室でインタビューを行うことになっていました。

私と木下さんはまず大岡山駅の改札で待ち合わせて、交差点をわたってすぐの大学正門を抜《ぬ》け、私の研究室がある西9号館に向かって歩きはじめました。その途中《とちゅう》、一五メートルほどの緩《ゆる》やかな坂道を下っていたときです。木下さんが言いました。「大岡山はやっぱり山で、いまその斜面《しゃめん》をおりているんですね」。

私はそれを聞いて、かなりびっくりしてしまいました。なぜなら木下さんが、そこを「山の斜面」だと言ったからです。毎日のようにそこを行き来していましたが、私にとってはそれはただの「坂道」でしかありませんでした。

つまり私にとってそれは、大岡山駅という「出発点」と、西9号館という「目的地」をつなぐ道順の一部でしかなく、曲がってしまえばもう忘れてしまうような、空間的にも意味的にも他の空間や道から分節化された「部分」でしかなかった。それに対して木下さんが口にしたのは、もっと俯瞰的《ふかんてき》*1で空間全体をとらえるイメージでした。

確かに言われてみれば、木下さんの言う通り、大岡山の南半分は駅の改札を「頂上」とするお椀《わん》をふせたような地形をしており、西9号館はその「ふもと」に位置しています。その頂上からふもとに向かう斜面を、私たちは下っていました。

問六　ぼう線部⑥「突然、笑いだしそうになった」とありますが、このときの「ぼく」の気持ちとして適切なものを、**ア**〜**エ**から一つ選び、記号で答えなさい。

ア　次々に出現する大きな岩を登っていくうちに、どう乗り切っていけばいいのかを自分で考えるよりも、ベテランの「おじさん」のやり方をそのとおりに真似《まね》をすればよいと気づいた。

イ　目の前の山に登ることに必死になるあまり、これまで頭の中を占《し》めていた、気を張って過ごす日常のわずらわしさや山を登り始めたときの不平不満が姿を消し、どうでもいい問題に思えた。

ウ　山に登り始める前はつらいことから目を背《そむ》けようとしていた自分が、今は困難な状《じょう》況《きょう》を自分から積極的に選び取って求めていることを、自分より先に「おじさん」に気づかれてしまった。

エ　山を登る前に立てていた、クラスの皆《みな》を見返すために大きなことをやりとげる、という目標がいよいよ達成目前にせまってきたことを意識し、うれしい気持ちでいっぱいになった。

ア　極度の疲労によって頭がからっぽになったことでより五感が研《と》ぎ澄まされ、いつもは拒絶《きょぜつ》反応を示してしまう自然の発するさまざまな音が心地よく感じられる世界。

イ　普段《ふだん》の生活では感じ取ることができなかった、ウグイスが鳴き声によって仲間に発しているメッセージが何なのかが、自然と理解できてしまう不思議な世界。

ウ　自分の意志とは関係なく、周囲から聞こえてくる全ての音がシャットアウトされることで、今まで気づかなかった自分と真に向き合うことが可能となった世界。

エ　他人の視線を気にしながら、自分を取り巻く面倒《めんどう》なことに思いをめぐらす毎日では到底《とうてい》感じることのできなかった、自然そのものがせまってくるような世界。

問五　ぼう線部⑤「気持ちまでいっしょになっていく」とはどういうことですか。その説明として適切なものを、**ア**～**エ**から一つ選び、記号で答えなさい。

ア　「おじさん」と「ぼく」の、目的地に向かってひたすら足を前に出そうという純粋《じゅんすい》な思いが重なったということ。

イ　これまでいく度となくぶつかってきた「おじさん」の本当の思いを知って、今は素直に従っておこうということ。

ウ　重いザックの「おじさん」と軽いザックの「ぼく」の歩幅が同じになったことで、長年のわだかまりが解けたということ。

エ　「おじさん」と「ぼく」の、もうこれ以上は歩けない、と感じるタイミングがほぼ同時になってきたということ。

問二　ぼう線部②「おなかのそこからため息がでた」とありますが、このときの「ぼく」の気持ちとして適切なものを、**ア**～**エ**から一つ選び、記号で答えなさい。

ア　下山してくる人へのあいさつに、わざとではないのに疲れから不機嫌な声が出てしまい後悔《こうかい》の念でいっぱいになっている。

イ　人の好意に対しては感謝の気持ちを伝えたいと思っているのに、素直《すなお》に表すことのできない自分をもどかしく感じている。

ウ　ただでさえ暑さと荷物の重みでいらだっているのに、「おじさん」から山でのマナーを再三にわたって指導されうんざりしている。

エ　自らすすんで登山を楽しんでいるわけではないのに、人からの視線を意識し笑顔を作ってしまう自分自身にあきれてしまっている。

問三　ぼう線部③「笑いをふくんだ声」とありますが、この場面の「おじさん」の説明として適切なものを、**ア**～**エ**から一つ選び、記号で答えなさい。

ア　「ぼく」の無知さに、怒《いか》りを通り越《こ》しておかしく思っている。

イ　「ぼく」の子どもらしいふるまいに、とまどいを感じている。

ウ　「ぼく」を気にかけており、愛情をもって接している。

エ　「ぼく」の厚かましい態度に、あっけにとられている。

問四　ぼう線部④「ぼくが今まで知らなかった世界」の説明として適切なものを、**ア**～**エ**から一つ選び、記号で答えなさい。

テストの点数のこと、いまだになじめないクラスメートのこと、からかわれた言葉のトゲのこと。いつも気になる他人の目。今はかっこよく登ろうと外面をとりつくろう余裕《よゆう》など全くない。頭の中でこんがらがっていたそれらのことが、ゆっくりと、そしてするするとほぐれ、消えていく。気がつけば、頭の中はすっからかんだ。

⑥突然、笑いだしそうになった。

理由はわからない。ただ、ほおがゆるんでくる。

（ぼく、何してるんだろうな。必死に足を前にだし、荒い呼吸をしてさ）

脈絡《みゃくらく》もなく思った。その思いさえ、風に巻きあげられる紙くずみたいに吹き飛ばされていく。頭がからっぽになったせいだろうか、心も軽くなり、澄みきった風が通りすぎていった。

（にしがきようこ『ぼくたちのＰ《パラダイス》』小学館）

問一　ぼう線部①「ぼくの気持ち」の説明として適切なものを、**ア**～**エ**から一つ選び、記号で答えなさい。

ア　「おじさん」に別荘でバカンスを一緒《いっしょ》に過ごそうと誘《さそ》われ、断れなかった自分に腹を立てている。

イ　つらい思いをして山を登ることに対して心底嫌気《いやけ》がさし、心が不満でいっぱいになっている。

ウ　舗装《ほそう》されていない、石ころだらけの登山道でケガをしてしまうのではないかと恐怖《きょうふ》を感じている。

エ　自分に疲労《ひろう》感をもたらす山に対して敵対心をむき出しにし、山でのマナーを破ろうと決心している。

肩《かた》にくいこみ、とても重く感じられる。イヤホンさえじゃまになった。耳からはずして、ポケットにねじこんだ。

さえぎるもののなくなった耳に、さざ波のような音が飛びこんできた。吹《ふ》き渡る風が木々の葉をゆらしている音だ。たえ間なくウグイスがさえずっている。川があるのだろうか、水音が下の方から聞こえてくる。木の葉を通して夏の日ざしがもれてくる。ここは、④ぼくが今まで知らなかった世界だ。

前を歩くおじさんの足取りは確かだ。一歩一歩、ていねいに足をだしていく。そのうしろをぼくはついていく。

もう歩けないと思うと、休憩が入る。おじさんは、ついていくぼくの足音だけで疲れがわかるのだろうかと不思議に思う。そして休むと元気になる。そして歩きだす。そのくり返しだ。山では休憩を一本と数えると教えられた。すでに、三本の休憩を取っていた。

重たいザックを背負ったおじさんの歩きはゆっくりだ。ぼくが全力で持ちあげないと上がらなかった重たいザックを背負っているのだから、町の中のようには歩けない。ましてや登りだ。一歩一歩、確認《かくにん》するように、ゆっくりと足を地面に置いていく。その歩幅《ほはば》が、軽いザックを背負ったぼくと同じになる。歩幅だけじゃなく、⑤気持ちまでいっしょになっていく気さえしてくる。おじさんのザックを見つめながら足を運んだ。

（中　略）

流れ落ちる汗と、荒《あら》い息をくり返すだけの単調な時間があたりの景色といっしょに過ぎていく。登りはじめたとき、頭の中には不平不満が黒いうずを巻いていた。それなのに、ただ、足をだし、息を整え、登ることにだけエネルギーを集中しているうちに、なぜだか頭の中からいろいろなことがぬけ落ちていった。頭のかたすみから離《はな》れることのなかった数学の

だされたチョコレートを手に取った。熱で変形している板チョコの包装紙を破ってかぶりついた。口に広がる甘《あま》さがなんとも言えない。むさぼるように食べる。

「雄太《ゆうた》はチョコが好きなのか？」

おじさんがあきれた声をだした。

ぼうっとしかかっていた頭が少ししゃんとした。

あらためて周囲を見まわす。今、ぼくは深い森の中にいた。こんなにたくさんの木々を見たのははじめてのような気がする。休憩場所のわきには白い花をつけた草がゆれている。細く高い声で鳥が気持ちよさそうに歌っている。

「あれはウグイスの鳴き声っていうのは知ってるだろ？　山の中で聞くと、鳴き声が澄《す》んでるな。あのケキョケキョケキョと続けて鳴くのは谷渡りという鳴き方だ。縄張《なわば》りを宣言しているとか、警戒《けいかい》しているといわれてる鳴き方なんだよ」

ぼくは、鳴き声のする方へ顔をむけた。

木の葉をからかうように風が通りすぎていく。汗が一気に引く。とても心地よい風がぼくの前を通りすぎていった。

「さて、行くかな」

おじさんはゆっくりとザックを背負うと、ぼくを見た。

行くしかないとあきらめたためか、登りになれたせいか、ぐんぐんと足が前にでた。

思いだしたようにスマホを取りだし、イヤホンで音楽を聞きだした。そのリズムに乗って、快調に足を運んでいく。おかげで、痛くなりはじめたふくらはぎや、太ももの筋肉の存在を少し忘れた。

でも、しばらくすると本当にきつくなってきた。おじさんよりずっと軽いはずのザックが

「いいペースだ」

おじさんが満足そうな顔で、首からたらしたタオルで汗をふいた。

「ほれっ、飲むか？」

ザックの中から水の入った容器を渡《わた》してくれた。ペットボトルではない。軽く三リットルは入るだろうか。水がいっぱい入ったポリタンクだ。

（ザックの中にこんなに重いものを入れて歩いているんだ）

驚《おどろ》きながら、ぼくはタンクを両手でかかえて、ごくごくと飲んだ。冷たくはないけれど、とてもおいしい。ねばりつく口からのどへと一気に通りすぎていく。そして、おなかにおさまると同時に汗となってふきだす。ほてっている体の熱が汗といっしょに出ていった。

「おいおい、そんなに飲むと、ばてるぞ」

③笑いをふくんだ声だった。

「ほら、見てみろ、あれが車で上って来た道路だ」

おじさんの指さす方を見た。休憩場所のむこう側は木々がまばらな急斜面《しゃめん》だった。その木々の間からアスファルトの道がくねくねと見えている。かなり下の方だ。

「木に隠《かく》れて見えないけど、あのあたりが登り口だ」

おじさんの人さし指が下をむいていた。おじさんの指の先をのぞきこむようにして斜面に体を乗りだした。そして、すぐに歩いてきた登山道をふりかえった。

「こんなに登って来たんだ」

腹立ちまぎれに進めてきた一歩一歩が、この高度をかせいだのだと思うと不思議な気がする。そして、完全にあきらめた。もう行くしかないのだ。

「食べるか？」

は、会った人にあいさつする。これが礼儀《れいぎ》だ。山でのマナー、その二ってとこかな」

それからは、下山してくる人にあいさつをし続けた。あいさつを返す声が不機嫌《ふきげん》じゃないかどうかと気になる。

（イヤイヤ歩いているのに、ぼくは、どうして笑顔を作ったり、他人の目を気にしちゃうんだろう）

②おなかのそこからため息がでた。

一歩足を前にだすたびに汗《あせ》がふきだしてくる。息がはずみ、あえぎはじめる。心臓の鼓動《こどう》がばくばくと音をたてはじめる。走っているわけでも、飛んでいるわけでもなく、ただ、歩いているだけなのに、息が上がってしまう。汗が顔を、体を流れ落ちていく。前を歩くおじさんのザックをにらみつける。あのザックの重さを知らなければ歩きだしたりしなかったのにと、おかど違《ちが》いの文句を頭の中で並べはじめる。不平不満が頭の中でぐるぐるまわりだした。そして、足元の岩に乗りそこねてよろけた。

（もう、イヤだ！）

そのとき、おじさんが声をあげた。

「よーし、一本だ」

登山道のわきに人が五人ほどすわれそうな草の生えた平らな場所があった。おじさんはそこで立ち止まった。

「休憩《きゅうけい》だ」

救われた気分になった。広くはない場所だけれど、見晴らしがよかった。ザックをおろして休んでいる人たちがいる。地面からつきでている岩に女の人が腰《こし》をおろしている。汗をふき、水を飲んでいる人もいる。ぼくはそっとザックをおろした。

「勝ち目はないからな。それに余計に疲《つか》れるぞ」

おじさんは、足音だけで①ぼくの気持ちがわかるのだろうか。

登山道の土がくつの下でじゃりっと、にごった音をたてた。

「歩いているときには、石を落とさないようにていねいに歩くこと。石を落とすと、あとから登ってくる人や、下山している人に当たったりする。ケガをするリスクがあるんだ。だから、ていねいにな。山でのマナー、その一だ」

おじさんの声が前から聞こえる。

ぼくは思わずおじさんの歩いている先を見た。アスファルトではない、石ころだらけの登山道が続いている。たとえ小さな石だとしても、ころがっているうちに勢いがついてしまうことが想像できる。当たったら痛い。

「うん」

ぼくは、つぶやくように返事をした。

「おはようございます」

突然《とつぜん》、声をかけられた。下ばかりむいていた顔をあげると、下山してきた男の人がせまい登山道のわきに立ち止まっていた。明るい笑顔《えがお》を浮かべてぼくたちに道をゆずってくれている。

「おはようございます」

おじさんが答え、ぼくもそれにならった。

ぼくたちが通りすぎるとその人は登山道にもどり、下山していった。

おじさんは歩調を変えることなく、また話しかけてきた。

「山では、登りが優先なんだ。だから今の人は道をゆずってくれたんだよ。そして、山で

問四　次の対義語を、**ア**〜**コ**から一つずつ選び、記号で答えなさい。なお、同じ記号は一度しか選べないものとします。

(1)　借用
(2)　容易
(3)　尊重
(4)　実物
(5)　整理

ア　表現　**イ**　整頓《せいとん》　**ウ**　無視　**エ**　理想　**オ**　困難
カ　模型　**キ**　借金　**ク**　返済　**ケ**　周到《しゅうとう》　**コ**　散乱

二

次の文章を読んで、問いに答えなさい。


今、ぼくは、細くて急な登山道を登っている。

どうしてこんなことになってしまったのだろうと、くり返し自問する。

別荘《べっそう》でバカンスだと浮《う》かれていたおめでたい性格や、行きたくないのにずるずると歩きだす優柔《ゆうじゅう》不断《ふだん》さが、われながら情けなかった。

道をけとばすように歩いていく。

急におじさんの声がした。

「山とけんかするなよ」

前を歩いているおじさんがふりむきもせずに言った。

問二　各文に用いられている表現技法として適切なものを、**ア**～**オ**から一つずつ選び、記号で答えなさい。なお、同じ記号は一度しか選べないものとします。

(1)　あの人は雲のようにつかみどころがない。
(2)　歩き疲《つか》れて足が言うことを聞かない。
(3)　ついに解けたんだ、長年の疑問が。
(4)　朝は早起き、夜は早寝《はやね》を心がけている。
(5)　毛布をかぶっても寒気でぞくぞくしてくる。

ア　倒置法《とうちほう》　**イ**　直喩《ちょくゆ》　**ウ**　擬態語《ぎたいご》　**エ**　擬人法《ぎじんほう》　**オ**　対句《ついく》

問三　各文の主語を、①～④から一つずつ選び、記号で答えなさい。

(1)　①この本の　②面白《おもしろ》さを　③私は　④分からない。
(2)　①日光が　②雪の　③散歩道を　④照らす。
(3)　①私にとって　②これが　③最初の　④家族旅行だった。
(4)　①愛の前では　②悪人でさえ　③汚《けが》れない　④子どもに戻《もど》る。
(5)　①彼《かれ》に　②好かれていることが　③分かった、④私でも。

二〇二二年度 東洋大学京北中学校

【国　語】〈第一回試験〉（五〇分）〈満点：一〇〇点〉

《注　意》１．作問のため本文にふりがなをつけた部分があります。
２．字数指定のある問いはすべて、句読点・記号も一字と数えるものとします。

一　次の問いに答えなさい。

問一　ぼう線部に相当する漢字を、ア～エから一つずつ選び、記号で答えなさい。

(1) その場所に立ち入らないことが不文リツとなっていた。
ア　率　イ　立　ウ　理　エ　律

(2) 知り合いの写真家の個テンに行く。
ア　展　イ　点　ウ　典　エ　店

(3) 父の実家には土ゾウがある。
ア　蔵　イ　象　ウ　増　エ　造

(4) 犯人が自キョウする。
ア　強　イ　経　ウ　供　エ　協

(5) 友人のチュウ告を聞き入れる。
ア　注　イ　虫　ウ　宙　エ　忠

2022年度
東洋大学京北中学校　▶解説と解答

算　数　＜第１回試験＞（50分）＜満点：100点＞

解　答

1 (1) $\frac{1}{5}$　(2) 3000　(3) 250　(4) 1400　(5) 30人　(6) ５年後　(7) 6.5％　(8) $\frac{35}{91}$　2 (1) 時速24km　(2) ５分後，200m　(3) １分48秒　(4) 720m　3 (1) 1111　(2) 31番目　(3) 111　4 (1) 270cm^2　(2) 108cm^2　(3) 387cm^3　5 (1) ３：１　(2) 35cm^2

解　説

1 四則計算，計算のくふう，逆算，割合と比，平均とのべ，年令算，濃《のう》度《ど》，分数の性質

(1) $\left(1\frac{2}{5}+\frac{4}{7}\right)\div0.6-3\frac{3}{35}=\left(1\frac{14}{35}+\frac{20}{35}\right)\div0.6-3\frac{3}{35}=1\frac{34}{35}\div\frac{3}{5}-3\frac{3}{35}=\frac{69}{35}\times\frac{5}{3}-3\frac{3}{35}=\frac{23}{7}-3\frac{3}{35}$ $=3\frac{2}{7}-3\frac{3}{35}=3\frac{10}{35}-3\frac{3}{35}=\frac{7}{35}=\frac{1}{5}$

(2) $A\times B+A\times C=A\times(B+C)$，$A\times B-A\times C=A\times(B-C)$を利用すると，29×41＋29×19＋60×53－60×32＝29×(41＋19)＋60×(53－32)＝29×60＋60×21＝60×29＋60×21＝60×(29＋21)＝60×50＝3000

(3) $\left\{(\square-100)\times\frac{1}{2}+5\right\}\div20=4$より，$(\square-100)\times\frac{1}{2}+5=4\times20=80$，$(\square-100)\times\frac{1}{2}=80-5$ $=75$，$\square-100=75\div\frac{1}{2}=75\times2=150$　よって，□＝150＋100＝250

(4) 2400円の70％は，70％＝0.7より，2400×0.7＝1680(円)なので，□円の２割増しは1680円とわかる。また，２割＝0.2より，□円の２割増しを，□×(１＋0.2)＝□×1.2と表すことができるので，□×1.2＝1680となる。よって，□＝1680÷1.2＝1400(円)とわかる。

(5) 66点の人数を□人として図に表すと右の図のようになる。図で，かげをつけた部分と太線で囲んだ部分の面積は，どちらもグループ全員の合計点を表しているので，★と☆の部分の面積は等しくなる。★の長方形のたての長さは，84－72＝12なので，★の面積は，12×10＝120となり，☆の面積も120とわかる。☆の長方形のたての長さは，72－66＝６なので，横の長さは，□＝120÷６＝20である。すると，グループ全体の人数は，10＋20＝30(人)と求められる。

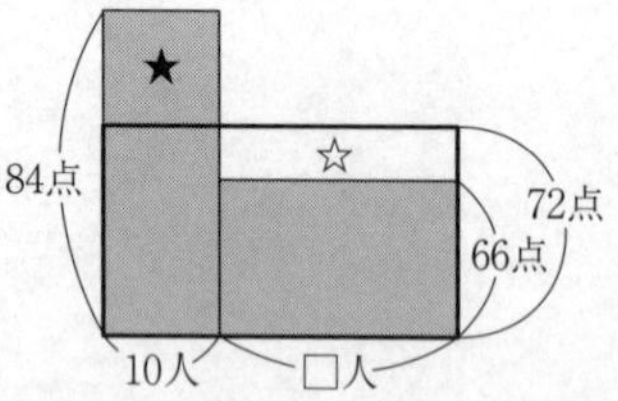

(6) 現在，Ａさん，姉，弟の３人の年令の和は，12＋15＋６＝33(才)であり，43才のお母さんとの年令の差は，43－33＝10(才)とわかる。１年たつと，３人の子の年令の和は３才増え，お母さんの年令は１才増えるので，年令の差は１年ごとに，３－１＝２(才)ずつ小さくなる。すると，３人の子の年令の和とお母さんの年令が等しくなるのは，10÷２＝５(年後)と求められる。

(7) 食塩水200ｇに食塩20ｇを混ぜた食塩水の重さは，200＋20＝220(ｇ)である。この220ｇの食塩水の濃度は，15％＝0.15なので，食塩の重さは，(食塩の重さ)＝(食塩水の重さ)×(濃度)より，

220×0.15＝33(ｇ)とわかる。すると，はじめの食塩水200ｇに含《ふく》まれる食塩の重さは，33－20＝13(ｇ)である。よって，(食塩水の濃度)＝(食塩の重さ)÷(食塩水の重さ)より，食塩を混ぜる前の食塩水の濃度は，13÷200＝0.065となり，0.065×100＝6.5(％)とわかる。

(8)　約分すると$\frac{5}{13}$となるので，約分する前の分数を，ある整数△を用いて，$\frac{5\times△}{13\times△}$と表すことができる。分母と分子の和は126なので，５×△＋13×△＝126である。ここで，$A\times C+B\times C=(A+B)\times C$となることを利用すると，(５＋13)×△＝126より，18×△＝126となり，△＝126÷18＝７とわかる。よって，約分する前の分数は，$\frac{5\times 7}{13\times 7}=\frac{35}{91}$と求められる。

2　旅人算

(1)　右の図より，２人が１分間で進む道のりの和は，1800÷２＝900(m)なので，２人の速さの和は分速900mであり，これを時速で表すと，１時間＝60分，１km＝1000mより，時速，$\frac{900\times 60}{1000}$＝54(km)となる。また，Ａさんの速さは時速30kmなので，Ｂさんの速さは時速，54－30＝24(km)と求められる。

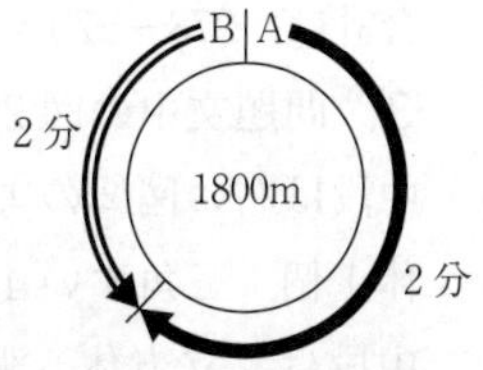

(2)　２人の速さを分速で表すと，Ａさんは分速，$\frac{30\times 1000}{60}$＝500(m)，Ｂさんは分速，$\frac{24\times 1000}{60}$＝400(m)となる。Ｂさんは，Ａさんより１分前に出発したので，Ｂさんは，Ａさんが出発するとき，400×１＝400(m)先に進んでいる。Ａさんは，Ｂさんに１分間で，500－400＝100(m)近づくので，Ａさんが出発してからＢさんを追いこすまでの時間は，400÷100＝４(分)とわかり，Ｂさんが出発してから，４＋１＝５(分後)と求められる。また，ＡさんがＢさんを追いこすまでに進んだ道のりは，500×４＝2000(m)である。１周1800mのコースなので，ＡさんがＢさんを追いこすのは，スタート地点から，2000－1800＝200(m)先の地点と求められる。

(3)　コース２周の道のりは，1800×２＝3600(m)なので，コースを２周するのにかかる時間は，Ａさんが，3600÷500＝7.2(分)，Ｂさんが，3600÷400＝９(分)である。すると，Ａさんは，Ｂさんより，９－7.2＝1.8(分)おくれて出発すれば，２人とも２周して同時にゴールするとわかる。よって，0.8分＝0.8×60秒＝48秒より，１分48秒おくれて出発すればよい。

(4)　Ａさんがコースを２周するのにかかる時間は，(3)より7.2分である。Ｂさんが7.2分で進む道のりは，400×7.2＝2880(m)となり，コース２周の道のりである3600mより，3600－2880＝720(m)短い。よって，Ｂさんが，コースを２周するＡさんと同時にゴールするには，720m先からスタートすればよい。

3　*N*進数

(1)　問題文中の数列より，８番目の数は1000である。その後は，1001，1010，1011，1100，1101，1110，1111と続くので，15番目の数は1111とわかる。

(2)　問題文中の数列は，０と１の２個の数字を使った２進数の数を並べた数列であり，右の図のように，右側の桁《けた》から，１の位，２の位，２×２＝４の位，２×２×２＝８の位，２×２×２×２＝16の位，…となる。すると，２進数の11111は，１，２，４，８，16のすべての位の数が１なので，10進数の，16×１＋８×１＋４×１＋２×１＋１×１＝31であり，11111は31番目の数とわかる。

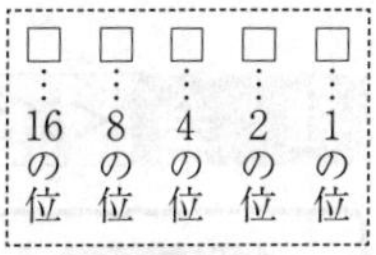

(3)　10100は，(2)と同様に考えると，16×１＋４×１＝20(番目)の数であり，1101は，８×１＋４×１＋１×１＝13(番目)の数である。すると，10100※1101は，20－13＝７(番目)の数とわかる。

問題文中の数列より，７番目の数は111なので，10100※1101＝111と求められる。

4 立体図形―体積，表面積

⑴　問題文中の図１の立体は，真上，真下，左，右，正面，後ろのどの６方向から見ても，右の図①のように見える。図①の図形の面積は，$3\times3\times5=45$ (cm^2)なので，図１の立体の表面積は，$45\times6=270(cm^2)$と求められる。

図①

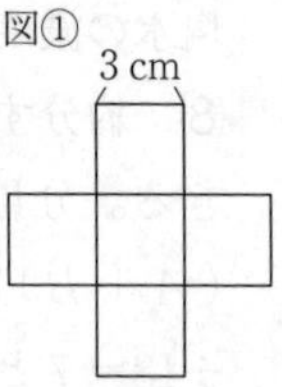

⑵　立方体１個の表面積は，$3\times3\times6=54(cm^2)$なので，立方体７個の表面積の合計は，$54\times7=378(cm^2)$である。また，ペンキがぬられた面の面積の合計は図１の立体の表面積と等しいので$270cm^2$とわかる。すると，ペンキがぬられていない面の面積の合計は，$378-270=108(cm^2)$と求められる。

⑶　問題文中の図２の立体を，上段，中段，下段に３分割すると，上段と中段は右の図②のようになる(下段は，上段と合同になる)。上段は，立方体１個，三角すい４個，三角柱４個からなり，下段も同様である。また，中段は，立方体５個，三角柱４個からなる。したがって，図２の立体には，立方体が，$1\times2+5=7$(個)，三角すいが，$4\times2=8$(個)，三角柱が，$4\times2+4=12$(個)ある。立方体の体積は，$3\times3\times3=27(cm^3)$，三角すいの体積は，$3\times3\times\frac{1}{2}\times3\times\frac{1}{3}=4.5(cm^3)$，三角柱の体積は，$3\times3\times\frac{1}{2}\times3=13.5$ (cm^3)である。すると，図２の立体の体積は，$27\times7+4.5\times8+13.5\times12=189+36+162=387$ (cm^3)と求められる。

図②

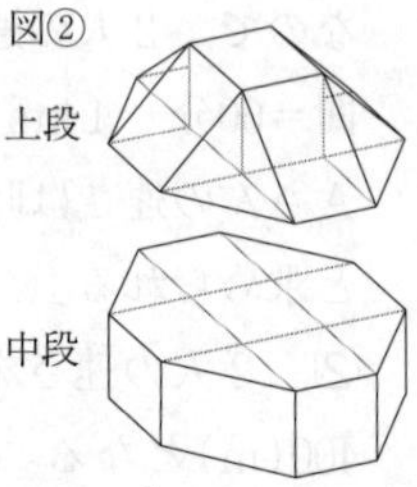

5 平面図形―辺の比と面積の比，相似

⑴　右の図１で，三角形FECの面積を１とすると，平行四辺形DBEFの面積は6である。このとき，図１でかげをつけた三角形FBEの面積は，$6\div2=3$となる。三角形FBEと三角形FECは高さが等しいので，面積の比と底辺の比は等しい。よって，BE：EC＝３：１と求められる。

図１

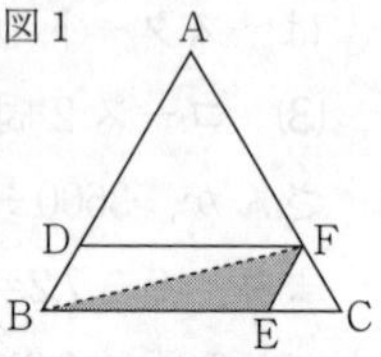

⑵　四角形DBEFは平行四辺形なので，FEとABは平行であり，三角形FECと三角形ABCは相似とわかる。相似比は，EC：BC＝EC：(EC＋BE)＝１：(１＋３)＝１：４であり，FE：ABも，１：４となる。右の図２で，かげをつけた三角形AEFと三角形ABEは，それぞれFE，ABを底辺としてみると，高さが等しい。高さが等しい三角形では，底辺の比と面積の比が等しくなるので，三角形AEFと三角形ABEの面積の比は，FE：AB＝１：４となる。三角形AEFの面積は$7cm^2$なので，三角形ABEの面積は，$7\times4=28(cm^2)$とわかる。よって，台形ABEFの面積は，$7+28=35(cm^2)$と求められる。

図２

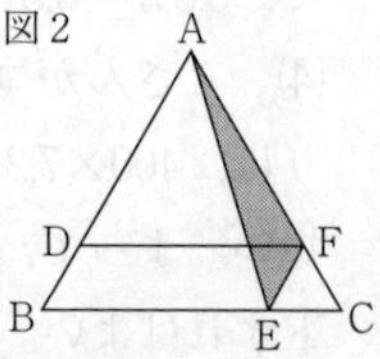

社　会　＜第１回試験＞(30分)＜満点：50点＞

解　答

1　⑴　ウ　⑵　シルクロード　⑶　日系人　⑷　iv　⑸　ウ　⑹　イ　⑺　ア　⑻　エ　⑼　(例)　(１つめは，野菜を予冷することで)野菜を新鮮な状態に保って出荷できるから。／(２つめは，)高速道路が整備され短時間で輸送できるようになったから。　2　⑴

A　参勤交代　**B**　天下の台所　**C**　東海道　(2)　ア　(3)　エ　(4)　イ　(5)　ウ
(6)　(例)　生糸の生産がさかんな群馬県と主要な貿易港である横浜を結ぶことで，おもな輸出品である生糸を効率よく運ぶため。　(7)　ア　**3**　(1)　ユニセフ　(2)　ア　(3)　エ
(4)　**無料化に賛成**…(例)　(資料)３(と資料)４(を使って考えると，)貧困家庭の栄養を維持することは社会保障の一つとして考えられる(から無料化をすすめるべきだ。)　**無料化に反対**…(例)　(資料)１(と資料)２(を使って考えると，)教科書以外は有料であり，無料化は自治体の財政に大きな負担となる(から無料化をやめるべきだ。)

解　説

1　世界と日本の地理についての問題

(1)　ｉ　南アフリカ共和国について説明した文章で，南アフリカ共和国はアフリカ大陸の南の端に位置するＡの国である。　ii　ロシアは，かつては周辺諸国とともにソビエト連邦を形成し，社会主義国のリーダーとして世界に大きな影響《えいきょう》力を持っていた。ロシアはユーラシア大陸の北半分を占《し》めるＣの国で，世界の国の中で最も面積が大きい。　iii　日本と東シナ海をはさんで向かい合うＤの中国について説明した文章で，1990年代から急速に工業化と経済成長が進んだことにより，アメリカにつぐ世界第２位の経済規模をほこるほどになった。　iv　インドについて説明している。インドは南アジアに位置するＢの国で，ほぼ逆三角形をした国土の南半分がインド洋に突《つ》き出す形が特徴《とくちょう》となっている。　ｖ　ブラジルについて説明した文章で，ブラジルは南アメリカ大陸の北東部を占めるＥの国である。ブラジルはかつてポルトガルの植民地だったことから，ポルトガル語が公用語とされている。

(2)　古代には，ヨーロッパとアジアを結ぶ東西交易路がいくつか存在していた。これらのうち，中央アジアなどを通るルートは，中国の絹(シルク)をヨーロッパに運ぶために利用されたことから，シルクロード(絹の道)とよばれた。

(3)　外国に移り住み，その国の国籍を取得した日本人やその子孫を日系人という。ブラジルには明治時代以降，多くの日本人が移民として渡り，世界最大の日系人社会が形成された。日系ブラジル人の中には，日本に来て機械工業などに従事している人も多い。

(4)　2020年の世界の人口は，第１位の中国が約14.4億人，第２位のインドが約13.8億人で，この２か国だけが人口10億人を超《こ》えている。統計資料は『日本国勢図会』2021／22年版による(以下同じ)。

(5)　Ｅのブラジルは，ｖの文章にあるように鉄鉱石やトウモロコシの生産量が多く，日本への輸出品でも上位を占めている。なお，アはＤの中国，イはＡの南アフリカ共和国，エはＣのロシア，オはＢのインド。

(6)　Ｆは新潟県，Ｇは群馬県，Ｈは千葉県を示している。新潟県の県庁所在地である新潟市は，北西の季節風の影響で冬の降水(雪)量が多くなる日本海側の気候に属しているので，１月の降水量が最も多く，日照時間が最も短い③にあてはまる。群馬県の県庁所在地である前橋市と千葉県の県庁所在地である千葉市を比べると，より南に位置し，暖流の黒潮(日本海流)の影響をより強く受ける千葉市のほうが温暖で降水量も多いと判断できるので，１月の平均気温がより高い②にあてはまる。残った①が前橋市である。

⑺　稲はもともと熱帯地方が原産の作物で，夏の気温が高くなる地域での栽培に適している。また，Ｆの新潟県では一般的に，雪どけからしばらくたち，雪どけ水が川をうるおす５月ごろに田植えが行われる。

⑻　あまり高温になるところはキャベツの栽培に適さず，夏は群馬県の高原のような涼《すず》しいところで生産される。冬は近郊農業のさかんな愛知県などで生産され，キャベツの収穫量は群馬県と愛知県が全国第１位，第２位を占めている。千葉県は春キャベツの生産がさかんで，春に多く出荷される。

⑼　多くの野菜は鮮度が重視されるため，埼玉県や千葉県など，大都市近郊での生産量が多くなる傾向がある。しかし，予冷技術が向上したことや，高速道路の整備によって輸送時間が短縮されたことにより，鮮度を保ったまま遠くまで野菜を運べるようになった。そのため，東京都から遠い北海道や青森県，愛知県などからも，多くの野菜が入荷するようになったのである。

2　各時代の歴史的なことがらについての問題

⑴　**A**　江戸幕府の第３代将軍徳川家光は1635年に武家諸法度《しょはっと》を改定し，参勤交代を制度化した。これにより，大名は江戸と領地を１年ごとに往復することが義務づけられ，往復の費用や江戸での滞在《たいざい》費用は大名の大きな負担となった。　**B**　江戸時代の大坂(大阪)には諸藩の蔵屋敷《くらやしき》が立ち並び，たくさんの年貢《ねんぐ》米や特産物が運びこまれて取引された。こうして商業の中心地となった大坂は，「天下の台所」とよばれた。　**C**　1964年，東京オリンピックの開催に合わせ，日本初の新幹線として東海道新幹線が開通した。東海道新幹線は東京駅と新大阪駅を４時間(翌年には３時間10分)で結び，「夢の超特急」とよばれた。

⑵　平安時代後半，奥州藤原氏は平泉(岩手県)を根拠《こんきょ》地として東北地方を支配し，その初代の藤原清衡《きよひら》は阿弥陀《あみだ》堂として中尊寺金色堂を建てた。なお，藤原頼通《よりみち》は宇治(京都府)に平等院鳳凰《ほうおう》堂を建てた。

⑶　1641年，江戸幕府は平戸(長崎県)に置かれていたオランダ商館を長崎の出島に移した。その後，江戸時代末期に開国されるまで，幕府は長崎を唯一《ゆいいつ》の貿易港とし，キリスト教の布教を行わないオランダと清(中国)に限って幕府との貿易を認めた。

⑷　絵には，西洋風の衣服を着ている人もいるが，人力車を引いている人など，和服(着物)の人物もみられる。

⑸　1884年は「技術指導」の人数よりも「事務」の人数のほうが多いので，ウが誤っている。

⑹　グラフから，明治初期の外国への最大の輸出品が生糸であったことが読み取れる。また，資料から，群馬県では横浜開港後に生糸の生産がさかんになったことがわかる。これらのことから，主要な輸出品であった生糸を効率よく産地から貿易港まで運び，輸出するため，生糸の産地である群馬県の高崎と，主要な貿易港であった神奈川県の横浜が鉄道で結ばれたのだと推測できる。

⑺　第二次世界大戦(1939～45年)後の日本は，戦後復興を経て1950年代後半から1970年代前半まで，高度経済成長とよばれるめざましい経済発展をとげた。この時期には産業や交通が発達して人びとの生活は豊かになったが，公害などの社会問題も発生した。なお，日本では明治時代初めに文明開化とよばれる文化の西洋化・近代化がみられた。また，この時代には，まず繊維工業を中心とする軽工業で，その後，重工業で産業革命が進んだ。バブル崩壊《ほうかい》は1990年代初めのこと。

3　学校給食を題材とした問題

(1)　国連児童基金は，世界のめぐまれない子どもたちへの支援活動などをしている国際連合(国連)の機関の１つで，ユニセフ(UNICEF)とよばれる。

(2)　ア　地方交付税交付金は国から地方公共団体に配分される資金で，所得税や消費税などの税収をもとにしている。よって，正しい。　イ　地方交付税交付金は，地方公共団体間の税収の格差を縮めるために配分される。その地方公共団体が政府の方針に従うかどうかは，配分の基準にはならない。　ウ　国の財政を担当するのは，経済産業省ではなく財務省である。　エ　地方交付税交付金は，使い道を定めずに支給される。

(3)　リサイクルとは資源を再生利用することで，給食の残り物をたい肥や飼料に加工して再活用することはリサイクルにあたるといえる。

(4)　給食の無料化について，資料１と資料２からは反対の意見につながる内容が読み取れる。これらを用いると，給食を，上履《うわば》きなどと同様に有料のものととらえることもできるし，給食にかかる費用が市町村の財政を圧迫《あっぱく》し，ほかの行政サービスが行えなくなる可能性が出るので，無料にする必要はないといった主張が考えられる。一方，資料３と資料４からは賛成の意見につながる内容が読み取れる。これらを用いると，貧困によって子どもの摂取《せっしゅ》できる栄養に差ができてしまい，これは結果的に子どもの健康にかかわることなのだから，医療《いりょう》費と同様に社会保障の一つとして無料化するべきだといった主張が考えられる。

理　科　＜第１回試験＞（30分）＜満点：50点＞

解　答

[1] (1)　エ　(2)　ア　(3)　エ　(4)　イ　(5)　ア　(6)　ア　(7)　ウ　(8)　エ

[2] (1)　イ　(2)　イ　(3)　ウ　(4)　**記号**…イ　**理由**…(例)　一時的にはノイヌやノネコによるひ害は少なくなるが，やがてそれらの数が増え，ひ害が増えると考えられるから。

[3] (1)　イ　(2)　エ　(3)　35℃　(4)　ウ，オ　(5)　**A**　オ　**B**　ア　**C**　イ

[4] (1)　③　(2)　⑥　(3)　④，⑤，⑦　(4)　解説の表を参照のこと。　(5)　エ

[5] (1)　**A**　アルカリ　**B**　青　(2)　ウ　(3)　ア　(4)　(例)　酢の性質は酸性なので，アルカリ性の臭みの成分を中和させることができるから。

解　説

[1] 小問集合

(1)　光が空気中からガラス中に進むときは，境界面から遠ざかるように折れ曲がって進み，光がガラス中から空気中に進むときは，エのように境界面に近づくように折れ曲がって進む。

(2)　ふりこが１往復する時間は，ふりこの長さ(糸の長さ)だけによって決まり，おもりの重さやふれはばは関係しない。また，ふりこの長さ(糸の長さ)が長いほど，ふりこが１往復する時間は長くなる。

(3)　アンモニアは水に非常にとけやすい。そのため，集めるときに気体が水にふれる水上置かん法では，アンモニアが水にとけこんでしまって，集気びんにアンモニアの気体がほとんど残らず，集めることができない。

(4)　食塩水の濃度《のうど》は，(とけた食塩の重さ)÷(食塩水全体の重さ)×100で求められるから，25÷(100＋25)×100＝20(％)とわかる。

(5)　シャチは水中で生活しているが，魚類ではなくほ乳類である。イルカやクジラも同様である。

(6)　タンポポは，根ぎわから放射状に出した葉を地面に広げたすがた(ロゼットという)で冬をこし，春になると花を咲《さ》かせる。なお，サクラは枝から葉をすべて落として冬をこす。枝には春に出す花や葉の芽をつけている。ホウセンカとヒマワリは種子で冬ごしをする。

(7)　皆既《かいき》月食のとき，月面は赤っぽく見える。これは，太陽からの光が地球の表面近くを通過するとき，地球の大気によって赤色の光だけが残り，また，折れ曲がって月面に届くからである。

(8)　太陽高度は，朝に太陽がのぼると０度からしだいに高くなっていき，12時ごろに最も高くなる。そして，その後は低くなっていって，夕方に太陽がしずむと０度となり，夜間はずっと０度である。したがって，エのグラフが選べる。なお，アは気温，イはしつ度，ウは地温のグラフと考えられる。

2　世界遺産をテーマにした自然環境《かんきょう》についての問題

(1)　はじめの文章の３段落目に述べられている内容は，自然遺産には当てはまるが，文化遺産には当てはまらない。よって，複合遺産にも当てはまらない。

(2)　表を見ると，アマミノクロウサギの数は，1990年代前半には2600頭から6200頭，2003年には2000頭から4800頭となっている。したがって，それぞれ頭数を多く見積もったとき，6200頭から4800頭に減少したと考えられる。

(3)　オオムラサキはもともと日本にいる大型のチョウで，外来種ではない。

(4)　ノネコやノイヌに人間がえさをあげると，アマミノクロウサギを食べる必要がなくなるため，一時的にはノネコやノイヌによるアマミノクロウサギのひ害は少なくなる。しかし，その結果，ノネコやノイヌの数が増えてしまうので，アマミノクロウサギがノネコやノイヌに食べられてしまうおそれが高まってしまう。

3　自然災害についての問題

(1)　マグニチュードは地震《じしん》の規模の大きさを表したもので，小数第１位までの数値で表される。数値が大きいほど規模も大きくなるが，最大値は決まっていない。一方，震度は観測地点でのゆれの大きさを表したもので，０～４，５弱，５強，６弱，６強，７の10段階で表される。

(2)　溶岩《ようがん》は，地下のマグマ(岩石が高温になってどろどろにとけたもの)が地上にふき出したもの，また，それが冷え固まったものを指すので，エが誤り。

(3)　１日の最高気温が35℃以上の日をもう暑日，30℃以上の日を真夏日，25℃以上の日を夏日という。

(4)　地球温暖化が進むと，気温が上がるだけではなく海水もあたためられて温度が上がり，海面近くのしめった空気が上しょうしやすくなるため，大型の台風が発生しやすくなる。また，海水の大きな流れに変化が起こることで，世界の各地で異常気象が起こりやすくなると考えられる。

(5)　**A**　川の近くでは，その川が大雨によってはんらんし，こう水が発生するおそれがあるので，オが選べる。　**B**　海岸で考えられる主な災害は，津波《つなみ》がおし寄せたり高潮が発生したりして，その地域が海水にしずむことである。よって，アが選べる。　**C**　がけの近くでは，大雨や地震によってがけくずれが起こる可能性がある。また，地すべりや土石流などの土砂災害も考えられるので，イが当てはまる。

4 電気のはたらきについての問題

(1) ①の電気回路で豆電球に流れる電流の大きさを１としたとき，それぞれの電気回路において豆電球に流れる電流の大きさを考えると，②の電気回路では２個とも$\frac{1}{2}$，③の電気回路では２，④の電気回路では２個とも１，⑤の電気回路では２個とも１となる。⑥の電気回路は，電流が導線だけを流れるショート回路のため，豆電球には電流が流れず，豆電球はつかない。⑦の電気回路では２個とも１になる。⑧の電気回路について，豆電球２個の並列部分は電流の流れにくさ(電気抵抗《ていこう》)が豆電球$\frac{1}{2}$個分なので，回路全体の電流の流れにくさは豆電球，$1+\frac{1}{2}=\frac{3}{2}$(個分)である。かん電池は２個直列なので，かん電池から流れ出る電流の大きさは，$2\div\frac{3}{2}=\frac{4}{3}$となる。よって，左側の豆電球に流れる電流の大きさは$\frac{4}{3}$であり，右側の並列部分の豆電球に流れる電流の大きさはそれぞれ，$\frac{4}{3}\div 2=\frac{2}{3}$になる。豆電球の明るさは，豆電球に流れる電流の大きさが大きいほど明るくなるので，以上より，一番明るくつくのは，豆電球に最も大きな電流が流れる③の電気回路の豆電球である。

(2) (1)で述べたように，⑥の電気回路は豆電球がつかない。

(3) (1)で述べたことから，①の豆電球と同じ明るさでつく豆電球がある電気回路は④，⑤，⑦の電気回路である。

(4) 図２は豆電球１個だけなので，ＰとＱを逆につなぎ変えても結果は同じになる。よって，表１の空らんは，(ア)図２のＰ，ＱをＢとＣにつないだ場合，(イ)図２のＰ，ＱをＢとＤにつないだ場合，(ウ)図２のＰ，ＱをＣとＤにつないだ場合の３通りについて調べれば，すべて書きこむことができる。(ア)の場合は①の電気回路と同じ，(イ)の場合は②の電気回路と同じ，(ウ)の場合は豆電球がつかないとわかるので，表１を完成させると右のようになる。

		Ｐをつなぐ場所			
		Ａ	Ｂ	Ｃ	Ｄ
Ｑをつなぐ場所	Ａ	＼	×	○	△
	Ｂ	×	＼	○	△
	Ｃ	○	○	＼	×
	Ｄ	△	△	×	＼

(5) 図２のＰ，ＱをＡとＢにつないだとき，アとウでは②の電気回路と同じになるので△となり，イとエでは豆電球がつかないので×になる。よって，箱の中のようすはイまたはエとわかる。次に，図２をＢとＤにつないだとき，イでは①の電気回路と同じになるので○となり，エでは豆電球がつかないので×になる。したがって，箱の中のようすはエと決まる。なお，図２のＰ，ＱをＣとＤにつないだとき，エでは①の電気回路と同じになり，表２の結果と同じ○となる。

5 水よう液の性質，ものの間の水分の移動についての問題

(1) **Ａ** トリメチルアミンはアンモニアに似た物質と述べられている。アンモニアは水にとかすとアルカリ性を示すので，トリメチルアミンも水よう液がアルカリ性を示すと考えられる。 **Ｂ** BTBよう液は酸性のときは黄色，中性のときは緑色，アルカリ性のときは青色になるので，アルカリ性のアンモニア水に対しては青色を示す。

(2) 魚に塩をかけたときのような塩の効果とは，塩をかけたものの中から水分をしみ出させ，取り出すことである。ア，イ，エはいずれもそれと同じ効果による現象であるが，ウは水分がしみ出る現象ではない。

(3) 会話文中で，水は半透膜《とうまく》を通過して塩分濃度の高い側に移動すると述べられている。よって，

問題文中の図の場合，水が半透膜を通過して食塩水の方に移動するため，水の液面は下がり，食塩水の液面は上がる。

(4)　魚の臭《くさ》みの成分(トリメチルアミン)はアンモニアと同様に，水にとけるとアルカリ性を示す。一方，酢飯《すめし》にふくまれる酢は酸性なので，臭みの成分と酢の間で中和反応が起こり，臭みを消すことができると考えられる。

国　語　＜第１回試験＞（50分）＜満点：100点＞

解　答

一　問１　(1)　エ　(2)　ア　(3)　ア　(4)　ウ　(5)　エ　問２　(1)　イ　(2)　エ　(3)　ア　(4)　オ　(5)　ウ　問３　(1)　③　(2)　①　(3)　②　(4)　②　(5)　④　問４　(1)　ク　(2)　オ　(3)　ウ　(4)　カ　(5)　コ　二　問１　イ　問２　エ　問３　ウ　問４　エ　問５　ア　問６　イ　三　問１　ウ　問２　イ　問３　ア　問４　ウ　問５　エ　問６　ア　四　(例)　自分を好きになることは重要だと私は考える。自分を好きでいると，自分の良さを見つけて前向きに成長できるからだ。私は何かに失敗したときも，「最後まであきらめなかった」「次回のために頑張る自分はえらい」などと考える。自分を好きだからこそ，完璧ではない自分も受け入れ，より良い自分を目指せるのだと思う。

解　説

一　熟語の完成，表現技法の知識，主語と述語，対義語の知識

問１　(1)「不文律」は，明言や文書化はされていないが，守るべきものとされている決まり。(2)「個展」は，ある一人の芸術家のみの作品を集めた展示会。　(3)「土蔵」は，まわりを土でぬり固めた倉庫。　(4)「自供」は，自分の罪について自分で話すこと。　(5)「忠告」は，相手がとるべき行動や改めるべきことについて意見を伝え，注意をうながすこと。

問２　(1)「ように」を用いたたとえの表現なので，直喩《ちょくゆ》である。　(2)「足」を人に見立てて表現しているので，擬人《ぎじん》法である。　(3)　主語である「長年の疑問が」を文末に移動し，語順を入れかえることで意味を強めているので，倒置《とうち》法である。　(4)「朝は早起き」，「夜は早寝《はやね》」という対になった表現を並べることでリズム感を生み，印象を深める対句《ついく》という技法である。　(5)「ぞくぞく」という言葉を使ってものごとのようすをいかにもそれらしく表しているので，擬態語がふさわしい。

問３　主語は「誰《だれ》が(は)」「何が(は)」，述語は「どうする」「どんなだ」「何だ」にあたる文節をいう。　(1)「私は」「分からない」とつなげると意味が通る。　(2)「日光が」「照らす」となる。　(3)「これが」「家族旅行だった」とつながる。　(4)「悪人でさえ」「子どもに戻《もど》る」とかかる。　(5)　倒置法が用いられている。「私でも」「分かった」とつながる。

問４　(1)「借用」は，物やお金を返す約束で借りること。対義語は，借りていた物を元の持ち主に返す「返済」。　(2)「容易」は，物事が簡単でたやすいこと。対義語は，達成が難しく大変なさまを表す「困難」。　(3)「尊重」は，敬意をはらい大切にあつかうこと。対義語は，軽《かろ》んじて関心を向けようとしない「無視」。　(4)「実物」は，にせものや複製ではない，実際の物そのもの。対義語は，実物を見本として作られた複製を意味する「模型」。　(5)「整理」は，きちんとした状態に整えること。対義語は，乱雑に散らかっているさまを表す「散乱」。

二 **出典はにしがきようこの『ぼくたちのＰ《パラダイス》』による。**「ぼく」（雄太《ゆうた》）はおじさんに連れられて別荘《べっそう》に向かう道中，登山をすることになる。山道のきつさに初めは不満を持っていたが，無心で足を動かすうちに，雑念を忘れていく。

問１　本文の最初で，「ぼく」は登山道を「けとばすように」歩きながら「どうしてこんなことになってしまったのだろう」とくり返し自問しており，後で，登りはじめたときのことを「頭の中には不平不満が黒いうずを巻いていた」と振《ふ》り返っている。おじさんと別荘で過ごすために険しい山道を歩くことになり，イヤイヤ歩きながら不満に思っていることが読み取れる。

問２　ぼう線部②の前の部分で「ぼく」は，おじさんの教えのとおり「下山してくる人」にあいさつしながら，返ってくる声が「不機嫌《ふきげん》じゃないかどうか」を気にしている。自ら希望した登山ではないにもかかわらず，すれ違《ちが》う人の「目」を気にして「笑顔《えがお》を作」る自分に嫌気《いやけ》がさしていることがわかる。

問３　休憩《きゅうけい》中，ポリタンクを受け取った「ぼく」が「ごくごくと」勢いよく水を飲むようすを見て，おじさんが思わず笑いそうになっている場面である。登山に疲《つか》れて水をむさぼる子どもらしいようすに，おじさんはほほえましさを感じていることがうかがえる。また，ぼう線部④の二段落後に「もう歩けないと思うと，休憩が入る」とあるように，おじさんは常に「ぼく」のようすを気にかけて登山をしている。これらのことをふまえると，ウがふさわしい。

問４　ア　自然に対して拒絶《きょぜつ》反応を示してしまうとは本文にない。　イ　ウグイスの鳴き声によるメッセージのことはおじさんが解説しており，自然と理解できるとは書かれていない。　ウ　「ぼく」はイヤホンを耳から外して自然の音を感じており，外界の音をシャットダウンしているわけではない。

問５　イ　おじさんと「ぼく」がぶつかってきたとは本文にない。また，二人の歩幅《ほはば》は自然にそろっており，おじさんに従おうとしたわけではない。　ウ　おじさんと主人公との間に長年のわだかまりがあったことはえがかれていない。　エ　二人が一歩一歩進み続けようとする思いが重なった場面であり，これ以上歩けないと感じるタイミングがそろったわけではない。

問６　ア　登山道に次々大きな岩が出現しているとは書かれていない。　ウ　「ぼく」がつらいことから目を背《そむ》けようとしていたことや，困難を自分から求めているようすは特にない。　エ　登山の前に「ぼく」がクラスの皆《みな》を見返すという目標を立てているようすは本文にない。

三 **出典は伊藤亜紗《いとうあさ》の『目の見えない人は世界をどう見ているのか』による。**目の見える人と見えない人が道を歩くとき，空間のとらえ方がどのように異なるかを説明したうえで，人は環境《かんきょう》の中にある視覚的な情報に左右され，行動していると述べている。

問１　大岡山駅前から研究室までの道を，筆者が出発点と目的地をつなぐ「道順の一部」として「部分」的なイメージでとらえていたのに対し，木下《きのした》さんはより「俯瞰的《ふかんてき》」で，空間全体をとらえる「三次元的なイメージ」を持っていた。つまり，「物理的には同じ場所」を歩きながら，二人はそれぞれが「脳内に作り上げた」全く異なるイメージの中を歩いていたといえるため，ウがふさわしい。興味関心や歩き方，その場所を歩いた回数ではなく，目の見える人と見えない人で空間のとらえ方が異なることが論点となっているため，ア，イ，エは誤り。

問２　Ｘ，Ｙ　空らんの次の段落で，木下さんは「足で感じる『斜面《しゃめん》を下っている』という情報しか」なかったと語っている。実際に坂道を下りながら木下さんが話した，「大岡山はやっぱり山で，いまその斜面をおりているんですね」という言葉もふまえると，「大岡山」という地名と「足で感じる」斜面の傾《かたむ》きという二つの情報を結びつけたことがわかる。

問３　ぼう線部②の前の段落で，都市生活において「目がとらえる情報」があふれている例として看板や広告などをあげ，視覚的な注意をさらう「めまぐるしい情報の洪水《こうずい》」と表現している。

問４　続く部分で筆者は，「比喩《ひゆ》的な道」とは「『こっちにおいで』と人の進むべき方向を示すもの」だとしたうえで，人は「知らず知らずのうちにまわりの環境に影響《えいきょう》されながら行動している」と述べている。これを後で，「人の進むべき方向を示す『道』」とは，「行為《こうい》を次々と導いていく環境の中に引かれた導線」だと言いかえている。

問５　筆者は日常における「軽い記憶喪失《きおくそうしつ》」の例として，「仕事をするつもりでパソコンを開いたら買い物をしていた」ことをあげている。目でとらえた情報に刺激《しげき》され，気がつけば本来の目的とは異なる行動をとっていた例がふさわしいため，「特売の看板を見て」予定とちがうものを買ったエが合う。

問６　「三次元的なイメージ」で空間をとらえるのは，目が見える人ではなく目が見えない人だと筆者は述べているので，アは不適切である。

四　課題作文

まず，自分を好きになることは重要だと考えるか，あるいはそうでないと考えるか，自分自身の立場を明確にする。そのうえで，なぜ自分がそう考えるかという理由を説明する。文字数にゆとりがあれば，実体験や具体例を交えるとよい。

2021年度　東洋大学京北中学校

〔電　話〕　(03) 3816－6211
〔所在地〕　〒112－8607　東京都文京区白山２－36－５
〔交　通〕　都営三田線 ―「白山駅」６分，東京メトロ南北線 ―「本駒込駅」10分，東京メトロ丸ノ内線 ―「茗荷谷駅」14分，東京メトロ千代田線 ―「千駄木駅」19分

【算　数】〈第１回試験〉（50分）〈満点：100点〉

《注　意》円周率は３.１４とします。

１　次の□にあてはまる数を求めなさい。

(1)　$2400\times200\div40\div2000=\square$

(2)　$2.7\times\frac{5}{6}-0.3\div\frac{2}{5}=\square$

(3)　$5\frac{4}{9}\div\left(1\frac{1}{3}-\frac{5}{6}\right)\times1\frac{2}{7}=\square$

(4)　$2\frac{4}{7}\times\square\times\frac{7}{15}-0.125=\frac{5}{8}$

(5)　$3+15+27+39+51+63+75+87+99=\square$

２　次の問いに答えなさい。

(1)　450gの水があります。この水に食塩を入れて25％の食塩水を作るには，何gの食塩を入れたらよいですか。

(2)　Ａさんは昨日までに算数のテストを数回受けて，平均点は75点でした。今日の算数のテストは99点取ったので，平均点が78点になりました。Ａさんは昨日までに何回テストを受けましたか。

(3)　５で割ると２余り，７で割ると４余る整数のうち，300に最も近い数を求めなさい。

(4) 太郎君は，ある本を１日目に 42 ページ読みました。２日目にその本の残りのページの$\frac{3}{7}$を読んだところ，あと 96 ページ残りました。この本は全部で何ページですか。

(5) 花子さんは，28 km はなれた A，B ２地点間を往復しました。行きは時速 4 km，往復の平均の速さは時速 4.8 km でした。帰りは時速何 km でしたか。

(6) 次の図は正五角形 ABCDE です。㋐の角度は何度ですか。

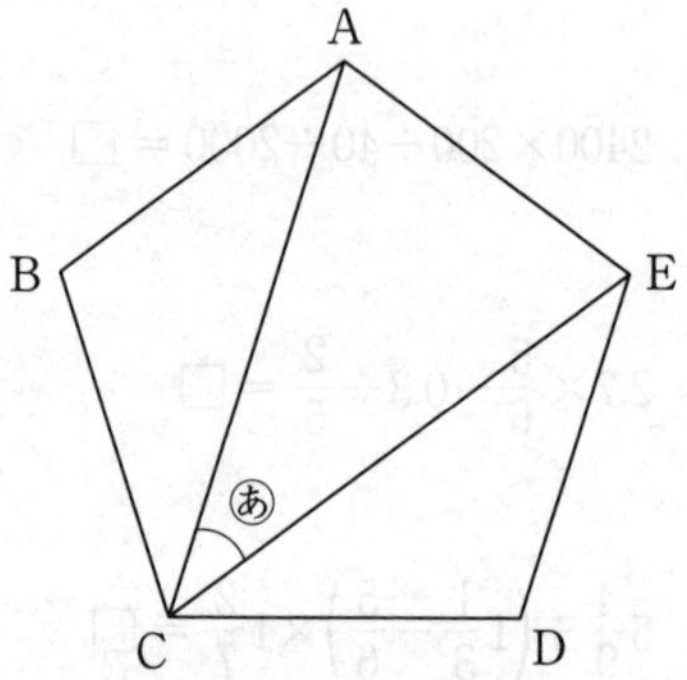

(7) 次の図は底面の円の半径が 6 cm の円柱をななめに切ったものです。底面から切り口までいちばん長いところが 10 cm，いちばん短いところが 8 cm です。この立体の体積を求めなさい。

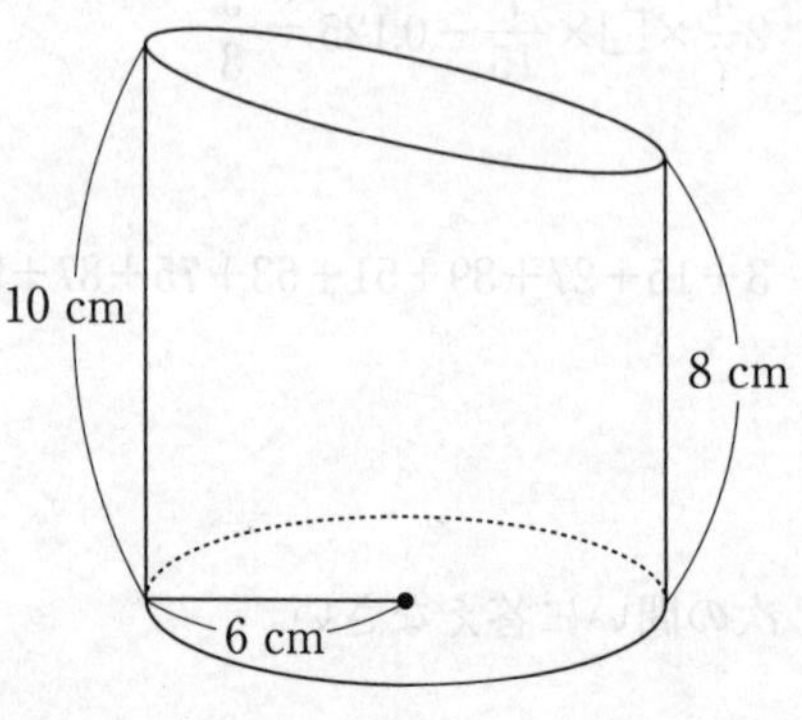

(8) 右の図は正方形と２つのおうぎ形を組み合わせた図形です。２つのおうぎ形がぴったりくっついているとき，斜線部分の面積の和を求めなさい。

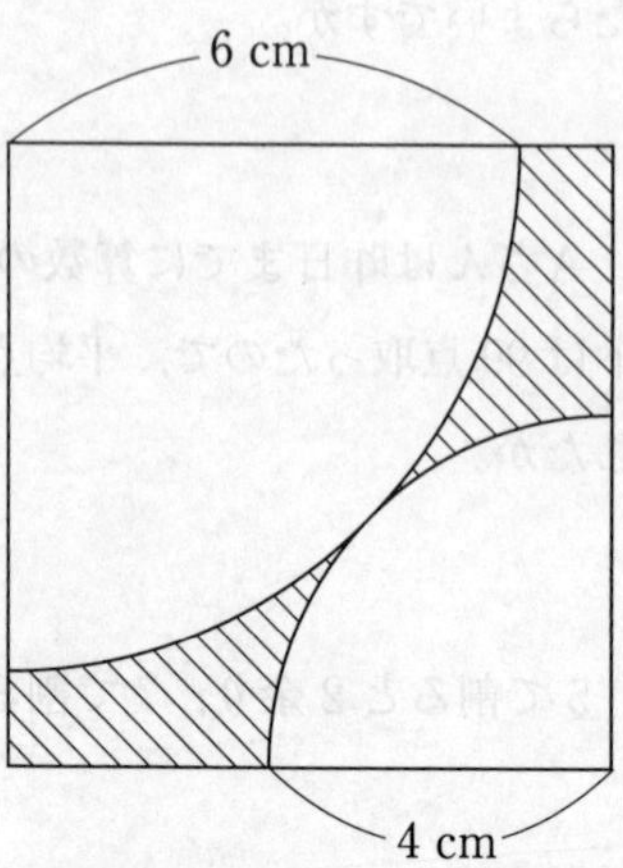

3 赤，青，白のカードがたくさんあります。これらのカードを左から順に１列に並べていきます。

次の問いに答えなさい。

(1) ３枚並べる並べ方は何通りありますか。

(2) 同じ色のカードを２枚まで使えるとき，３枚並べる並べ方は何通りありますか。

(3) 赤の次は必ず青，青の次は必ず白を並べ，白の次はどの色のカードを並べてもよいものとします。このとき３枚並べる並べ方は何通りありますか。求めるときの式や考え方を書きなさい。

4 図のようなABが50 cm，ADが30 cmの長方形ABCDがあり，１辺10 cmの正方形の点線で分けられています。

この長方形上のある点から，長方形内部に球を打ち出したとき，その球の勢いは変わらずに真っ直ぐ進み，辺に当たった球は，辺に当たったときの角度とはねかえったときの角度が等しくなるようにはねかえります。ただし，球の大きさは考えないものとします。

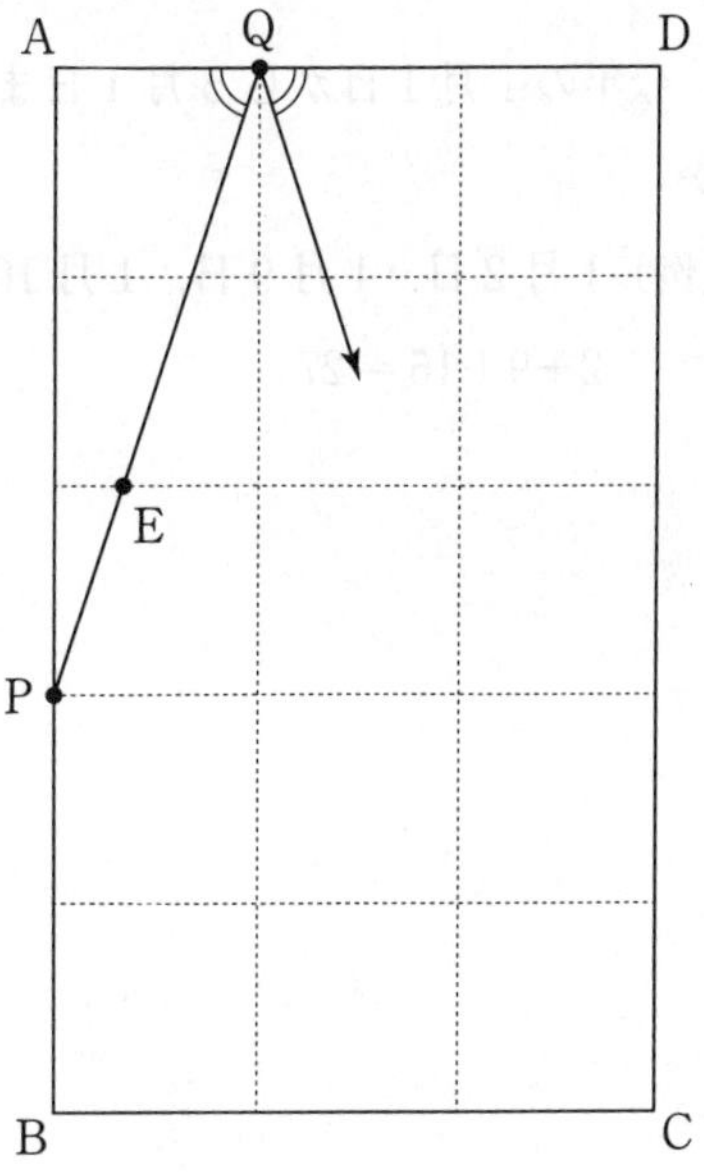

点Pは辺AB上にAP = 30 cmの位置にあり，ここから辺AD上にAQ = 10 cmの位置にある点Qに向けて球を打ち出します。

Qの後に長方形ABCDの辺と当たっていく点を，点R，点S，点T，点U，…とアルファベット順で表します。

また，点Pから打ち出された球と点線が最初に交わる点をEとします。

次の問いに答えなさい。

(1) CRの長さを求めなさい。

⑵ DT の長さを求めなさい。

⑶ 何回かはねかえると，球は長方形 ABCD のいずれかの頂点に達します。その頂点に達するまでに球が進んだ長さは，図の PE の長さの何倍になりますか。

5 今日は，2021 年２月１日で月曜日です。また，2021 年はうるう年ではない平年です。
次の問いに答えなさい。

⑴ 今年の５月１日は何曜日ですか。

⑵ 今年の１月１日から５月１日までの期間には，月曜日は何回ありますか。

⑶ 今年の１月１日から５月１日までの期間の土曜日と日曜日の日付をすべて足すといくつですか。

（例）１月２日，１月９日，１月 16 日の日付をすべて足すと，

$2+9+16=27$

【社　会】〈第１回試験〉（30分）〈満点：50点〉

〈編集部注：実際の入試問題では，写真・地図・グラフはカラーになっています。〉

1　地図を見て，問いに答えなさい。

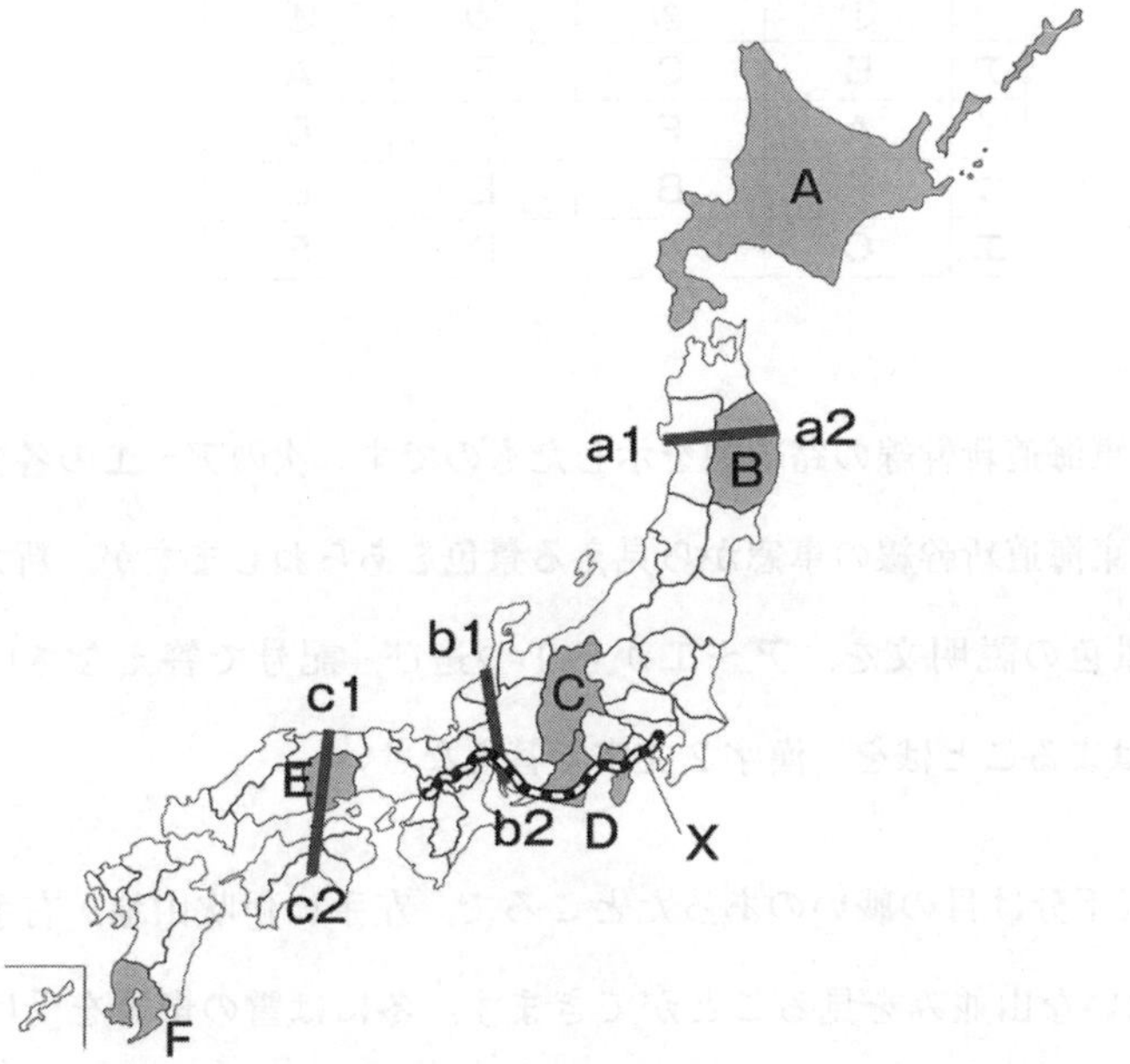

(1)　次の〔表１〕は，都道府県別の農産物の収穫量と家畜の飼育頭数の割合をあらわしています。表中のⅠ～Ⅳには，語群のいずれかの農産物や家畜が入ります。ⅠとⅢの農産物または家畜を，語群から選び，それぞれ１つずつ答えなさい。

〔表１〕

Ⅰ	2017年	豚	2018年	Ⅱ	2018年	りんご	2017年
1　①	78.6%	1　②	13.8%	1　③	39.2%	1　青　森	56.6%
2　長　崎	3.7%	2　宮　崎	8.9%	2　②	35.9%	2　④	20.3%
3　②	3.6%	3　①	6.8%	3　三　重	7.9%	3　山　形	6.4%
4　茨　城	1.9%	4　千　葉	6.7%	4　宮　崎	4.7%	4　岩　手	5.4%
5　千　葉	1.3%	5　群　馬	6.7%	5　京　都	3.6%	5　福　島	3.7%

さつまいも	2018年	Ⅲ	2018年	もも	2017年	Ⅳ	2017年
1　②	34.9%	1　①	59.6%	1　山　梨	31.2%	1　和歌山	19.4%
2　茨　城	21.8%	2　栃　木	3.9%	2　福　島	23.2%	2　愛　媛	16.2%
3　千　葉	12.5%	3　熊　本	3.2%	3　④	12.0%	3　熊　本	11.6%
4　宮　崎	11.3%	4　岩　手	3.2%	4　和歌山	8.0%	4　③	11.1%
5　徳　島	3.5%	5　群　馬	2.6%	5　山　形	7.2%	5　長　崎	7.2%

（出典　データブック　オブ・ザ・ワールド2020）

〔語群〕　乳用牛　みかん　じゃがいも　茶

⑵ **〔表１〕**の①～④にあてはまる都道府県について，地図中**Ａ～Ｆ**より選んだ正しい組み合わせを，**ア～エ**から１つ選び，記号で答えなさい。

	①	②	③	④
ア	**B**	**C**	**F**	**A**
イ	**A**	**F**	**D**	**C**
ウ	**F**	**B**	**E**	**D**
エ	**C**	**A**	**D**	**E**

⑶ 地図中の**Ｘ**は，東海道新幹線の路線図を示したものです。次の**ア～エ**の各文は，新大阪駅から東京駅に向かう東海道新幹線の車窓から見える景色をあらわしますが，新大阪駅から順番に並べて３つ目の景色の説明文を，**ア～エ**から１つ選び，記号で答えなさい。また，文中の□にあてはまることばを，漢字２文字で答えなさい。

ア　1600年に天下分け目の戦いのあったところで，左手に伊吹山地，右手に養老山地が姿を見せ，きれいな山並みを見ることができます。冬には雪の影響を受けることもあります。

イ　長いトンネルを抜けると，右手の海沿いに温泉街が見えます。その後何度もトンネルを抜けると右手に復元されたお城を見ることができます。その先は日本最大の平野が広がります。

ウ　３本の大きな河川を続けて渡り，大きなターミナル駅に到着します。３本の大河川が集まる地域は，深刻な洪水被害になやまされたため，周りに堤防をめぐらした□とよばれる集落を見ることができます。

エ　日本で10番目の大きさをほこる湖を見ることができます。この湖は，淡水と海水が混在する汽水湖で，昔から養殖業がさかんでした。新幹線は，湖が海に接するところを高速で通過します。

(4)　地図中**Ｂ**の県の南東部では，せまい湾が複雑に入り込んだ，出入りの多い海岸地形が見られます。このような海岸地形を何というか答えなさい。

(5)　地図中**ａ１**から**ａ２**にいたる線は，秋田市，盛岡市，宮古市を結んでいます。この線に沿った断面の形を正しくあらわしている図を，**ア**～**ウ**から１つ選び，記号で答えなさい。（日本海側から太平洋側までの距離は，ちぢめ方の割合を変えてあります。）

ア

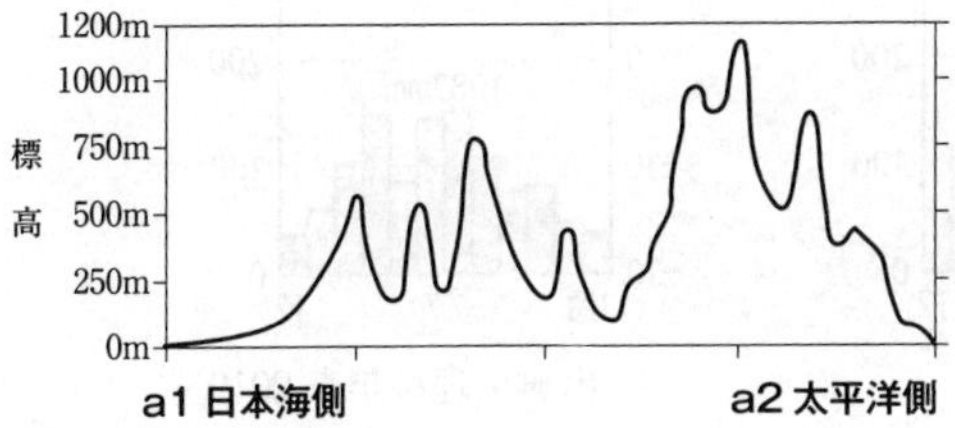

イ

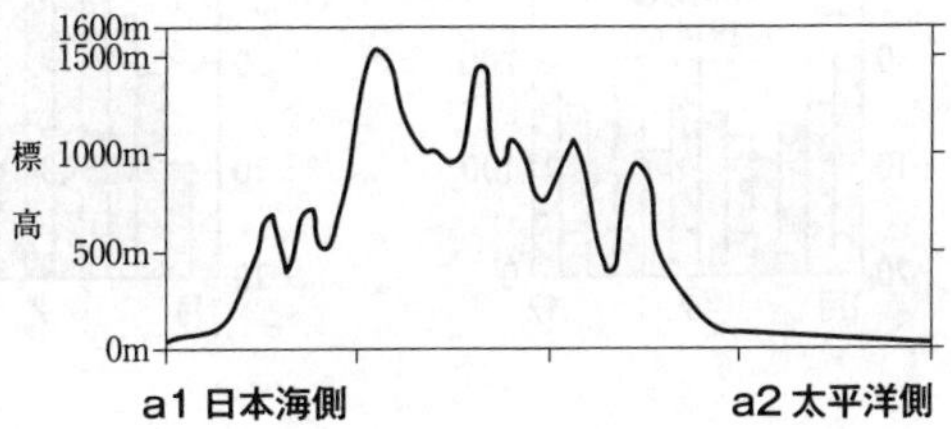

ウ

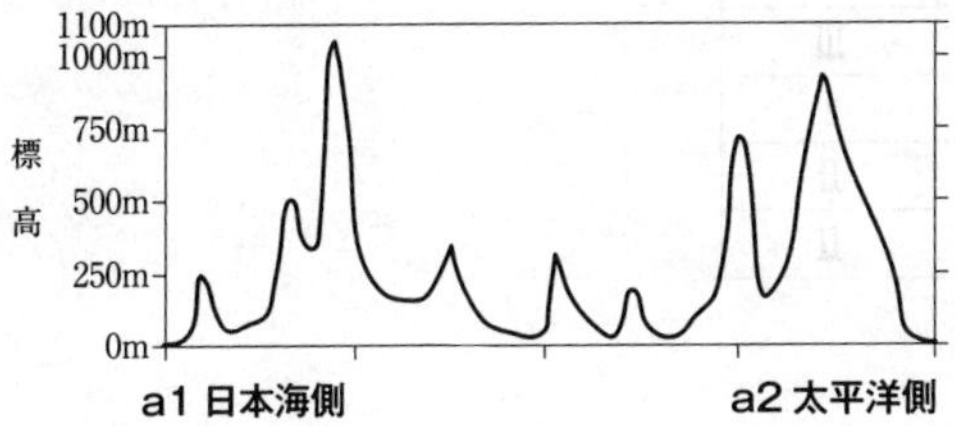

(6)　地図中**ｂ１**から**ｂ２**に向かう各地域でさかんな産業について，正しくあらわしているものを，**ア**～**エ**から１つ選び，記号で答えなさい。

	b１	日本海側　　　　　　　　　　　　　　太平洋側	b２
ア	b１	鉱業（銀山）　→ りんご栽培　→ 漁業	b２
イ	b１	なし栽培　→ いぐさ栽培　→ ピーマン栽培	b２
ウ	b１	伝統産業（漆器《しっき》・友禅）→ 手すき和紙製造 → 自動車組立	b２
エ	b１	チューリップ栽培　→ 林業（ひのき）→ 製紙・パルプ	b２

⑺　地図中**ｃ１**から**ｃ２**にいたる線は，鳥取県と高知県を結んでいます。このうち，鳥取県，香川県，高知県の県庁所在都市の気温と降水量をあらわすグラフの正しい組み合わせを，**ア～エ**から１つ選び，記号で答えなさい。

Ⅰ

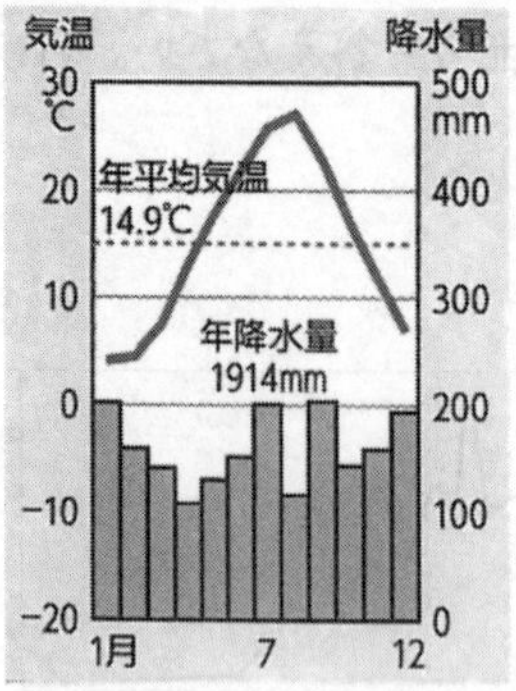

Ⅱ

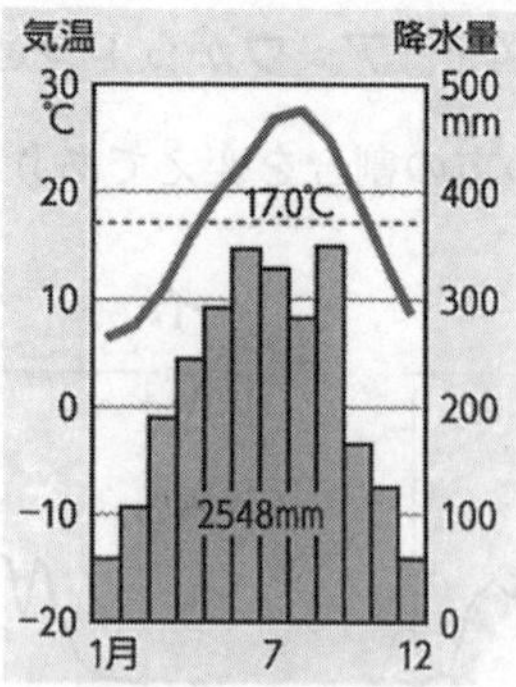

Ⅲ

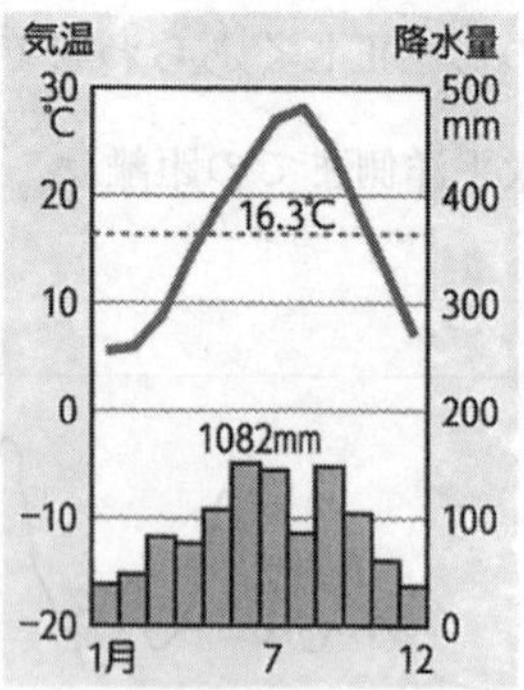

（出典　理科年表 2019）

	鳥取市	高松市	高知市
ア	Ⅰ	Ⅱ	Ⅲ
イ	Ⅱ	Ⅲ	Ⅰ
ウ	Ⅲ	Ⅰ	Ⅱ
エ	Ⅰ	Ⅲ	Ⅱ

⑻　発電に関する**〔資料１〕**と**〔資料２〕**を見て，新エネルギーによる発電を１つ選び，その発電が石炭や石油等による火力発電に比べて，すぐれている点を解答らんに合うように答えなさい。

⑼　⑻で選んだ発電が普及していない理由として考えられることを答えなさい。

〔資料１〕

電源別発受電電力量の推移

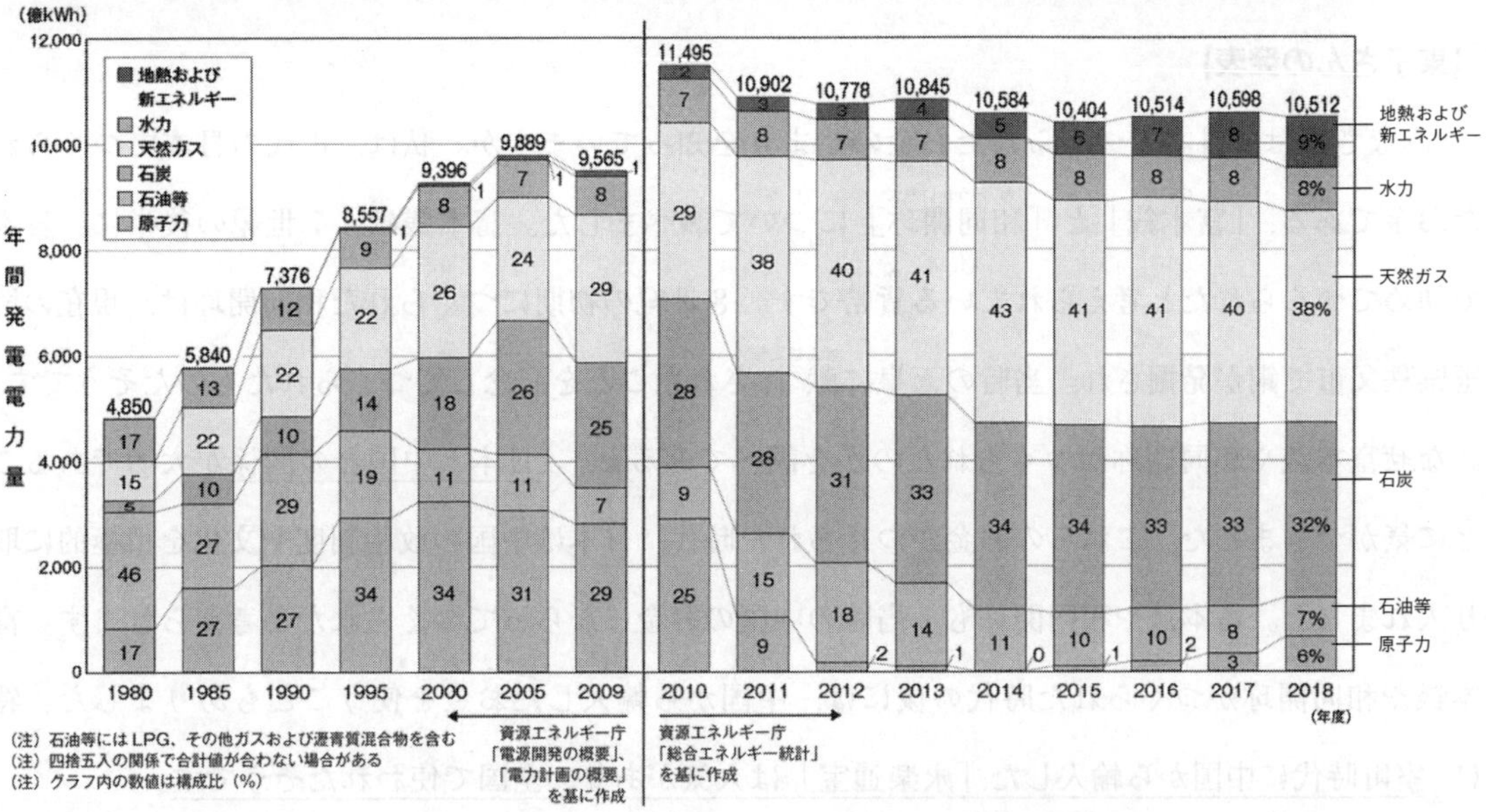

(注) 石油等にはLPG、その他ガスおよび瀝青質混合物を含む
(注) 四捨五入の関係で合計値が合わない場合がある
(注) グラフ内の数値は構成比(%)

（出典　電気事業連合会ホームページ）

〔資料２〕

	環境保全（1kWhあたりのCO_2排出量）原料の採掘や、建設、輸送時など	環境保全（1kWhあたりのCO_2排出量）発電時	合計	経済性（1kWhあたりのコスト）2014年モデルプラント	経済性（1kWhあたりのコスト）2014年時点での燃料費
原子力	19			10.1円～（8.8円～）	1.5円
太陽光（住宅用）	38			29.4円（27.3円）	0円
風力（陸上）	25			21.6円（15.6円）	0円
水力（一般）	11			11.0円（10.8円）	0円
石炭火力	79	864	943	12.3円（12.2円）	5.5円
天然ガス（LNG）火力	123	476	599	13.7円（13.7円）	10.8円
石油火力	43	695	738	30.6円～43.4円（30.6円～43.3円）	21.7円

単位：g-CO_2／kWh　　（　）内は政策経費を除いたコスト

（出典　関西電力ホームページ）

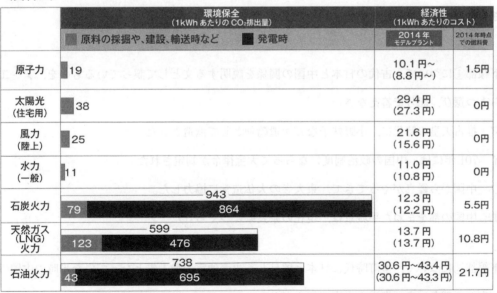

2　東子さん，洋太郎さん，京介さんの３人は，社会の授業で「日本のお金・お札」について調べました。それぞれがまとめた内容の発表文や資料を見て，問いに答えなさい。

【東子さんの発表】

「みなさんは，日本でつくられたお金の始まりを知っていますか。私は，古代の日本でつくられたお金である，「富本銭《ふほんせん》」と「和同開珎《わどうかいちん》」について調べました。富本銭は，７世紀の後半に，日本で初めてつくられたと考えられている貨幣《かへい》です。８世紀の初期につくられた和同開珎は，現在の埼玉県秩父《ちちぶ》市で銅が発掘され，当時の天皇に献上《けんじょう》されたことを記念してつくられたものだそうです。

なぜ富本銭や和同開珎がつくられたのかを調べてみると，①日本と中国との関係が大切であることに気がつきました。これらのお金がつくられた時代，日本は中国の政治制度や文化を積極的に取り入れました。富本銭や和同開珎も，当時の中国のお金にならってつくられたと考えられます。富本銭や和同開珎がつくられた時代の後には，中国から輸入したお金を使うこともありました。特に②室町時代に中国から輸入した「永楽通宝」は人気があり，全国で使われたそうです。

私たちが現在使っているモノや文化には，③中国から伝来したものが多いことは知っていましたが，お金もそうであったことには驚きました。お金のほかにも，中国から伝来した意外なモノはないか，さらに調べてみたいと思います。」

(1)　下線部①について，古代の日本と中国の関係を説明する文として誤っているものを，**ア**～**エ**から１つ選び，記号で答えなさい。

ア　推古天皇の時代に，小野妹子などが遣隋使として派遣された。

イ　701年には，中国の政治制度にならって大宝律令が制定された。

ウ　中国から鑑真がやってきて，東大寺の大仏造営に協力した。

エ　中国の都をまねた平城京は，現在の奈良県につくられた。

(2)　下線部②について，室町時代に日本と貿易し，永楽通宝の輸入先となっていた当時の中国の呼び方（王朝名）を，漢字１文字で答えなさい。

(3)　下線部③について，中国から伝来したものとして誤っているものを，**ア**～**エ**から１つ選び，記号で答えなさい。

ア　狂言　　**イ**　茶　　**ウ**　干支《えと》　　**エ**　水墨画《すいぼくが》

【洋太郎さんの発表】

「私は，江戸時代のお金について調べました。このテーマを調べようと思ったのは，先日家族で銀座のデパートに出かけたことがきっかけでした。銀座という地名が気になったので調べたところ，江戸時代に「銀貨」をつくっていたことに由来するそうです。

江戸時代には，「金貨」「銀貨」「銭貨」という三種類のお金がありました。京都や④天下の台所と呼ばれた大阪では，おもに銀貨を用いた取引きがおこなわれ，江戸ではおもに金貨を用いた取引きがおこなわれました。銀貨と金貨を交換する「両替商《りょうがえしょう》」という商人もいました。

また江戸幕府は，⑤貨幣の素材となる金銀が不足したり，幕府の財政が悪化したりすると，古いお金を回収して新しいお金につくり直すことを何度もおこないました。江戸時代の人々は，何度もつくり直されるお金に困惑したことでしょう。

江戸時代のお金について調べてみると，西日本と東日本で使われていた貨幣が異なっていたり，お金が何度もつくり直されたりするなど，驚くことがたくさんありました。」

(4)　下線部④について，当時の大阪のようすを描いた絵を，**ア**～**エ**から１つ選び，記号で答えなさい。

ア

イ

ウ

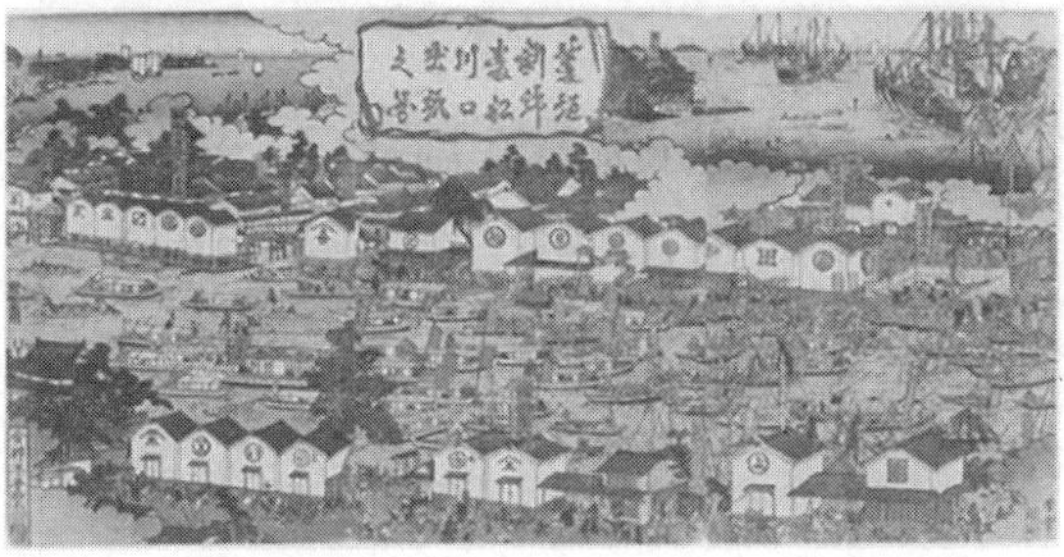

エ

(5)　下線部⑤について，**〔資料①〕**は，江戸幕府がつくった１両の小判に含まれる金とそれ以外の成分の重さを示したグラフです。**〔資料②〕**は，1695年の小判（元禄《げんろく》小判）をつくる背景となった事がらをまとめたものです。**〔資料③〕**は，1695年の小判をつくることを提案した「荻《おぎ》原重秀《わらしげひで》」という人物に関する文です。これらの資料を見て，次の問１，問２に答えなさい。

〔資料①〕

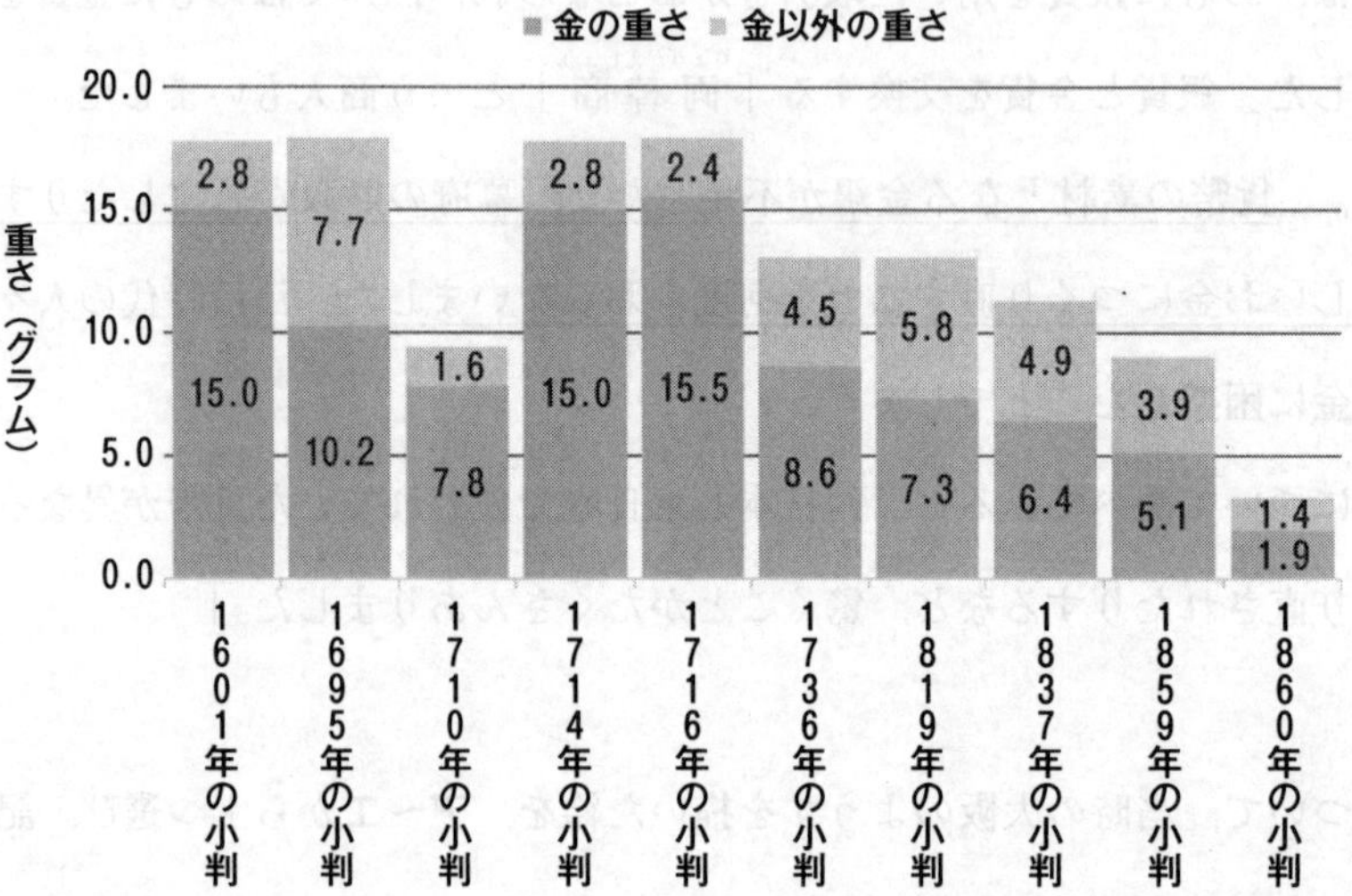

〔資料②〕

・1657年の江戸の大火事「明暦《めいれき》の大火」から復興する費用が増大したこと
・寺社の修築や造営の費用が増大したこと
・小判の素材となる金や銀の産出量が減少したこと
・江戸で使用される貨幣の量が少なかったこと

〔資料③〕

荻原重秀は前代未聞の経済政策に取りかかりました。1601年の小判（慶長《けいちょう》小判）を回収し，金の※含有量《がんゆうりょう》を減らして，新たな小判をつくることを提案したのです。そうして誕生したのが1695年の小判（元禄小判）でした。この新しい小判は，金の含有率を57%とし，それまでの小判から金を３割減らしました。およそ２枚の慶長小判から，３枚の元禄小判がつくられたのです。

※含有量…成分として，中に含《ふく》まれている量

（参考：BS-TBS　日本史探求スペシャル　ライバルたちの光芒～宿命の対決が歴史を動かした！～　＃49「貨幣改鋳」2013年９月11日放送）

問１　1695年の小判（元禄小判）がつくられた頃の将軍は，生類憐《しょうるいあわれ》みの令を出したことでも有名です。江戸幕府５代将軍である，この人物の名前を漢字で答えなさい。

問２　**〔資料②〕**にあるように，さまざまな背景から「荻原重秀」は1695年に小判をつくりかえることを提案し，実行されました。この1695年の小判（元禄小判）は，1601年の小判（慶長小判）と比べてどのような特徴があり，またこの小判をつくることでどのような問題が解決されたか，**〔資料①〕**～**〔資料③〕**を参考にしながら説明しなさい。

【京介さんの発表】

「私は，お札に描かれている人物を調べました。最も新しく発行されたお札では，千円札に黄熱病などの研究で功績のあった［ A ］が，五千円札に「たけくらべ」などで有名な［ B ］が，一万円札には慶応義塾大学の創設者である福沢諭吉が描かれています。かつて発行されたお札には，聖徳太子など古代の人物や，明治維新に功績のあった⑥板垣退助，初代内閣総理大臣の伊藤博文などが描かれたものもありました。

2024年には新しいお札が発行される予定で，一万円札には⑦渋沢栄一が描かれるそうです。そこで，渋沢栄一について詳しく調べたところ，たくさんの銀行や会社の設立に携わっていることがわかりました。

お札に描かれている人物について調べた結果，みな素晴らしい功績を残した人物でした。現在活躍している人物も，将来お札に描かれるかもしれないと思うと，なんだかわくわくします。2024年の新しいお札の発行も楽しみです。」

(6)　［ A ］・［ B ］にあてはまる人物の組み合わせとして正しいものを，**ア**～**エ**から１つ選び，記号で答えなさい。

ア　［ A ］＝野口英世　　［ B ］＝夏目漱石
イ　［ A ］＝野口英世　　［ B ］＝樋口一葉
ウ　［ A ］＝北里柴三郎　　［ B ］＝夏目漱石
エ　［ A ］＝北里柴三郎　　［ B ］＝樋口一葉

(7) 下線部⑥について，板垣退助などが，憲法の制定と国会の開設などを政府に要求した政治運動を何といいますか。漢字で答えなさい。

(8) 下線部⑦について，下の年表は渋沢栄一に関する年表です。「第１回帝国議会が開かれ，貴族院議員に任ぜられる」はこの年表のどこに入りますか。年表中のア～エから１つ選び，記号で答えなさい。

1840年	現在の埼玉県深谷市に生まれる
	ア
1870年	富岡製糸場の設置主任となる
	イ
1902年	欧米を視察し，セオドア＝ルーズベルト大統領と会見する
	ウ
1920年	日本国際連盟協会を創立する
	エ

（参考：公益財団法人渋沢栄一記念財団ホームページ）

3 次の文を読んで，問いに答えなさい。

2020年の４月に，香川県で18歳未満を対象にインターネットとコンピュータゲームの利用時間を規制する［ 1 ］が施行されました。これは，次世代を担う子どもたちに規則正しい生活習慣を身につけてもらい，ネット・ゲーム依存症から子どもたちを守るために香川県議会が制定したものです。

これに対して，①日本国憲法で保障されている基本的人権を侵害《しんがい》されていると考えた一人の②高校生が香川県に対し裁判を起こしました。この高校生は香川県議会を傍聴《ぼうちょう》し，当事者である自分たちの意見が検討されないまま，ゲームをする時間を規制する［ 1 ］が可決されたことに強い疑問をもったようです。

(1) ［ 1 ］には国が制定する法律とは別に，地方公共団体が定めるきまりを表すことばが入ります。漢字２文字で答えなさい。

(2) 下線部①について述べたものとして誤っているものを，**ア**～**エ**から１つ選び，記号で答えなさい。

ア 経済活動の自由などの自由権や，法の下の平等などの平等権がふくまれる。
イ 納税などの義務を果たしていない人には，基本的人権は認められていない。
ウ 基本的人権は，おかすことのできない永久の権利と定められている。
エ 基本的人権は，人間が生まれながらにしてもっている権利である。

(3) 下線部②について，この高校生は訴訟《そしょう》にかかる費用をインターネット上で集めることにしました。不特定多数の人からインターネットを経由して資金を集めることを何といいますか。**ア**～**エ**から１つ選び，記号で答えなさい。

ア クラウドファンディング（crowd-funding）　**イ** ワンチーム（one-team）
ウ バリアフリー（barrier-free）　**エ** ボランティア（volunteer）

(4)　大人が子どもの自由を制限するようなきまりをつくるとき，どのようなことが大事だと考えますか。次の**〔会話文〕**と**〔資料〕**を読み，解答らんに合うように答えなさい。

〔会話文〕　インターネットやスマートフォンの使用をめぐる親子の会話

親：最近スマホを使っている時間が長いんじゃない？　ウチでもインターネットやスマホを使える時間を２時間に制限することにしよう。

子：どうして大人が勝手に決めるの⁉　いきなりでひどい！

親：ルールはだいたい大人が決めているよね。子どもより，経験や知識が豊富な大人がしっかり考えてきまりをつくるのは当然だよ。

子：でも，子どもについてのきまりをつくるときには，子どもの意見も尊重するべきでしょう？　本当に子どものことを考えてくれているの？

親：そうだよ。子どもの健康や安全を思って，あえて厳しくしているんだ。
　インターネット上には大人でも気づかないような危険がたくさんあるんだよ。

子：でも，なんか納得できないし，不満だな……。

〔資料〕　いわゆる「子どもの権利条約」（条文を分かりやすく書きかえています）

第12条

　子どもは，自分に影響《えいきょう》を及《およ》ぼす全てのことについて，自由に自分の意見をあらわす権利をもっています。その意見は，子どもの成長の度合いに応じてじゅうぶん考慮《こうりょ》されなければなりません。

第13条

　子どもは，表現の自由をもっています。そこには，いろいろな方法で，国境に関係なく，自由な方法で情報や考えを受けたり伝えることも含《ふく》まれます。

　この権利を使うときに，他の人の権利や信頼《しんらい》を傷つけたり，国の安全や人々の健康や道徳を脅《おびや》かす場合，ある程度制限されることがあります。

【理　科】〈第１回試験〉（30分）〈満点：50点〉

〈編集部注：実際の入試問題では，一部の図以外はカラーになっています。〉

1　次の問いの答えを，**ア～エ**から１つ選び，記号で答えなさい。

(1)　図のように，電池（＋，－は図にしめす），豆電球，導線を使った回路に，方位磁針（**A**～**D**）を導線の上下に置きました。

スイッチを入れた時，方位磁針のＮ極がふれる向きと大きさについて正しいものはどれですか。

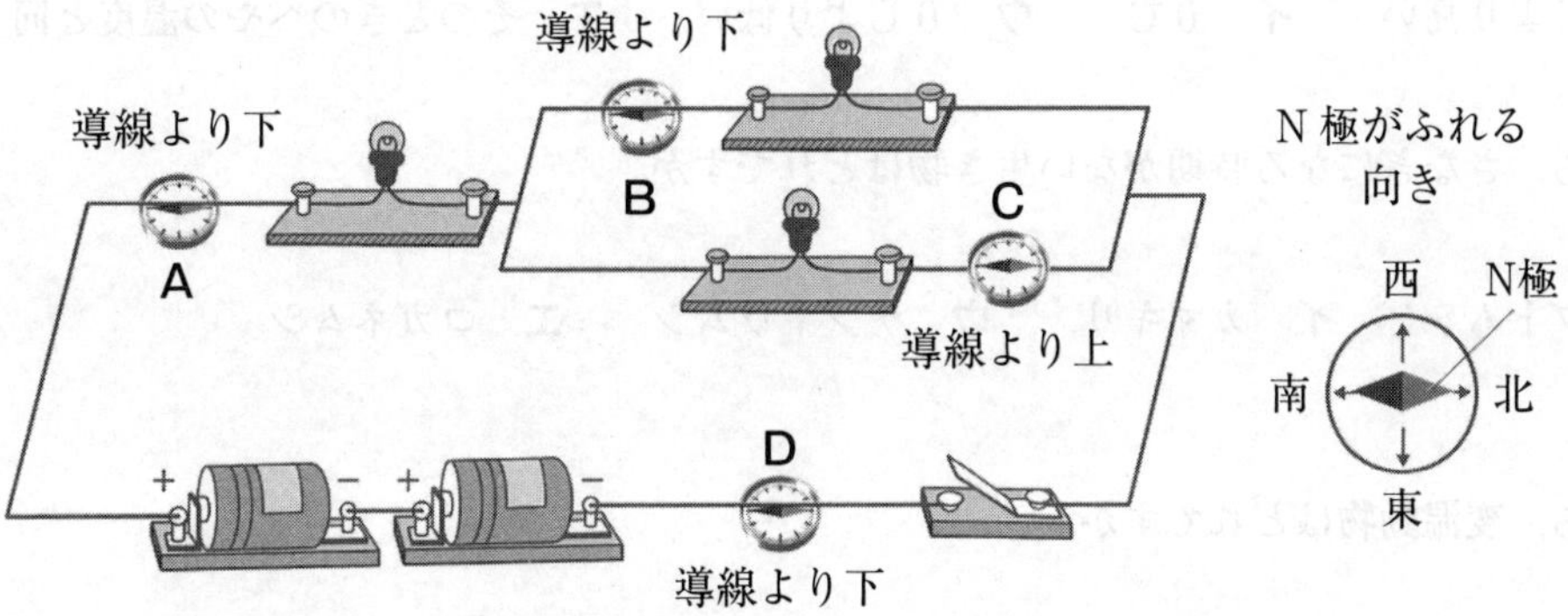

ア　**A**は東向きに一番大きくふれる。　**イ**　**B**は西向きに一番大きくふれる。

ウ　**C**は西向きに一番大きくふれる。　**エ**　**D**は東向きに一番大きくふれる。

(2)　図のように，ぼうの中央にひもをつけて天井からつるします。ぼうの中央から左がわ100cmのところに20gのおもりをつるした時，このぼうが水平につりあうためには，ぼうの中央から右がわ25cmのところには何ｇのおもりをつるせばよいですか。なお，ぼうとひもの重さは考えなくてよいものとします。

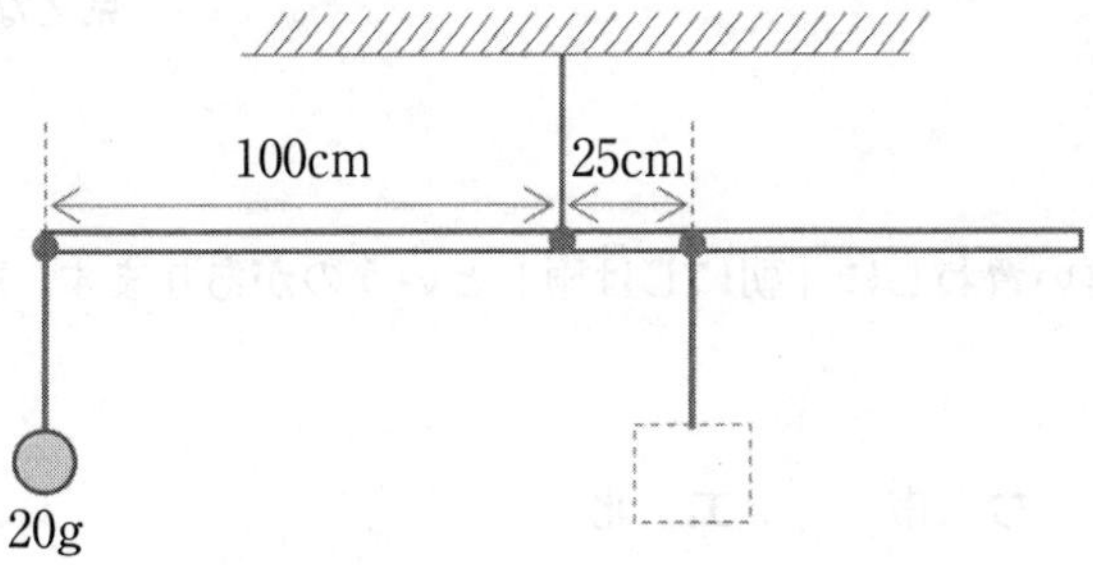

ア　5ｇ　　**イ**　20g　　**ウ**　40g　　**エ**　80g

(3)　次のうち，水酸化ナトリウム水よう液を加えたとき，気体が発生するものはどれですか。

ア　鉄　　イ　塩酸　　ウ　アルミニウム　　エ　砂糖水

(4)　氷が浮《う》いた水の温度を調べる実験で，十分長い時間をおいても氷がとけずにのこっている氷水がありました。この氷水の温度はどれですか。

ア　0℃より高い　　イ　0℃　　ウ　0℃より低い　　エ　そのときのへやの温度と同じ

(5)　次のうち，さなぎになる時期がない生き物はどれですか。

ア　カブトムシ　　イ　カマキリ　　ウ　テントウムシ　　エ　コガネムシ

(6)　次のうち，変温動物はどれですか。

ア　コウモリ　　イ　イルカ　　ウ　カメ　　エ　ネコ

(7)　満月が見えた１か月後に見える月の形に最も近いものはどれですか。

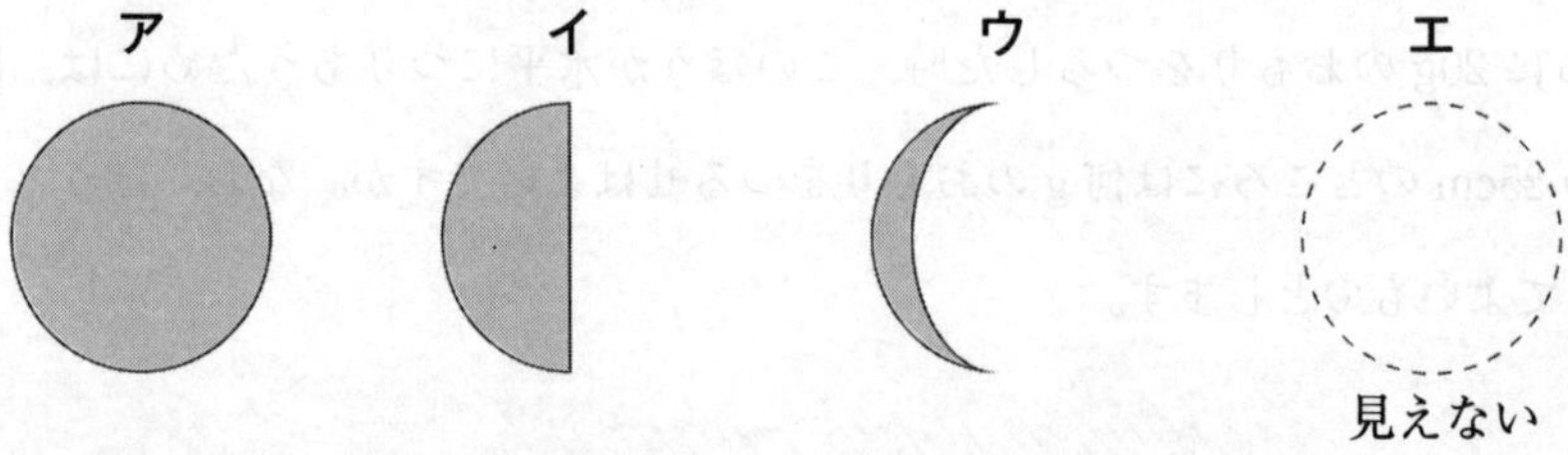

(8)　日本の天気についての言い習わしに「朝にじは雨」というのがあります。朝のにじは，どの方向に見えますか。

ア　東　　イ　西　　ウ　南　　エ　北

2　のぞみさんは自由研究の課題として，野菜の特徴《とくちょう》を調べました。**発表資料**を見て，次の(1)～(5)の問いに答えなさい。

発表資料

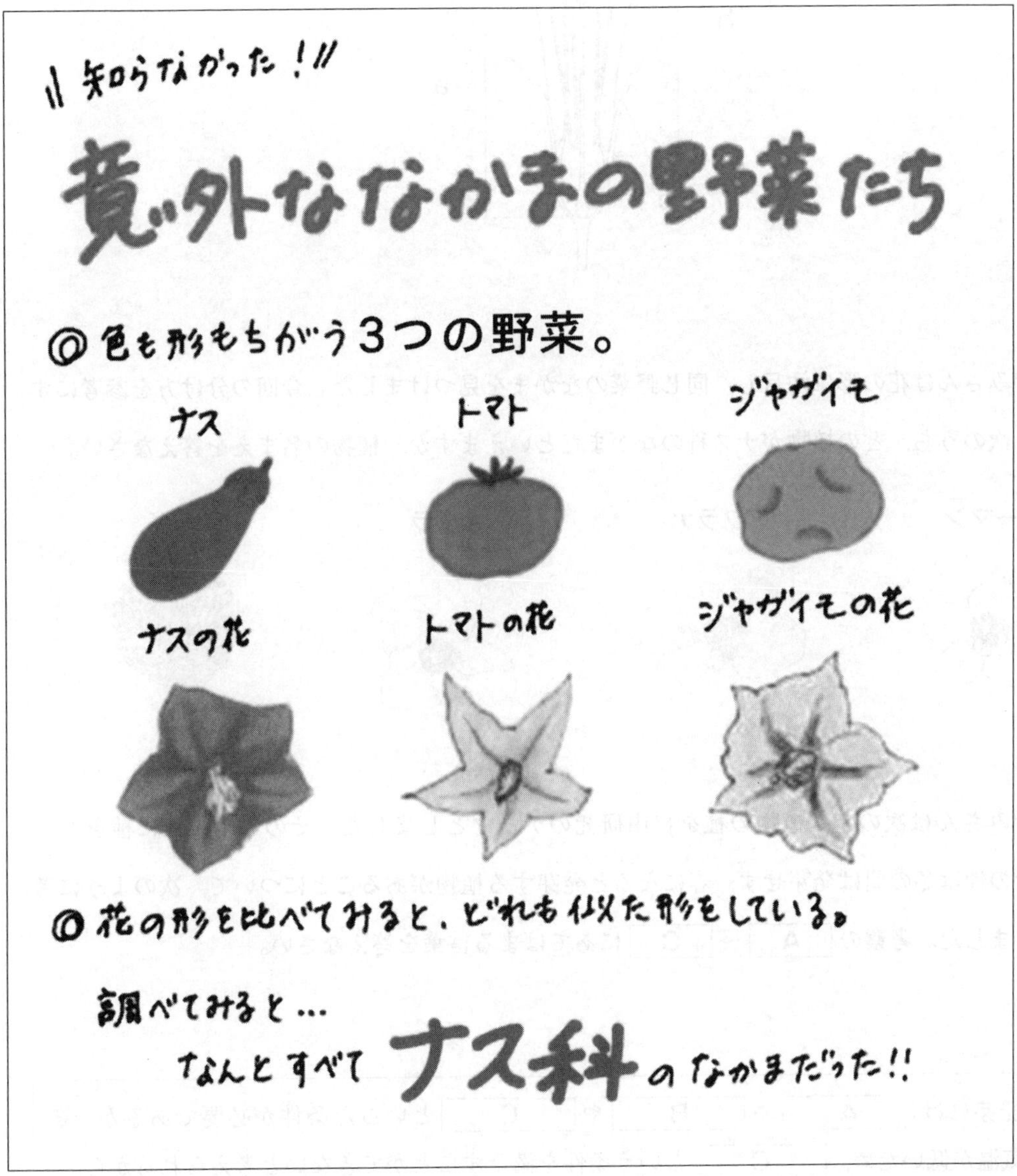

(1)　アサガオの花のつくりを示した次の図について，各部分の名前を答えなさい。

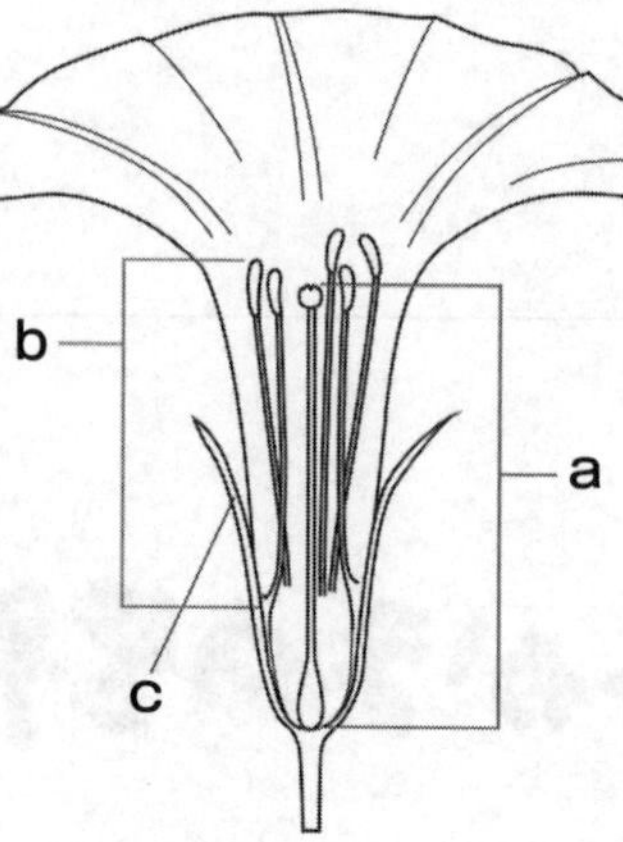

(2)　のぞみさんは花の形に注目し，同じ野菜のなかまを見つけました。今回の分け方を参考にすると，次のうち，どの植物がナス科のなかまだといえますか。植物の名まえを答えなさい。

ピーマン

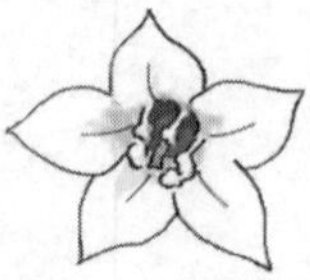

アブラナ

オクラ

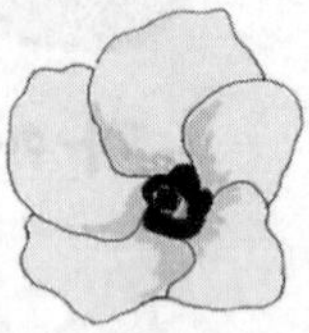

ネギ

(3)　のぞみさんは次の年，植物の種を自由研究のテーマとしました。その中で，秋に種をつくり，その種は冬の間は発芽せず，春になると発芽する植物があることについて，次のように考察をしました。**考察**の［ A ］～［ C ］にあてはまる言葉を答えなさい。

【考察】

種の発芽には［ A ］や［ B ］や［ C ］といった条件が必要であるが，冬だと気温が低いため，［ C ］という条件を満たすことができないと考えられるから。

(4) かなえさんはのぞみさんの自由研究から花に興味をもち，花についての調査を進めました。すると，こん虫などの動物をおびきよせるために，花を派手な色にしていたり，蜜《みつ》を用意していたりするという植物があることを知りました。なぜこん虫などの動物をおびきよせる必要があるのですか。「種や実をつくるためには，」の書き出しに続けて，書き出し部分もふくめて30字以上40字以内で答えなさい。

(5) (4)とは別の役割として，できた実を食べにくる鳥などの動物は植物にとってどのような役割を果たしていますか。簡潔《けつ》に答えなさい。

3 がけを見ると**写真**のように，しま模様になって見えることがあります。がけを観察するときには，がけ全体のようす，それぞれのしま模様の色や厚さ，しま模様をつくっているものの形や大きさ，手ざわり，しま模様にふくまれている化石などを調べます。しま模様が重なったものを地層といいます。さらに，地層の広がりやかたむき，地下にどのように続いているのかを調べることで，土地のつくりについてくわしく知ることができます。次のページの(1)〜(4)の問いに答えなさい。

写真

(1)　あるがけを調べたところ，砂，どろ，れき，火山灰の層が見られました。これらの特徴について説明した文としてまちがえているものを，**ア～オ**からすべて選び，その記号を書きなさい。

ア　砂の粒《つぶ》は，川を運ばれてきてたい積したので，角が取れ丸みをおびているものが多い。

イ　どろはとても細かい粒で，海底にたい積した当時，れきの粒よりも河口近くに積もったものが多い。

ウ　れきの粒は，砂の粒より大きく，直径２ mm をこえるものである。

エ　火山灰の粒は，角ばっていて，直径３ mm よりも大きいものが多い。

オ　化石は，れきやどろの粒の地層にふくまれていることがあるが，砂の層にはふくまれていない。

(2)　がけの中のある層Ａからサンゴの化石が出てきました。このことから層Ａについてどのようなことがわかりますか。次の**ア～エ**の中から最も適当なものを１つ選び，記号で答えなさい。

ア　層Ａは，浅くて寒い海でたい積した。

イ　層Ａは，浅くて暖かい海でたい積した。

ウ　層Ａは，恐竜《きょうりゅう》が生きていた時代にたい積した。

エ　層Ａは，ナウマンゾウが生きていた時代にたい積した。

(3)　**図１**のように，道路の左右にがけが見えます。元々は，左右のがけのそれぞれの層はつながっていたものです。右側のがけに見られる地層として，次の**ア～エ**の中から最も適当なものを１つ選び，記号で答えなさい。

図１

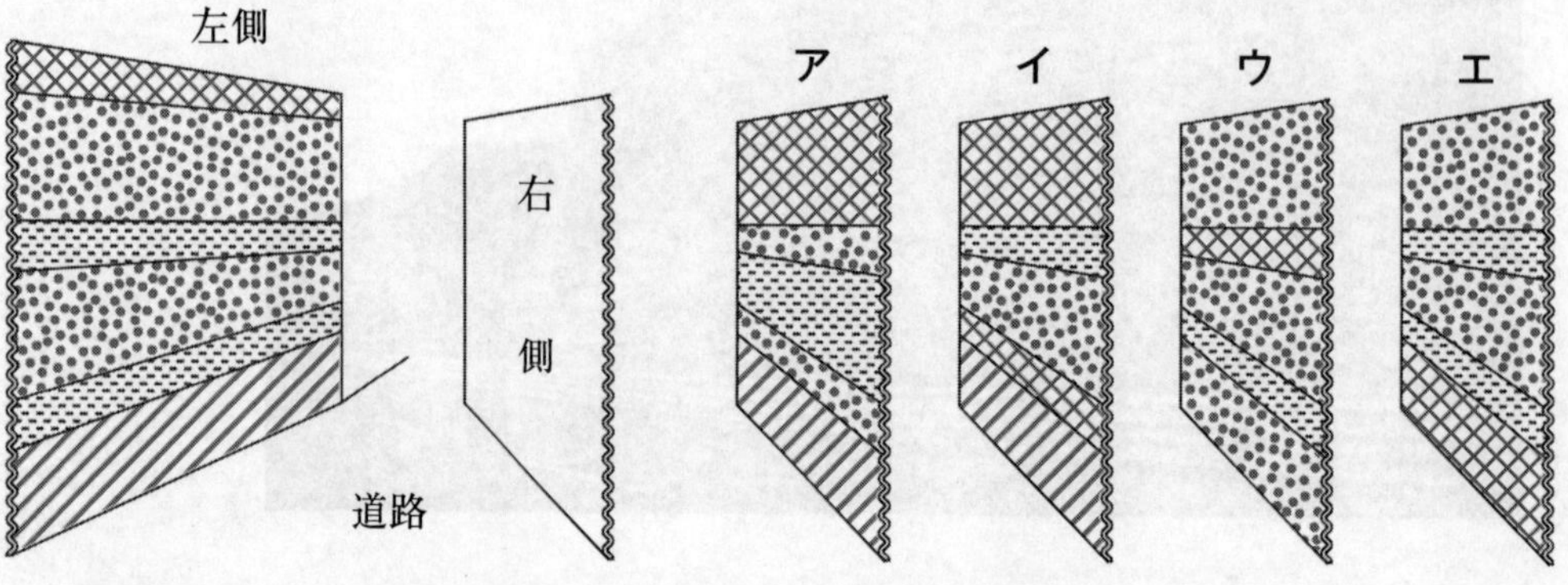

(4)　**図２**の水平な土地の**Ａ～Ｅ**の５地点でボーリング調査をおこない，地層がどのようになっているか調べました。作成した**図３**の柱状図から土地の地層のようすを考え，以下の①，②に答えなさい。なお，この土地では地層が曲がったりずれたりしておらず，同じ種類の層は厚さを変えずに続いています。

図２

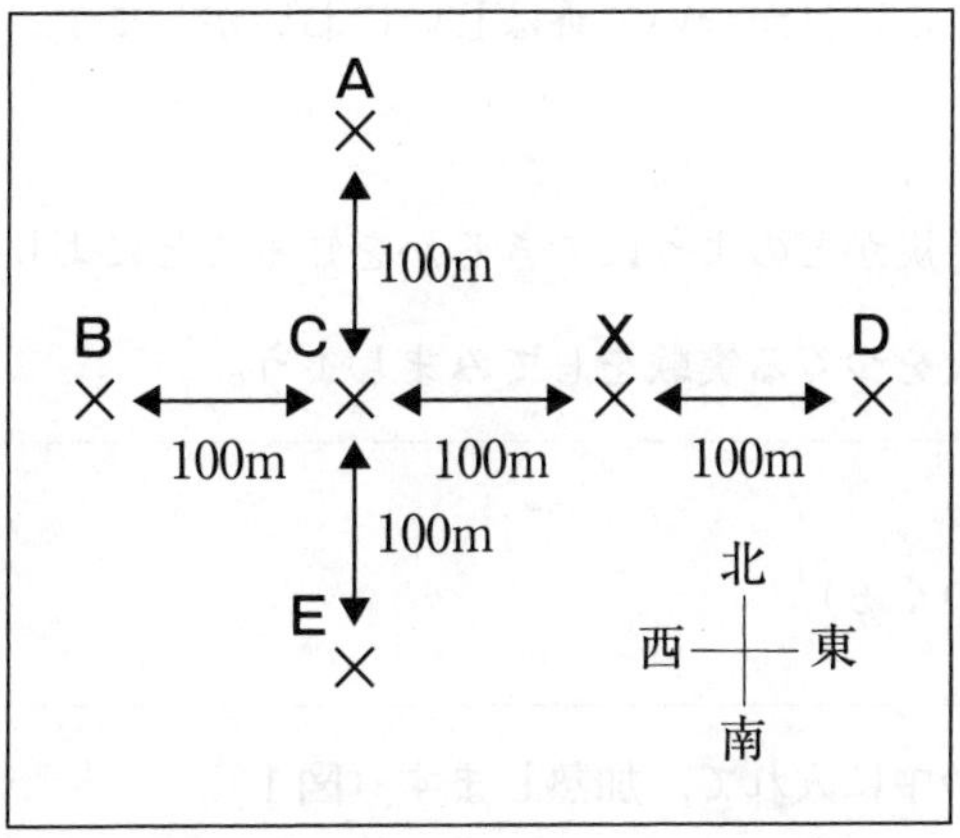

図３

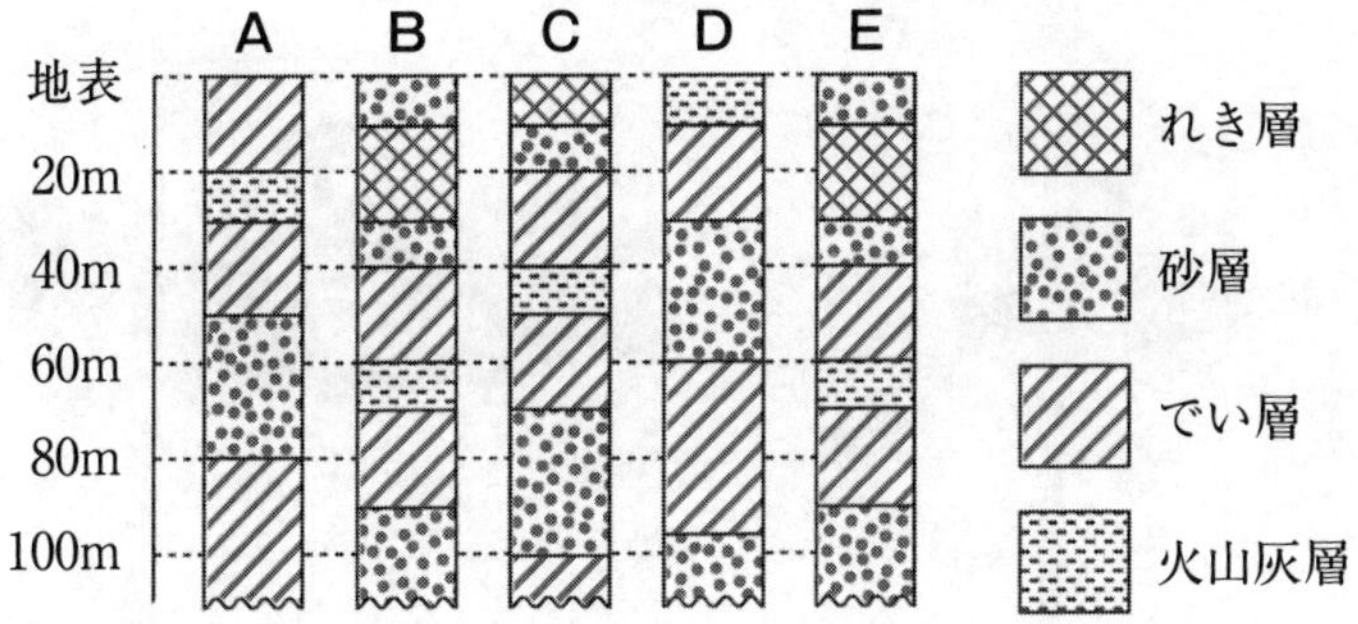

①　**Ｘ**地点で地下をほり進めた時，はじめに火山灰層が現れるのは，地表から何ｍ下にほった時ですか。

②　**図２**の土地の地層のようすについて，**ア～エ**の中から最も適当なものを１つ選び，記号で答えなさい。

ア　地層は，北東の方が低くなるようにかたむいている。

イ　地層は，南東の方が低くなるようにかたむいている。

ウ　地層は，南西の方が低くなるようにかたむいている。

エ　地層は，北西の方が低くなるようにかたむいている。

4 太郎《たろう》さんと先生が炭について話しています。以下の文を読んで次の問い(1)～(5)に答えなさい。

太郎さん：うなぎ屋さんではよく炭を使ってうなぎを焼いているようすを見るけど，ガスを使って焼くのと何が違《ちが》うんだろう。

先　　生：炭火焼きはガスで焼くのに比べて，表面がパリッと焼けるけい向がありますね。

太郎さん：確かにそうですね。こげ目がついて香ばしいにおいがします。なぜそのようになるんですか。

先　　生：その理由の１つは，炭がどのようにできるかを知ることにより見つけられるかもしれません。実際に炭をつくる実験をしてみましょう。

実験室での様子（炭（木炭）をつくる）

先　　生：割りばしを試験管の中に入れて，加熱します（**図１**）。

図１

図２

太郎さん：直接割りばしを加熱しないのですね。

先　　生：そうです。空気が出入りしないように工夫をして加熱します。これを蒸し焼きといいます。

太郎さん：先生，ガラス管からけむりが出てきました（**図２**）。

先　　生：このガスを木ガスといいます。火をつけると燃えるんですよ。

太郎さん：そうなんですね。燃えるということは　A　がふくまれていますか？

先　　生：木ガスにはメタンや一酸化炭素などがふくまれていますが，　A　も発生します。このあいだ授業で学習したように，　A　は，うすい塩酸をアルミニウムに加えても発生しましたね。もうしばらく加熱してみましょう。

太郎さん：茶色のどろどろした液体と，うすい黄色の液体が試験管の中に見られます。

先　　生：試験管の口付近にある黄色い液体を青色リトマス紙に付けてみると，赤色に変色します。ということは何性ですか？

太郎さん：[B]です。BTBよう液だったら[C]色に変化しますね。

先　　生：よく勉強してますね。正解です。さて，これで割りばしが炭になりましたよ。

(1) [A]～[C]にあてはまることばを答えなさい。

(2) 試験管の口を少し下げて実験する理由を簡単に説明しなさい。

実験室での様子（炭の性質しらべ）

先　　生：それでは実験でつくった炭の性質を調べていきましょう。炭（**図３**）と炭になる前の割りばし（**図４**）を，ふたをした集気びん中で燃やします。燃え方にどんな違いがありますか？

図３

図４

図５

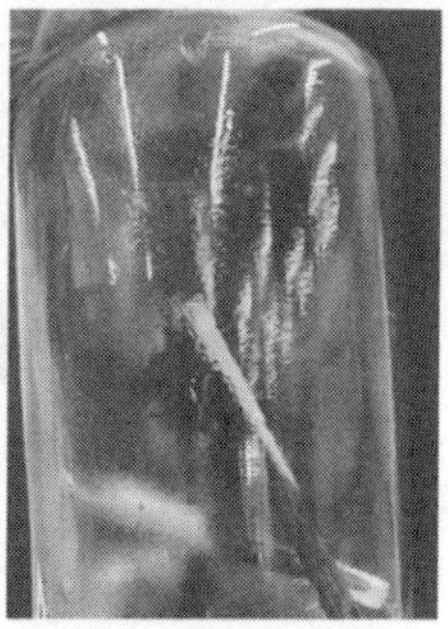

太郎さん：炭は炎《ほのお》をあげて燃えないんですね。

先　　生：そうですね。それと，割りばしの方は，集気びんの内側がくもっていることも確認できますね（**図５**）。

太郎さん：本当だ。これは[D]ですね。

そうか！だから炭で焼くと，表面がパリッとするのか！

(3) 燃え終わった2つの集気びん中に石灰水を加えるとどのような結果が得られますか。あてはまるものを**ア**～**エ**から1つ選び，記号で答えなさい。

ア 図3の集気びん中で石灰水が白くにごる。

イ 図4の集気びん中で石灰水が白くにごる。

ウ どちらも石灰水が白くにごる。

エ どちらも石灰水に変化はない。

(4) 【 D 】にあてはまる物質の名まえを答えなさい。

(5) 下線部のように焼ける理由を考えて15字以上25字以内で答えなさい。

5 水や空気の性質について調べる実験をしました。

【実験1】 プラスチックでできたつつの両はしに，しめらせたティッシュペーパーをまるめた玉をつめ，後玉を太い輪ゴムをまいた木でできた押《お》しぼうで勢いよく押す（**図1**）。

図1

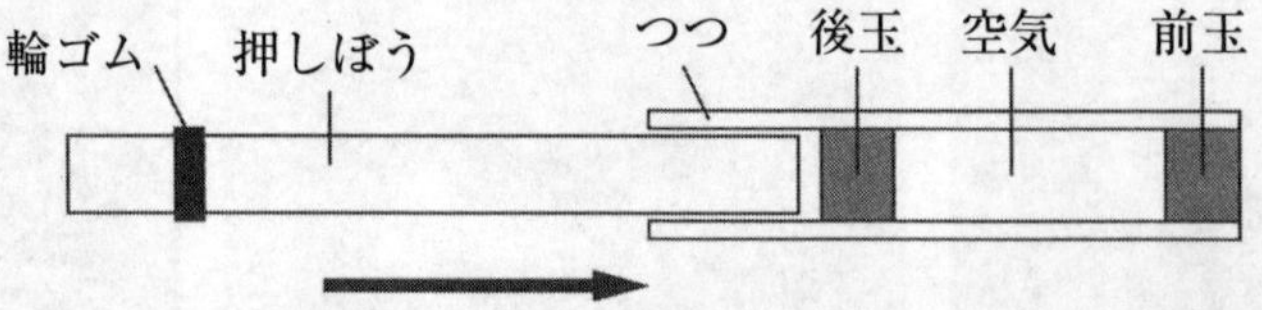

(1) **【実験1】**で，後玉を押しぼうで押すと，つつの中のようすと前玉はどうなりますか。

ア つつの中の空気が一度縮んだ後，前玉は勢いよく飛び出す。

イ つつの中の空気が一度縮んだ後，前玉はあまり飛ばずにポロっと落ちる。

ウ つつの中の空気は縮まず，前玉は勢いよく飛び出す。

エ つつの中の空気は縮まず，前玉はあまり飛ばずにポロっと落ちる。

【実験２】 つつの中を水で満たし，あとは**【実験１】**と同様にして後玉を押しぼうで勢いよく押す（**図２**）。

図２

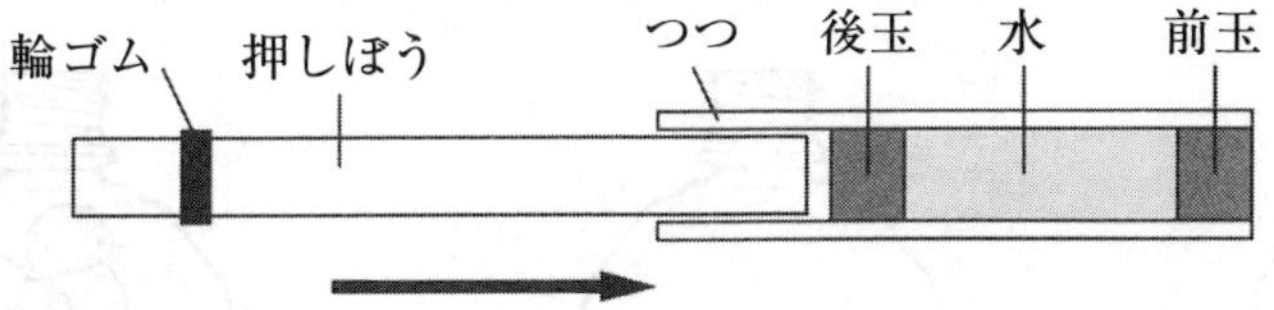

(2) **【実験２】**で，後玉を押しぼうで押すと，つつの中のようすと前玉はどうなりますか。

ア つつの中の水が一度縮んだ後，前玉は勢いよく飛び出す。

イ つつの中の水が一度縮んだ後，前玉はあまり飛ばずにポロっと落ちる。

ウ つつの中の水は縮まず，前玉は勢いよく飛び出す。

エ つつの中の水は縮まず，前玉はあまり飛ばずにポロっと落ちる。

【実験３】 水の入った水そうにおもちゃのアヒルが浮いています。

その上から**図３**のようにペットボトルの上方を切り取った部分をふたをした状態で水に入れ，ペットボトルを水中に少し押し込みました。

図３

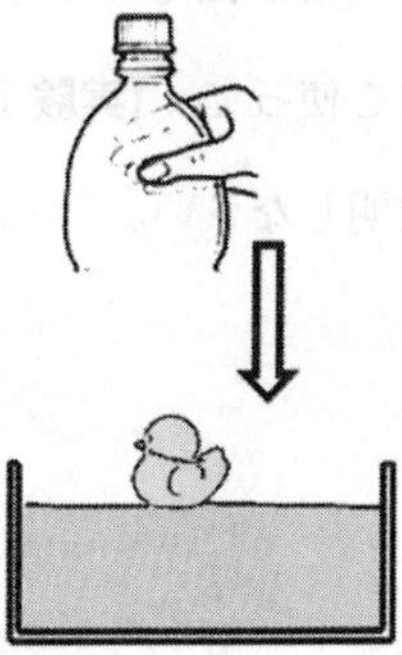

(3) **【実験３】**で水面の高さはどうなりますか。**ア**～**ウ**から１つ選び，記号で答えなさい。

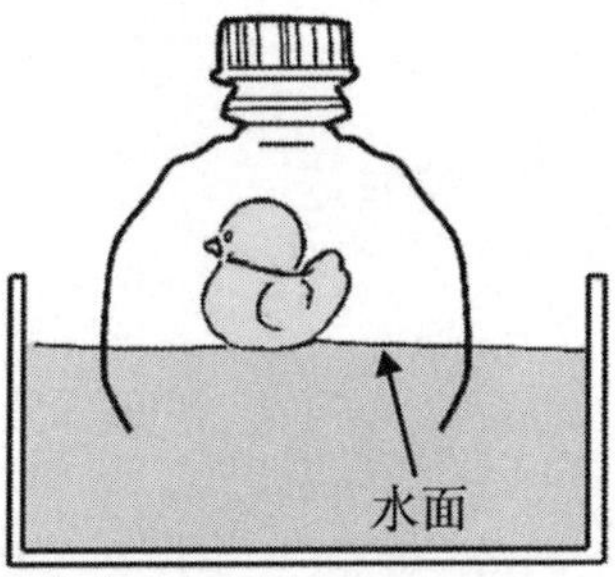

ア

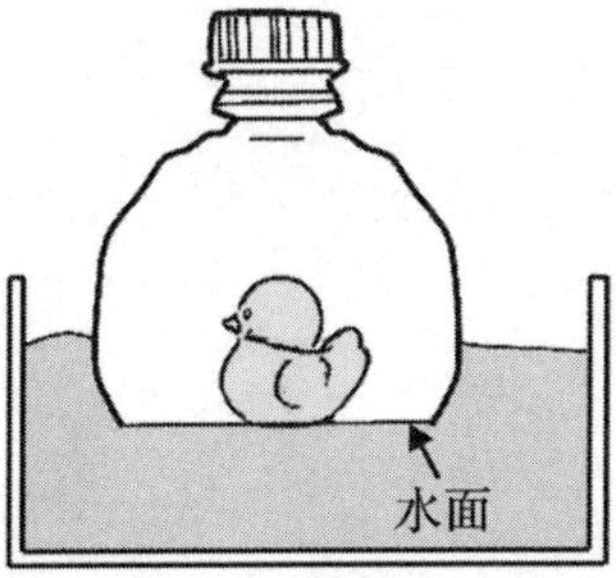

イ

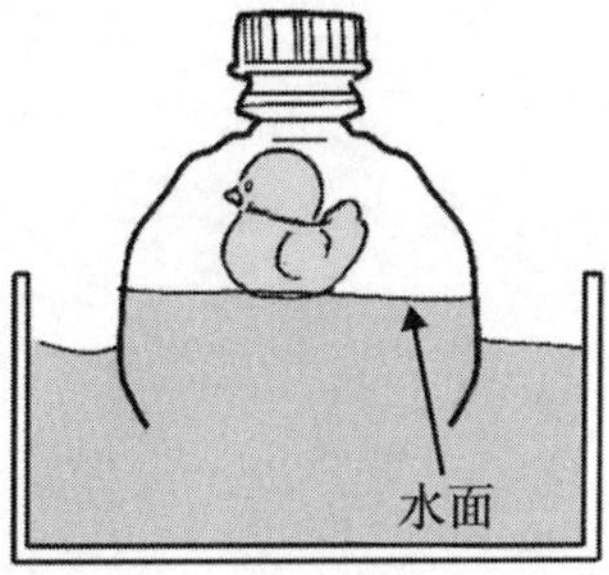

ウ

【実験４】 **【実験３】**の状態から，そのままペットボトルのふたを取りました。

(4) **【実験４】**で水面の高さはどうなりますか。**ア〜ウ**から１つ選び，記号で答えなさい。

ア　　　**イ**　　　**ウ**

(5) 空気や水の性質を利用したものに**図４**のようなポットがあります。

ポットは「おす」を押すとポットから湯が出ます。どうして湯が出るのでしょうか。「空気の力」，「湯」という言葉を使って，**【実験１】**と**【実験２】**の内容に関連させて，説明しなさい。

図４

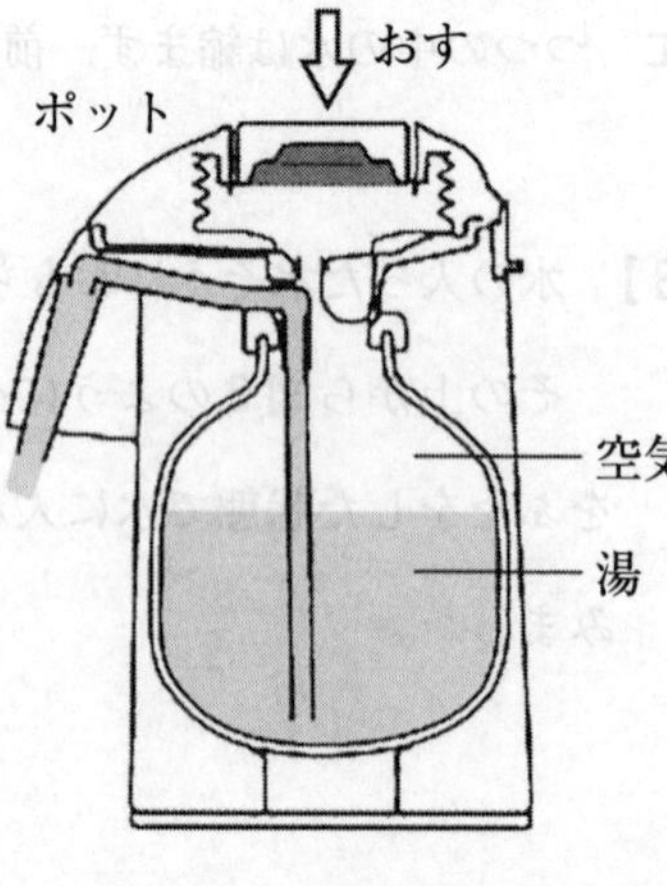

ウ　これから何が起きるか分からない混沌とした世界では、分かりやすく状況を整理することではなく、今後どのような形に社会を作り変えていくべきかという指針が重要になるから。

エ　混沌とした状況の中で社会の見通しが得られず、人々が正しい方向を捉《とら》えられない今の世界では、分かりやすく現状の整理をすることで将来を予測し安心を得ることが重要だから。

四　次の問いに答えなさい。

問　「笑い」にはどのような意味や効果がありますか。一四〇字以上、一五〇字以内であなたの考えを書きなさい。

注意事項《じこう》

・解答らんの一マス目から書きなさい。
・句読点や記号が一番上のマス目に入ってもよいものとします。
・記号も一字とします。
・漢字で書けるものは漢字で書くようにしなさい。

ではないかと考え、哲学の普遍性というものに疑問を持っている。

ウ 人間誰しもが経験することを深く考え抜《ぬ》くのが哲学の伝統であったが、哲学者のほとんどが男性であったことから、女性の経験についての考察が不足しがちになり、結果として学問としての浅さが生じたことに対して憐《あわ》れみの気持ちを持っている。

エ 哲学の文献を読む中で、人類の約半数を占《し》める女性が経験する出産についての考察が不足しているという思いが深まり、哲学には一人ひとりの人間の具体的な経験に対する理解が足りていないのではないかという疑念を持つようになっている。

問五 **D**・**E** に共通して入ることばとして適切なものを**ア**～**エ**から一つ選び、記号で答えなさい。

ア 共存　**イ** 分断　**ウ** 未知　**エ** 変化

問六 ぼう線部③「地図より羅針盤を持て」という言葉に筆者が注目する理由として適切なものを**ア**～**エ**から一つ選び、記号で答えなさい。

ア 最終的な目的を共有して一丸となって世界の方向性を考えていかなければならない現代社会においては、まず自分たちの状況を把握《はあく》するための見取り図の存在が欠かせないから。

イ 分かりやすい構図のもとに状況を整理しようとして違いばかりを強調するよりは、混沌に振《ふ》り回《まわ》されながらもその都度その都度正しいと思われる方針を探《さぐ》っていく方がまだましだから。

エ　Ａ　あるいは　Ｂ　なぜなら　Ｃ　ちなみに

問三　ぼう線部①「ウィキペディア」を筆者はどのようなものと捉《とら》えていますか。その説明として適切なものを**ア**～**エ**から一つ選び、記号で答えなさい。

ア　専門的な知識を持っているかどうかを問わずみんなが記事を書くことができることが災いし、誰の興味も引くことがない記事があふれているもの。

イ　執筆することも編集することも自由な場だが、執筆者と読み手のほとんどが男性であるために、男性の興味を引く記事だけが存在しているもの。

ウ　誰でも自由に執筆や編集ができる場ではあるが、女性の参加割合が低いため、一般的な関心の傾向《けいこう》をきちんと反映しているとは必ずしも言えないもの。

エ　立場や性別を問わず誰でも書き込むことができ、結果として常によりよいものに記事が作り変えられているため、非常に便利で参考になるもの。

問四　ぼう線部②「哲学への不信」の説明として適切なものを**ア**～**エ**から一つ選び、記号で答えなさい。

ア　人間にとっての普遍的な問題を全て等しく扱ってきた学問が哲学であると信じていたが、実際には社会的地位の低かった女性に対する差別が当たり前のように行われていたことを知り、哲学の公平性を信じることができなくなっている。

イ　全ての人間に関わる問いを究《きわ》めていくように見えて、実は女性の出産経験をほとんど語ることがなかったことから、哲学が考察の対象とする人間からこぼれる存在があるの

問一　筆者は大学で学ぼうとしている人にどのようなことを求めていますか。その説明として適切なものをア～エから一つ選び、記号で答えなさい。

ア　まだまだ発展の途上《とじょう》にある社会を改善していくために、勉学にはげみ社会にひそむ問題点を積極的に探り出していき、ゆくゆくは人々を主導するような立場について完璧な世界を成立させる努力をしていくこと。

イ　世界のルールは書き換えることが可能であるという感覚をたくさんの人々と共有し、インターネットを利用して目の前にいない人とつながりを持ちながら、社会の仕組みやルールを前向きに直し続けていくこと。

ウ　どうしたらもっと世界をよりよいものにできるか、そのために自分は何ができるかという問題意識を持ち続け、多くの人々と自由で活発な議論をすることを通じて、偏りや排除のない公平な社会の形成を目指していくこと。

エ　社会は完全なものではないという認識を持ち、生活の中で違和感を覚えたら、自分にできる範囲《はんい》でそれを解消する努力を、社会をよりよく作り変えるために、また人々の考え方を変えていくために自分から行っていくこと。

問二　[A]・[B]・[C]に入ることばの組み合わせとして適切なものをア～エから一つ選び、記号で答えなさい。

ア　A　たとえば　B　つまり　C　実は

イ　A　たとえば　B　なぜなら　C　ところが

ウ　A　あるいは　B　つまり　C　そして

ます。

③「地図より羅針盤《らしんばん》を持て」という言葉があります。地図は、確かに持っていると安心です。いま自分がどこにいるのかを確認《かくにん》することができるし、これから何が起こるか予測するのを助けてくれます。

けれども混沌《こんとん》とした社会に向き合うときは、地図を作ることはかえって危険な場合があります。分かりやすい構図のもとに状況《じょうきょう》を整理しようとして、この人は味方、この人は敵、などと違いばかりを強調することになるからです。地図は、 E を加速させてしまう可能性があるのです。

そうではなく、羅針盤に従うことが重要なのではないか、と思うのです。問題は、目先の道が左か右かということではない。自分が、そして社会が、最終的に目指したい方向はどっちなのか。仮に見通しが悪くとも、正しい方向を大局的にとらえ、混沌に翻弄《ほんろう》されながらもそちらに向かって進んでいくこと。この言葉はその重要性を説《と》いていると、私は理解しています。

（伊藤亜紗「女子学生たちへ」『新・大学でなにを学ぶか』所収　岩波書店）

＊１　トリビアルな…とるに足りない。

＊２　標榜…主義、主張などをかかげること。

＊３　フェミニスト…女性の権利を拡張するため活動する人。

＊４　アクティビスト…政治、社会を変えようと活動する人。

した。そこで、障害者という、スタンダードとは異なるとされる体を持つ人について考えることを始めたのです。それはとりもなおさず、哲学がこれまで前提にしてきた「人間」像に書き込みをする作業でした。

これは単に哲学という学問をよりよいものにするための書き込みではありません。哲学がつむぎだす「人間とはこういうものだ」という理解が、私たちの社会のさまざまな場面に影《えい》響《きょう》を与《あた》えうるからです。もちろん、私一人ができることは微々《びび》たるものです。でも気づいた人が書き込みをしなければ、人間が考える「人間」は、永遠にアップデートされることはありません。

この作り途中の、まだまだダメなところがたくさんある社会に書き込みをする。そのために必要な、知識と思考力と意欲を、大学はあなたに与えます。あなたを、私たちと一緒《いっしょ》に社会を作る同志にするためです。

するべき仕事がたくさん残っています。特に、女性であるみなさんには。

フェミニスト*3になれと言いたいわけではありません。あるいは社会を変える政治家になれ、アクティビスト*4になれ、と言いたいわけでもありません。

ただ、何か違和感《いわかん》を持つことがあったら、その背景を調べ、あなたに可能な書き込みをしてほしい。どんなに小さなことでも構いません。お客さんとして社会を傍観《ぼうかん》しているのではなく、プレイヤーとしてフィールドに下り、参加してほしいのです。

そうはいっても、いまの時代に「書き込み」をするのは勇気がいることかもしれません。ちょっと目立ったことをすると、ＳＮＳ等で叩《たた》かれたり、批判されたりするからです。

いま、私たちが生きるのは［Ｄ］の時代です。自分とは違《ちが》う人を排除《はいじょ》したり、ある事柄《ことがら》について賛成派と反対派がお互《たが》いを罵《ののし》り合ったりするような事態が、世界規模で進行してい

ません。ですが、彼女《かのじょ》がどんなドレスを着たかは、決してトリビアル[*1]な話題とは言えないと思います。少なくとも、ウィキペディアに膨大《ぼうだい》な記事があるコンピューター関連のマニアックな話題に比べたら、一般的《いっぱんてき》な関心は高いはずです。にもかかわらず、それはおそらく女性向けの軽薄《けいはく》なトピックだと判断されてしまったのです。

[C]、同じようなことは学問の世界でも起こっています。

私は今から一〇年ほど前に第一子を出産しました。出産の経験は私にとって大きな衝撃《しょうげき》でした。自分の体が自分でも知らなかったような爆発的《ばくはつてき》なパワーを発揮し、一つの命を自らから切《き》り離《はな》すのです。出産後の痛みに耐《た》えながら、この経験について、いつか言葉にしてみたいと思いました。

私は過去の哲学《てつがく》の文献《ぶんけん》にあたりました。哲学といえば「人間とは何か」という普遍的《ふへんてき》な問いに立ち向かう、古代ギリシャから続く歴史のある学問です。

ところが、です。哲学の中には、出産の経験についての記述が、ほとんど出てこないのです。理由はもう明らかですね。哲学者のほとんどが男性だからです。哲学は普遍を標榜《ひょうぼう》[*2]していながら、人類の約半分が経験する可能性のある一大事について、ほとんどスルーしているのです。

冒頭《ぼうとう》で、私は障害のある人の感じ方について研究している、と述べました。実は、私が障害のある人について研究しようと思ったきっかけの一つが、この出産後に経験した②哲学への不信なのです。哲学は人間を扱《あつか》っているけれど、そこで言う「人間」に、自分は入っていないのではないか。そもそも「普遍的な人間」など存在するのか。本当は、一人ひとり異なる具体的な人間がいるだけではないのか。

私は哲学が前提にしてきた「人間」像を、もっと別の角度からとらえてみたい、と考えま

実際の社会も同じです。この世に完璧《かんぺき》な仕組みやルールはありません。アリが巣に住みながら絶えずそれを直し続けているように、私たちの生きる社会は作り途《と》中《ちゅう》なのです。どうしたら世界をもっとよりよいものにできるか。そのために自分は何ができるか。その前向きな力が、今の日本には圧倒的《あっとうてき》に足りていません。

「書き込み可能」というイメージにダイレクトに結びつく、身近な例を一つあげましょう。

インターネットに接続したことのある人なら、①一度はウィキペディアのページを訪《おとず》れたことがあると思います。あの、オンラインの無料で見ることのできる百科事典です。

みなさんは、ウィキペディアの記事がどんなふうに作られているのか知っていますか？ウィキペディアの記事は、従来の百科事典とは異なり、その項目《こうもく》についての専門家が執筆《しっぴつ》しているわけではありません。中には専門家による記述もあるでしょうが、基本的には誰《だれ》でも書き込むことができる、編集自由な場がウィキペディアです。まさに「みんなの事典」なのです。

ですが、この「みんな」とは誰でしょうか。実はある調査によれば、ウィキペディアを編集しているのは、九割が男性なのです。ウィキペディアの編集に参加する人を「ウィキペディアン」と言いますが、女性ウィキペディアンはごくごく少数なのです。

そのせいで、ウィキペディアの記事にはしばしば偏《かたよ》りが見られます。たとえば英国ウィリアム王子の結婚《けっこん》に関する記事。お相手のケイト・ミドルトンが着ていたウェディングドレスについての記事が作られたのですが、その日のうちに削除《さくじょ》依頼《いらい》が出されました。それどころか「バカげている」などという強い非難が起こったそうです（北村《きたむら》紗《さ》衣《え》「ウィキペディアが、実は「男の世界」だって知っていましたか」現代ビジネス）。

私自身はケイト・ミドルトンのファッションについて、それほど関心があるわけではあり

素直《すなお》に受け入れられるようにしよう、という決意。

ウ　これから先梢たちとぶつかることがあっても、もう意地を張ったりせずに自分からちゃんと謝る姿勢を持つようにしよう、という決意。

エ　清凜にもどりたいという願いは、自分だけの大切な気持ちとして誰にも知られないようそっと胸の奥《おく》にしまっておくようにしよう、という決意。

三

次の文章を読んで、問いに答えなさい。（なお、出題にさいして見出し、出典の一部を省略しています。）

大学で学ぼうとしているみなさんに私から伝えたいことは、一つです。それは、世界は書《か》き込《こ》み可能（Writeable）であるという感覚を持ってほしい、ということです。「書き込み可能」とは「編集してよい」ということ。あなたの手によって、よりよく作り変えることが可能だということです。

［　A　］、子供のころにこんな経験をしたことはないでしょうか。みんなでかくれんぼをしたい。でも一人だけ学年が下の子がいて、走るのが遅《おそ》く、すぐにつかまってしまう。その子がかわいそうだし、遊びも盛りあがらない。

そんなとき、どうしたでしょうか。みんなで相談して、たとえばその子だけ、みんなより早めに逃《に》げてよい、というハンディをつけたりしたのではないでしょうか。あるいは、二、三人のグループを作って、そのグループ単位で逃げることにしてもいいかもしれない。

［　B　］、全員が楽しく遊べるように、かくれんぼのルールを少し書《か》き換《か》えて遊んだはずです。

エ　高級スイーツの写真のとおりに仕上がり美貴を驚かすことができたから。

問五　ぼう線部④「この学校に来てから、給食をおいしいと感じたのはこれがはじめてだった」とありますが、その理由の説明として適切なものを**ア**～**エ**から一つ選び、記号で答えなさい。

ア　どこの中学校であっても、七夕ゼリーは一年に一回しか出されない特別で貴重なメニューだから。

イ　安っぽいと思ったゼリーが、梢たちの手で見事に高級に見えるデザートに仕上がっていたから。

ウ　梢や朋華たちのアイデアによって、味や食感まで別物のデザートに作りかえることができたから。

エ　美貴のことを思う梢や朋華たちの温かい気持ちがたくさんつまった、特別なメニューだったから。

問六　ぼう線部⑤「七夕ゼリーのまわりに飾られた星型のトッピングを見つめて、わたしはそう心に決めた」とありますが、美貴の決意として適切なものを**ア**～**エ**から一つ選び、記号で答えなさい。

ア　自分の口に合わない給食だと決めつけずに、これからは盛り付けを工夫《くふう》することでみんなとおいしく食べるようにしていこう、という決意。

イ　この転校先の学校に自分からもっと積極的になじむ姿勢を持ち、梢たちのやさしさを

ア 悪気がなかったとはいえ転校の事情を知ることとなってしまった梢から、ずっと憐《あわ》れみを受けていたということ。

イ 清凜では友達がたくさんいたのに転校先ではずっとひとりぼっちで、これ以上その寂しさには耐《た》えられないこと。

ウ 悪いのは梢ではなく自分自身であり、強がった態度をとっていても仲なおりがしたいと思っているということ。

エ まわりの人に対して無意識に感じの悪い態度をとってしまうのは性分《しょうぶん》であり、努力して直さないといけないこと。

問三 □ に入ることばとして適切なものを**ア**～**エ**から一つ選び、記号で答えなさい。

ア おずおずと

イ どうどうと

ウ ふらふらと

エ にっこりと

問四 ぼう線部③「梢はほっとしたような笑みを浮かべていた」とありますが、その理由の説明として適切なものを**ア**～**エ**から一つ選び、記号で答えなさい。

ア 張りつめていた場の空気を足立くんがさりげなくなごませてくれたから。

イ 自分のせいで怒らせてしまっていた美貴と無事に仲なおりができたから。

ウ あらかじめ皆で打ち合わせていたとおりの発言を朋華がしてくれたから。

ら、わたしは「おいしい」とつぶやいた。④この学校に来てから、給食をおいしいと感じたのはこれがはじめてだった。

　きょうの部活が終わったら、とわたしは思った。きょうの部活が終わったら、帰り道に公民館に寄って、七夕飾りの短冊《たんざく》の願いごとを書きかえよう。それから図書室で、みんなにすすめてもらった本を借りることにしよう。

　⑤七夕ゼリーのまわりに飾られた星型のトッピングを見つめて、わたしはそう心に決めた。

（如月かずさ『給食アンサンブル』光村図書出版）

問一　ぼう線部①「梢は上目遣いにわたしの返事を待っていた」とありますが、このときの梢の気持ちとして適切なものを**ア**〜**エ**から一つ選び、記号で答えなさい。

ア　どうしても食べたかった七夕ゼリーを確実にもらえるよう、美貴にねだるような思いでいる。

イ　たとえ安っぽくても甘いものには目がない美貴が、ゼリーを本当にくれるかどうか心配している。

ウ　美貴に許してもらいたい一心で朋華たちと考えた計画がうまくいくよう、祈《いの》るような思いでいる。

エ　ずっと意地を張っている美貴の方から自然と謝れるような雰囲気《ふんいき》を作ろうと、とりつくろっている。

問二　ぼう線部②「そんなこと」が指している内容として適切なものを**ア**〜**エ**から一つ選び、記号で答えなさい。

しておきたいことをばらしたりして……」

「違う、梢はなにも悪くない。なのにお詫びなんてもらえないわ」

わたしはとっさにそう言っていた。けれど梢は、「いいから、あたしが美貴にあげたいの。だから、はい」と、ゼリーの皿を差しだしてくる。

わたしはためらいがちにその皿を受け取った。ゼリーを飾る星型のトッピングは、全部で十個あった。トッピングはひとつのゼリーに二個。梢と朋華のゼリーからは、トッピングがなくなっていた。さらにとなりの班に目をやると、高梨さんが恥《は》ずかしそうにほほえみ、沢村さんがいつもの無表情のまま親指を立ててみせた。それを見たわたしは、もう涙をこらえきれなくなってしまった。

「どうよ美貴、こんなデザート、さすがに前の学校でも出なかったんじゃないの？」

朋華のおどけた科白《せりふ》に、わたしはうん、とうなずいた。当たり前だ。こんな特別なメニュー、どんな学校の給食だって、食べられるわけがない。

「ありがとう……それに、ごめんなさい」

ずっと言えなかったその言葉が、自然とわたしの口からこぼれた。にじんだ視界で梢の顔を見つめると、③梢はほっとしたような笑みを浮かべていた。

足立くんがわざとらしく聞いてきた。

「いやあ、すっげえなあ、それ。おれのと交換《こうかん》しねえ？」

「……だめ、これは絶対あげない」

涙まじりの笑顔でこたえると、わたしはゼリーをスプーンですくい、イチゴジャムのソースをつけて口に運んだ。

甘酸《あまず》っぱい味と、ひんやりした食感が口の中に広がる。その味と食感を大切に味わってか

塗りつぶされていた。

その皿のまんなかには、カップから丁寧《ていねい》に取りだされた七夕ゼリーが載っていた。しかもゼリーのまわりは、たくさんの星型のトッピングで飾《かざ》られ、皿にはイチゴジャムでお洒落《しゃれ》な模様が描《えが》いてあった。

その模様とトッピングのデザインには見おぼえがあった。勉強会のときに見た、高級スイーツの写真とそっくりだったのだ。

「うおっ、なんだその豪華《ごうか》ゼリー！」

足立くんが驚きの声をあげた。すると朋華が横から、「すごいでしょう、梢シェフのスペシャル七夕ゼリーよぉ」と自慢《じまん》する。

「美貴、これ、美貴に……」

梢が【　】ゼリーの皿を差しだしてきた。

「えっ、なんでわたしに……」

「その、この前のお詫《わ》びにっていうか……美貴、すごく怒《おこ》ってるだろうから、どうしたら許してもらえるか、みんなに相談したんだ。そしたら朋華がアイデアを出してくれて……」

梢が横目でとなりの朋華を見た。わたしもつられて朋華に視線を移すと、朋華はしたり顔で言った。

「ほら、お金で買ったものをあげるのもなんか違《ちが》うでしょ、この場合。それでいろいろ考えたんだけど、このあいだ美貴があの高級スイーツの写真をすごく熱心に見てたから、こういうのなら喜んでくれるんじゃないかなあ、って思って」

わたしは言葉を失ったまま、再び梢の顔を見た。梢は目を伏《ふ》せて、わたしに謝《あやま》ってきた。

「この前は、ごめん。美貴がつらいのはわかってたのに、勝手にいらついて、美貴が秘密に

まったく、あきれてものも言えないとはこのことだ。いくら食い意地が張っているといったって、よりにもよってわたしの給食をほしがるなんて。

胸の中で軽蔑《けいべつ》の言葉をならべながら、イチゴジャムの袋を千切《ちぎ》ると、いきおいよく飛びだしたジャムがトレイを汚《よご》して、頭がカッと熱くなった。けれど怒りはすぐに冷えてしぼまり、同時にわたしの心も暗く落ちこんだ。

……どうして、あんなつっけんどんにわたしたりしてしまったんだろう。気づけばわたしはそう後悔《こうかい》していた。しょうがないなあ、と苦笑いでも浮《う》かべて手渡《てわた》していれば、それをきっかけに梢と仲なおりできたかもしれないのに、と。

強がってごまかすことはもうできなかった。梢と仲なおりがしたい。朋華たちともまた仲よくつきあいたい。それはわたしの本心だった。

たしかに梢はわたしが隠《かく》していたことをばらした。だけど、もともと悪いのはわたしだ。最初の理由がなんだって、梢はずっとわたしにやさしくしてくれた。わたしをひとりにしないでくれた。なのにわたしはつまらない意地を張って見栄《みえ》を張って、梢のことを傷つけて……。

②そんなことはもうとっくにわかっていたのに、それでもまだ梢のことを避《さ》け続けている自分に、心底嫌気《いやけ》が差した。給食に手もつけず、机の下でぎゅっと両手を握《にぎ》りしめていると、騒々《そうぞう》しいまわりの声が急速に遠ざかっていくのを感じた。

自分が泣きそうになっているのがわかった。けれど涙《なみだ》があふれる寸前で、「美貴」とわたしの名前を呼ぶ梢の声が耳に届いた。

梢のほうを向いたときには、無意識にまた不機嫌《ふきげん》な表情になってしまっていて、わたしは心の中で自分をなじった。だけどわたしの不機嫌顔は、梢の持った皿を見た瞬間《しゅんかん》、驚きで

せいせいした。そんなふうに強気でいられたのは、最初のうちだけだった。

清凜《せいりん》女子学院に通っていたころは、友達がたくさんいた。こっちに来てからも、梢がすぐに仲間の輪に入れてくれた。自ら望んでひとりになってはじめて、わたしはひとりでいることの寂《さび》しさを知った。

ひとりぼっちのまま数日が過ぎて、七夕の日になった。公立の中学でも、七夕の給食には七夕ゼリーが出るものらしい。それは紙製のカップに入った白いゼリーで、トッピングに星型の小さなゼリーが二個、申し訳程度に載《の》っていた。

「……安っぽい」

わたしは誰にも聞こえない声でつぶやいた。それから、去年までの七夕ゼリーは、と思いだそうとして、もういいかげん嫌《いや》になった。

どんなに強く願ったところで、どうせもうわたしは、清凜にはもどれない。だからこうやっていちいちあのころといまをくらべるのは、ただ無意味につらくなるだけだ。

わたしはため息をついて、食パンに塗《ぬ》るイチゴジャムの小袋《こぶくろ》を開けようとした。するとそのとき、梢が「ねえ」とわたしに声をかけた。

話をする気はなかったのに、反射的にそちらを向いてしまうと、梢は遠慮《えんりょ》がちに言った。

「それ、くれない？」

わたしの七夕ゼリーを指差して。

わたしは唖然《あぜん》として梢の顔を見つめた。①梢は上目遣《うわめづか》いにわたしの返事を待っていた。

驚《おどろ》きとあきれがいらだちに変わり、けれど嫌だと返事をするのも癪《しゃく》で、わたしはゼリーのカップを乱暴に梢の給食のトレイに置いた。ありがと、と梢が言ってきたけど、わたしはそれを無視した。

(4)　ア　□苦□苦　　イ　□発□中
　　ウ　□方□方　　エ　□捨□入

問三　□に入る漢字として適切なものをア～コから一つずつ選び、記号で答えなさい。

(1)　笑う門には□来たる
　　（どんなにつらくても、笑っていれば幸せがやってくるということ。）

(2)　□に短したすきに長し
　　（物事が中途半端《ちゅうとはんぱ》で何にも使えず、役に立たないこと。）

(3)　□は友を呼ぶ
　　（気の合う人や似ている人は、自然と集まって仲間になるものだということ。）

ア　春　　イ　猫《ねこ》　　ウ　福　　エ　災　　オ　帯
カ　紐《ひも》　　キ　悪　　ク　種　　ケ　神　　コ　類

二

次の文章を読んで、問いに答えなさい。

次の日から、わたしはひとりになった。教室でも部活でも、誰《だれ》ともつきあわなくなった。ときどき梢《こずえ》が話しかけようとしてくるのがわかったけど、わたしは頑《かたく》なに気づかないふりをした。

朋華《ともか》も高梨《たかなし》さんも沢村《さわむら》さんも、わたしに関わってはこなかった。関わりあいを拒絶《きょぜつ》する空気を、わたしが発していたせいかもしれないけど、もともと彼女《かのじょ》たちは梢の友達だ。梢と仲違《なかたが》いをしたわたしと仲よくする理由はない。

(7) すべてショウ知のうえで行動する。

ア 注文をウケタマワる。

イ 合ショウコンクールに出る。

ウ パーティにショウ待する。

エ 電子辞書を落としてキズがつく。

(8) 判断をユダねる。

ア 物音がしたので周イを確認《かくにん》する。

イ イ戸水をくんで運ぶ。

ウ クラスのイ員長をつとめる。

エ 自分のイ見をまとめて発表する。

問二 □に入る数の合計が最も多いものをア～エから一つずつ選び、記号で答えなさい。

（例）鶴《つる》は□年亀《かめ》は□年→千・万＝一一〇〇〇

(1)
ア なくて□癖《くせ》　イ □束□文
ウ 桃栗《ももくり》□年柿《かき》□年　エ □転び□起き

(2)
ア □害あって□利なし　イ □日坊主《ぼうず》
ウ □つ子の魂《たましい》□まで　エ □人□色

(3)
ア □寸の虫にも□分の魂　イ □寒□温
ウ 朝□暮□　エ □死に□生を得る

(3) クラスの出し物についてトウ論する。

ア 前向きに検トウする。
イ 砂トウの甘《あま》さを引き立てる。
ウ 天下をトウ一する。
エ 二〇〇〇年代初トウの出来事。

(4) すぐれたシ質を持つ。

ア 週刊シを購入《こうにゅう》する。
イ 勉強をしてシ格をとる。
ウ シ葉末節にこだわる。
エ シ会をつとめる。

(5) 努力がムクわれる。

ア 病気でナくなった人。
イ 老人ホームをホウ問する。
ウ 新しいホウ則をみつける。
エ ホウ道の自由を守る。

(6) 目にウツるものすべてが美しい。

ア 電車でイ動する。
イ DVDを借りてエイ画を見る。
ウ ノートに書きウツす。
エ イ服を身につける。

二〇二一年度 東洋大学京北中学校

【国　語】〈第一回試験〉（五〇分）〈満点：一〇〇点〉

《注　意》１．作問のため本文にふりがなをつけた部分があります。
２．字数指定のある問いはすべて、句読点・記号も一字と数えるものとします。

一

次の問いに答えなさい。

問一 (1)〜(8)のぼう線部に相当する漢字をふくむものを、**ア**〜**エ**から一つずつ選び、記号で答えなさい。

(1) 生地をセン料にひたして色をつける。

ア 中性セン剤《ざい》で食器をきれいにする。
イ 温セン旅館に宿泊《しゅくはく》する。
ウ 運動会の代表セン手になる。
エ 伝セン病の予防接種を受ける。

(2) 価値カンの違《ちが》いが争いの原因となる。

ア カン情をおさえて話す。
イ 物語がカン結する。
ウ アサガオのカン察日記をつける。
エ 病人をカン病する。

2021年度

東洋大学京北中学校　▶解説と解答

算　数　＜第１回試験＞（50分）＜満点：100点＞

解　答

1 (1)　6　(2)　$1\frac{1}{2}$　(3)　14　(4)　$\frac{5}{8}$　(5)　459　**2** (1)　150ｇ　(2)　７回　(3)　312　(4)　210ページ　(5)　時速６km　(6)　36度　(7)　1017.36cm^3　(8)　9.18cm^2　**3** (1)　27通り　(2)　24通り　(3)　９通り　**4** (1)　$3\frac{1}{3}$cm　(2)　$13\frac{1}{3}$cm　(3)　18倍　**5** (1)　土曜日　(2)　17回　(3)　550

解　説

1　四則計算，逆算

(1)　$2400\times200\div40\div2000=2400\times200\times\frac{1}{40}\times\frac{1}{2000}=\frac{2400}{40}\times\frac{200}{2000}=60\times\frac{1}{10}=6$

(2)　$2.7\times\frac{5}{6}-0.3\div\frac{2}{5}=\frac{27}{10}\times\frac{5}{6}-\frac{3}{10}\times\frac{5}{2}=\frac{9}{4}-\frac{3}{4}=\frac{6}{4}=\frac{3}{2}=1\frac{1}{2}$

(3)　$5\frac{4}{9}\div\left(1\frac{1}{3}-\frac{5}{6}\right)\times1\frac{2}{7}=\frac{49}{9}\div\left(\frac{4}{3}-\frac{5}{6}\right)\times\frac{9}{7}=\frac{49}{9}\div\left(\frac{8}{6}-\frac{5}{6}\right)\times\frac{9}{7}=\frac{49}{9}\div\frac{3}{6}\times\frac{9}{7}=\frac{49}{9}\div\frac{1}{2}\times\frac{9}{7}$
$=\frac{49}{9}\times2\times\frac{9}{7}=\frac{49}{9}\times\frac{9}{7}\times2=7\times2=14$

(4)　$2\frac{4}{7}\times\square\times\frac{7}{15}-0.125=\frac{5}{8}$より，$2\frac{4}{7}\times\frac{7}{15}\times\square-0.125=\frac{18}{7}\times\frac{7}{15}\times\square-0.125=\frac{6}{5}\times\square-0.125=\frac{5}{8}$，$\frac{6}{5}\times\square=\frac{5}{8}+0.125=\frac{5}{8}+\frac{1}{8}=\frac{6}{8}=\frac{3}{4}$　よって，$\square=\frac{3}{4}\div\frac{6}{5}=\frac{3}{4}\times\frac{5}{6}=\frac{5}{8}$

(5)　$3+15+27+39+51+63+75+87+99=(3+99)+(15+87)+(27+75)+(39+63)+51=102+102+102+102+51=102\times4+51=408+51=459$

2　濃度《のうど》，平均とのべ，約数と倍数，相当算，速さ，角度，体積，面積

(1)　食塩水の濃度は25％なので，食塩を除いた，100－25＝75(％)は水である。すると，水450ｇは，75％を小数になおした0.75にあたる。そのとき１にあたる重さは，450÷0.75＝600(ｇ)なので，食塩水の重さは600ｇである。よって，450ｇの水に加えた食塩の重さは，600－450＝150(ｇ)とわかる。

(2)　昨日までのテストの回数を□回として図に表すと，右の図１のようになる。図１で，かげをつけた部分と太線で囲んだ部分の面積は，ともにＡさんのテストの合計点を表すので，☆と★の部分の面積は等しい。☆の部分の面積は，(78－75)×□＝３×□，★の部分の面積は，(99－78)×１＝21なので，３×□＝21より，□＝21÷３＝７となる。よって，Ａさんが昨日までに受けたテストの回数は７回である。

図１

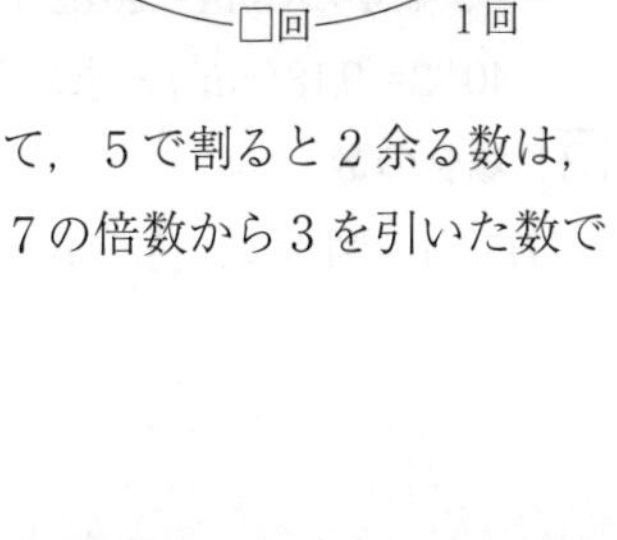

(3)　５で割ると２余る数に，３を加えると５の倍数となる。したがって，５で割ると２余る数は，５の倍数から３を引いた数である。同様に，７で割ると４余る数は，７の倍数から３を引いた数で

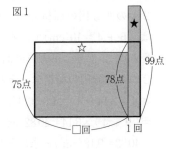

ある。よって，右の図２のように，５で割ると２余り，７で割ると４余る数は，５と７の公倍数から３を引いた数である。５と７には１以外の共通の約数がないので，最小公倍数は，５×７＝35であり，５と７の公倍数は35の倍数とわかる。そこで，35の倍数から３を引いた数の中で，300に最も近い数を求める。300より小さい中で最大なのは，300÷35＝８余り20より，35×８－３＝277である。一方，300より大きい中で最小なのは，35×９－３＝312である。312－300＝12，300－277＝23より，312は277よりも300に近いので，312とわかる。

図２

５で割ると２余る数　⇒　（５の倍数）－３
７で割ると４余る数　⇒　（７の倍数）－３
５で割ると２余り，
７で割ると４余る数　｝（５と７の公倍数）－３

(4)　１日目の残りを①とすると，右の図３より，96ページは，①$-\frac{3}{7}$＝$\frac{4}{7}$にあたる。よって，①＝96÷$\frac{4}{7}$＝168(ページ)なので，本は全部で，168＋42＝210(ページ)とわかる。

図３
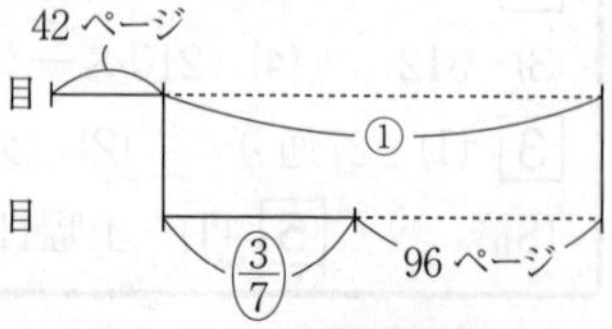

(5)　(往復の平均の速さ)＝(往復の距離《きょり》)÷(往復の時間)より，(往復の時間)＝(往復の距離)÷(往復の平均の速さ)である。すると，往復の距離は，28×２＝56（km），往復の平均の速さは時速4.8kmなので，往復にかかる時間は，56÷4.8＝$11\frac{2}{3}$(時間)とわかる。行きは28kmを時速４kmで進んだので，行きにかかる時間は，28÷４＝７(時間)である。よって，帰りにかかる時間は，$11\frac{2}{3}$－７＝$4\frac{2}{3}$(時間)となり，帰りの速さは時速，28÷$4\frac{2}{3}$＝６(km)となる。

(6)　N角形の内角の和は，180×(N－２)で求められるので，五角形の内角の和は，180×(５－２)＝540(度)である。そこで，右の図４で角Ｂの大きさは，540÷５＝108(度)となる。図４で，ABとBCの長さは等しいので，三角形ABCは二等辺三角形であり，角BCAは，(180－108)÷２＝36(度)とわかる。三角形EDCは三角形ABCと合同なので，角DCEの大きさも36度であり，㋐の角度は，108－(36＋36)＝36(度)と求められる。

図４
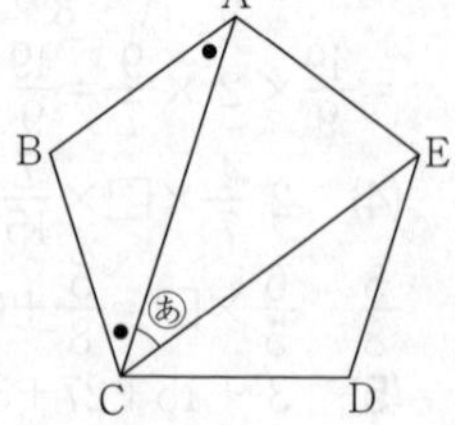

(7)　問題文中の図の立体を２つ用意して組み合わせると，右の図５のような円柱となる。この円柱の底面積は，６×６×3.14＝113.04(cm^2)，高さは，８＋10＝18(cm)なので，体積は，113.04×18＝2034.72(cm^3)となる。これは立体２個分の体積なので，１個分の体積は，2034.72÷２＝1017.36(cm^3)と求められる。

図５
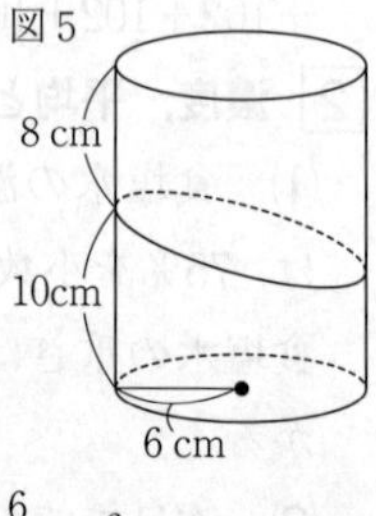

(8)　斜線《しゃせん》部分の面積の和を求めるには，右下の図６で，正方形の面積から２つの四分円の面積の和を引けばよい。図６で，正方形の対角線の長さは，６＋４＝10(cm)である。(正方形の面積)＝(対角線の長さ)×(対角線の長さ)÷２より，正方形の面積は，10×10÷２＝50(cm^2)とわかる。また，２つの四分円の面積は，それぞれ，６×６×3.14÷４＝９×3.14(cm^2)，４×４×3.14÷４＝４×3.14(cm^2)なので，それらの和は，９×3.14＋４×3.14＝(９＋４)×3.14＝40.82(cm^2)となる。よって，斜線部分の面積の和は，50－40.82＝9.18(cm^2)と求められる。

図６
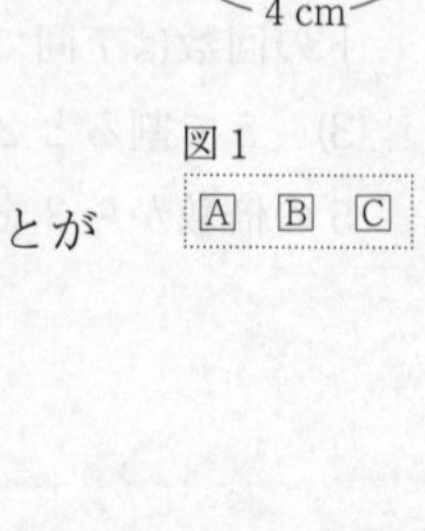

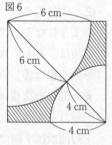

3　場合の数

(1)　右の図１で，Ⓐ，Ⓑ，Ⓒに，それぞれ赤，青，白の３色のカードをおくことが

図１

Ⓐ Ⓑ Ⓒ

できる。よって，並べ方は，３×３×３＝27(通り)とわかる。

図２

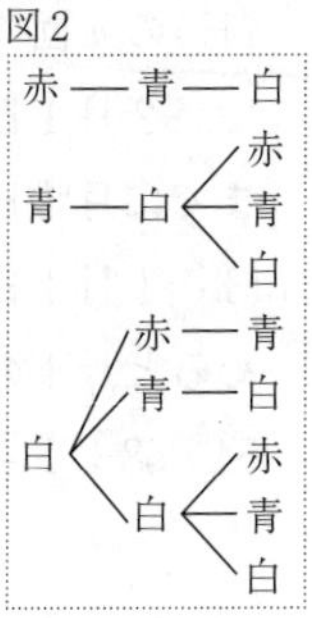

(2)　同じ色のカードを２枚まで使えるので，並べるカードの色は２色か３色である。そこで，(1)で求めたすべての並べ方から，並べるカードの色が１色だけの並べ方を除けばよい。すると，使う色が１色だけの並べ方は３通りなので，27－３＝24(通り)と求められる。

(3)　樹形図をかいて調べると，並べ方は右の図２のようになる。左が赤の場合は１通り，青の場合は３通り，白の場合は５通りあるので，１＋３＋５＝９(通り)と求められる。

4　平面図形―相似

(1)　球の入射角と反射角の大きさは等しいので，右の図１で，角AQPと角DQRの大きさは等しい。また，ADとBCは平行であり，錯角《さっかく》は等しいので，角DQRと角FRQの大きさは等しい。よって，角AQPと角FRQの大きさは等しいとわかる。さらに，角PAQと角QFRはともに直角で等しいので，三角形AQPと三角形FRQは相似である。このとき，QF：FR＝PA：AQ＝30：10＝３：１となる。QFは50cmなので，50：FR＝３：１より，FR＝50×１÷３＝$16\frac{2}{3}$(cm)であり，CR＝FC－FR＝20－$16\frac{2}{3}$＝$3\frac{1}{3}$(cm)と求められる。

図１

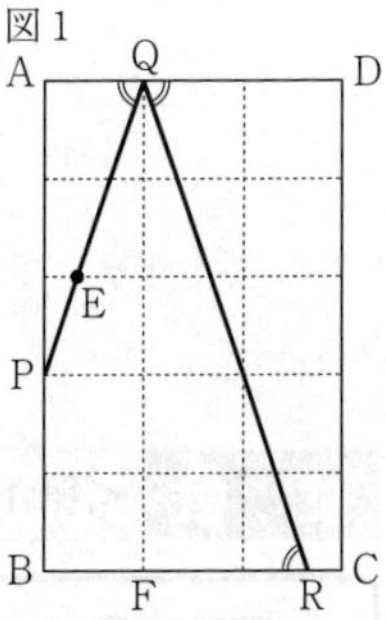

(2)　右の図２で三角形QFR，三角形SCR，三角形SDTは相似なので，QF：FR＝SC：CR＝SD：DTである。(1)より，QF：FR＝３：１なので，SC：CR＝３：１とわかり，CRの長さは$3\frac{1}{3}$cmなので，SC：$3\frac{1}{3}$＝３：１より，SC＝$3\frac{1}{3}$×３÷１＝10(cm)となる。SDの長さは，SD＝DC－SC＝50－10＝40(cm)なので，SD：DT＝40：DT＝３：１より，DTの長さは，DT＝40×１÷３＝$13\frac{1}{3}$(cm)と求められる。

図２

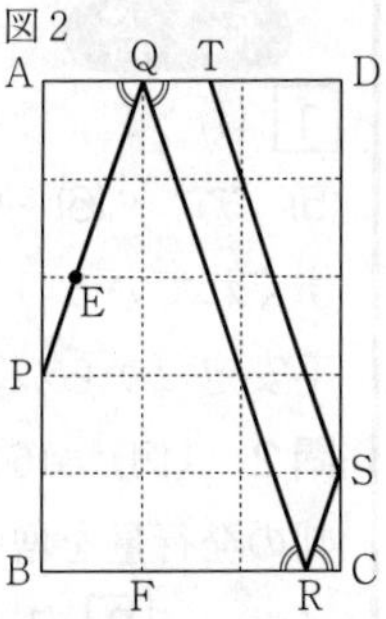

(3)　右下の図３で，AT＝AD－DT＝30－$13\frac{1}{3}$＝$16\frac{2}{3}$(cm)より，AB：AT＝50：$16\frac{2}{3}$＝３：１なので，球はTで反射後，Bに達するとわかる。PEの長さを１とすると，PQの長さは３，QRの長さは５，RSの長さは１，STの長さは４，TBの長さは５である。よって，球が進んだ長さは，３＋５＋１＋４＋５＝18となる。よって，頂点Bに達するまでに球が進んだ長さは，PEの長さの，18÷１＝18(倍)と求められる。

図３

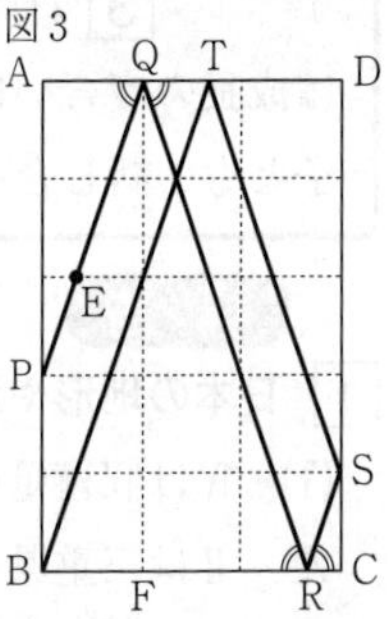

5　周期算

(1)　２月１日から２月28日までは28日間(2021年は平年なので２月は28日までである)，３月１日から３月31日までは31日間，４月１日から４月30日までは30日間であり，これに５月１日の１日間を加えて，２月１日から５月１日までは，28＋31＋30＋１＝90(日間)とわかる。90日間は，90÷７＝12余り６より，12週間と６日間である。すると，５月１日は，月曜日からはじまる周期(１週間)の６日目なので，土曜日と求められる。

(2)　２月１日は月曜日なので，１月のはじめの月曜日は，２月１日の，７×４＝28(日前)である。２月１日を１月の日付で表すと，31＋１＝32(日)なので，１月のはじめの月曜日は，32－28＝４(日)とわかる。よって，１月の月曜日は，４日，４＋７＝11(日)，11＋７＝18(日)，18＋７＝25

(日)の４回である。また，⑴より，月曜日である２月１日から５月１日までは12週間と６日間なので，２月１日から５月１日までに月曜日は，12＋１＝13(回)ある。よって，１月１日から５月１日までに月曜日は，４＋13＝17(回)と求められる。

⑶　１月１日から５月１日までのそれぞれの月における土曜日と日曜日の日付を書きだし，和を求めると，下の表のようになる。すると，土曜日と日曜日の日付の和は，80＋85＋66＋70＋66＋70＋54＋58＋１＝550と求められる。

１月	土曜日	２，９，16，23，30	２＋９＋16＋23＋30＝80
	日曜日	３，10，17，24，31	３＋10＋17＋24＋31＝85
２月	土曜日	６，13，20，27	６＋13＋20＋27＝66
	日曜日	７，14，21，28	７＋14＋21＋28＝70
３月	土曜日	６，13，20，27	６＋13＋20＋27＝66
	日曜日	７，14，21，28	７＋14＋21＋28＝70
４月	土曜日	３，10，17，24	３＋10＋17＋24＝54
	日曜日	４，11，18，25	４＋11＋18＋25＝58
５月	土曜日	１	１

社　会　＜第１回試験＞（30分）＜満点：50点＞

解　答

１　⑴　Ⅰ　じゃがいも　Ⅲ　乳用牛　⑵　イ　⑶　エ，輪中　⑷　リアス(式)海岸　⑸　ア　⑹　ウ　⑺　エ　⑻　(例)　太陽光(発電は，)二酸化炭素の排出量が少ない点(がすぐれている。)　⑼　(例)　雨や雪の日など雲が多いときや夜は発電ができず，電力の供給が不安定だから。　２　⑴　ウ　⑵　明　⑶　ア　⑷　ウ　⑸　**問１**　徳川綱吉　**問２**　(例)　1601年の小判と比べ，小判にふくまれる金の量を減らしている。こうすることで小判の発行量を増やし，流通する貨幣の量を増やした。　⑹　イ　⑺　自由民権運動　⑻　イ　３　⑴　条例　⑵　イ　⑶　ア　⑷　(例)　(子どもの権利条約は)子どもの意見は成長の度合いに応じて考慮されること(を定めているので，)大人が一方的に決めるのではなく，子どもと話し合ってルールをつくることが必要だ(。)

解　説

１　日本の地形や産業，気候，発電についての問題

⑴　Ⅳは収穫量の第１位が和歌山県，第２位が愛媛県となっていることから，みかんとわかる。また，Ⅱは三重県や京都府が収穫量の上位５位までに入っているので，茶と判断できる。残るⅠとⅢのうち，酪農《らくのう》のさかんな栃木県や岩手県が上位を占《し》めているⅢが乳用牛にあてはまり，Ⅰがじゃがいもとなる。

⑵　じゃがいもの収穫量と乳用牛の飼育頭数が全国第１位の①はＡの北海道，豚の飼育頭数とさつまいもの収穫量が全国第１位の②はＦの鹿児島県，茶の収穫量が全国第１位の③はＤの静岡県，りんごの収穫量が全国第２位の④はＣの長野県である。よって，イが正しい。

⑶　東海道新幹線で新大阪駅から東京駅に向かうと，京都府・滋賀県を過ぎたのち，まず「1600年に天下分け目の戦いのあった」岐阜県の関ケ原を通過する。その後，木曽川・長良《ながら》川・揖斐《いび》川が集

中して流れる濃尾平野南西部を通り，「大きなターミナル駅」の名古屋駅に到着する。濃尾平野南西部では，洪水被害を防ぐ工夫として，周りに堤防をめぐらした輪中とよばれる集落を見ることができる。さらに進むと，静岡県西部で，「日本で10番目の大きさ」をほこり，「淡水と海水が混在する汽水湖」である浜名湖を通る。そして，「海沿い」の「温泉街」にあたる静岡県東部の熱海《あたみ》や，「復元されたお城」にあたる神奈川県西部の小田原城を通過したのち，「日本最大の平野」である関東平野を進みながら，東京駅にいたる。

(4)　地図中Ｂの岩手県の南東部から宮城県にかけてのびる三陸海岸南部は，山地が沈《しず》みこみ，谷であったところに海水が侵入《しんにゅう》してできた出入りの複雑なリアス(式)海岸になっている。入り江は陸地の奥まで入りこみ，水深が深く波もおだやかなため天然の良港にめぐまれ，かきやわかめなどの養殖にも適しているが，入り江が海に向かってＶ字形に開いていることから，津波の被害を受けやすい。

(5)　地図中ａ１からａ２にいたる線上では，まず日本海側に平たんな秋田平野が広がり，その東に出羽山地が連なる。秋田・岩手県境には奥羽山脈がそびえ，太平洋側では沿岸部近くまで北上高地が広がっている。よって，アが正しい。

(6)　地図中ｂ１からｂ２に向かうと，伝統的工芸品の輪島塗《ぬり》(漆器《しっき》)と加賀友禅《ゆうぜん》で知られる石川県，美濃《みの》和紙がユネスコ(国連教育科学文化機関)の世界無形文化遺産に登録されている岐阜県，豊田市周辺で自動車工業がさかんな愛知県の順に通る。よって，ウが正しい。

(7)　鳥取市は冬の降水(雪)量が多い日本海側の気候に属するので，Ⅰとなる。高松市(香川県)は瀬戸内の気候に属し，年間を通して降水量が少なく温暖で晴れの日が多いので，Ⅲが選べる。高知市は夏の降水量が多い太平洋側の気候に属するので，Ⅱがあてはまる。

(8)　〔資料２〕に見られるエネルギーのうち，新エネルギーにふくまれるのは太陽光と風力である。これらは，自然の力でくり返し利用できる再生可能エネルギーで，石炭，天然ガス，石油などの化石燃料と比べると，二酸化炭素の排出量が少なく，環境に与える影響も比較《ひかく》的少ない。

(9)　太陽光や風力は天候など自然条件の影響を強く受けるため，電力供給が不安定とされている。ほかに，太陽光発電であれば初期費用が高いことや太陽光パネルを設置するさいに一定の面積が必要となること，風力発電であれば騒音《そうおん》があることや景観が損なわれてしまうことなども，普及《ふきゅう》が進まない理由としてあげられる。

2　各時代の歴史的なことがらについての問題

(1)　鑑真《がんじん》は唐(中国)の高僧で，東大寺の大仏が完成した翌年にあたる753年，苦難のすえに来日をはたした。鑑真は日本へ正式な戒律《かいりつ》(僧が守るべきいましめ)を伝え，奈良の都に唐招提寺《とうしょうだいじ》を建てるなど，日本の仏教発展に力をつくした。よって，ウが誤っている。なお，奈良時代に東大寺の大仏造営に協力した僧として知られるのは行基で，聖武天皇にその土木技術と動員力を買われ，最高僧位の大僧正《だいそうじょう》に任じられた。

(2)　室町時代，明(中国)が倭寇《わこう》(日本の武装商人団・海賊《かいぞく》)の取りしまりを幕府に求めてくると，室町幕府の第３代将軍をつとめた足利義満はこれをきっかけに明と国交を開いて貿易を始めた。日明貿易では，倭寇と区別するため正式な貿易船に「勘合《かんごう》(符《ふ》)」という合い札を持たせたことから，この貿易は勘合貿易ともよばれる。

(3)　室町時代に能の合間に演じられるようになった狂言は，日本独自の伝統芸能である。なお，イについて，茶を飲む習慣は，鎌倉時代に栄西が中国から伝えた。ウについて，干支《えと》は中国で生まれた紀年法で，６世紀までには日本に伝わっていたとされる。エについて，水墨画《すいぼくが》は宋や元の時代の中国でさかんになり，禅宗の僧が日本に伝えたのち，室町時代に雪舟が大成した。

⑷　川の両岸に問屋が並ぶウが，江戸時代の大阪のようすを描いた絵である。大阪は江戸時代に幕府の直轄《ちょっかつ》地となって大名の蔵屋敷《くらやしき》が立ち並び，各地の米や特産物などが集められて取引されるなど活発な経済活動が行われたことから，「天下の台所」とよばれた。また，江戸との間を行き来する菱垣廻船《ひがきかいせん》・樽《たる》廻船や，西廻《まわ》り航路に就航した北前船などが集まり，多くの船でにぎわった。なお，アは日米修好通商条約によって開港された横浜，イは江戸の日本橋，エは長崎の出島を描いた絵。

⑸　**問１**　江戸幕府の第５代将軍徳川綱吉は，極端な動物愛護令である生類憐《あわれ》みの令を1685年以来たびたび出して人々を困らせた。綱吉は，悪化した幕府の財政を立て直そうとして金貨や銀貨の質を落としたが，そのために貨幣《かへい》価値が下落して物価の急上昇を招き，庶民《しょみん》の生活はいっそう苦しくなった。　**問２**　〔資料①〕からは，1695年の小判は1601年の小判と比較して金の含有《がんゆう》量が少ないこと，〔資料②〕からは，1695年ごろには金の産出量が減少していたことと貨幣の流通量を増やす必要があったこと，〔資料③〕からは，小判の金の含有量を減らすことで，つくれる貨幣の量が増えたことが読み取れる。

⑹　2021年現在発行されている紙幣のうち，千円札の肖像《しょうぞう》には黄熱病の研究などで功績のあった野口英世《ひでよ》が，五千円札の肖像には『たけくらべ』や『にごりえ』などの小説を著した樋口一葉《ひぐちいちよう》が描かれている。なお，夏目漱石《そうせき》は野口英世の前の千円札の肖像に描かれていた人物。また，2024年度から発行される新千円札の肖像には北里柴三郎《しばさぶろう》が，新五千円札の肖像には津田梅子が，新一万円札の肖像には渋沢栄一が描かれることになっている。

⑺　明治時代の初め，板垣退助らは藩閥《はんばつ》政治を批判し，1874年には国会を開いて国民を政治に参加させることなどを要求する民撰《みんせん》議院設立建白書を政府に提出した。これをきっかけとして始まった自由民権運動が各地でさかんになると，1881年，政府はこの運動の高まりをおさえきれなくなり，1890年の国会開設を国民に約束した。

⑻　1889年に発布された大日本帝国憲法にもとづいて，翌90年に第１回帝国議会が開かれた。帝国議会は，一部の国民による選挙で選ばれた議員で組織される衆議院と，皇族・華族・国家功労者・高額納税者などの中から天皇によって任命されるなどした議員で組織される貴族院で構成されていた。

3　基本的人権や子どもの権利条約についての問題

⑴　憲法と法律の範囲《はんい》内で地方議会が制定し，その地方公共団体の中で適用されるきまりを条例といい，その地域の状況に合わせて独自の内容を盛りこむことができる。

⑵　日本国憲法は，基本的人権を「侵《おか》すことのできない永久の権利」として国民に保障しており，納税の義務をはたしていないからといって，基本的人権が認められないということはない。よって，イが誤っている。

⑶　インターネットを利用して，不特定多数の人から資金を集めることを，クラウドファンディングという。なお，イのワンチームとは，2019年のラグビーワールドカップ日本代表チームのスローガン。ウのバリアフリーとは，障がい者や高齢者の生活にとって障壁(バリア)となるものを取り除

くこと。エのボランティアとは，災害地に対する救援活動や障がい者に対する支援活動などを，自主的に無償で行う活動のこと。

(4)　インターネットやスマートフォンの使用時間を制限するというきまりが「子どもの自由を制限するようなきまりをつくるとき」の例としてあげられている。〔会話文〕で，「経験や知識が豊富な大人がしっかり考えてきまりをつくるのは当然だ」という親に対して，子は「大人が勝手に決める」のはやめて「子どもの意見も尊重するべき」と反論している。〔資料〕の「子どもの権利条約」の条文のうち，大人が子どもの自由を制限するようなきまりをつくるときに大事であると考えられるのは，子どもの意見は「子どもの成長の度合いに応じてじゅうぶん考慮されなければなりません」という部分である。これらのことから，子どもの自由を制限するようなきまりをつくるさいには，子どもとしっかり話し合うことが大事であるといえる。

理　科　＜第１回試験＞（30分）＜満点：50点＞

解　答

[1]　(1)　エ　(2)　エ　(3)　ウ　(4)　イ　(5)　イ　(6)　ウ　(7)　ア　(8)　イ

[2]　(1)　a　めしべ　b　おしべ　c　がく　(2)　ピーマン　(3)　A　空気　B　水　C　（適当な）温度　(4)　（例）　（種や実をつくるためには，）花粉をこん虫などの動物にめしべまで運んでもらうため。　(5)　（例）　種を運んでもらう。

[3]　(1)　イ，エ，オ　(2)　イ　(3)　ウ　(4)　①　20m　②　ウ

[4]　(1)　A　水素　B　酸性　C　黄　(2)　（例）　発生した液体が加熱部分にふれ，試験管が割れるのを防ぐため。　(3)　ウ　(4)　水　(5)　（例）　炭が燃えるときには水蒸気が発生しないから。

[5]　(1)　ア　(2)　エ　(3)　イ　(4)　ア　(5)　（例）「おす」を押すと，押し縮められた空気の力で湯が押し出されるから。

解　説

[1]　小問集合

(1)　導線に電流が流れると，導線のまわりには，電流の流れる向きに向かって直角に，反時計回りにＮ極がふれるような磁界が発生する。Ａでは，導線には南から北に向かって電流が流れているので，発生した磁界により導線より下にある方位磁針のＮ極は西向きにふれる。同様に，Ｂでは西に，ＣとＤでは東にふれる。また，この回路では途《と》中《ちゅう》に豆電球の並列部分があるため，ＡやＤのそばの導線に流れる電流の大きさの方が，ＢやＣのそばの導線に流れる電流の大きさよりも大きい。導線に流れる電流が大きいほど，発生する磁界が強くなり，方位磁針のＮ極が大きくふれるので，ＡやＤはＢやＣよりも大きくふれる。

(2)　求めるおもりの重さを□ｇとすると，てこのつり合いの関係から，20×100＝□×25，□＝20×100÷25＝80（ｇ）とわかる。

(3)　水酸化ナトリウム水よう液にアルミニウムを加えると，水素が発生する。

(4)　氷は０℃でとけ始め，とけ終わるまでは０℃のままである。氷水の場合も同様に，氷がとけ終わるまでは０℃のままである。

⑸　カブトムシ，テントウムシ，コガネムシは成長の過程にさなぎの時期がある完全変態のこん虫であり，カマキリはさなぎの時期がない不完全変態のこん虫である。

⑹　コウモリ，イルカ，ネコはほ乳類の仲間で，体温がつねにほぼ一定な恒温《こうおん》動物である。これに対して，カメはは虫類の仲間で，周りの温度によって体温が変化する変温動物である。

⑺　月の満ち欠けの周期は約29.5日なので，満月の１か月後にはほぼ満月の形の月が見られる。

⑻　にじは自分から見て太陽と反対側に見られるものなので，朝，太陽が東の空にあるとき，にじは西の空にできる。

2　植物の成長についての問題

⑴　ふつう花のつくりは，外側からがく，花びら，おしべ，めしべとなっている。

⑵　ナスの花に形が似ているものを選ぶ。ピーマンはナス科，アブラナはアブラナ科，オクラはアオイ科，ネギはヒガンバナ科に属する。

⑶　ふつう種子が発芽するためには，空気，水，適当な温度の３つの条件がすべてそろっている必要がある。冬の間は発芽せず，春になると発芽する種は，冬の間，気温が低くて適当な温度の条件が満たされていないため，発芽しない。

⑷　多くの植物は，種や実をつくるために，めしべの柱頭に他の花から運ばれてきた花粉がつかなければならない。植物は移動することができないため，こん虫などの動物や風などによって花粉を運んでもらう必要がある。そのため，こん虫などの動物がやってくるように，目立つ色の花をさかせたり，においや蜜《みつ》を出したりするしくみをもっている植物がある。

⑸　鳥に実が食べられても，実の中の種はふつう消化されずにふんに混じって出される。その間に鳥は長いきょりを移動するので，この実をつける植物にとって鳥は種を広いはん囲にまいてくれる存在といえる。

3　地層についての問題

⑴　どろはれきの粒《つぶ》や砂の粒よりも河口からはなれたところに積もるので，イは誤り。また，火山灰の粒の大きさは直径２mm以下であるから，エも誤りである。さらに，化石はれきの層やどろの層だけでなく砂の層にもふくまれることがあるので，オも誤り。

⑵　現在見られるサンゴは暖かくて浅い海に生息しているから，サンゴの化石をふくむ層がたい積した当時，この周辺は暖かくて浅い海だったと考えられる。

⑶　道路の左右のがけで，見える地層のようすはちがっていても，これらの層は元々つながっていたと述べられているので，それぞれの層が積み重なっている順番は同じである。道路の左側のがけでは下からでい層，火山灰層，砂層，火山灰層，砂層，れき層が積もっているので，下から砂層，火山灰層，砂層，れき層，砂層と下線部が一致《いっち》しているウが選べる。

⑷　①　東西に並ぶＢ～Ｄ地点において火山灰層の上端《じょうたん》までの深さを調べると，Ｂ地点は60m，Ｃ地点は40m，Ｄ地点は０mとなっている。このことから，西に100m進むごとに深さが20m深くなることがわかるので，Ｄ地点より100m西にあるＸ地点では，Ｄ地点より20m深いところ，つまり地表から深さ20mのところに火山灰層の上端がある。　②　南北に並ぶＡ地点，Ｃ地点，Ｅ地点において火山灰層の上端までの深さを調べると，南に100m進むごとに深さが20m深くなることがわかる。よって，①で述べたことも合わせて考えると，この土地は南西に低くなるようにかたむいている。

4 ものの燃え方についての問題

(1) **A** うすい塩酸をアルミニウムに加えて発生する気体なので，水素があてはまる。 **B** 青色リトマス紙を赤色に変えるので，酸性である。 **C** BTBよう液は，酸性の水よう液に対して黄色を示す。

(2) 割りばしを蒸し焼きにしたときに出てくる液体が試験管の加熱部分に流れると，その部分のガラスが急に冷えて割れてしまうことがある。これを防ぐため，試験管の口を少し下げて，液体が加熱部分に流れないようにする。

(3) 炭も割りばしも炭素をふくんでいるので，燃えるときに二酸化炭素が発生する。よって，燃え終わった集気びんに石灰水を加えると，どちらも発生した二酸化炭素と反応して石灰水が白くにごる。

(4) 割りばしが炎《ほのお》をあげて燃えた後，集気びんの内側がくもったのは，割りばしが燃えて発生した水蒸気が集気びんのかべで冷やされ，水てきとなってかべについたからである。

(5) 炭の場合は，ほぼ炭素だけでできているため燃やしても水蒸気は発生せず，うなぎなどの焼いているものに水分がつかないので，表面がパリッと焼ける。一方，ガスの場合は，水素をふくんでいるので燃やしたときに水蒸気が発生し，焼いているものに水分がつきやすく，表面がパリッとなりにくくなる。

5 水や空気の性質についての問題

(1) 後玉を押《お》しこむと，後玉と前玉の間にある空気が押し縮められる。すると，押し縮められた空気は元の体積にもどろうとして前玉を強く押す。このはたらきによって前玉が勢いよく飛び出す。

(2) 水は押しても体積がほぼ変化しない。そのため，後玉と前玉の間が水で満たされていると，水は押し縮められず，押しぼうで押したときの力がそのまま前玉に伝わるだけなので，前玉は勢いなくつつから出てポロっと落ちる。

(3) ペットボトルのふたをしたまま水面に押しつけた場合，ペットボトルの中の空気が水面を押し下げるので，イのようになる。

(4) ペットボトルのふたを取った場合は，ペットボトルの中の空気がふたから外に出ていくため，ペットボトルの中と外で水面の高さは同じになる。

(5) ポットの「おす」を押すと，ポットの中の空気が押し縮められ，この空気が元の体積にもどろうとする空気の力で湯の水面が押し下げられ，押された湯がポットから出てくる。

国 語 ＜第１回試験＞（50分）＜満点：100点＞

解 答

一 **問１** (1) エ (2) ウ (3) ア (4) イ (5) エ (6) イ (7) ア (8) ウ **問２** (1) エ (2) ウ (3) エ (4) イ **問３** (1) ウ (2) オ (3) コ

二 **問１** ウ **問２** ウ **問３** ア **問４** イ **問５** エ **問６** イ 三 **問１** エ **問２** ア **問３** ウ **問４** イ **問５** イ **問６** ウ 四 （例）「笑い」には，楽しさを表す意味があることから，おたがいの心を近づける効果があるといえる。しかしその一方，「笑い」には，他者をばかにする気持ちを表す意味もあり，対立を生んだり，相手を不快にしたりする効果をもたらすこともあるだろう。笑う人と笑われる人という対立が生まれないように気をつける必要がある。

解説

一 漢字の知識，四字熟語の完成，ことわざ・慣用句の完成

問１ ⑴「染料」は，布などに色をつけるもののことで，人から人へとうつる病気を意味する「伝染病」が同じ漢字をふくむ。アは「洗」，イは「泉」，ウは「選」である。　⑵「価値観」は，何に価値を置くのかというものの見方のことで，くわしく見ることを意味する「観察」が同じ漢字をふくむ。アは「感」，イは「完」，エは「看」である。　⑶「討論」は，ある問題について議論をたたかわせることで，物事をいろいろな角度から調べるという意味の「検討」が同じ漢字をふくむ。イは「糖」，ウは「統」，エは「頭」である。　⑷「資質」は，生まれ持った能力のことで，あることがらにふさわしい立場を意味する「資格」が同じ漢字をふくむ。アは「誌」，ウは「枝」，エは「司」である。　⑸「報われる」は，努力に見合った結果が得られることで，出来事を広く伝える意味の「報道」が同じ漢字をふくむ。アは「亡」，イは「訪」，ウは「法」である。　⑹「映る」は，映像などがものの上に現れることで，スクリーンに映像をうつす「映画」が同じ漢字をふくむ。アは「移」，ウは「写」，エは「衣」である。　⑺「承知」は，理解することで，相手の言葉を受け入れるという意味の「承る」が同じ漢字をふくむ。イは「唱」，ウは「招」，エは「傷」である。　⑻「委ねる」は，相手に任せることで，委員会の活動の中心となる人を意味する「委員長」が同じ漢字をふくむ。アは「囲」，イは「井」，エは「意」である。

問２ ⑴ アは「なくて七癖《ななくせ》」，イは「二束三文」，ウは「桃栗《ももくり》三年柿《かき》八年」，エは「七転び八起き」なので，数の合計は，エが十五，ウが十一，アが七，イが五となる。　⑵ アは「百害あって一利なし」，イは「三日坊主《ぼうず》」，ウは「三つ子の魂《たましい》百まで」，エは「十人十色《といろ》」なので，数の合計は，ウが百三，アが百一，エが二十，イが三となる。　⑶ アは「一寸の虫にも五分《ごぶ》の魂《たましい》」，イは「三寒四温」，ウは「朝三暮四」，エは「九死に一生を得る」なので，数の合計は，エが十，イとウが七，アが六となる。　⑷ アは「四苦八苦」，イは「百発百中」，ウは「四方八方」，エは「四捨五入」なので，数の合計は，イが二百，アとウが十二，エが九になる。

問３ ⑴「笑う門《かど》には福来《ふくき》たる」は，いつも明るくふるまっていれば幸せがやってくるという意味。　⑵「帯に短したすきに長し」は，どっちつかずで中途半端《ちゅうとはんぱ》なために，役に立たないという意味。　⑶「類は友を呼ぶ」は，似た者同士が自然と集まるという意味。

二 出典は如月《きさらぎ》かずさの『給食アンサンブル』による。

公立の中学に転校してきた美貴《みき》(わたし)は，梢《こずえ》と仲違《なかたが》いをしたまま頑《かたく》なになっていたが，給食のゼリーをきっかけにクラスメイトのやさしさに気づく。

問１ 仲違いをしている美貴に，「七夕ゼリー」がほしいと話しかけるのは，梢にとって勇気のいることである。梢は，美貴がどのような返事をするのか，ドキドキしながら待っているのだが，それは「食い意地が張《は》っている」からではない。ゼリーをもらうことが，朋華《ともか》の考えた「スペシャル七夕ゼリー」計画を成功させるための第一歩なので，祈《いの》るような気持ちで美貴のようすをうかがっているのだとわかる。

問２　ぼう線部②の前の二段落に注目する。梢との間にいろいろとあったことをふまえても，悪いのは自分であり，「梢と仲なおりがしたい。朋華《ともか》たちともまた仲よくつきあいたい」というのが本心であることに美貴は気づいているということになる。

問３　梢は，「すごく怒《おこ》ってる」美貴が，許してくれるのかどうか，不安な気持ちでゼリーの皿を差し出しているので，おそるおそるという意味の「おずおずと」があてはまる。

問４　梢は，「美貴が秘密にしておきたいことをばらした」ことを謝《あやま》り，「スペシャル七夕ゼリー」をわたした。美貴はためらいながらもそれを受け取り，「ありがとう……それに，ごめんなさい」と，素直《すなお》な言葉を口にした。こうしてうまく仲直りができたことに，梢はほっとしたのだと考えられる。

問５　「スペシャル七夕ゼリー」は，美貴と仲直りしたい一心で，何人もの友人が相談してつくったものだった。そんな温かい思いがうれしかった美貴は，「これは絶対あげない」と言っている。「おいしい」と感じたのも，友人の思いがつまった特別なものだからである。

問６　「そう心に決めた」とは，「七夕飾《かざ》りの短冊《たんざく》の願いごと」を書きかえて，図書館でみんなのすすめてくれた本を借りることである。美貴は，「清凜《せいりん》女子学院」に未練があり，転校先の「公立の中学」になじめずにいた。おそらく，「短冊の願いごと」には，清凜へもどりたいと書いたのだろうと想像できる。しかし，今回の件で，クラスメイトの温かさを知った美貴は，この学校で前向きにやっていこうと決意したのだから，イが選べる。

三　**出典は『新・大学で何を学ぶか』所収の「女子学生たちへ（伊藤亜紗《いとうあさ》著）」による。**世界は「書き込《こ》み可能」であり，自分の手でつくり変えることができるという感覚を持ち，社会をよりよい方向に向かわせる行動をするべきだと述べている。

問１　社会には，完璧《かんぺき》な仕組みやルールはない。よりよい社会をつくるためには，「前向きな力」が必要だと，筆者は述べている。そして，何か違和《いわ》感を持つことがあったら，「プレイヤーとしてフィールドに下り，参加してほしい」とうったえている。この内容がエに合う。

問２　Ａ　世界が「書き込み可能」であることの例として，「かくれんぼのルール」を変えることをあげているので，具体例をあげるときに用いる「たとえば」が合う。　Ｂ　前で述べたかくれんぼのルール変更《へんこう》の例を，後で短くまとめているので，まとめて言いかえるときに用いる「つまり」があてはまる。　Ｃ　女性向けの話が軽視されることを述べた後，それは学問の世界でも起こっていると続くので，実際はという意味の「実は」があてはまる。

問３　本来，誰《だれ》でも書き込むことのできる「編集自由な場」がウィキペディアなのだが，編集している「九割が男性」であるため，記事にかたよりが見られることを，筆者は批判している。

問４　哲学《てつがく》は「人間とは何か」という普遍《ふへん》的な問題に立ち向かう学問である。しかし，哲学者のほとんどが男性だったせいで，一大事である「出産の経験についての記述」が見られないことから，筆者は，普遍的な学問だとは言えないと考えたのである。

問５　「自分とは違《ちが》う人を排除《はいじょ》」することや，敵味方などの「違いばかりを強調すること」は，「分断」につながっていくといえる。

問６　ぼう線部③の次の段落では，現代の日本のような「混沌《こんとん》とした社会」では，「分かりやすい構図のもとに状況《じょうきょう》を整理」しようとすると，対立を生む種となる可能性があるとして「地図」の危険性が述べられている。さらに次の段落では，「正しい方向を大局的にとらえ」，最終的に目指したい方向に進むことを「羅針盤《らしんばん》に従う」とたとえ，重要なことだと述べているので，この内容がウに合う。

四　条件作文

「笑い」には，うれしさや楽しさを表す意味があり，心が明るくなったり，仲よくなったりするというプラスの効果がある。一方，「笑い」には，相手をばかにする気持ちを表す意味もあり，相手をつらい気持ちにしたり，対立を生んだりするマイナスの効果もある。どちらか一方の側面に注目したうえで，具体例をあげ，まとめを書く方法，あるいは，プラスとマイナスの両面にふれたうえで，なぜこのような違いが生まれるのかについて，自分なりの考えを書く方法などがある。

2020年度　東洋大学京北中学校

〔電　話〕 (03) 3816－6211
〔所在地〕 〒112－8607　東京都文京区白山２－36－５
〔交　通〕 都営三田線 ―「白山駅」６分，東京メトロ南北線 ―「本駒込駅」10分，東京メトロ丸ノ内線 ―「茗荷谷駅」14分，東京メトロ千代田線 ―「千駄木駅」19分

【算　数】〈第１回試験〉（50分）〈満点：100点〉

《注　意》円周率は３.１４とします。

1　次の問いに答えなさい。

(1)　$5\times7-(15-12\div3)\times3$　を計算しなさい。

(2)　$\left(1\frac{1}{5}\div0.5-0.75\right)\div0.55$　を計算しなさい。

(3)　□にあてはまる数を求めなさい。

$$1.8\times\left(4-1\frac{2}{\square}\right)\div1.75=2.4$$

(4)　$101\times78-99\times26-102\times13+98\times39$　を計算しなさい。

2　次の問いに答えなさい。

(1)　A 君は 1200 円，B 君は 900 円持っています。2 人が同じ値段のボールペンをそれぞれ 1 本ずつ買ったので，残りの金額の比は 8：5 になりました。ボールペン 1 本の値段を求めなさい。

(2)　縮尺 $\frac{1}{500}$ の地図上で 3 cm^2 の土地の面積は，実際には何 m^2 ですか。

(3)　右の図のように，正五角形と正三角形が重なっています。㋐の角の大きさは何度ですか。

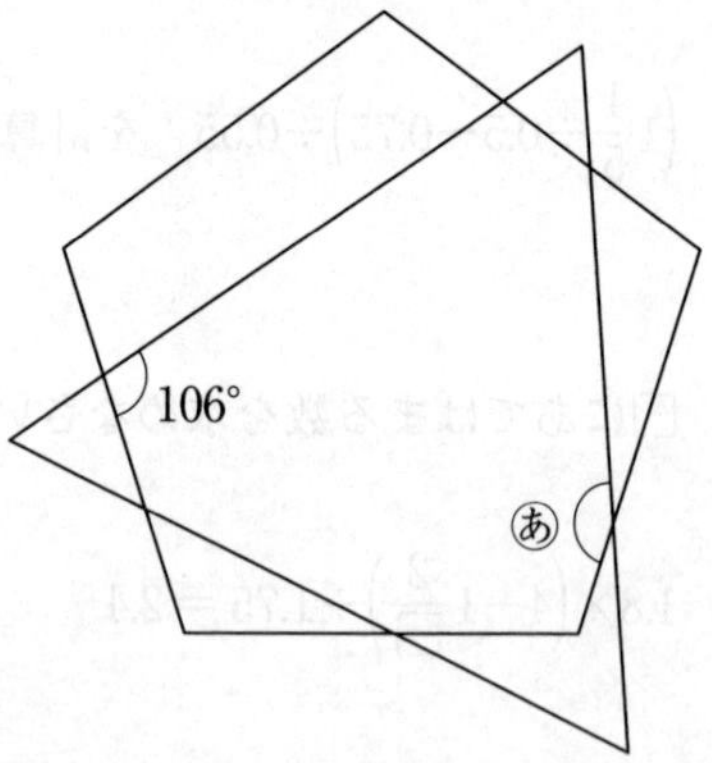

(4)　大小 2 つの立方体があります。大きい立方体の表面積は 1014 cm^2 です。下の図のように，大きい立方体の上に小さい立方体を乗せた立体の表面積は 1158 cm^2 になりました。このとき，小さい立方体の体積を求めなさい。

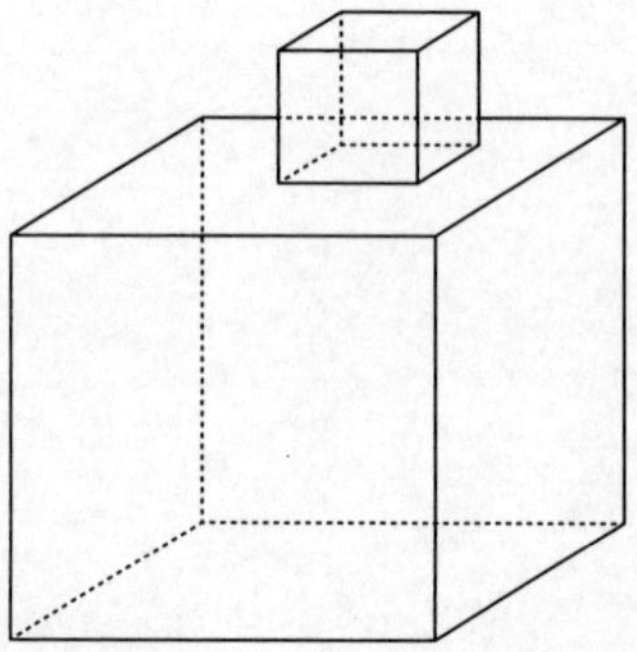

3　次の問いに答えなさい。解答らんには考え方や途中の計算式も必ず書きなさい。

⑴　階段をのぼるのに，１度に１段ずつのぼるか，２段ずつ（１段とばしで）のぼることができます。例えば，３段のぼるには，１段―1段―1段，１段―2段，２段―1段の３通りののぼり方があります。7段の階段をのぼるのに，５段目をとばすことなくのぼるのぼり方は全部で何通りありますか。

⑵　Ａさんと Ｂさんが100ｍ走を２回行いました。１回目は Ａ さんがゴールしたときに，Ｂ さんはゴールの４ｍ手前にいました。そこで，２回目は Ａ さんだけスタートラインを４ｍうしろに下げて走りました。ただし，Ａ さんも Ｂ さんも一定の速さで走るものとし，１回目と２回目はそれぞれ同じ速さで走るものとします。このとき，

「Ａ さんと Ｂ さんは同時にゴールすることができる」

は正しいか，正しくないか解答らんに丸をしなさい。また，同時にゴールできない場合は，どちらが何ｍ差をつけて先にゴールするか答えなさい。

4　A，B，C，D，Eは下の数のどれかにあてはまります。下の㈠～㈥を読み，次の問いに答えなさい。

【数】0.7，0.8，0.9，1，1.2，1.4，1.5，2.1，2.4，3，3.6，3.7

㈠　AとBとCは２より小さく，DとEは２より大きい数です。
㈡　BにBを何回かけてもBのままです。
㈢　CとDをかけるとEになります。
㈣　A，B，C，D，Eの５つの数の中で１番大きい数と１番小さい数の和は4.4です。
㈥　A×AはAより小さくなり，C×Cは２より大きくなります。

⑴　Cの数を求めなさい。

⑵　EはAの何倍ですか。

⑶　(□－□)×C－□＝Bとなるように，□の中にA，D，Eをすべて入れて式を完成させなさい。

5　下の図のように白と黒のご石が規則正しく並んでいます。次の問いに答えなさい。

○●●●○●●●○●●●○●●●○……

(1)　左から30番目のご石は何色ですか。

(2)　左から100番目までの間に，白いご石は何個ありますか。ただし，100番目のご石もふくむものとします。

(3)　左から黒いご石だけを数えて100番目にあるご石は，白いご石と黒いご石を合わせて数えた場合，左から何番目ですか。

6　底面積が300 cm^2 で高さが30 cmの円柱の形をした容器に，16 cmの深さまで水が入っています。この容器に，高さが30 cmの円柱のぼうを（**図１**）のようにまっすぐ立てたところ，水面の高さは20 cmになりました。次の問いに答えなさい。

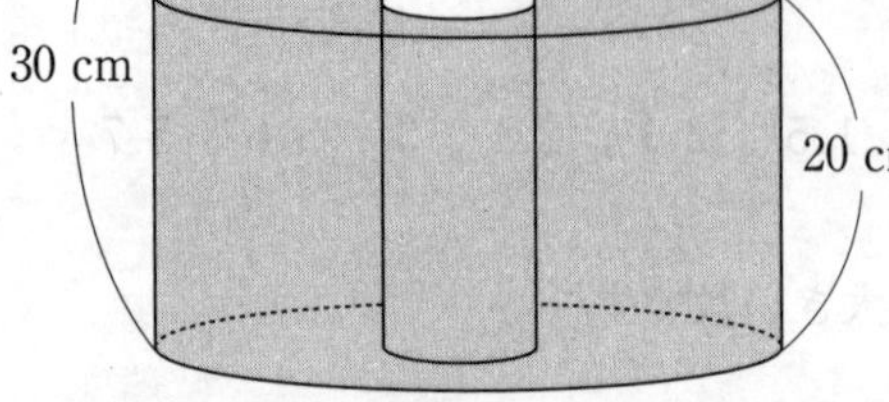

（図１）

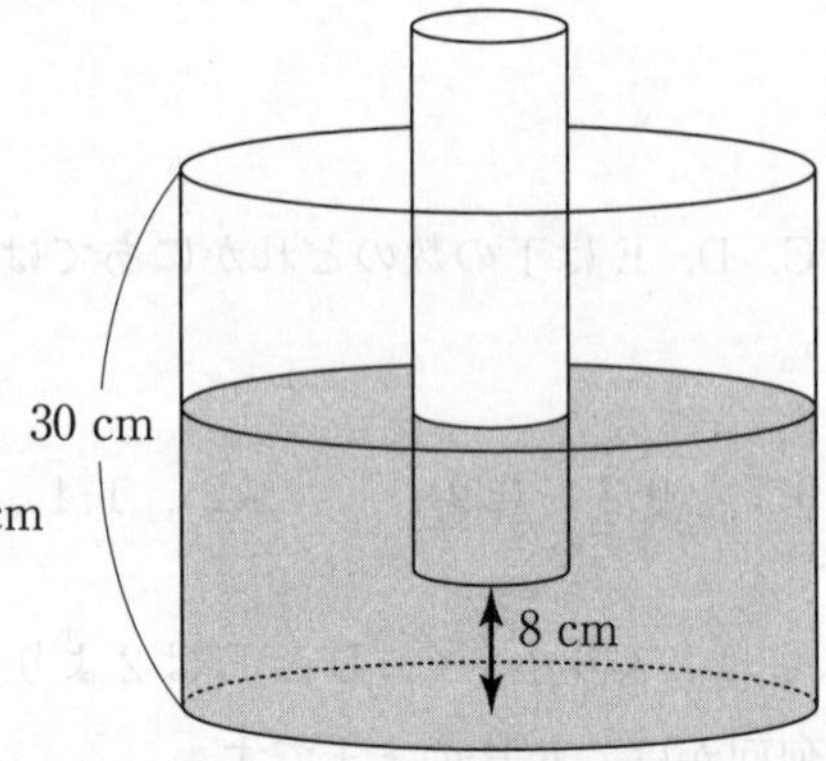

（図２）

(1)　この容器に入っている水の体積は何 cm^3 ですか。

(2)　円柱のぼうの底面積は何 cm^2 ですか。

(3)　次に，（**図２**）のように，円柱のぼうを容器の底から８cmの高さまでまっすぐ引き上げました。このとき，容器の水面の高さは何cmになりますか。

(4)　(3)のように円柱のぼうをまっすぐ引き上げます。容器の水面の高さを17 cmにするには，円柱のぼうを容器の底から何cm引き上げればよいですか。

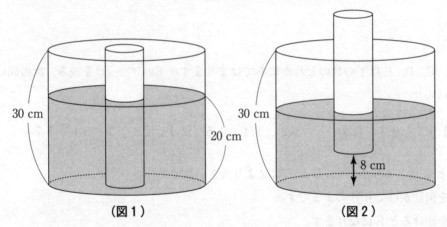

【社　会】〈第１回試験〉（30分）〈満点：50点〉

〈編集部注：実際の入試問題では，写真はすべて，図やグラフも1の(8)・(9)以外はカラーになっています。なお，グラフや図の一部はカラーのものを弊社のホームページに掲載してあります。右のQRコードからもアクセス可能です。〉

1　日本の位置や自然，産業，生活に関する，次の問いに答えなさい。

(1)　日本列島は北緯約 20〜46 度，東経約 123〜154 度にわたって広がっています。この緯度とほぼ同じ範囲に国土がある国と，この経度の範囲全体を国土にふくむ国の組み合わせとして正しいものを，**ア**〜**エ**から１つ選び，記号で答えなさい。

ア　スペイン　　オーストラリア

イ　イギリス　　フィリピン

ウ　ブラジル　　インドネシア

エ　エジプト　　アルゼンチン

(2)　山地が多く，降水量も多い日本は，国土のおよそ［　　］が森林です。［　　］にあてはまるものを，**ア**〜**エ**から１つ選び，記号で答えなさい。

ア　５分の１　　**イ**　３分の１　　**ウ**　３分の２　　**エ**　５分の４

(3)　森林は，天然林と人工林の２つに大きく分けることができます。私たちが人工林として目にすることの多いのは，次の**A**・**B**のいずれか，記号で答えなさい。

A

B

(4)　次のグラフは，日本の天然林と人工林の面積のうつり変わりをあらわしています。1951年から1970年にかけて，人工林が大きく増えている理由について述べた文として誤っているものを，**ア**～**エ**から１つ選び，記号で答えなさい。

日本の天然林と人工林の面積のうつり変わり

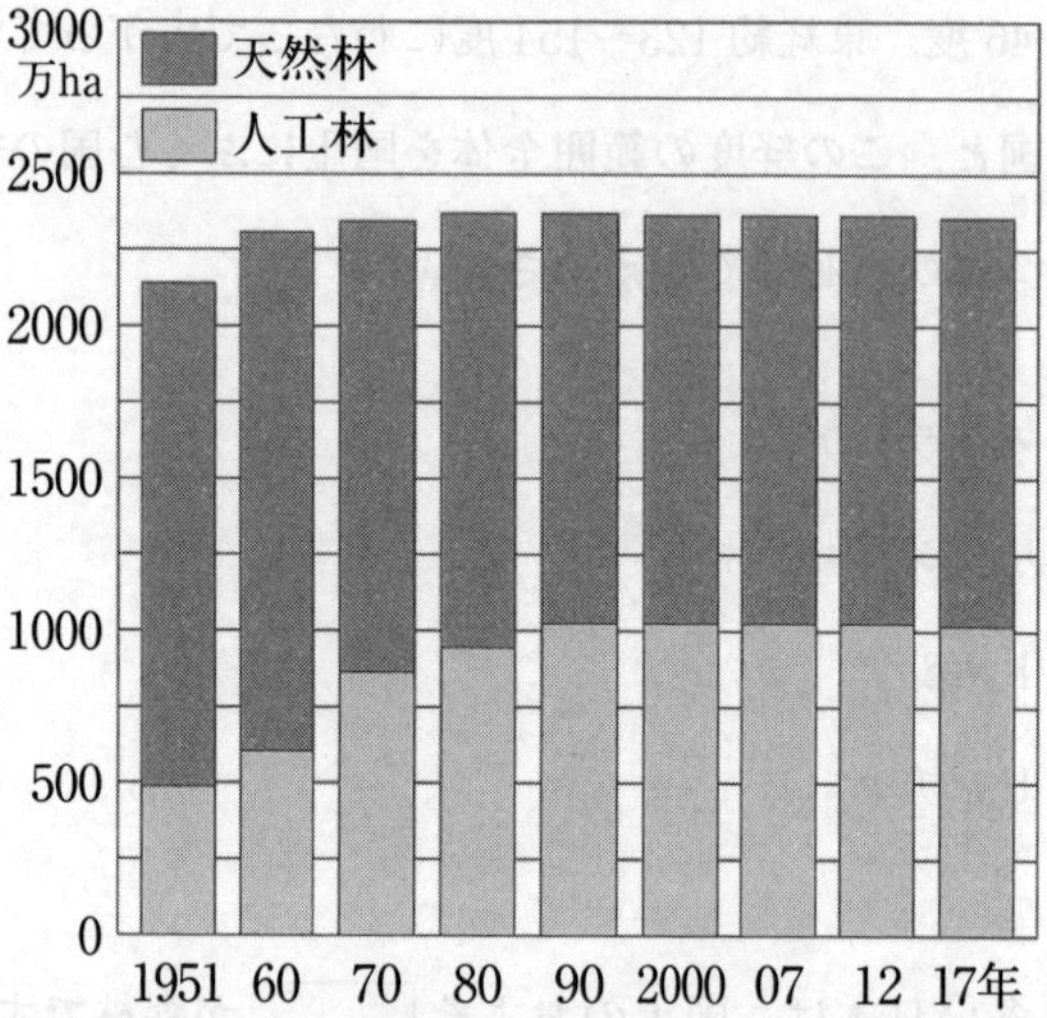

（森林資源の現況（平成29年３月現在））

ア　国土の保全や水源かん養（雨の水をため，川の水量調節する）をはかるため。

イ　第二次世界大戦後の荒廃した国土を再生させるため。

ウ　人工的に管理し，世界自然遺産に登録されるような，豊かな生態系を残すため。

エ　生長の早い松や杉などを植え，これを建築資材とするため。

(5)　次の図は，日本の主な漁港の水あげ量と海流のようすをあらわしています。図中**Ａ**～**Ｃ**の水産物の正しい組み合わせを，**ア**～**ウ**から１つ選び，記号で答えなさい。

日本の主な漁港と水あげ量，水産物の分布域

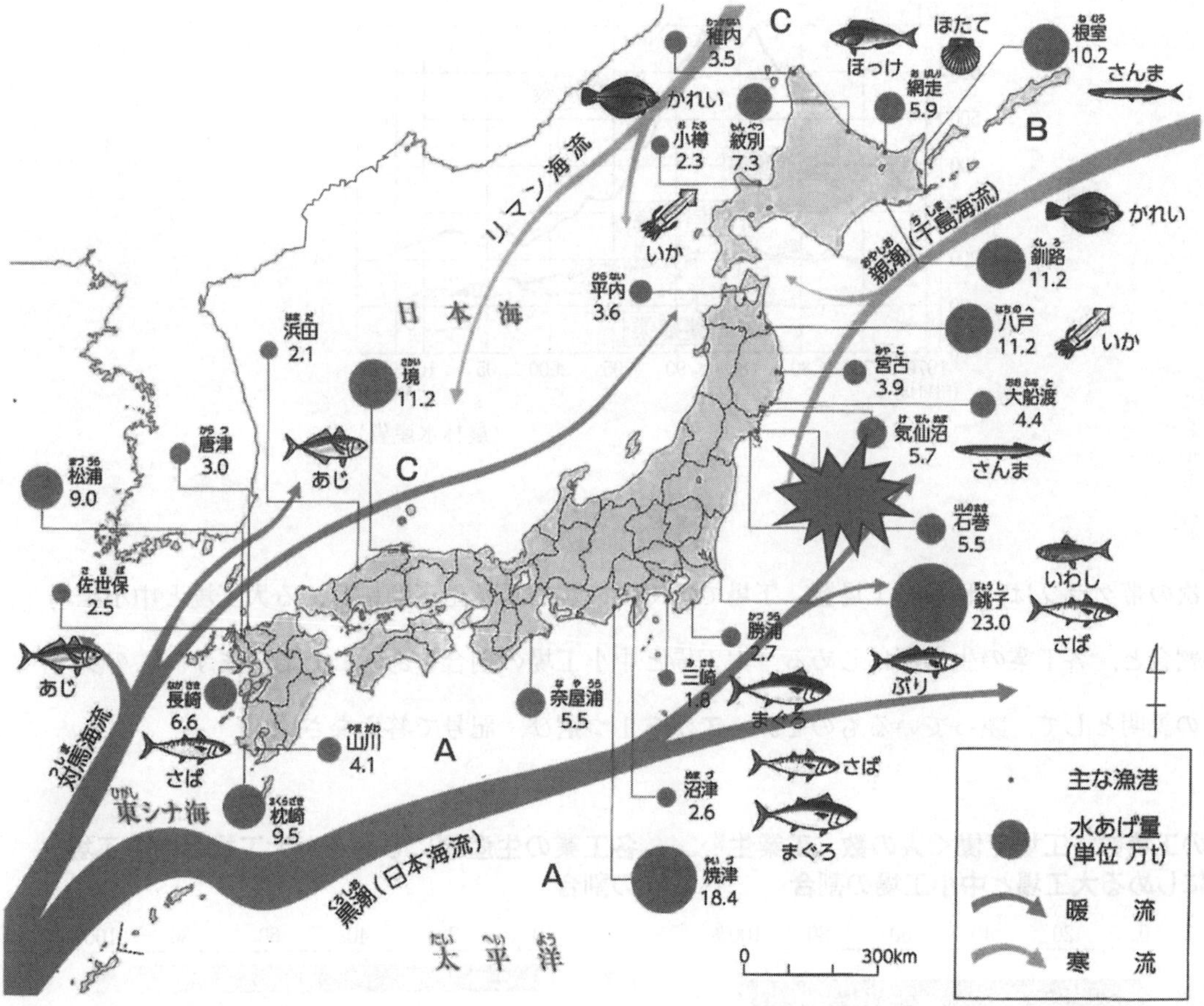

（2013年　水産庁）

ア　**Ａ**　さけ　　**Ｂ**　かに　　**Ｃ**　かつお

イ　**Ａ**　かつお　**Ｂ**　さけ　　**Ｃ**　かに

ウ　**Ａ**　かに　　**Ｂ**　かつお　**Ｃ**　さけ

(6)　上の図中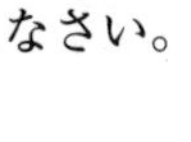印は世界的な好漁場です。このような暖流と寒流のぶつかるところを何というか答えなさい。

(7)　次の折れ線グラフは，漁業別の生産量の変化をあらわしています。かつては世界一であった日本の水産業を支えていた遠洋漁業の生産量が1970年代に大きく減少した理由を，1つ答えなさい。

漁業別の生産量の変化

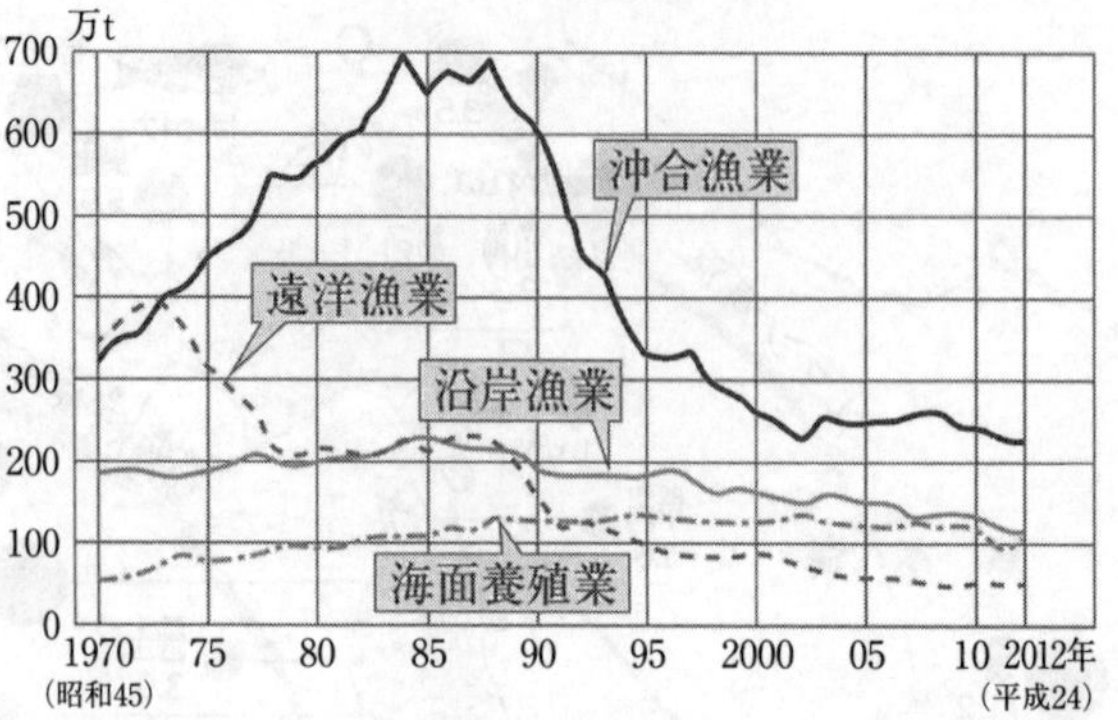

（農林水産省）

(8)　次の帯グラフは，日本の工場数，工場で働く人の数，工業生産額にしめる大工場と中小工場の割合と，各工業の生産額にしめる，大工場と中小工場の割合をあらわしています。このグラフの説明として，誤っているものを**ア**～**エ**から1つ選び，記号で答えなさい。

日本の工場数，工場で働く人の数，工業生産額にしめる大工場と中小工場の割合

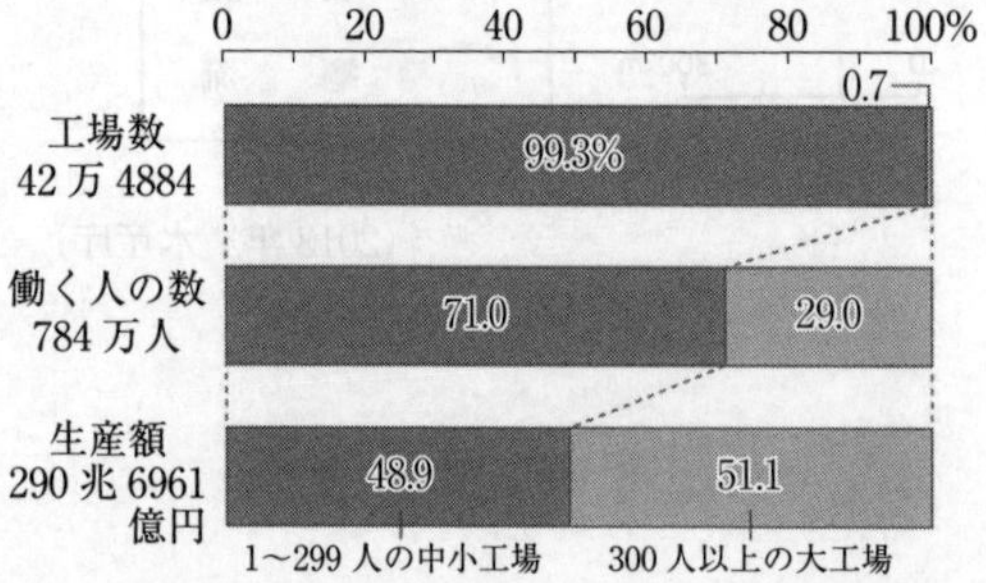

（2012年　経済産業省ほか）

各工業の生産額にしめる，大工場と中小工場の割合

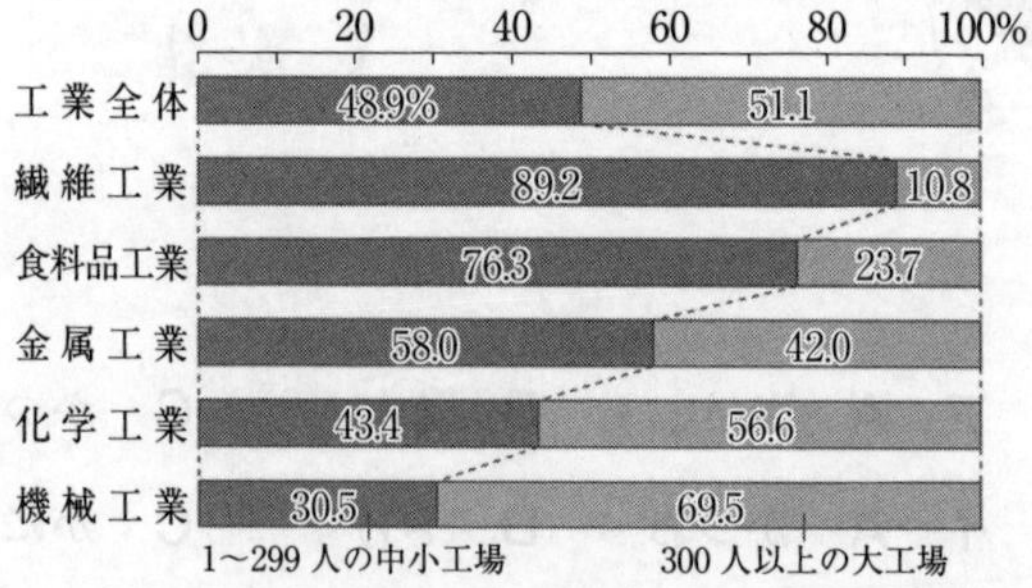

（2012年　経済産業省ほか）

ア　繊維工業や食料品工業は，生産額にしめる大工場の割合が高くなっています。

イ　日本の工場のほとんどは，中小工場です。

ウ　生産額は，大工場・中小工場がほぼ半分ずつです。

エ　大工場で働く人の数は，およそ3割です。

(9)　次のグラフは，日本の工場の数の変化と海外進出する日本企業（製造業）の数の変化をあらわしています。日本の工場の数は1990年代からその数が減ってきていますが，このまま減り続けるとどのような問題がおこるか，１つ答えなさい。

日本の工場の数の変化

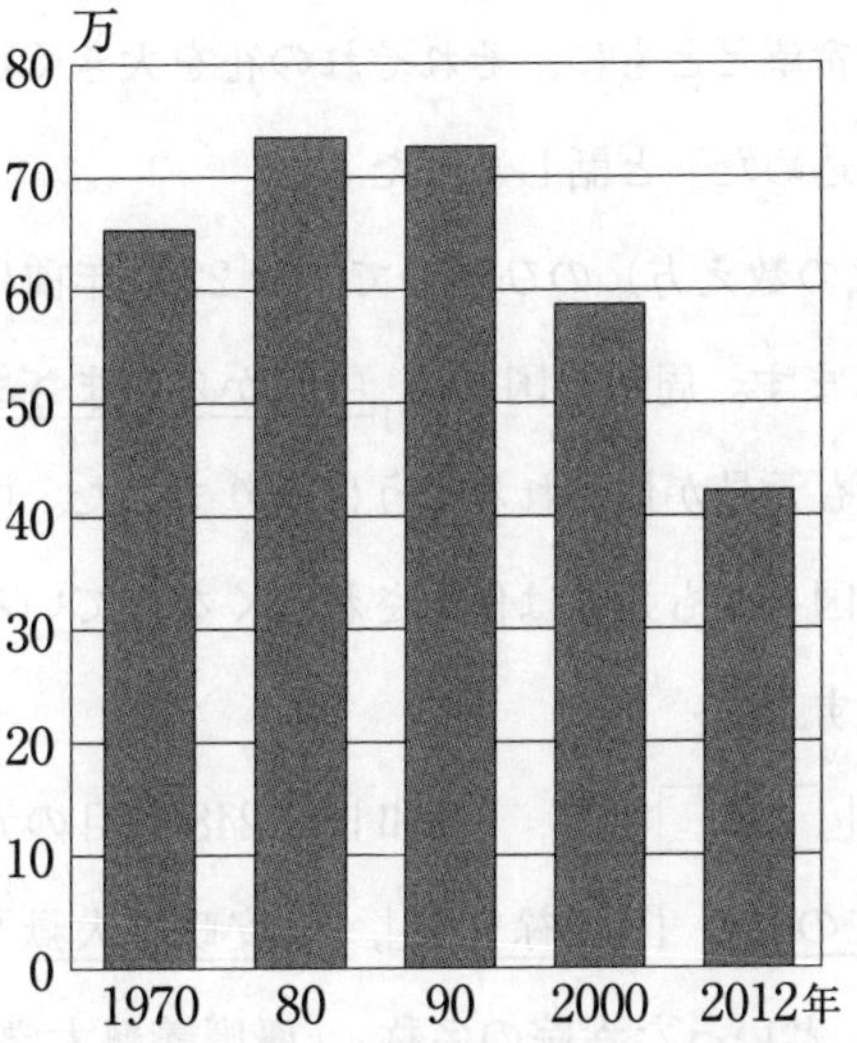

（経済産業省）

海外進出する日本企業（製造業）の数の変化

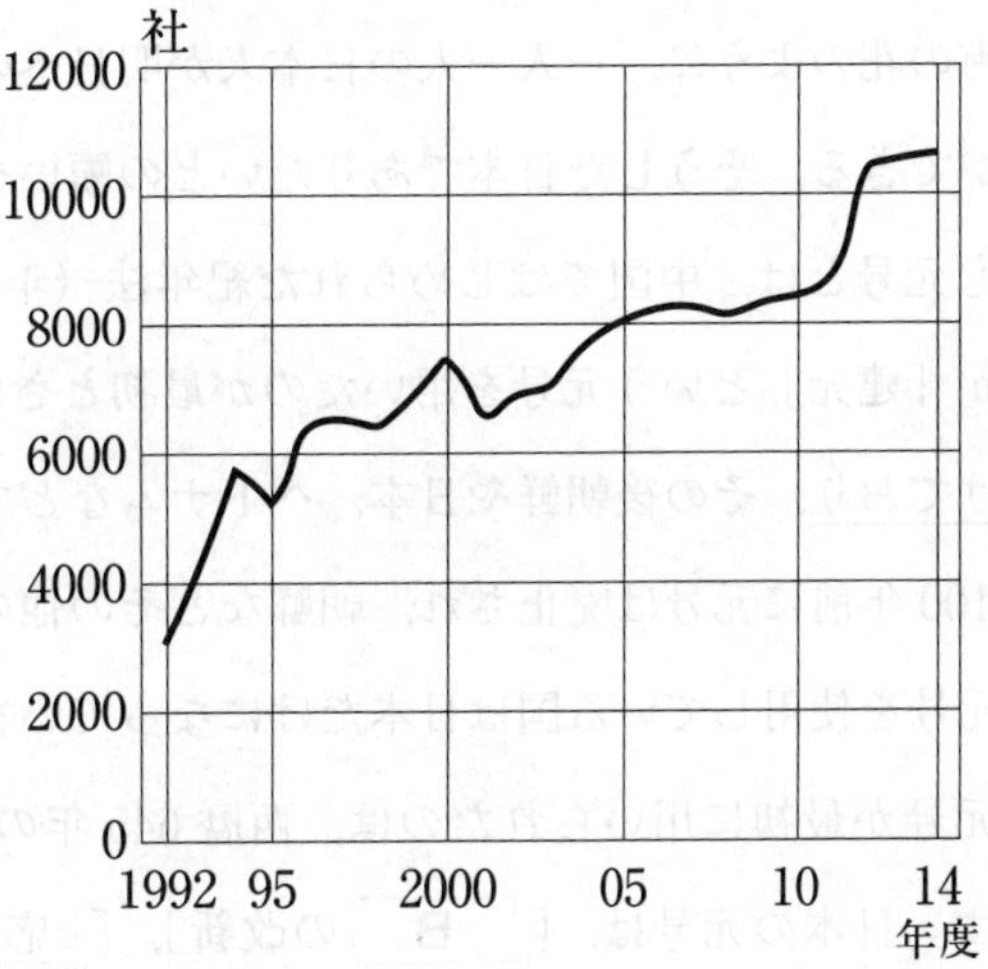

（経済産業省）

2 次の文章を読み，問いに答えなさい。

2019年４月１日，「平成」にかわる新しい元号が「令和」と発表され，５月１日に天皇陛下の退位と新天皇の即位にともない，新しい元号に切り替わりました。

「令和」ということばは『 A 』の中の「初春の令月《れいげつ》にして，気淑《よ》く風和《やわら》ぎ」という表現がもとになっています。安倍晋三首相は記者会見の中で「厳しい寒さの後に春の訪れを告げ，見事に咲き誇る梅の花のように，一人一人の日本人が明日への希望とともに，それぞれの花を大きく咲かせることができる，そうした日本でありたいとの願いを込めた」と話しました。

そもそも元号とは，中国ではじめられた紀年法（年代の数え方）のひとつで，約2200年前に中国の皇帝が「建元」という元号を用いたのが最初とされます。周辺の国々は①中国からさまざまな影響を受けており，その後朝鮮や日本，ベトナムなどでも元号が使われるようになりました。中国では，約100年前に元号は廃止され，朝鮮などその他の国々でも元号は使用されなくなっているため，現在元号を使用している国は日本だけになっています。

日本で元号が最初に用いられたのは，西暦645年の「 B 」で，「令和」は248番目の元号となります。日本の元号は，「 B の改新」，「②応仁の乱」，「③元禄文化」，「④安政の大獄」などといった歴史用語，「延暦寺」，「仁和《にんな》寺」，「⑤寛永寺」といった寺院の名称，「慶應義塾大学」，「明治大学」，「大正大学」といった大学名などに使われており，主に漢字２文字の組み合わせが用いられてきました。４文字の元号も５つあるため，これまでに元号に使用された漢字の数は506になります。漢字の種類としては73となり，重なって使われている漢字がいくつもあります。これは，元号には縁起のいい文字や意義のある文字が使われることが多いためと思われます。

これまで使われた漢字を多い順にみてみると「永」(29回)，「元」(27回)，「天」(27回)，「治」(21回) となります。「永」は⑥平安時代に多く，「永観」，「永保」，「永久」，「寿永」など13回用いられています。「元」は⑦鎌倉時代に多く，「元久」，「正元」，「乾元」，「元徳」など11回用いられており，時代によって好まれて使われる漢字があることがわかります。

元号は新しい天皇が即位する際に変更されるのが基本ですが，それ以外にもめでたいことがおきたときや災害など不吉なことがおきたあとにも変更されることがありました。縁起のよい亀が献上されたことで，元号が新しくなったことが５回ありました。また，江戸時代になると元号の漢字の縁起が悪いと批判する声も目立つようになりました。「令和」の「令」には「立派な，喜ばしい」という意味が，「和」には「なごやかな，平和な」という意味があります。元号には，よりよい世の中になってほしいという願いが込められてきました。昨年からはじまった「令和」も，その漢字に込められた意味にふさわしい時代になることを願うばかりです。

(1)　本文中の『 A 』にあてはまる日本最古の歌集を答えなさい。

(2)　下線部①について，古来日本は中国から大きな影響を受けてきました。日本と中国の関係について述べた文として誤っているものを，**ア～エ**から１つ選び，記号で答えなさい。

ア　８世紀初め，中国の都長安をまねて，平城京が造営された。

イ　奈良時代，中国の僧鑑真は正しい仏教を広めるため，苦難の末，日本に渡来した。

ウ　鎌倉時代，漢字をもとにして平仮名や片仮名といった独自の文字がつくられた。

エ　室町時代，雪舟は中国で学んだ水墨画を日本風の水墨画へと発展させた。

(3)　本文中の B にあてはまることばを答えなさい。

(4)　下線部②について，「応仁の乱」とは室町時代中期に京都でおきた大きな戦いのことです。この戦乱は，その後の社会に大きな影響を与えることになりました。下の**資料①・②**からその影響について説明しなさい。

資料①　年表

1477	応仁の乱がおわる
1493	細川政元《まさもと》が将軍足利義稙《よしたね》を廃する
1549	三好長慶《ながよし》が主君細川晴元《はるもと》をしりぞけ，畿内と四国を支配する
1564	主君の三好長慶の死後，松永久秀《ひさひで》が実権を握る
1565	松永久秀らが将軍足利義輝《よしてる》を暗殺する

資料②　16 世紀後半の勢力図

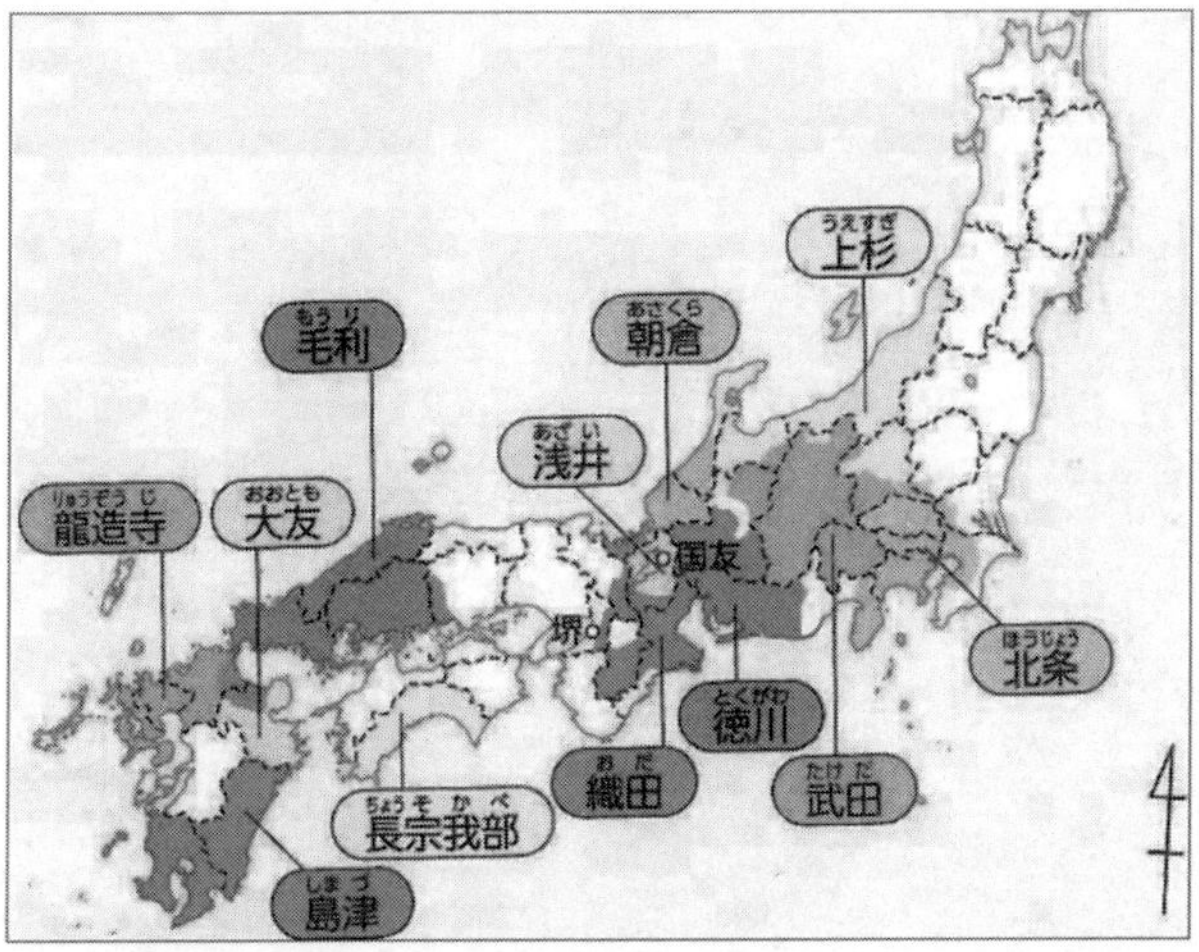

(5)　下線部③について，「元禄文化」とは江戸時代中期に商人や町人によって上方《かみがた》（京都や大阪）を中心にさかえた文化のことです。この時期の文化人である近松門左衛門《ちかまつもんざえもん》が活躍したジャンルと代表的な作品の組み合わせとして正しいものを，**ア～エ**から１つ選び，記号で答えなさい。

ア　ジャンル：俳かい　　　代表的作品：『曽根崎心中《そねざきしんじゅう》』

イ　ジャンル：俳かい　　　代表的作品：『おくの細道』

ウ　ジャンル：人形浄瑠璃《じょうるり》　代表的作品：『曽根崎心中』

エ　ジャンル：人形浄瑠璃　代表的作品：『おくの細道』

(6)　下線部④について，「安政の大獄」のころのできごととして正しいものを，**ア～エ**から１つ選び，記号で答えなさい。

ア　大塩平八郎が大阪で反乱をおこした。

イ　井伊直弼《なおすけ》が桜田門外で暗殺された。

ウ　ペリーが浦賀に来航した。

エ　徳川慶喜《よしのぶ》が朝廷に政権を奉還した。

(7)　下線部⑤について，「寛永寺」は江戸時代初期に現在の上野に創建された寺院です。寛永年間は江戸幕府の体制が確立した時期です。この時期に定められた，大名が自分の妻子を人質として常に江戸に住まわせ，大勢の家来を連れて自分の領地と江戸の間を行き来することを義務づけた制度を何というか答えなさい。

(8)　下線部⑥について，平安時代の建造物として正しいものを，**ア**～**エ**から１つ選び，記号で答えなさい。

ア

イ

ウ

エ

(9)　下線部⑦について，鎌倉時代について述べた文として誤っているものを，**ア**～**エ**から１つ選び，記号で答えなさい。

ア　幕府は，有力な御家人を守護や地頭に任命し，幕府の命令を全国にいきわたらせるしくみをつくりました。

イ　朝廷は幕府打倒をはかりましたが，北条時宗の呼びかけに応じた武士たちに敗れ，失敗におわりました。

ウ　幕府を開いた源氏の将軍は３代で絶え，その後北条氏が執権という立場で実権を握りました。

エ　２度にわたって中国の元軍が大軍をもって攻めてきましたが，武士たちの抵抗や暴風雨によって元軍は大陸に引きあげていきました。

3 次の文章を読み，問いに答えなさい。

2019年８月の新聞に，①ある会社が18歳以下のCFOを募集する広告を出していました。CFOとは一般的には最高財務責任者のことを指しますが，この会社では「最高未来責任者」のことを指します。若い人の柔軟な考えや，今の社会が抱える問題を未来に生きる自分の問題として解決しようとする姿勢を，会社の経営に生かそうと考え，18歳以下のCFOを採用することに踏み切ったようです。

若いからこそ常識に縛られない柔軟な発想力を，会社をつくることや経営することに生かすことができます。実際に，中学生や高校生でありながら，会社を経営している人もいます。しかし，②未成年者が働く場合には③労働基準法の制限を受けることがあります。また，会社を設立した場合には，「登記」を行う際に印鑑証明が必要になるため，保護者の協力が必要になります。

こうした難しさや，もどかしさがあるからなのでしょうか，④日本FP協会が2007年から発表している「小学生の『将来なりたい職業』ランキング」のトップ10には，男女とも「起業家」や「会社経営者」は出てきません。しかし，AIの発達などを背景に，職業をめぐる環境は大きく変化するといわれています。受験生の皆さんの柔軟な発想と自分の考えを問い直す力が早期に生かされる社会がやってくることでしょう。

(1) 下線部①のように，様々な人材を積極的に活用しようとする考え方を何といいますか。正しいことばを，**ア**～**エ**から１つ選び，記号で答えなさい。

ア ボランティア（Volunteer）　**イ** ダイバーシティ（Diversity）

ウ バリアフリー（Barrier free）　**エ** デモクラシー（Democracy）

(2) 下線部②について，未成年者とは，現在の民法にのっとれば20歳に達しない人を指します。しかし，政府は20歳未満の若い人にも国政の重要な判断に参加してもらおうとしています。現在18歳の人ができることについて述べた文として明らかに誤っているものを，**ア**～**エ**から１つ選び，記号で答えなさい。

ア 衆議院議員選挙で投票することができます。

イ 最高裁判所裁判官の国民審査をすることができます。

ウ 憲法改正国民投票で投票することができます。

エ 衆議院議員選挙に立候補することができます。

(3) 下線部③の法律にもとづいて，労働者の働く環境を整備することなどを担う国の機関は，［　　　　］省です。［　　　　］にあてはまることばを漢字４文字で答えなさい。

(4) 以下は，下線部④の2015年度版と2018年度版のうち男子児童のものから作成した表です。その中でも特に，2018年度も「ユーチューバー」が6位となったことに，注目が集まりました。2015年度にはトップ10に入っていなかった「ユーチューバー」が，2017年度，2018年度と連続してトップ10に入っている理由について，解答用紙の形式に合うように，**資料①～③**を用いて説明しなさい。

2015年度　小学生の「将来なりたい職業」ランキングトップ10（男子児童）

順位	前回	職業
1位	2位	医師
2位	1位	サッカー選手・監督など
3位	3位	野球選手・監督など
4位	9位	宇宙飛行士・宇宙関連
4位	4位	ゲーム制作関連
6位	9位	警察官・警察関連
7位	6位	バスケットボール選手・コーチ
8位	16位	パイロット・航空関連
9位	14位	科学者・研究者
10位	9位	テニス選手・コーチ
10位	25位	ロボット関連

2018年度　小学生の「将来なりたい職業」ランキングトップ10（男子児童）

順位	前回	職業
1位	2位	野球選手・監督など
2位	1位	サッカー選手・監督など
3位	3位	医師
4位	4位	ゲーム制作関連
5位	12位	会社員・事務員
6位	6位	ユーチューバー
7位	5位	建築士
8位	11位	教師
9位	7位	バスケットボール選手・コーチ
10位	10位	科学者・研究者

日本FP協会　小学生の「将来なりたい職業」ランキングトップ10より作成

資料①

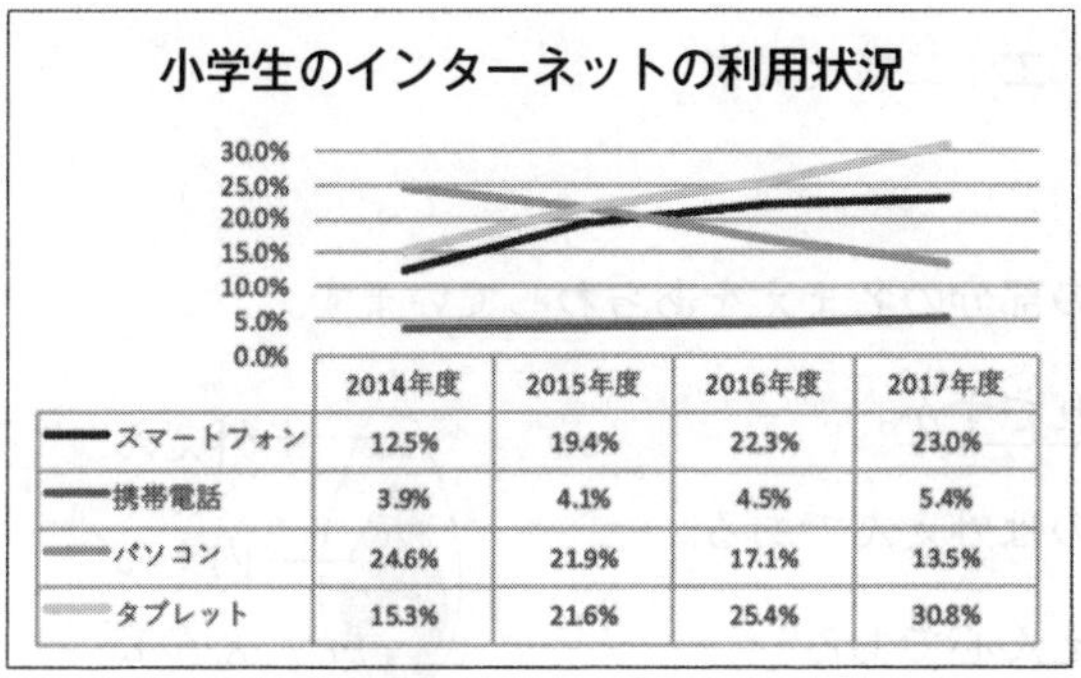

資料②

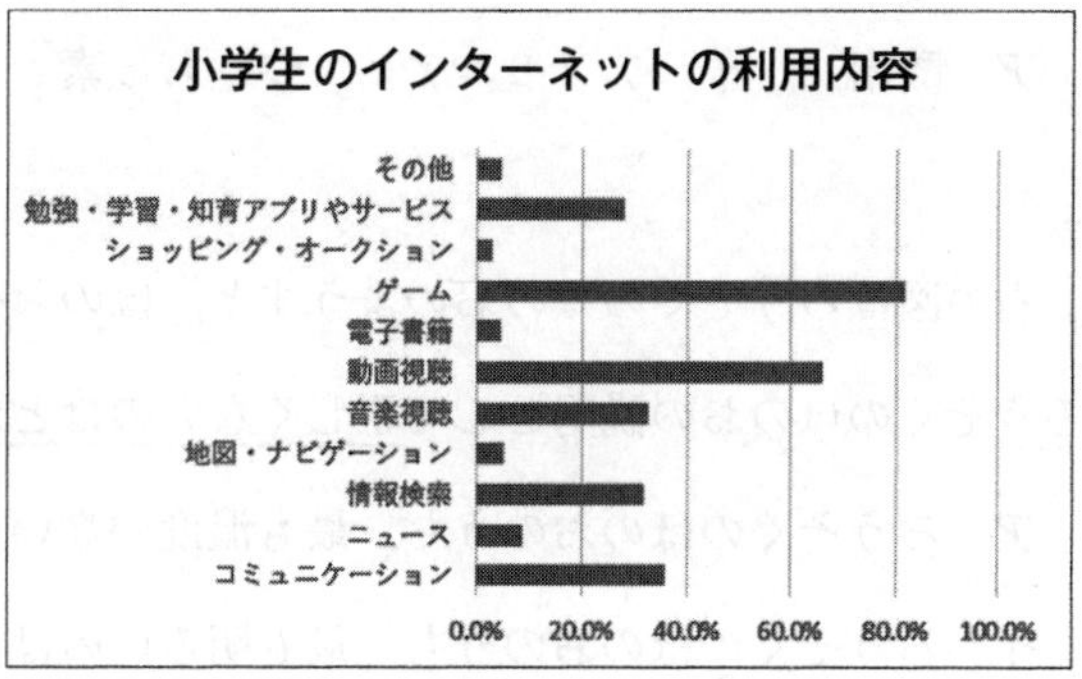

※注：資料①の2018年度は設問が変わり比較することができないため省略しています。

平成30年度青少年のインターネット利用環境実態調査（内閣府）より作成

資料③

ユーチューバーとは，独自に制作した動画を，ユーチューブ上で継続的に公開する人を指します。中には，動画を公開したことによって広告料収入などを得て，生計を立てている人もいます。言動によっては，学生でも世の中から注目されるユーチューバーがいます。

【理　科】〈第１回試験〉（30分）〈満点：50点〉

〈編集部注：実際の入試問題では，写真と**3**の図はカラーになっています。〉

1　次の問いの答えを，**ア**～**エ**から１つ選び，記号で答えなさい。

(1)　次の文のうち，同じ強さではった弦《げん》を，同じ強さではじいたときの音について，正しく書かれているものはどれですか。

ア　弦の長さが長いほど高い音が出る。　**イ**　弦の長さが短いほど高い音が出る。

ウ　弦の太さが太いほど高い音が出る。　**エ**　弦の太さも長さも音の高さには関係ない。

(2)　次のふり子の図の中で，最もゆっくりふれるのはどれですか。

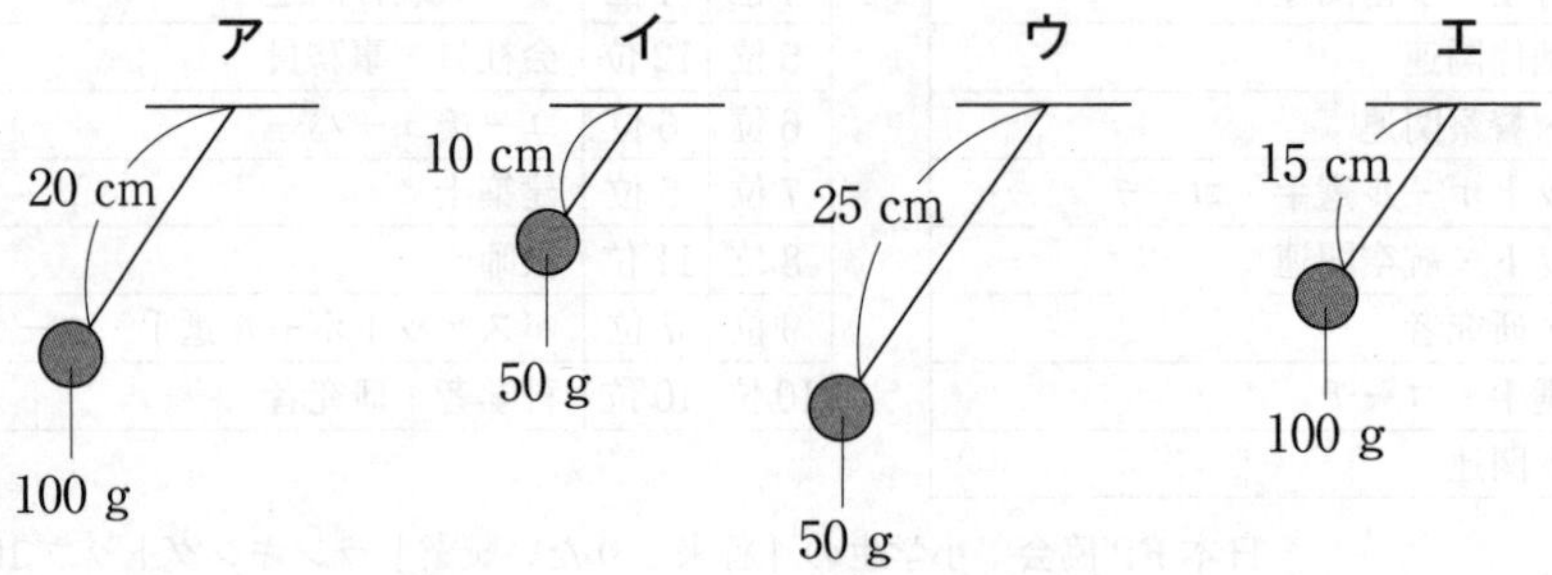

(3)　次のうち，空気の中に約 0.04％だけふくまれている気体はどれですか。

ア　酸素　**イ**　アンモニア　**ウ**　ちっ素　**エ**　二酸化炭素

(4)　右の図はろうそくのほのおのようすと，ほのおの部分の名まえをあらわしています。

ろうそくのほのおの説明として正しくないのはどれですか。

ア　ろうそくのほのおのうち，最も温度が高いのは外えんである。

イ　ろうそくのほのおのうち，最も明るいのはえん心である。

ウ　ろうそくのほのおのえん心は，主にろうの気体でできている。

エ　ろうそくのほのおにガラス棒を入れると，内えんですすがつく。

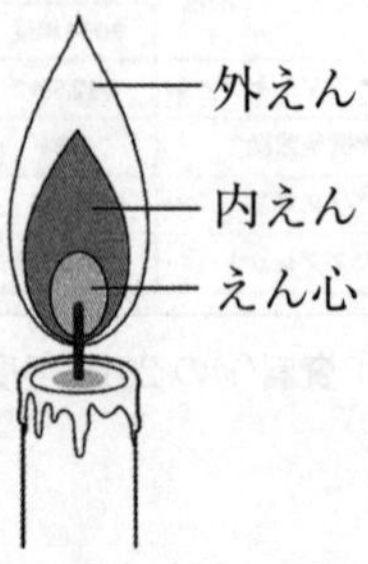

(5)　生物どうしの「食べる」，「食べられる」の関係を何といいますか。

ア　植物連鎖《さ》　**イ**　生食連鎖　**ウ**　食物連鎖　**エ**　生物連鎖

(6)　ヒトの血液の循環《じゅんかん》に関係する器官について，そのはたらきや特徴《とくちょう》が正しくないものはどれですか。

	器官	はたらきや特徴
ア	心臓	全身に血液を送り出す。
イ	動脈	心臓から全身（肺をのぞく）へ送り出された血液が流れる血管で，酸素を多くふくんだ血液が流れる。
ウ	静脈	全身（肺をのぞく）から心臓へ戻っていく血液が流れる血管で，水素を多くふくんだ血液が流れる。
エ	毛細血管	養分や酸素と，二酸化炭素などが入れ替わる。

(7)　日本では，天気はどの方向からどの方向へと変化していくことが多いですか。

ア　西から東　　**イ**　東から西　　**ウ**　南から北　　**エ**　北から南

(8)　満月が南中しているのは何時ごろですか。

ア　午前０時　　**イ**　午前６時　　**ウ**　午後０時　　**エ**　午後６時

2　京子さんは，父と中学生の姉と３人で，夏休みに房総《ぼうそう》半島をドライブしました。そのときの会話をもとに，次の問いに答えなさい。

父　：今回は，千葉県で見られる変わった地層や化石を見ながらドライブしてみよう。

京子：地層って何なの。

姉　：がけに見られる，しま模様のことだと思う。

父　：そうだよ，れきや砂，どろや火山灰などが層をつくり，それらの層が積み重なり，しま模様に見えるもののことだよ。

京子：ところで，どこから地層や化石を見ていくの。

父　：まずは，千葉県で一番東にある銚子《ちょうし》市からだ。今は立ち入り禁止だけど，昔はアンモナイトなどの化石がとれたんだ。

姉　：アンモナイトって，大昔に海にいたタコの仲間のことでしょう。

京子：ということは，この場所は昔，［　A　］だったってことだよね。

父　：そうだよ，死んだあと砂やどろの中にうずもれて，長い年月を経て陸地になり，みんなが見つけることができるようになったんだよ。

京子：化石をとってみたいな。

姉　：私も，どこかで化石を採集したいな。

父　：ここでは，現在採集はむずかしいので，別の場所で採集することにしよう。

（銚子の中を移動する）

京子：海岸にすごいがけが広がっているね。

父　：ここは，屏《びょう》風《ぶ》ヶ《が》浦《うら》という有名な場所で，海の海流の影響《えいきょう》で陸地がどんどんけずられ，地層が長く続いて見えるようになっているんだ。

姉　：地層の上に白い風車みたいなのがたくさん並んでいるわ。

父　：あれは，風力発電機だよ。

京子：ということは，ここは風が　B　場所なのかな。

姉　：きっと地球温暖化対策も考えてつくられたんだね。

（屏風ヶ浦から九《く》十《じゅう》九《く》里《り》浜《はま》へ移動する）

父　：ここは，九十九里浜といい，砂浜が長く続いているんだよ。

姉　：ずっと低い土地が内陸にも続いているわ。地震《しん》のときなど大《だい》丈《じょう》夫《ぶ》なの。

父　：東日本大震災の時にも，津《つ》波がやってきたし，過去にも大きな津波が来た記録があるらしいよ。

京子：家族でも，地震の時の避難《ひなん》場所や連絡《れんらく》方法を確認しておいた方がいいね。

（化石採集のために市原市に移動する。）

父　：このがけは，砂やどろがたい積した地層で，貝の化石を多くふくんでいるよ。

京子：本当だ，この貝は20 cm 位の大きさがありそうですごい。

父　：トウキョウホタテといって，今より寒い時期に生きていた貝で，現在は絶滅《ぜつめつ》してしまっているよ。また，ここのがけには，火山灰の地層も所々に入っているんだ。

姉　：火山灰の地層があるということは，近くに火山があったの。

父　：近くといっても，箱根や富士山などの火山の噴《ふん》火で飛んできた火山灰で，川を流れることもなく，たい積したらしいよ。

京子：火山灰の地層にはどんな特徴があるの。

姉　：中学校の授業で，火山灰をよく水洗いし，双眼《そうがん》実体けんび鏡で見ると，いろいろな色の粒《つぶ》が見えて，とてもきれいだったわ。形は，［ C ］ものが多かったわ。

京子：中学校に入ったら見てみたいな。

（化石採集後，養老渓谷《ようろうけいこく》へ移動する。）

父　：ここも市原市だけど，ずいぶん山の中で，川のようすも海岸付近とは違《ちが》っているよ。川が曲がっているこの付近で何か気がつくことはあるかな。

京子：川を手前からがけ側に向かって横断してみたよ。石の形や，川の深さ，川の流れの速さについていろいろわかったよ。

父　：疲《つか》れてきたので，今日はここまでにしよう。

（その後，鴨川《かもがわ》市の民宿に移動する。）

(1)　［ A ］～［ C ］のことばとして，最もふさわしいものを**ア**～**エ**からそれぞれ１つ選び，記号で答えなさい。

［ A ］　**ア**　海面　**イ**　海底　**ウ**　地中　**エ**　陸上

［ B ］　**ア**　冷たい　**イ**　暖かい　**ウ**　強い　**エ**　弱い

［ C ］　**ア**　平べったい　**イ**　星形の　**ウ**　丸い　**エ**　角ばった

(2)　文中の下線部について，最後に京子さんが川のようすを調べて，どのようなことがわかりましたか。**ア**～**エ**から最もふさわしいものを１つ選び，記号で答えなさい。

ア　大きく角ばった石が多く，川の水深は手前側は浅く，がけ側は深い。

イ　石のかどは丸く，川の手前側の流れは速く，がけ側はおそい。

ウ　川の手前側の水深は深く流れは速い，がけ側の水深は浅く流れはおそい。

エ　石のかどは角ばっていて，川の中央の水深が一番浅く，流れは最も速い。

3 ケイさんとお父さんが植物について話しています。

ケイさん：本を読んでいたら，植物の葉に光をあてると，でんぷんがつくられると書いてあったんだ。

お父さん：そうだよ。植物の葉には，葉緑体という緑色にみえる構造がいっぱいあるんだ。その葉緑体で，でんぷんがつくられているんだ。

ケイさん：知らなかった。本に書いてあったこととお父さんが話していたことについて，実際に確かめてみたくなっちゃった。

お父さん：庭で緑色の葉と，ふ入りという白い部分が混じった葉をもつアサガオを育てているから，確かめてごらん。

こうして，ケイさんは次のような方法で実験をすることにしました。

〔準備〕 次の３種類のアサガオの葉を用意した。

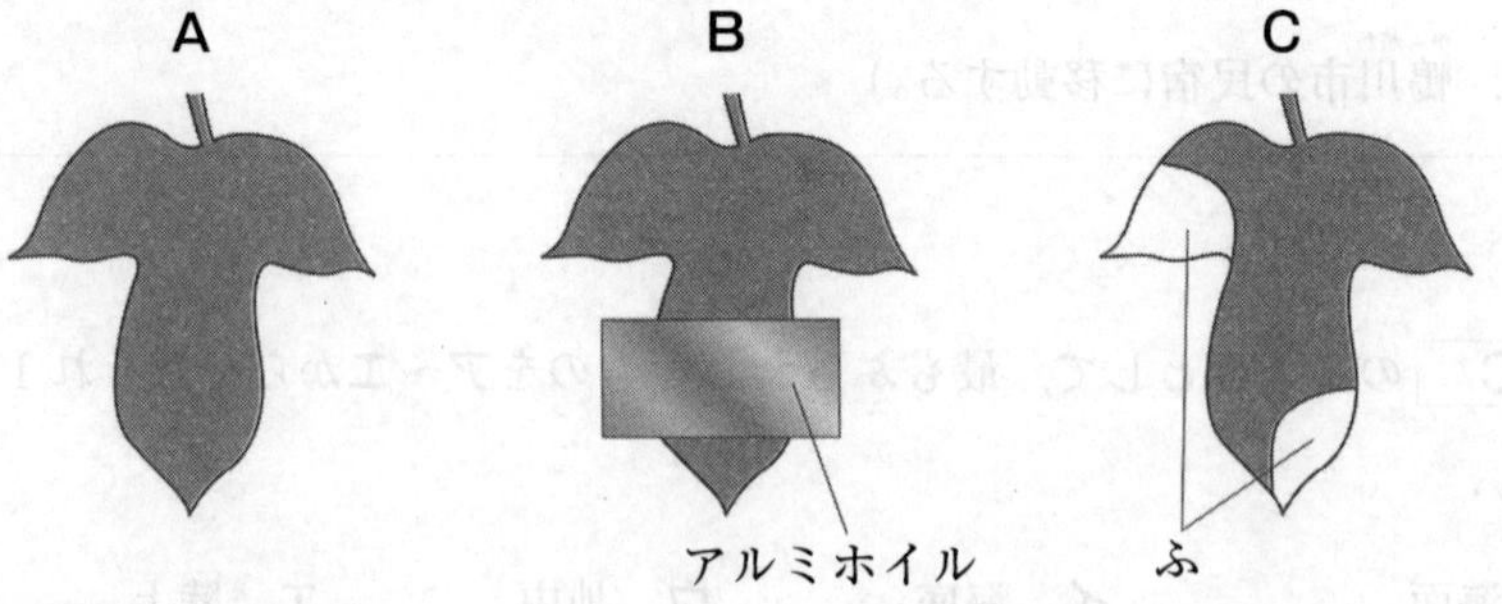

A ふつうのアサガオの葉

B ふつうのアサガオの葉の一部にアルミホイルをまいたもの

C ふ入りのアサガオの葉

〔手順〕

ｉ）**A**～**C**の葉に光が24時間あたらないようにして，葉にふくまれるでんぷんがなくなるようにした。

ⅱ）手順ｉ）のあと，朝から夕方まで光をあてた。

ⅲ）**A**～**C**の葉をつみ取り，熱湯につけた。

ⅳ）**A**～**C**の葉をあたためたエタノールにつけた。

ｖ）**A**～**C**の葉を水で洗ったあと，うすめたヨウ素液につけた。

〔結果〕

	葉のようす
A	葉全体の色が変化した。
B	アルミホイルでおおった部分以外の葉の色が変化した。
C	ふ入り以外の部分の葉の色が変化した。

(1) でんぷんをつくるのに必要な気体の名まえを答えなさい。

(2) でんぷんがうすめたヨウ素液と反応した場合，何色に変化したか答えなさい。

(3) Aの葉とBの葉の結果を比べることで，どのようなことが確認できますか。ア～エから1つ選び，記号で答えなさい。

ア　でんぷんができるには光が必要である。

イ　でんぷんができるには酸素が必要である。

ウ　でんぷんができるには水が必要である。

エ　でんぷんは成長に必要な栄養である。

(4) Cの葉の結果について，ふ入りの部分の色が変化しなかったのはなぜでしょうか。その理由を25字以上35字以内で答えなさい。ただし，「ふ入りの部分には，」ということばが最初にくるような文にしなさい。

(5) 右の図のような，ふ入りのアサガオの葉にアルミホイルをまいたものを新たに用意しました。同じ手順で実験を進めた場合，ヨウ素液と反応して色が変化する部分はどこになるでしょうか。解答用紙の図の，色が変化する部分に斜線《しゃせん》を書き入れなさい。

4　理科部の太郎さんは，**Ａ～Ｆ**とラベルがついた試験管中の水溶《よう》液が何かを調べるため，さまざまな実験を行いました。

〔実験１〕　ムラサキキャベツ液の作成

ⅰ）ムラサキキャベツをちぎって，ビーカーに入れ，水を加えた。

ⅱ）ガスバーナーで，液体を沸騰《ふっとう》させ，数分間加熱した。

ⅲ）液体がむらさき色になったのを確認できたら，ろ過をして，液体を取り出した。

〔実験２〕　ムラサキキャベツ液を使った実験

ⅰ）各試験管中にムラサキキャベツ液を数てきスポイトで加えた。

ⅱ）水溶液の色の変化を記録した。

実際の試験管のようす

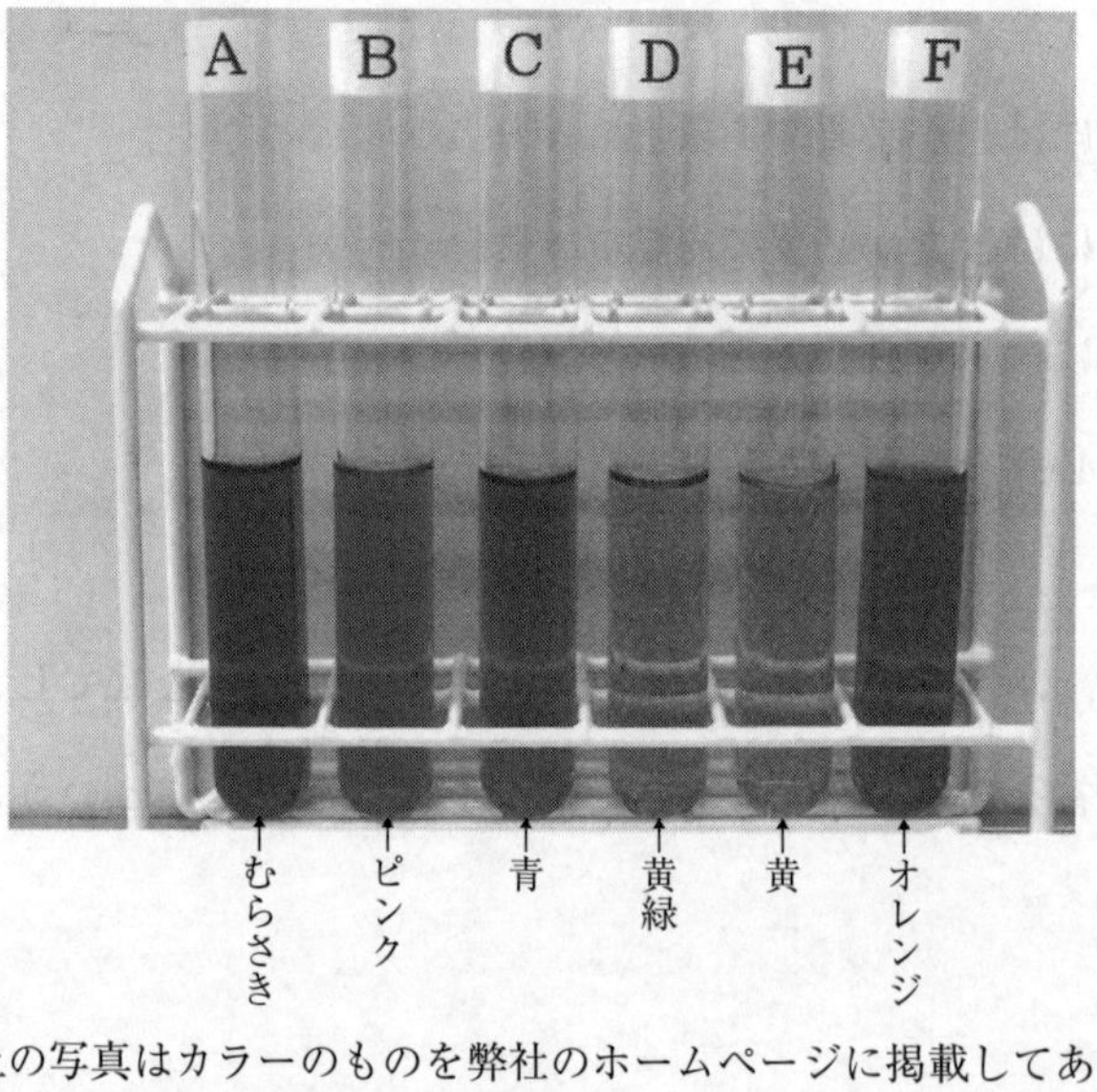

〈編集部注：上の写真はカラーのものを弊社のホームページに掲載してあります。
なお，右のQRコードからもアクセス可能です。〉

〔実験３〕　リトマス紙を使った実験

ⅰ）リトマス紙をピンセットではさみ，ガラス棒を使って水溶液を付けた。

ⅱ）リトマス紙の色の変化を記録した。①ガラス棒は必ず水で洗い，かわいた布でふき取ってから使用した。

〔結果〕

	A	B	C	D	E	F
リトマス紙（赤色）	変化なし	変化なし	青色	青色	青色	変化なし
リトマス紙（青色）	変化なし	赤色	変化なし	変化なし	変化なし	赤色

〔実験４〕　先生からのヒントをもらって行った実験

ｉ）A～Fの水溶液を少量ずつ蒸発皿に取り加熱したところA，C，Eからは白い固体が得《え》られ，B，D，Fからは何も得られなかった。DとFからはツンとするにおいがした。A，B，C，Eからはにおいがしなかった。

ⅱ）EとFを混ぜ合わせた液体を蒸発皿に少量取り，加熱したところ，白い固体が得られた。この固体をけんび鏡で観察すると，②Aの水溶液を蒸発させたときに得られる固体と同じ結しょうの形をしていた。

(1)　ムラサキキャベツ液を水に加えたときの色は，A～Fの水溶液のどれと同じ色になりますか。記号で答えなさい。

(2)　A～Fの水溶液にBTB溶液を加えたときに，黄色になる液体をすべて選び，記号で答えなさい。

(3)　下線部①のようにする理由を15字以上25字以内で簡単に説明しなさい。

(4)　先生からA～Fは次のア～クの水溶液の中のどれかであると伝えられました。
A～Fはそれぞれどの水溶液ですか。ア～クから１つずつ選び，記号で答えなさい。

ア　うすい塩酸　　イ　アンモニア水　　ウ　食塩水
エ　砂糖水　　オ　炭酸水　　カ　重そう水
キ　お酢《す》　　ク　うすい水酸化ナトリウム水溶液

(5) 下線部②の結しょうの形として正しいものを，**ア〜エ**から１つ選び，記号で答えなさい。

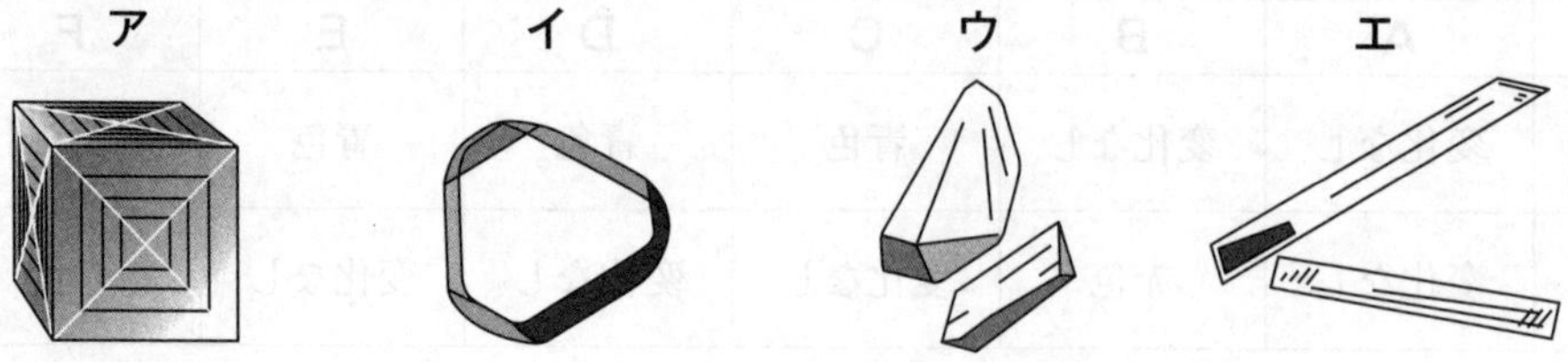

5 図のように，**A〜C**の豆電球，かん電池，導線，スイッチを使って，下の図のようにつなげました。導線は電球に比べはるかに電流が通りやすいです。

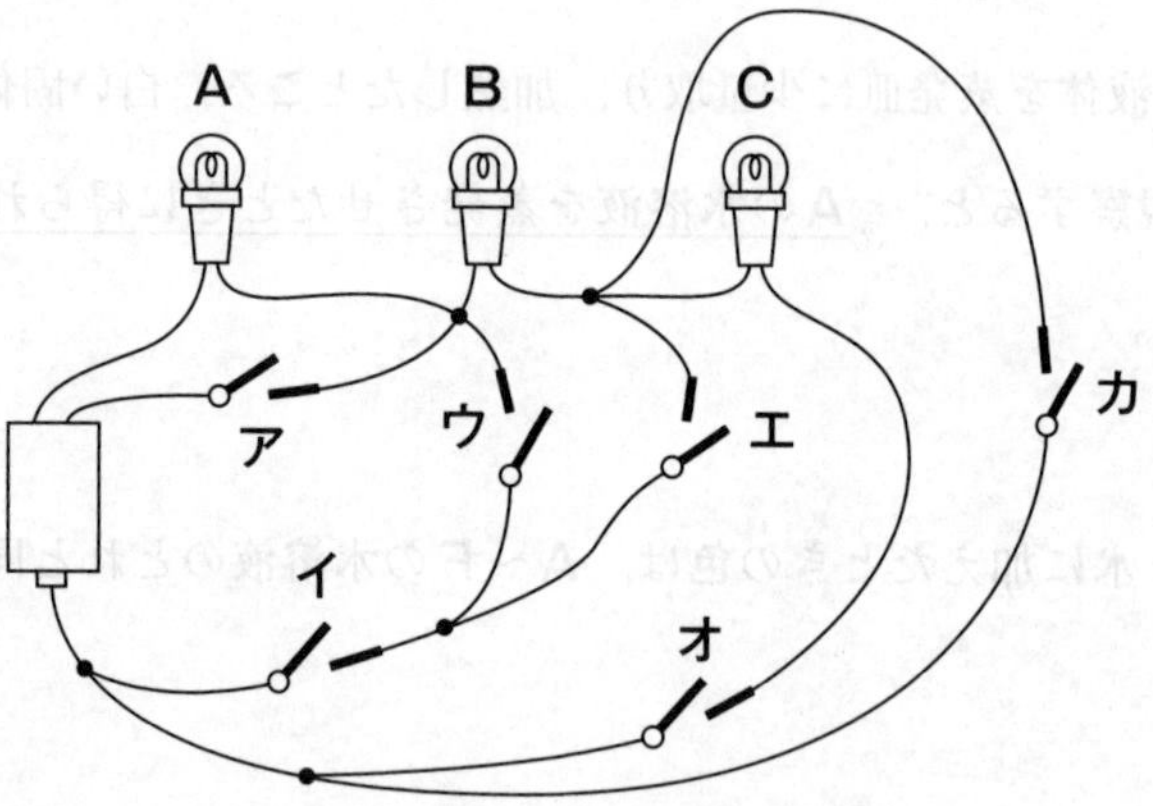

(1) できるだけ少ないスイッチをONにして，次の①〜③のように豆電球を点灯させるには，どのスイッチを入れればよいですか。**ア〜カ**からすべて選び，それぞれ記号で答えなさい。ただし，図中の●は導線がつながっている部分です。

① **A**の豆電球だけを点灯させる。

② **B**の豆電球だけを点灯させる。

③ **A**と**B**の豆電球だけを点灯させる。

(2) **B**の豆電球をソケットから外して，**A**と**C**の豆電球を点灯させるには，どのスイッチを入れればよいですか。**ア〜カ**からすべて選び，記号で答えなさい。

問六　ぼう線部⑤「小さな政府」とは、ここではどのような政府のことですか。その説明として適切なものを**ア**～**エ**から一つ選び、記号で答えなさい。

ア　年貢を納めさせることのできない政府。
イ　成功者を社会に生み出すことのできる政府。
ウ　国民に対する権力の働きがきびしい政府。
エ　貧しい人を助けるのに割く予算がない政府。

四

次の問いに答えなさい。

問　人間は賢《かしこ》い生き物だと思いますか。一四〇字以上、一五〇字以内であなたの考えを書きなさい。

注意事項《じこう》
・解答らんの一マス目から書きなさい。
・句読点や記号が一番上のマス目に入ってもよい。
・記号も一字とする。
・漢字で書けるものは漢字で書くようにすること。

間から非難をされることがないようにするため。

問三 X・Y に共通してあてはまることばとして適切なものを**ア**～**エ**から一つ選び、記号で答えなさい。

ア 道徳的　**イ** 実質的　**ウ** 相対的　**エ** 現実的

問四 ぼう線部③「通俗道徳のわなにはまり切っていた」とありますが、「通俗道徳のわなにはまり切」るとはどうなることですか。説明しなさい。

問五 ぼう線部④「支配者にとっては都合のよい仕組み」である理由として適切なものを**ア**～**エ**から一つ選び、記号で答えなさい。

ア 通俗道徳が徹底《てってい》されていたことにより、勤勉に働けば生活が安定するという考えが農民の間で支配的だったから。

イ 支配者の命令がそれぞれの農村全体に行き渡《わた》っていることにより、真面目《まじめ》に働く人しかいなくなっているから。

ウ 農村単位で年貢を納める仕組みにより、貧しい人の分も豊かな人が肩代わりをしてきちんと年貢が入ってくるから。

エ 貧しい人々からの圧力を感じた人たちが呼びかけることにより、真面目に働かない人が真面目に働くようになるから。

問一　ぼう線部①「問題はその先です」とありますが、どのような点が問題なのですか。その説明として適切なものを**ア**～**エ**から一つ選び、記号で答えなさい。

ア　禁欲的な通俗道徳の実践者が成功者になった例をひくことによって、通俗道徳を守らなければ成功者になることができないと支配者に思い込まされる点。

イ　経済的に不安定な生活を送ることが本人だけの問題ではなく、社会や経済状況にもよるものであるという考えが人々に浸透《しんとう》していくという点。

ウ　個人の生活に偶然はつきものであり助け合いが大切であるという通俗道徳の常識が、経済的に向上心を持たない人びとの言い訳として機能する点。

エ　通俗道徳を守ることが現実として必ずしも安定や成功につながらないにもかかわらず、貧しく不安定な生活を送ることが本人だけの問題にされる点。

問二　ぼう線部②「自分で自分を律するための基準」が必要であった理由として適切なものを**ア**～**エ**から一つ選び、記号で答えなさい。

ア　市場経済がひろまることによって生じた精神的に不安定な生活をさけるとともに、身の破滅からできる限り逃れられるようにするため。

イ　市場経済がひろまることによって生じた経済的に不安定な状況を乗り切るとともに、楽しみを追求する生活からできる限り遠ざかるため。

ウ　市場経済がひろまることによって生じた生活の不安定さを解決し、安定した収入のもとで生活を送ることができるようにするため。

エ　市場経済がひろまることによって生じた浪費《ろうひ》をうながす誘惑《ゆうわく》の多い生活から逃れ、世

れ、上の仰《おお》せゆえ致《いた》し方《かた》なし」、つまり貧しい人たちが集団で圧力をかけてくるのと、支配者がやれというのでしかたなくやっているのだ、ということが書かれています。

人びとが、通俗道徳一本やりで、完全にわなにはまり切ってしまうのは、明治時代に入ってからです。第一章でみたように、*2地租《ちそ》改正《かいせい》によって村請制は廃止《はいし》され、人びとを無理やり助け合わせる仕組みは消滅《しょうめつ》しました。いやいやながら豊かな人が貧しい人を助ける必要はもうなくなったのです。

そして政府は、といえばこれまでのべてきたようにカネがありません。何らかの理由で貧困におちいった人を助けるのに割《さ》く予算はないのです。こうして、人びとが貧困から逃れるためには、通俗道徳にしたがって、必死で働くことが唯一《ゆいいつ》の選択肢《せんたくし》になりました。

くり返しますが、通俗道徳を守って生きていればかならず成功するわけではありません。しかし、このように助け合いの仕組みも政府の援助《えんじょ》も期待できない社会では、成功した人はたいていが通俗道徳の実践者《じっせんしゃ》です。こうした状況《じょうきょう》のなかでは通俗道徳のわなから逃れることはとても難しいことです。実際に、がんばって働き、倹約し貯蓄して、成功した実例が身近に珍《めずら》しくないからです。

こうして、明治時代の前半の⑤小さな政府のもとで、人びとは通俗道徳の実践へと駆《か》り立てられてゆき、その結果、貧困層や弱者に「怠け者」の烙印をおす社会ができあがっていったのです。

（松沢裕作『生きづらい明治社会』岩波書店）

＊1　烙印をおされる…消すことのできない汚名《おめい》を受ける。
＊2　地租改正…明治政府が行った、土地制度・租税《そぜい》制度の改革。

といったものはありませんでした。農村では、村ごとに休みの日をきめて農作業を休んでいました。ある研究によれば、江戸時代を通して、農村部における休日は増加傾向《けいこう》にあったことが明らかになっています。最大で年間八〇日休んでいた村もあったといいます。

通俗道徳を生み出した背景は、市場経済化によって人びとの生活が不安定になったということでした。同様に、市場経済は、楽しみの機会も増やします。美しい衣類を買う、芝居《しばい》を見る、うまい酒を飲む、そういった機会も増えるのです。だからこそ人びとは通俗道徳を守ることによって規律正しく暮らし、身の破滅《はめつ》から逃《のが》れようともしたわけですが、楽しめるものは楽しんでおこうと考える人もいたわけです。その結果、遊びの機会は増え、休日も増えていったと考えられます。

江戸時代の人びとが、通俗道徳一本やりでなくてもなんとかやって行けた理由の一つは、江戸時代の社会が、集団を基本に形づくられていたからです。ある人間が怠《なま》けていても、ほかの人がカバーしてくれる仕組みが、集団のなかには埋《う》め込まれていました。これはこれで④支配者にとっては都合のよい仕組みで、農村についていえば、最初の章で触《ふ》れた年貢《ねんぐ》の村請《むらうけ》制《せい》がこれにあたります。年貢は村単位で納めなければならないので、もし自分の割り当て分の年貢を払《はら》えない人が出てきた場合、豊かな人がその人の分を肩代《かたが》わりしてでも、決まった額を納めなくてはなりません。豊かな人がみな貧しい人にやさしかったというわけではなく、そういう仕組みになっているから、という理由で、貧しい人を助けなければならなかったのです。そうすると、豊かな人のなかには不満もたまってきます。自分は努力して財産を築いたのに、怠けているやつを助けてやらなくてはいけないのはなぜか、というわけです。明治時代のごく初期、まだ村請制がのこっていた一八六九年のある書類のなかには、豊かな人が貧しい人を助けているのは、同情したりしているわけではなく、「ただ窮《きゅう》民《みん》の徒党を恐《おそ》

くらでもあります。実際のところ、個人の人生に偶然《ぐうぜん》はつきものだからです。ところが、人びとが通俗道徳を信じ切っているところでは、ある人が直面する問題は、すべて当人のせいにされます。ある人が貧乏であるとすれば、それはあの人ががんばって働かなかったからだ、ちゃんと倹約して貯蓄しておかなかったからだ、当人が悪い、となるわけです。

安丸さんは、こうした通俗道徳の考え方がひろまったのは、江戸《えど》時代の後半であると言っています。江戸時代の後半に市場経済がひろがり、人びとの生活が不安定になったときに、②自分で自分を律するための基準として、こうした思想が広まったというのです。

通俗道徳をみんなが信じることによって、すべてが当人の努力の問題にされてしまいます。その結果、努力したのに貧困に陥ってしまう人たちに対して、人びとは冷たい視線を向けるようになります。そればかりではありません。 X に正しい行いをしていれば必ず成功する、みんなが信じているならば、反対に、失敗した人は努力をしなかった人である、ということになります。経済的な敗者は、 Y な敗者にもなってしまい、「ダメ人間」であるという烙印《らくいん》[*1]をおされます。さらには、自分自身で「ああ自分はやっぱりダメ人間だったんだなあ」と思い込《こ》むことにもなります。

これは支配者にとっては都合の良い思想です。人びとが、自分たちから、自分が直面している困難を他人のせい、支配者のせいにしないで、自分の責任としてかぶってくれる思想だからです。こうした通俗道徳の「わな」に、人びとがはまってしまっていたことを、安丸さんは鋭《するど》く指摘したのでした。

一方で、江戸時代の人びとは、まだ、③完全に通俗道徳のわなにはまり切っていたわけではありません。江戸時代には、現在のように、曜日で休むとか、全国で統一された国民の祝日

サジのことを悪く言うアルトにもきょうだいの面倒《めんどう》をよく見ているという［Ⅰ（五字）］があるということを伝え、［Ⅱ（十字）］な方法でサジの気持ちをしずめようとしていた、ということ。

三

次の文章を読んで、後の問いに答えなさい。（なお、出題にさいして見出しを省略しています。）

ここで「通俗道徳《つうぞくどうとく》」という歴史学の用語を紹介《しょうかい》しておきたいと思います。人が貧困《ひんこん》に陥《おちい》るのは、その人の努力が足りないからだ、という考え方のことを、日本の歴史学界では「通俗道徳」と呼んでいます。この「通俗道徳」が、近代日本の人びとにとって重大な意味をもっていた、という指摘《してき》をおこなったのは、二〇一六年に亡《な》くなった安丸良夫《やすまるよしお》さんという歴史学者です。

安丸さんは、勤勉に働くこと、倹約《けんやく》をすること、親孝行をすることといった、ごく普通《ふつう》に人々が「良いおこない」として考える行為《こうい》に注目します。これといった深い哲学的根拠《こんきょ》に支えられるまでもなく、それらは「良いこと」と考えられています（だからそれは「通俗」道徳と呼ばれています）。

それは確かに良い行為であると、私たちも普通に考えるだろうと思います。そこまでは大した問題ではありません。①問題はその先です。勤勉に働けば豊かになる。倹約をして貯蓄《ちょちく》をしておけばいざという時に困ることはない。親孝行をすれば家族は円満である……。しかしかならずそうなるという保証はどこにあるでしょうか。勤勉に働いていても病気で仕事ができなくなり貧乏《びんぼう》になる、いくら倹約をしても貯蓄するほどの収入がない。そういう場合はい

問五　ぼう線部⑤「ぼく」と⑥「サジ」の、このときの二人の心情の組み合わせとして適切なものを**ア**～**エ**から一つ選び、記号で答えなさい。

ア　「ぼく」…せっかくあの場から離《はな》れたのに、アルトたちの話題になりもどかしく思っている。
　　「サジ」…苦手なプールを避《さ》けることができ、さらにアイスを食べられて満足している。

イ　「ぼく」…予想に反して当の本人であるサジが笑顔なので、動揺《どうよう》しうろたえている。
　　「サジ」…アルトのかわりに同じクラスの秋山くんに謝ってもらえてうれしくなっている。

ウ　「ぼく」…アルトの遠回しな言い方をじれったく思い、この状況にやきもきしている。
　　「サジ」…二人を心配させないよう明るくふるまっているが、本当はつらく思っている。

エ　「ぼく」…リアルの問いかけに対するサジの反応が心配で、落ち着かないでいる。
　　「サジ」…陰で悪く言われているのは予想していたことで、気にしないようにしている。

問六　ぼう線部⑦「それを伝えたかった」とありますが、「ぼく」は「リアル」がどのような内容をどういう方法で伝えたかったと考えたのですか。それを説明した次の文の空らんにあてはまることばを本文中からぬきだして答えなさい。

エ　この状況《じょうきょう》をリアルに何とかしてもらわないと、という声が自分の中でだんだん大きくなっていき、追いつめられた状態になってしまっているということ。

問三　ぼう線部③「ぼくはリアルに助けを求めた」とありますが、「ぼく」は「リアル」にどうしてほしいと考えたのですか。それを説明した次の文の空らんにあてはまることばを本文中からぬきだして答えなさい。

「ぼく」は「リアル」に、「［Ⅰ（十五字以内）］」と言って［Ⅱ（十字以内）］ことを期待し、その場をうまくおさめてほしいと考えた。

問四　ぼう線部④「なんかさ、ごめんな」とありますが、こう言ったときの「リアル」の気持ちとして適切なものを**ア**～**エ**から一つ選び、記号で答えなさい。

ア　プールに行く約束をしていたにもかかわらず、そんな気分になれずアイスを食べに行くことになったことに対して申しわけないという気持ち。

イ　自分と同じクラスのアルトたちがサジに関する悪口を言ったことに責任を感じ、聞いて落ちこんでいるであろう本人に対してすまないという気持ち。

ウ　スーパータカミヤの話題を出すことで、サジと「ぼく」の気持ちをなんとか本題からそらそうとした自分のずるさに対して反省する気持ち。

エ　アルトたちの陰口に腹を立て、サジのためにその場で言い返してやろうと意《い》気《き》込《ご》んだものの、勇気が出なかったことに対してくやしく思う気持ち。

問一　ぼう線部①「そんなこと」とありますが、その内容に**あてはまらない**ものを、**ア**～**エ**から一つ選び、記号で答えなさい。

ア　プールの裏庭側あたりから、前の学校でいづらくなって転校してきた子のことをうわさしている保泉たちの声が聞こえてきたこと。

イ　先生たちが良かれと思って、わざとリアルと保泉の二人を五年生になるときのクラスがえで同じクラスにしたのではないかということ。

ウ　リアルのおかげで、保泉によるだれかをターゲットにしてムシするという表立ったいじめが行われていなかったのではないかということ。

エ　「ぼく」のとうさんがアルトの対抗馬かというほどに、リアルはまわりの人たちみんなにたよりにされている存在だということ。

問二　ぼう線部②「セミの声がやけに大きく耳の中でこだまする」とは、どのようなことを表現していると考えられますか。その説明として適切なものを**ア**～**エ**から一つ選び、記号で答えなさい。

ア　なかなかプールに入ることができず、暑さのせいで急激に体温が上昇《じょうしょう》してしまったことにより、意識が少しずつ遠のいていってしまっているということ。

イ　隣《となり》にいるサジはどんなに傷ついているだろうと想像すればするほど、アルトたちから発せられる悪口が全く耳に入らなくなってしまっているということ。

ウ　アルトたちの陰口《かげぐち》がどんどん激しくなっていくことに対してあせる気持ちばかりがつのり、どう対処してよいかわからなくなってしまっているということ。

そのとき、弟や妹といっしょにお菓子を選んでいる保泉の姿が、ぼくの頭の中にくっきりとうかんでいた。なんだよ、けっこういいやつなんじゃん。

ああ、もしかして、リアルがぼくたちをここにつれてきたのは、⑦それを伝えたかったからなのかな。

さっきぼくが想像したみたいに、保泉に直接つっかかっていったら、いまごろ気まずい思いでプールサイドに立っていたにちがいない。たとえリアルが保泉に口で勝ったとしても、きっと気まずかった。

いいたいことをいえばすっきりするから我慢《がまん》するななんて、おとなはたまにそんなことをいうけど、そういうのってちょっと無責任だ。すっきりするだけじゃすまないってことを、ぼくたちはけっこうちゃんと知っている。

だからリアルは、くやしくても逃《に》げるほうを選んだんだ。戦うよりもずっと平和なやりかたで、傷ついたサジの気持ちは、たぶん満たされた。

アイスを食べ終えたサジが、やさしい声でいった。

「リアルは、人のいいところをさがすのが上手なんだね」

サジがリアルを下の名前でよんだのは、たぶんはじめてだったと思う。

「そういうところ、すごくすてきだと思う」

サジのストレートなほめ言葉に、リアルはちょっと照れて、「それはどぉも」って頭をかいていた。

(戸森しるこ『ぼくたちのリアル』講談社)

「そうなの？」

ぼくもサジもおどろいた。

「アルトってさ、きょうだいのこと、すげーよく見てるんだぜ。ちっさい子が三人とか四人とかいて、みんなそれぞれ好き勝手やってても、絶対にだれからも目をはなさないんだ。だれがどこでなにしてるか、ちゃんとハアクしてんだよ。それってちょっとすげくない？」

サジが「ぷっ」と笑った。なんだよ、すげくないって。すごくない、だろ。

「うん！　すげーかもっ」

サジが明るくそういったら、リアルはちょっとほっとしたように、「だよな」といった。

「なんか、いいアニキってかんじでさ、うらやましいっていうかさ。……おれにはそういうこと、もうできないから」

ぼくはハッとして、リアルの顔を見た。

リアルがそういうことをいうのを、ぼくははじめてきいた。言葉が出てこなかった。

そんなぼくのかわりに、サジがいう。

「ぼくもできないな。ひとりっこだから」

「へー、サジもきょうだい、いないのか」

「うん。ぼく、秋山くんみたいなおにいちゃん、ほしかったな」

サジにそういわれて、今度はめずらしくリアルがだまった。ぽかんとした顔をして、サジのことを見ている。おなじ年のクラスメイトからそんなふうにいわれたら、だれだっておどろくよ。

「アイスとけてるよ」

ぼくが忠告すると、ふたりともあわててアイスにかじりついた。

が、すごくはずかしくなった。

「ごめん、サジ。ぼくもだね」

ぼくたちに頭をさげられて、サジはアイスを持っていないほうの手をパタパタとふった。

「いいってば。おかげでアイス食べられたし。それに、保泉くんがかげであいうことといってるの、前から知ってたから、どうってことない」

「そうだよ、サジ。あんなやつのいうことなんか、ぜんぜん気にすることないよ」

ぼくがサジをはげますと、下をむいていたリアルがパッと顔をあげた。

「あのさ、でもさ、なんつーか、アルトって、たしかにああいうこというやつだけど、やなとこばっかってわけじゃないんだ」

へぇ？　意外な展開。リアルが保泉をフォローしている。

「保泉のいいとこなんか、ぼくは一個も知らないぞ。ぼくはうたがいのまなざしでリアルを見た。

「そうかなぁ。たとえば？」

「あいつ、下にきょうだいが多いだろ？」

保泉はたしか五人きょうだいで、ひとりだけ年がはなれている。保泉といちばん年が近いのが、たぶん二年生の妹。その下に一年生の弟もいたはずだ。

そういえば、タカミヤの前には団地がならんでいるけど、保泉はこの団地に住んでいるんだった。リアルは団地を見ながらいった。

「何回かここでアルトと会ったことがあるんだ。あいつ、きょうだいつれてお菓子とか買いにきてさ。ここのアイスが安いって教えてくれたの、じつはあいつだし」

「ええっ」

いつもおつかいをしているからな。

タカミヤで、リアルはスイカ味のアイスを選んだ。チョコレートのタネがついているやつだ。おなじのを選んだサジを見て、

「マネすんなよ」

ちっともおこってなんかいない声でいいながら、リアルがサジをつついている。ぼくはおなじアイスのメロン味を選んだ。

スーパーの外でアイスを食べながら、リアルはサジにいった。

④「なんかさ、ごめんな」

「え?」

首をかしげるサジ。

「さっきの、アルトの。きこえちゃっただろ?」

「ああ」

⑤ぼくはハラハラしながらきいていたけど、⑥サジは笑顔だった。

「ぼく、ぜんぜん気にしてない。なんで秋山くんがあやまるの?」

「冷凍みかん、おれのせいだし」

「そんなことないって」

「しかも、いいかえしてやれなかった」

リアルは地面をにらみつけて、くやしそうにくちびるをかんでいた。ほんとうにくやしそうだった。

その横顔を見て、ぼくは深く反省した。

リアルとくらべられたくないっていいながら、結局リアルにたよってばかりな自分のこと

そういうやりかたはきらいだね。

そんなふうにリアルが保泉に立ちむかうところを、ぼくは想像した。リアルならきっとうまくやる。そういうの、得意じゃないか。

だけど、ぼくの期待を裏切って、リアルはそうはしなかった。

リアルはとつぜん、あいつらとは反対方向に歩きはじめたんだ。

「帰ろう、サジ」

「はっ？」ぼくはおどろいた。「だって、プールは？」

「そんな気分じゃない。アイス食いにいこうぜ。サジもくるだろ？」

だまってぼくたちを見ていたサジは、次のしゅんかん、はじけるような笑顔《えがお》でリアルに答えた。

「うんっ、いく！」

「おまえはどうする？」

今度はぼくにきいている。

「ええと。うん、じゃあ、いこっかな」

「よぉし。タカミヤのアイスにしようぜ」

「タカミヤ？」

「スーパータカミヤ」

そんなわけで、ぼくたちは三人でプールをサボり、タカミヤにむかうことになった。

そのとちゅう、リアルはよくしゃべった。タカミヤのアイスはコンビニよりもちょっと安いとか、水曜日はスナック菓子《がし》が安くなるとか。

ぼくはそれをききながら、よくそんなこと知ってるなぁって感心した。そうか、リアルは

になにかがあったときは、リアルがどうにかしてくれるんだろう。

①そんなことより、だ。

前の学校でハブられてた？

それってもしかして、もしかしなくても、サジのことだよな。今度はべつのだれかがいった。

「ガイジンってよばれてたんじゃねぇの。すげぇ顔してるもんな、あいつ」

「つーかさ、そんくらいで転校ってどうなの？　親、あますぎだろ」

「あまい、あまい」

まずい。悪口がエスカレートしていく。

どうしよう、どうしよう。

手のひらがじっとりと汗《あせ》ばんで、②セミの声がやけに大きく耳の中でこだまする。

「でもあいつって、やっぱちょっと変わってるもんな。ときどき女みたいなしゃべりかたするし。ナントカしたらいいじゃな～い、みたいな」

「うわっ、アルトやべぇ、超《ちょう》似てんじゃん」

「しかもさ、リアルにべったりしすぎだろ。きいたか？　給食のときの」

「『冷凍みかん』！」

何人かの声が重なって、いやなかんじの笑い声がきこえた。

もうだめだ。③ぼくはリアルに助けを求めた。

「リ、リアル」

リアルはまるでこおりついたみたいに、ひどくつめたい顔をしていた。

そうだ。いってやれよ、リアル。おまえならできるだろ？

りにめんどうみのいいリアルが皮をむいてやったところ、同じ班の女子たちにくすくす笑われるということが起こった。

ぼくたちがあわてて裏庭側へむかうと、ちょうどプールの角を曲がるところで、こんな声がきこえてきた。

「あいつ、前の学校でハブられて転校してきたんだって」

ぼくはぎくりとして足を止めた。

声の主は、おなじクラスの保泉《ほいずみ》有杜《アルト》だ。

保泉はこまったやつだ。四年のときは、クラス内にひとりターゲットを決めて、ひたすらムシするゲームをやっていたらしい。

だれかがターゲットになっているあいだは安全だから、だれも保泉にさからったりはしない。しかも、ムシするだけのいじめって証拠《しょうこ》が残らないし、「そんなことしていません」っていえばそれですんじゃうから、なんだかんだで解決もしない。結局、四年が終わるまで、かげでずっと続いていたみたいだ。

五年のクラスがえで、保泉がリアルとおなじ一組になったのは、たぶん先生たちの計算だと思う。リアルとアルト。名前の雰囲気《ふんいき》は似ているけど、中身はまるで正反対だ。

「ははん、リアルが対抗馬《たいこうば》か」

ぼくの話をきいたとうさんは、そういっていたっけ。

タイコーバの意味はよくわからなかったけど、五年になってから保泉がすっかりおとなしくなったことはたしかだし、たぶんそれはリアルのおかげなんだと思う。

こまったことがあったら、リアルをたよればいい。みんながそう思っている。そして実際

(2) 過去のことは□に流そう。

(3) もう知っているとは□が早いですね。

問三　次のことわざの意味に最も近い熟語をア〜クからそれぞれ一つ選び、記号で答えなさい。

(1) 朱《しゅ》に交われば赤くなる

(2) 雀《すずめ》百まで踊《おど》り忘れず

(3) 亀《かめ》の甲《こう》より年の功

(4) 月夜に提灯《ちょうちん》

ア 経験　**イ** 準備　**ウ** 確実　**エ** 習慣

オ 協力　**カ** 不運　**キ** 無益　**ク** 感化

二

次の文章を読んで、問いに答えなさい。

学年一の人気者でみんなから頼《たよ》りにされている秋山璃在《リアル》（じつは四年前に弟を事故で亡《な》くした過去をもつ）と、小学五年のクラスがえではじめて同じクラスになった「ぼく」。ふたりはおさななじみで家がとなり、さらに父親どうしは大学時代の同級生でもある。そこへフィンランド人の父をもつ川上サジが転校してきて、三人の距離《きょり》が近づいていったある日、給食のデザートで出てくる冷凍《れいとう》みかんを前にこまっているサジのかわ

二〇二〇年度 東洋大学京北中学校

【国　語】〈第一回試験〉（五〇分）〈満点：一〇〇点〉

《注　意》１．作問のため本文にふりがなをつけた部分があります。
２．字数指定のある問いはすべて、句読点・記号も一字と数えるものとします。

一　次の問いに答えなさい。

問一　ぼう線部のカタカナを漢字に直しなさい。

(1)　もみじの木がコウヨウする。
(2)　古い建物のホキョウを行う。
(3)　委員長をツトめる。
(4)　神社にサンパイする。
(5)　タテ向きに置いてください。
(6)　身長と体重をソクテイする。
(7)　白組がユウセイだ。
(8)　スイリ小説を読む。

問二　□にあてはまる漢字一字を解答らんに書きなさい。

(1)　あまりの早業《はやわざ》にみんな□を巻いた。

2020年度

東洋大学京北中学校　▶解説と解答

算　数　＜第１回試験＞（50分）＜満点：100点＞

解　答

1 (1)　2　　(2)　3　　(3)　3　　(4)　7800　　**2** (1)　400円　　(2)　75m²　　(3)　158度　　(4)　216cm³　　**3** (1)　16通り　　(2)　正しくない／Aさんが0.16m差をつけて先にゴールする　　**4** (1)　1.5　　(2)　4.5倍　　(3)　$(E-D)\times C-A=B$　　**5** (1)　黒色　　(2)　25個　　(3)　134番目　　**6** (1)　4800cm³　　(2)　60cm²　　(3)　18cm　　(4)　12cm

解　説

1 **四則計算，逆算，計算のくふう**

(1)　$5\times7-(15-12\div3)\times3=35-(15-4)\times3=35-11\times3=35-33=2$

(2)　$\left(1\frac{1}{5}\div0.5-0.75\right)\div0.55=\left(\frac{6}{5}\div\frac{1}{2}-\frac{3}{4}\right)\div\frac{55}{100}=\left(\frac{6}{5}\times\frac{2}{1}-\frac{3}{4}\right)\div\frac{11}{20}=\left(\frac{12}{5}-\frac{3}{4}\right)\times\frac{20}{11}=\left(\frac{48}{20}-\frac{15}{20}\right)\times\frac{20}{11}=\frac{33}{20}\times\frac{20}{11}=3$

(3)　$1.8\times\left(4-1\frac{2}{\square}\right)\div1.75=2.4$より，$1.8\times\left(4-1\frac{2}{\square}\right)=2.4\times1.75=2\frac{2}{5}\times1\frac{3}{4}=\frac{12}{5}\times\frac{7}{4}=\frac{21}{5}$，$4-1\frac{2}{\square}=\frac{21}{5}\div1.8=\frac{21}{5}\div1\frac{4}{5}=\frac{21}{5}\div\frac{9}{5}=\frac{21}{5}\times\frac{5}{9}=\frac{7}{3}=2\frac{1}{3}$，$1\frac{2}{\square}=4-2\frac{1}{3}=3\frac{3}{3}-2\frac{1}{3}=1\frac{2}{3}$　よって，$\square=3$

(4)　$101\times78-99\times26-102\times13+98\times39=101\times78-99\times\frac{1}{3}\times3\times26-102\times\frac{1}{6}\times6\times13+98\times\frac{1}{2}\times2\times39=101\times78-33\times78-17\times78+49\times78=(101-33-17+49)\times78=(68-17+49)\times78=(51+49)\times78=100\times78=7800$

2 **倍数算，相似，面積，角度，体積**

(1)　２人がボールペンを１本ずつ買っても２人の所持金の差は変わらないから，1200－900＝300(円)が比の，８－５＝３にあたる。よって，比の１にあたる金額は，300÷３＝100(円)となるので，Ａ君の残りの金額は，100×８＝800(円)になる。したがって，ボールペン１本の値段は，1200－800＝400(円)と求められる。

(2)　縮尺$\frac{1}{500}$の地図では，地図上の面積は実際の面積の，$\frac{1}{500\times500}$倍になる。よって，この土地の実際の面積は地図上の面積の(500×500)倍になるから，３×500×500＝750000(cm²)，つまり，75m²とわかる。

(3)　正三角形の１つの内角は60度である。また，N角形の内角の和は，180×(N－２)で求められるので，五角形の内角の和は，180×(５－２)＝540(度)である。よって，正五角形の１つの内角は，540÷５＝108(度)になる。そして，三角形の１つの外角はとなり合わない２つの内角の和に等しいから，右の図で，60＋㋑＝106(度)と表すことができ，㋑の角の大きさは，106－60＝46(度)となる。次に，㋒の角の大きさは，180－108－46＝26(度)になり，㋓の角の大きさは，360－108＝252(度)なので，㋔の角の大きさは，360－252－

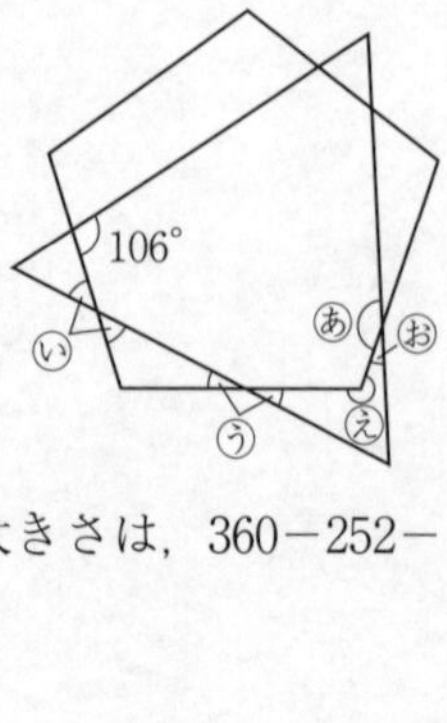

60－26＝22(度)とわかる。したがって，㋐の角の大きさは，180－22＝158(度)と求められる。

⑷　小さい立方体の側面の４つの正方形の面積の和は，1158－1014＝144(cm^2)となるから，小さい立方体の１つの正方形の面積は，144÷４＝36(cm^2)になる。よって，６×６＝36より，小さい立方体の一辺の長さは６cmとわかるので，小さい立方体の体積は，６×６×６＝216(cm^3)である。

3　場合の数，速さと比

⑴　５段目までののぼり方は，(１，１，１，１，１)，(２，１，１，１)，(１，２，１，１)，(１，１，２，１)，(１，１，１，２)，(２，２，１)，(２，１，２)，(１，２，２)の８通りある。また，５段目から７段目までののぼり方は，(１，１)，(２)の２通りある。よって，５段目をとばすことなくのぼるのぼり方は全部で，８×２＝16(通り)ある。

⑵　Ａさんが100m走ったときに，Ｂさんは，100－４＝96(m)走ったので，ＡさんとＢさんの速さの比は，100：96＝25：24になる。すると，Ａさんが，100＋４＝104(m)走る間に，Ｂさんは，104×$\frac{24}{25}$＝99.84(m)走ることになる。よって，Ａさんが，100－99.84＝0.16(m)差をつけて先にゴールするから，正しくないとわかる。

4　条件の整理

⑴　Cは２より小さく，$C \times C$は２より大きくなるので，1.4×1.4＝1.96，1.5×1.5＝2.25より，Cは1.5である。

⑵　$C \times D = E$で，1.5×2.4＝3.6となるから，D＝2.4，E＝3.6になる。また，BにBを何回かけてもBのままなので，B＝１となる。さらに，$A \times A$はAより小さくなるので，Aは１より小さい。よって，A～Eの中でAが１番小さいから，$A + E$＝4.4より，A＝4.4－3.6＝0.8とわかる。よって，EはAの，3.6÷0.8＝4.5(倍)と求められる。

⑶　(□－□)×C－□＝Bより，(□－□)×1.5－□＝１である。それぞれの□にA(＝0.8)，D(＝2.4)，E(＝3.6)を入れて等号の左側を計算すると，右のようになるので，この式は，$(E - D) \times C - A = B$とわかる。

(3.6－2.4)×1.5－0.8＝１
(3.6－0.8)×1.5－2.4＝1.8
(2.4－0.8)×1.5－3.6…計算できない

5　周期算

⑴　このご石は｛○●●●｝の４個がくり返されるから，30÷４＝７あまり２より，左から30番目のご石は左から２番目と同じ黒色である。

⑵　くり返される４個のご石の中に白いご石は１個あるから，100÷４＝25より，左から100番目までの間に白いご石は25個ある。

⑶　くり返される４個のご石の中に黒いご石は３個あるので，100÷３＝33あまり１より，黒いご石の100番目は，４個のご石が33組並んだ後の１個目の黒いご石，つまり34組の２番目になる。よって，100番目の黒いご石は左から，４×33＋２＝134(番目)と求められる。

6　水の深さと体積

⑴　底面積が300cm^2の容器に16cmの深さまで水が入っているから，この容器に入っている水の体積は，300×16＝4800(cm^3)である。

⑵　円柱のぼうを容器に立てたところ，水面の高さが20cmになったので，容器のうち，円柱のぼうをのぞいた底面積は，4800÷20＝240(cm^2)になる。よって，円柱のぼうの底面積は，300－240＝60(cm^2)となる。

⑶　右の図1で，㋐の部分と㋑の部分の水の体積は同じになる。よって，㋑の体積は，60×8＝480(cm³)だから，㋐の部分の高さは，480÷240＝2(cm)となり，容器の水面の高さは，20－2＝18(cm)と求められる。

図1

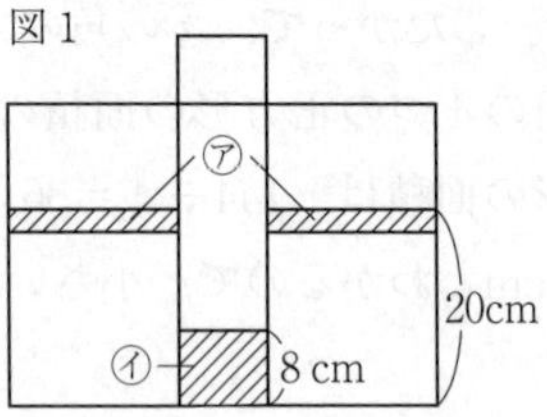

図2

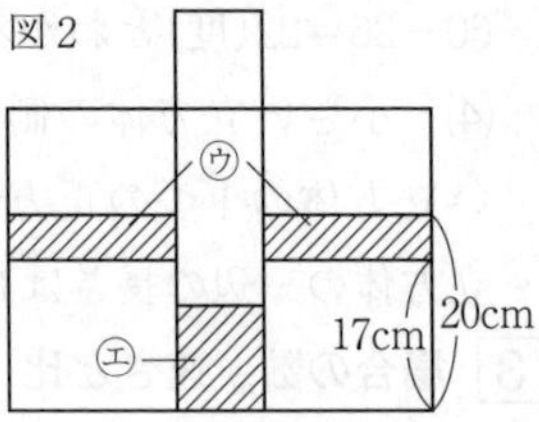

⑷　右上の図2で，㋒の部分と㋓の部分の水の体積は同じである。よって，㋒の部分の体積は，240×(20－17)＝720(cm³)なので，㋓の部分の高さは，720÷60＝12(cm)とわかる。

社　会　＜第1回試験＞（30分）＜満点：50点＞

解　答

1　⑴　ア　⑵　ウ　⑶　B　⑷　ウ　⑸　イ　⑹　潮目(潮境)　⑺　(例)　各国が排他的経済水域を設定したことで，以前のように漁業が行えなくなったため。(第一次石油危機の影響を受け，燃料費が高くなったため。)　⑻　ア　⑼　(例)　国内の工場の数が減り続けると，国内で働く場が減ってしまう。(海外で事故や災害が起こったときに，国内の工場だけでは補えなくなる。)　2　⑴　万葉集　⑵　ウ　⑶　大化　⑷　(例)　家臣が主君から権力をうばう下剋上の風潮が強まり，室町幕府の影響力が低下すると，自らの領域を支配する戦国大名が登場した。　⑸　ウ　⑹　イ　⑺　参勤交代(替)　⑻　エ　⑼　イ

3　⑴　イ　⑵　エ　⑶　厚生労働　⑷　(例)　スマートフォンやタブレットを用いたインターネット(の利用が増えており，)利用内容としてはゲームや動画視聴が中心なので，その中で収入を得るなどして活躍している(ユーチューバーにあこがれているから。)

解　説

1　日本の位置・自然・産業・生活についての問題

⑴　日本列島が位置する緯度とほぼ同じ範囲には，アメリカ合衆国や中国，アフリカ北部やヨーロッパ南部の国・地域がある。また，経度は，オーストラリアやロシア連邦の東部などとほぼ同じである。よって，ヨーロッパ南部に位置するスペインと日本の南方にあるオーストラリアの組み合わせが正しい。なお，イギリスは北緯50度以上，ブラジルは赤道付近，アルゼンチンは日本の裏側に位置している。

⑵　日本は，山がちであることと，降水量が多く，樹木がよく育つことから，国土のおよそ3分の2を森林が占《し》めている。

⑶　人の手によって植えられた森林を人工林という。人工林のほとんどは，比較《ひかく》的成長が早く，建築用材として価値の高いスギやヒノキなどの針葉樹林で，Bのようにとがった木が多い。

⑷　第二次世界大戦後の復興期から高度経済成長期にかけて，荒廃《こうはい》した国土の再生や，国土の保全・保水，建築資材の確保などを目的として，人工林が多く植えられた。よって，ウが誤っている。

⑸　かつおは熱帯から温帯の海に生息し，日本近海では夏に黒潮(日本海流)に乗って北上し，秋には黒潮を南下する。さけはオホーツク海や北太平洋に生息している。かには北海道の水あげ量が最

も多く，北陸地方から中国地方の日本海側にかけて多く分布している。よって，イが正しい。

(6)　三陸海岸沖では，寒流の親潮(千島海流)と暖流の黒潮がぶつかり，潮目(潮境)が形成される。潮目付近には魚のえさとなるプランクトンが多く，寒流系の魚も暖流系の魚も集まってくるため，好漁場となっている。

(7)　遠洋漁業は，1973年の第一次石油危機(オイルショック)で漁船の燃料費が急激に値上がりすると，生産量が大きく減少した。さらにその後，世界各国が沿岸から200海里(約370km)の範囲の海で漁業専管水域(現在の排他的経済水域)を設定し，外国の漁船がとる魚の種類や量を制限するようになったため，生産量は減少傾向《けいこう》が続いている。

(8)　右側のグラフを見ると，繊維《せんい》工業の生産額に占める大工場(300人以上の工場)の割合は10.8%，食料品工業の生産額に占める大工場の割合は23.7%と，工業全体の生産額に占める大工場の割合51.1%よりも低くなっている。したがって，アが誤っている。

(9)　1980年代後半に円高が進んだことなどにより，日本よりも土地代や人件費が安い中国や東南アジアなどに工場を建設して生産する企業が増え，国内の工場数が減少した。これにより，国内での雇用《こよう》が減少し，国内の産業が衰《おとろ》えていく産業の空洞《くうどう》化が進んだ。このまま国内の工場数が減少し続けると，国内に働く場がなくなったり，海外で事故や災害が起こったときに海外から製品を輸入できなくなり，国内で必要な量をまかなえなくなったりしてしまう可能性がある。

2　元号を題材とした飛鳥時代から江戸時代までの歴史についての問題

(1)『万葉集』は，天皇や貴族，農民などさまざまな身分の人々がよんだ約4500首の歌がおさめられた日本最古の歌集で，奈良時代後半に大伴家持《おおとものやかもち》らが編さんしたとされる。「令和」という元号は，万葉集におさめられた大伴旅人《たびと》の歌からとられたものである。

(2)　平安時代になると，漢字をくずした形から平仮名，漢字のへんやつくりから片仮名がつくられ，日本人独特の感情や考え方をいきいきと表現できるようになった。仮名文字は特に女性に多く用いられ，この時代には多くの女流文学の傑作《けっさく》が生まれた。よって，ウが誤っている。

(3)　645年，中大兄《なかのおおえの》皇子(のちの天智天皇)と中臣鎌足《なかとみのかまたり》は，皇室をしのぐほどの権力をふるっていた蘇我蝦夷《そがのえみし》・入鹿《いるか》父子を滅《ほろ》ぼし，天皇中心の国づくりを目指して一連の政治改革を始めた。この政治改革は，このとき初めて定められた元号にちなんで，大化の改新とよばれる。

(4)　1467年，諸国の有力大名が東西両軍に分かれて争う応仁の乱が起こった。戦乱は京都を主戦場として11年間続き，室町幕府や守護大名の権威《けんい》が落ちて世の中が混乱した。これによって，下の身分の者が上の身分の者を実力で倒《たお》してその地位をうばう下剋上《げこくじょう》の風潮が全国的に広まり，戦国大名が各地で勢力争いをくり広げる戦国時代が始まった。この時代には，資料にあるように，主君を倒して領国の支配者となり，さらに支配地域を広げようという動きが，各地で見られた。

(5)　近松門左衛門《もんざえもん》は，元禄文化のころに活躍《かつやく》した歌舞伎《かぶき》・人形浄瑠璃《じょうるり》の脚本家で，『曽根崎《そねざき》心中』や『国姓爺《こくせんや》合戦』などの作品で知られる。なお，『おくの細道』は元禄文化のころに活躍した俳人の松尾芭蕉《ばしょう》が著した俳かい紀行文である。

(6)　井伊直弼《なおすけ》は1858年に大老に就任すると，朝廷の許しをえずにアメリカ総領事ハリスとの間で日米修好通商条約を結んだ。そして，幕府の対外政策を批判した多くの反対派を安政の大獄できびしく処罰《しょばつ》した。しかし1860年，これに不満をいだいた水戸藩の浪士《ろうし》らによって，江戸城の桜田門外で暗殺された(桜田門外の変)。なお，アは1837年，ウは1853年，エは1867年のできごと。

(7)　江戸幕府の第３代将軍徳川家光は武家諸法度《しょはっと》を1635年に改定し，参勤交代を制度化した。これにより，大名は１年おきに江戸と領地に住むことを義務づけられ，大名の妻子は人質として江戸に住まわせるように命じられた。

(8)　深く浄土教を信仰《しんこう》した藤原頼通《よりみち》は，平安時代の中ごろの1053年，京都宇治の平等院に，阿弥陀《あみだ》仏をまつるための阿弥陀堂としてエの平等院鳳凰《ほうおう》堂を建てた。なお，アは室町時代に第８代将軍足利義政が建てた銀閣(京都府)，イは江戸幕府の初代将軍徳川家康をまつるため，孫の家光が建てた日光東照宮(栃木県)，ウは飛鳥時代に聖徳太子が建てた法隆寺(奈良県)である。

(9)　1221年，鎌倉幕府の第３代将軍の源実朝《さねとも》が暗殺されて源氏の血筋が途絶《とだ》えると，後鳥羽《ごとば》上皇は幕府を倒して政権を朝廷に取りもどそうと兵をあげ，承久の乱を起こした。しかし，第２代執権北条義時や初代将軍源頼朝の妻である北条政子の呼びかけに応じた武士たちの前に敗れ，上皇は隠岐《おき》(島根県)に流された。よって，イが誤っている。

3　職業をめぐる環境についての問題

(1)　性別，年齢，人種，宗教，価値観などにこだわらず，多様性を受け入れる考え方をダイバーシティという。さまざまな人材を積極的に活用することで，企業をめぐる環境の変化にも早く柔軟《じゅうなん》に対応でき，生産性が上がると近年考えられるようになり，日本でもこの考え方が推進されている。

(2)　衆議院議員・市区町村長・都道府県議会議員・市区町村議会議員に立候補できるのは25歳以上，参議院議員・都道府県知事に立候補できるのは30歳以上の人である。よって，エが誤っている。

(3)　厚生労働省は，国民が安心で快適な毎日を過ごすことができるよう，医療《いりょう》・年金・介護《かいご》に関する保険のしくみを整え，病気の予防，食品の安全の確保，保育園の設置，働く環境の整備などの仕事を行っている。

(4)　資料①からは，小学生のスマートフォンやタブレットの利用率が上がっており，小学生でも手軽にインターネットを利用できる環境が整ってきていること，資料②からは，小学生のインターネットの利用内容の中で，ゲームや動画視聴《しちょう》の割合が大きいことがわかる。また，資料③からは広告料収入などを得ることで，ユーチューバーが新しい職業として成り立っていることが読み取れる。これらのことから，身近な存在であるユーチューバーにあこがれ，目指そうとする小学生が増えてきていると推測できる。

理　科　＜第１回試験＞（30分）＜満点：50点＞

解　答

1　(1)　イ　(2)　ウ　(3)　エ　(4)　イ　(5)　ウ　(6)　ウ　(7)　ア　(8)　ア
2　(1)　A　イ　B　ウ　C　エ　(2)　ア　**3**　(1)　二酸化炭素　(2)　青むらさき色　(3)　ア　(4)　(例)　(ふ入りの部分には，)葉緑体がないため，でんぷんができていないから。　(5)　解説の図を参照のこと。　**4**　(1)　A　(2)　B，F　(3)　(例)　前につけた液体の性質が混ざらないようにするため。　(4)　A　ウ　B　オ　C　カ　D　イ　E　ク　F　ア　(5)　ア　**5**　(1)　①　イ，ウ　②　ア，カ　③　カ　(2)　ウ，エ，オ

解　説

1 小問集合

(1)　同じ強さではった弦《げん》を同じ強さではじいたとき，弦の長さが短いほど，弦の太さが細いほど高い音が出る。

(2)　ふり子のふれ方はおもりの重さに関係なく，糸が長いほどゆっくりふれる。よって，糸が25cmで最も長いウが最もゆっくりふれる。

(3)　空気にはちっ素が約78％，酸素が約21％ふくまれ，二酸化炭素は約0.04％ふくまれている。

(4)　ろうそくのほのおは，外えん，内えん，えん心の３つの部分からできている。外えんは，空気中の酸素をじゅうぶんに取り入れて完全燃焼している部分で，最も温度が高い。内えんは，酸素が足りず不完全燃焼している部分で，発生したすす（炭素の粒《つぶ》）が熱せられてかがやくため最も明るく，内えんにガラス棒を入れると黒いすすがつく。えん心は主にろうの気体がある部分で，青みがかって見えてうす暗い。

(5)　緑色植物は光合成により自分で養分をつくり出すことができるが，動物は植物や他の動物を食べることで養分を取り入れている。生物どうしが「食べる」，「食べられる」の関係でくさりのようにつながっている関係を食物連鎖《れんさ》という。

(6)　静脈は，肺をのぞく全身から心臓へ戻《もど》っていく血液が流れる血管で，二酸化炭素を多くふくんだ血液が流れている。

(7)　日本付近の上空にはつねに偏西風《へんせいふう》という強い西風が吹《ふ》いているため，日本の天気は西から東へと移り変わることが多い。

(8)　満月は，地球をはさんで太陽と反対側に位置しているので，午後６時ごろ東からのぼり，午前０時ごろ南中し，午前６時ごろ西にしずむ。

2 化石・火山灰・流れる水のはたらきについての問題

(1)　**A**　海で生きていたアンモナイトの化石が見つかったことから，アンモナイトの死がいがうずもれた当時，この周辺は海底だったと考えられる。　**B**　風力発電は風を利用して風車を回し，その回転を発電機で電気に変換《へんかん》する発電方法で，風がつねに強い場所に適している。　**C**　火山の噴火《ふんか》にともなって，噴火口にあった岩石や地下にあったマグマが噴出したとき，直径２mm以下の細かな粒となったものを火山灰という。流れる水のはたらきを受けていないため，形はふつう角ばっている。

(2)　京子さんたちは養老渓谷《ようろうけいこく》に移動していて，調べている川は山の中で上流なので，大きく角ばった石が多い。京子さんは川を手前からがけ側に向かって横断しているので，曲がっている川の内側から外側へと調べていることがわかる。曲がって流れる川の内側（手前側）は流れがおそく，けずるはたらきや運ぶはたらきが小さいので水深が浅い。一方，曲がって流れる川の外側（がけ側）は流れが速く，けずるはたらきや運ぶはたらきが大きいので水深が深く，がけになっている。

3 光合成の実験についての問題

(1)　植物が行う光合成では，気体の二酸化炭素と根から吸い上げた水を材料に，光のエネルギーを使って葉緑体ででんぷんをつくっている。

(2)　ヨウ素液がでんぷんと反応すると青むらさき色に変化し，これをヨウ素でんぷん反応という。

(3)　Ａの葉とＢの葉の条件のちがいは，葉の一部をアルミホイルでおおったかどうかである。アルミホイルでおおった部分の葉はヨウ素液に反応しなかったので，でんぷんができていなかったことがわかる。したがって，でんぷんができるには光が必要なことが確認できる。

(4)　ふの部分は白く，葉緑体がふくまれていないため，でんぷんがつくられていないと考えられる。

(5)　葉が緑色で葉緑体があり，光があたった部分の葉にだけでんぷんができているので，右の図の斜線《しゃせん》部分の色が変化する。

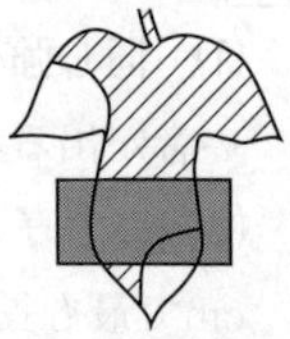

4　水溶液《すいようえき》の性質とムラサキキャベツ液についての問題

(1)　実験２のカラー写真で，Ａはむらさき色，Ｂは赤むらさき色（うすい赤色），Ｃは青色，Ｄは緑色，Ｅは黄色，Ｆは赤色をそれぞれ示している。ムラサキキャベツの葉を細かく切って煮《に》出したムラサキキャベツ液は，むらさき色をしている。これを中性の液に加えたときはむらさき色のままで，強い酸性の液に加えると赤色，弱い酸性の液ではうすい赤色，弱いアルカリ性の液では緑色（青緑色），強いアルカリ性の液では黄色を示す。水は中性なので，ムラサキキャベツ液を水に加えると，Ａの水溶液と同じむらさき色になる。なお，実験３でＡの水溶液は赤色と青色のどちらのリトマス紙も変化していないことからも，Ａの水溶液が中性だとわかる。

(2)　BTB溶液の色を黄色にするのは酸性の水溶液で，酸性の水溶液はムラサキキャベツ液の色を赤色に変えるから，実験２よりＢとＦがあてはまる。なお，酸性の水溶液は青色のリトマス紙が赤色に変化するので，実験３からもＢとＦが酸性だとわかる。

(3)　ガラス棒に前につけた液体が残っていると，新しい液体をつけたときに混ざってしまい，正しい色の変化を観察できない。したがって，ガラス棒は使用するごとに必ず水で洗い，かわいた布などでふき取ってから使うようにする。

(4)　ムラサキキャベツ液やリトマス紙の変化より，酸性の水溶液はＢ，Ｆ，アルカリ性の水溶液はＣ，Ｄ，Ｅ，中性の水溶液はＡとなる。Ａは中性でにおいがしないので食塩水か砂糖水だが，砂糖水を蒸発皿で加熱すると黒くこげるので，白い固体が得られたＡは食塩水とわかる。Ｂには固体がとけておらず，酸性でにおいがしないので，二酸化炭素がとけた炭酸水，Ｄには固体がとけておらず，アルカリ性でツンとするにおいがあるのでアンモニア水とわかる。次に，Ａは食塩水で，ＥとＦを混ぜ合わせるとＡと同じ食塩水ができることから，ＥとＦは塩酸とうすい水酸化ナトリウム水溶液と考えられる。ＣとＥは固体がとけており，においがせずアルカリ性の水溶液なので，Ｅがうすい水酸化ナトリウム水溶液，Ｃは重そう水，Ｆはうすい塩酸となる。なお，Ｆには固体がとけておらず，酸性でツンとするにおいがあることからもうすい塩酸とわかる。

(5)　食塩水を蒸発させて得られる食塩の結しょうの形は，アのような立方体である。

5　電気回路についての問題

(1)　①　Ａの豆電球だけを点灯させるには，イとウのスイッチを入れればよい。　②　Ｂの豆電球だけを点灯させるには，アとカのスイッチを入れる方法と，アとイとエのスイッチを入れる方法があるが，できるだけ少ないスイッチをＯＮにするには，アとカを入れればよい。なお，アのスイッチを入れることでＡの豆電球には電流が流れなくなる（ショートする）。　③　ＡとＢの豆電球の間は●で導線がつながっているので，ＡとＢの豆電球だけを点灯させるには，イとエのスイッチを入れる方法と，カのスイッチを入れる方法がある。したがって，できるだけ少ないスイッチをＯＮにするには，カだけを入れればよい。

(2)　Ｂの豆電球の部分には電流が流れないので，ＡとＣの豆電球を点灯させるには，ウとエとオのスイッチを入れればよい。

国　語　＜第１回試験＞（50分）＜満点：100点＞

解　答

一　問１　下記を参照のこと。　問２　(1)　舌　(2)　水　(3)　耳　問３　(1)　ク　(2)　エ　(3)　ア　(4)　キ　二　問１　ア　問２　ウ　問３　Ⅰ　そういうやりかたはきらいだね(。)　Ⅱ　保泉に立ちむかう　問４　イ　問５　エ　問６　Ⅰ　いいところ　Ⅱ　戦うよりもずっと平和　三　問１　エ　問２　イ　問３　ア　問４　(例)　支配者の都合のいいように，自分が直面している問題を自分の責任だととらえ，必死に働くようになること。　問５　ウ　問６　エ　四　(例)　人間は知性を持つので，賢いと考える人が大半だろう。だが，人間には，もっともおろかな行いともいえる戦争を何度も起こした歴史がある。優れた科学技術などを生み出しても，それが人間を不幸にするために使われるのでは無意味だ。その意味で，私は，人間は知性を正しく使う限りにおいては，賢い生き物だと言いたい。

●漢字の書き取り

一　問１　(1)　紅葉　(2)　補強　(3)　務(める)　(4)　参拝　(5)　縦　(6)　測定　(7)　優勢　(8)　推理

解　説

一　漢字の書き取り，慣用句の完成，ことわざの知識

問１　(1)　秋に木の葉が赤くなること。　(2)　弱いところなどを補って強くすること。　(3)　音読みは「ム」で，「任務」などの熟語がある。　(4)　神社や寺にお参りしておがむこと。　(5)　音読みは「ジュウ」で，「縦横」などの熟語がある。　(6)　大きさ・重さ・かさなどを正しくはかること。　(7)　勢いがまさっていること。　(8)　わかっている事実をもとにして，わかっていないことについて考えること。

問２　(1)「舌を巻く」は，とても感心するようす。　(2)「水に流す」は，“過去のいざこざなどをなかったことにする”という意味。　(3)「耳が早い」は，うわさなどをすぐに聞きつけて知っていること。

問３　(1)　“つきあう友人によってよくも悪くもなる”という意味なので，自然に人の気持ちを動かし，よいほうや悪いほうに変化させることをいう「感化」が選べる。　(2)　“おさないころに身につけた習慣や技能は年を取っても忘れない”という意味なので，「習慣」がよい。　(3)　“年を取った人の知恵《ちえ》は尊い”という意味なので，実際に見たり聞いたり行ったりしたことをいう「経験」がふさわしい。　(4)　不必要なことをいうので，“むだ”という意味の「無益」が合う。

二　出典は戸森《ともり》しるこの『ぼくたちのリアル』による。サジの悪口を言ったアルトについて，実はきょうだい思いのいいところもあるとリアルはサジに伝え，平和な方法でサジの気持ちを満たす。

問１「そんなこと」とは，五年のクラスがえで，「先生たちの計算」により保泉とリアルが同じクラスになったことや，彼《かれ》がみんなからたよりにされていること，保泉が問題行動をしなくなったのもたぶん彼のおかげだという内容を指すが，「ぼく」はそれよりも保泉がサジについて話していたことが気になっているので，アが選べる。

問２　直前の部分に注目する。じょじょに「エスカレートしていく」アルトたちの陰口《かげぐち》に対し，「ぼく」は「どうしよう，どうしよう」とあせりをつのらせているのだから，ウがあてはまる。

問３　続く部分で，「ぼく」がリアルにどうしてほしいかが描《えが》かれている。　Ⅰ　アルトに対し，「そういうやりかたはきらいだね」とリアルが言うことを「ぼく」は想像している。　Ⅱ　「ぼく」は，リアルが「保泉に立ちむか」い，うまく問題をおさめてくれることを期待している。

問４　続く部分に注目する。リアルは，アルトの悪口が聞こえただろうとサジを気づかい，冷凍《れいとう》みかんのことでサジが笑われたのに言い返さなかったことを謝《あやま》っている。よって，イが合う。

問５　保泉の悪口が聞こえただろうというリアルの問いかけに対し，「ぼく」はサジがどう反応するかと心配して気をもんだが，「サジ」は保泉が自分の悪口を言っているのは知っていたし，気にしていないと言っている。よって，エがあてはまる。

問６　Ⅰ　リアルは，サジの悪口を言っているアルトが，実はきょうだい思いだと話している。続く部分でサジが言っているように，「人のいいところをさがすのが上手」なリアルは，「ぼくたち」にそのことを伝えようとしたものと考えられる。　Ⅱ　この後「ぼく」は，リアルがアルトに口で勝ったとしても気まずかっただろうと考え，リアルは「戦うよりもずっと平和」なやり方でサジの傷ついた気持ちを満たしたのだろうと納得《なっとく》している。

三　**出典は松沢裕作《まつざわゆうさく》の『生きづらい明治社会―不安と競争の時代』による。**貧困に陥《おちい》るのはその人の努力が足りないからだと考える「通俗《つうぞく》道徳」が，近代日本では重大な意味を持っていたことを述べている。

問１　「その先」の内容は，続く部分で述べられている。個人の人生に偶然《ぐうぜん》はつきもので，努力したのに貧困に陥る人などもいるが，人びとが通俗道徳を信じ切っていると，ある人が直面する問題はすべて当人のせいにされてしまう。筆者はそれが「問題」だというのだから，エが選べる。

問２　ぼう線部②は，江戸時代後半における通俗道徳のことを指す。市場経済化によって，生活は不安定になった一方で「楽しみの機会」も増えたが，人びとは通俗道徳を守ることで経済的に困らないようにしたと四つ後の段落で述べられている。よって，イが合う。

問３　空らんＸ，Ｙをふくむ段落では，通俗道徳をみんなが信じることによって起こる，困った点が説明されている。人びとは「道徳的」に正しい行いをしていれば必ず成功すると考えていたため，失敗した者は努力をしなかったという烙印《らくいん》をおされていた。つまり，経済的な敗者になると「道徳的」な敗者ともみなされてしまったのだから，アが入る。

問４　直前の段落にあるとおり，通俗道徳の「わな」とは，自分が直面している困難を他人のせいにせず，自分自身の責任と考える，支配者にとって都合のいい状態に人びとが陥ることをいう。この「わな」にはまり切った明治時代には，人びとは貧困から逃《のが》れるために必死で働くようになったと最後から三つ目の段落に書かれている。

問５　ここで「支配者にとっては都合のよい仕組み」とされているのは，直前に書かれた，集団の中の「ある人間が怠《なま》けていても，ほかの人がカバーしてくれる仕組み」を指す。年貢《ねんぐ》が払《はら》えない人の分を豊かな人が肩代《かたが》わりしてくれる，「年貢の村請《むらうけ》制」がこれにあたる。

問６　明治時代前半は，「助け合いの仕組みも政府の援助《えんじょ》も期待できない社会」だったと直前の段落で述べられている。このような「カネ」がない政府のもとで，人びとは通俗道徳の実践《じっせん》に駆《か》り立てられていったというのだから，エがあてはまる。

四 条件作文

最初に自分の意見を明らかにし，続いてそのように考える理由を述べるといった構成などが考えられる。「賢《かしこ》い」とはどういう意味か，自分なりの定義を説明するとわかりやすいだろう。誤字や脱字《だつじ》，主語と述語のねじれなどがないように注意する。

Dr.福井の 入試に勝つ！ 脳とからだのウルトラ科学

睡眠時間や休み時間も勉強!?

みんなは寝不足になっていないかな？　もしそうなら大変だ。睡眠時間が少ないと，体にも悪いし，脳にも悪い。なぜなら，眠っている間に，脳は海馬《かいば》という部分に記憶をくっつけているんだから。つまり，自分が眠っている間も頭は勉強しているわけだ。それに，成長ホルモン（体内に出される背をのばす薬みたいなもの）も眠っている間に出されている。昔から言われている「寝る子は育つ」は，医学的にも正しいことなんだ。

寝不足だと，勉強の成果も上がらないし，体も大きくなりにくく，いいことがない。だから，睡眠時間はちゃんと確保するように心がけよう。ただし，だからといって寝すぎるのもダメ。アメリカの学者タウブによると，10時間以上も眠ると，逆に能力や集中力がダウンしたという研究報告があるんだ。

睡眠時間と同じくらい大切なのが，休み時間だ。適度に休憩するのが勉強をはかどらせるコツといえる。何時間もぶっ続けで勉強するよりも，50分勉強して10分休むことをくり返すようにしたほうがよい。休み時間は，散歩や体操などをして体を動かそう。かたまった体をほぐして，つかれた脳を休ませるためだ。マンガを読んだりテレビを見たりするのは，頭を休めたことにならないから要注意！

頭の疲れに関連して，勉強の順序にもふれておこう。算数の応用問題や理科の計算問題，国語の読解問題などを勉強するときには，脳のおもに前頭葉という部分を使う。それに対して，国語の知識問題（漢字や語句など）や社会などの勉強では，おもに海馬《かいば》という部分を使う。したがって，それらを交互に勉強すると，１日中勉強しても疲れにくい。

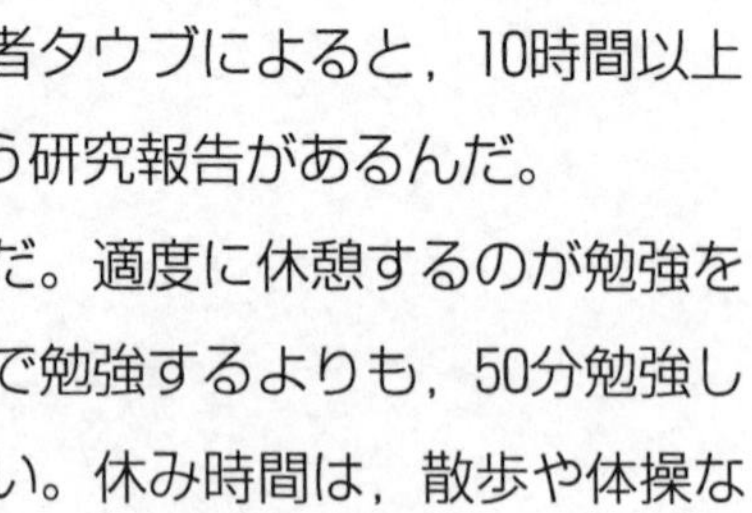

Dr.福井（福《ふく》井《い》一成《かずしげ》）…医学博士。開成中・高から東大・文Ⅱに入学後，再受験して翌年東大・理Ⅲに合格。同大医学部卒。さまざまな勉強法や脳科学に関する著書多数。

Memo

Memo

2019年度　東洋大学京北中学校

〔電　話〕　(03) 3816－6211
〔所在地〕　〒112－8607　東京都文京区白山２－36－５
〔交　通〕　都営三田線 ―「白山駅」６分，東京メトロ南北線 ―「本駒込駅」10分，東京メトロ丸ノ内線 ―「茗荷谷駅」14分，東京メトロ千代田線 ―「千駄木駅」19分

【算　数】〈第１回試験〉（50分）〈満点：100点〉

《注　意》円周率は3.14とします。

1　次の計算をしなさい。

(1)　$17\times8-(25-9)\times7\div4$

(2)　$(297+11\times9)\div\{432\div(170-98)\}$

(3)　$2\frac{5}{9}\div\left(\frac{2}{3}-\frac{3}{5}\right)\times5\frac{2}{5}$

(4)　$\left(6\div1.8-3.2\times\frac{2}{3}\right)\div1\frac{7}{20}$

(5)　$99\times88-77\times66+55\times44$

2　次の問いに答えなさい。

(1)　時速3.6 kmは秒速何cmですか。

(2)　30人の生徒が４mおきに１列に並んでいます。先頭の生徒と一番後ろの生徒は何mはなれていますか。

(3)　4000円の35%引きは，何円の８割と等しくなりますか。

(4)　48，54，72の最小公倍数を求めなさい。

⑸　Ａさんは，１ページに25題ずつ問題がのっている算数の問題集を，毎日40題ずつ解いていったところ，15日目が終わったときにちょうど３ページ残っていました。この問題集は全部で何ページですか。

⑹　牛乳３本とオレンジジュース７本を買ったときの代金の合計は1080円です。牛乳９本とオレンジジュース３本を買ったときの代金の合計も1080円のとき，牛乳１本のねだんを求めなさい。

⑺　$\frac{5}{6}$より大きく$\frac{7}{8}$より小さい分数で，分母が36でこれ以上約分できない分数を求めなさい。

⑻　右の図で，○印と×印はそれぞれ等しい角を表しています。角㋐の大きさを求めなさい。

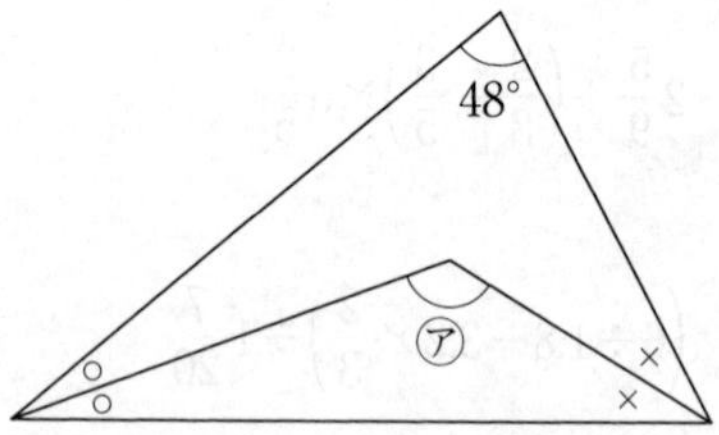

⑼　右の図のかげの部分の面積は何cm^{2}ですか。

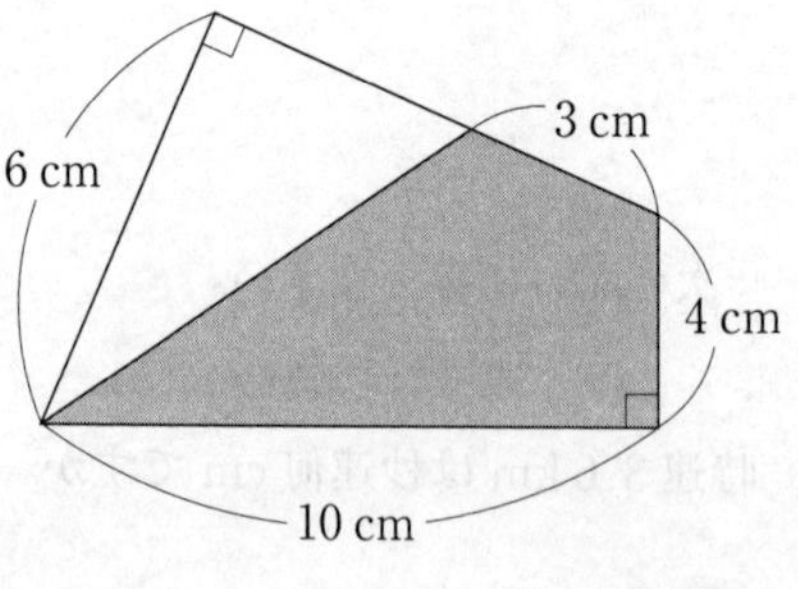

⑽　右の図の立体の体積を求めなさい。

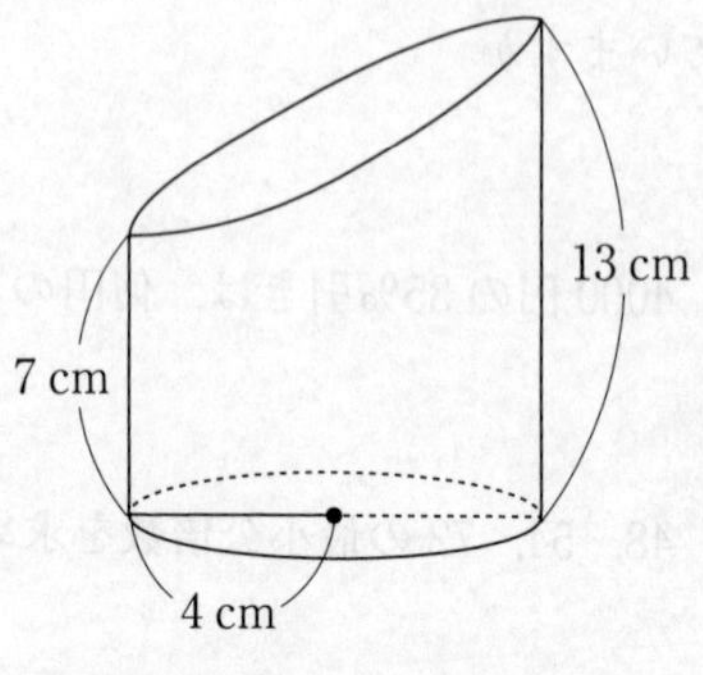

3　A さんは毎分 50 m の速さで歩いて駅に向かいました。途中の公園で 12 分間遊んでから，公園から走って駅に向かいました。下のグラフは，そのときのようすを表したものです。次の問いに答えなさい。ただし，解答らんには考え方や途中の式を書きなさい。

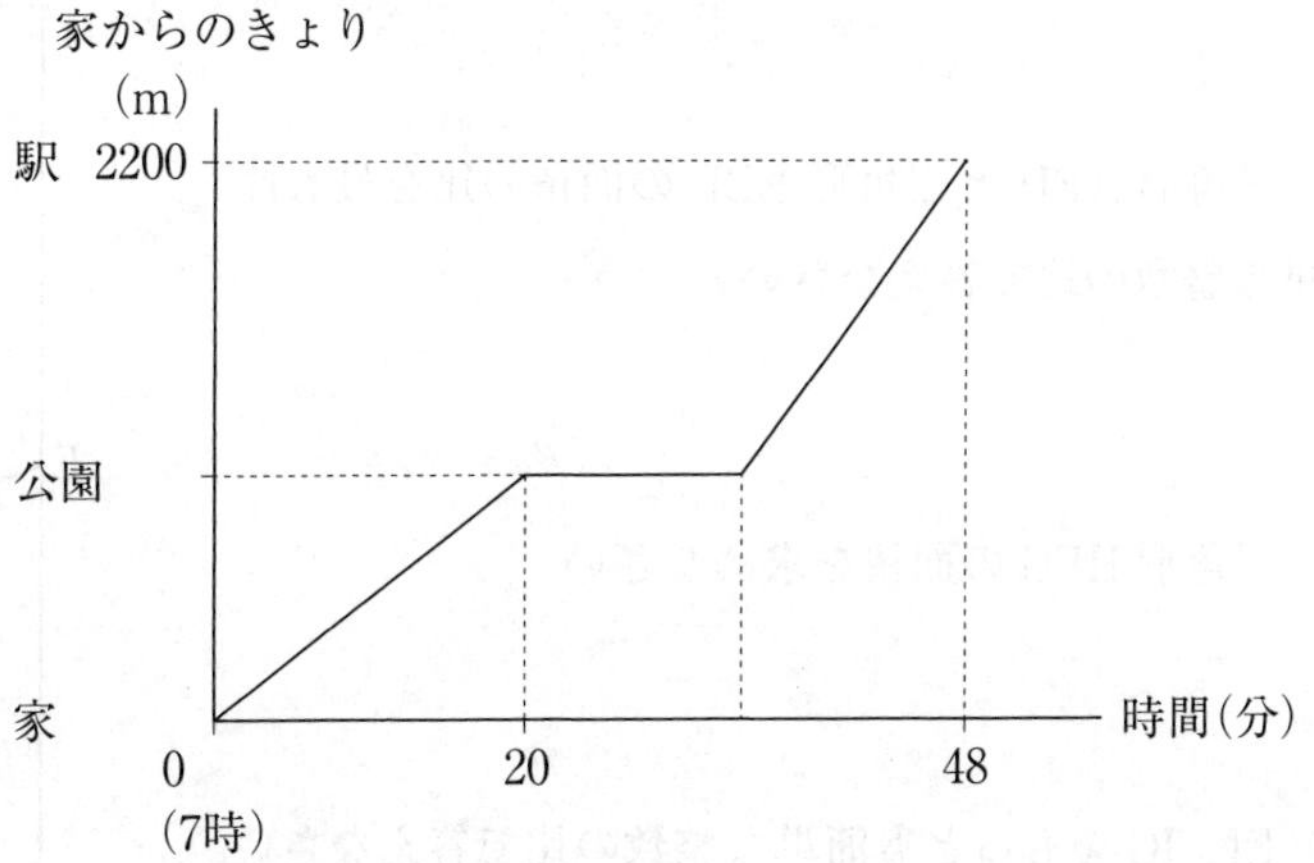

(1)　公園から駅まで A さんの走る速さは毎分何 m ですか。

(2)　お母さんが 7 時 7 分に家を出て A さんに忘れ物をとどけます。公園で忘れ物をわたすためには，もっとも遅くて毎分何 m の速さで行かなければなりませんか。

(3)　A さんが公園で遊ばなかった場合，ずっと歩いて駅に向かいます。そのとき，7 時 48 分に駅に着くには何時何分に家を出ればよいですか。

4　右の図の四角形 ABCD は長方形です。
点 E は辺 AB を２等分した点で，点 I は EG と HF の交点です。
次の問いに答えなさい。

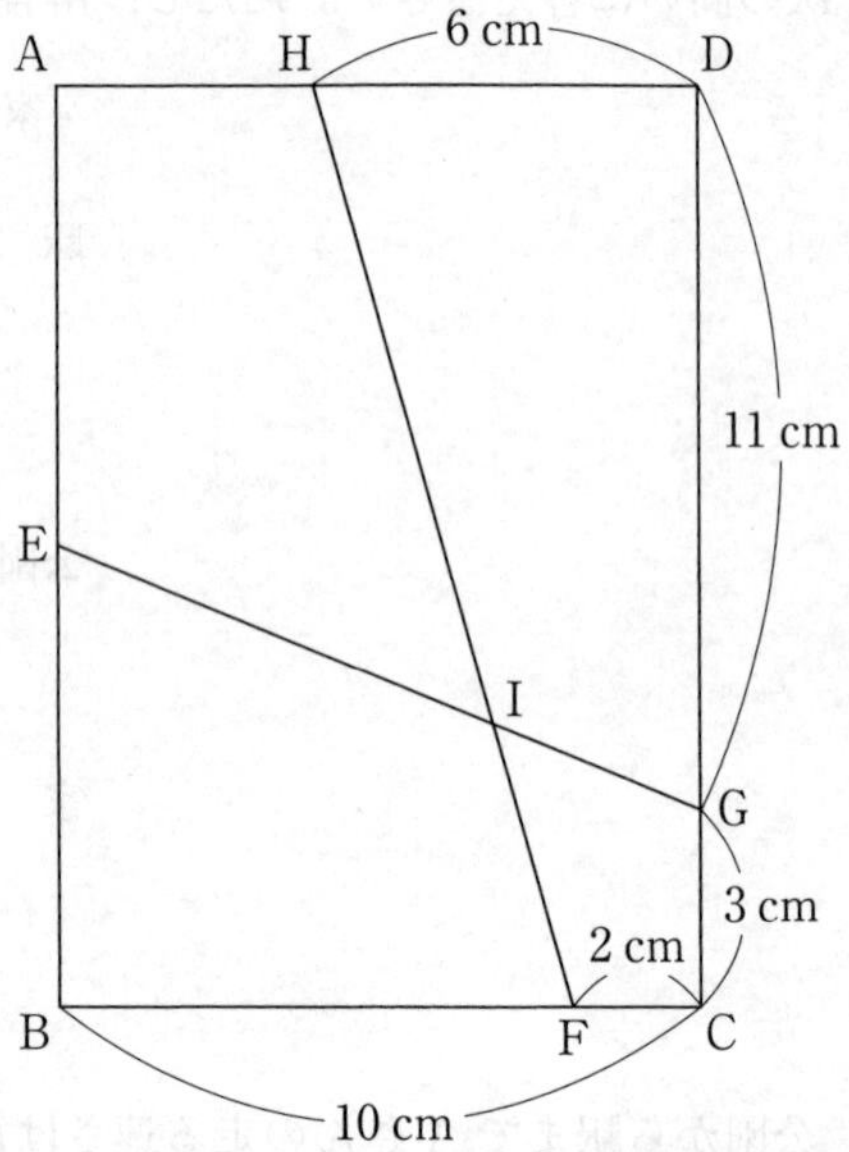

⑴　三角形 AEH と三角形 EBF の面積の比を最も簡単な整数の比で答えなさい。

⑵　三角形 HFG の面積を求めなさい。

⑶　EI：IG をもっとも簡単な整数の比で答えなさい。

5　下のように，数字がある規則にしたがって並んでいるとき，次の問いに答えなさい。

3，1，4，1，5，9，2，3，1，4，1，5，9，2，3，1，…

⑴　左から数えて 2019 番目の数はいくつですか。

⑵　１番目から 2019 番目までの数の和を求めなさい。

⑶　１番目から 2019 番目までの間に１の数字は何個ありますか。

⑷　数字の１だけとり出して並べたとき，31 番目の１は全体の何番目になりますか。

【社　会】〈第１回試験〉（30分）〈満点：50点〉

〈編集部注：実際の入試問題では，写真・地図・略図と**３**の(1)のグラフはカラーになっています。〉

１　次のⅠ～Ⅴの文は，各地の人々の暮らしや産業における，気候や地形などの特色に合わせたさまざまなくふうについて述べています。次の文を読んで，問いに答えなさい。

Ⅰ　メガネのわくの生産がさかんです。以前は冬に農業ができなくて，多くの男性が都会に働きに出ていました。今から100年ほど前にメガネをつくる技術が伝えられ，今では日本のメガネわく生産の90％以上を占めています。

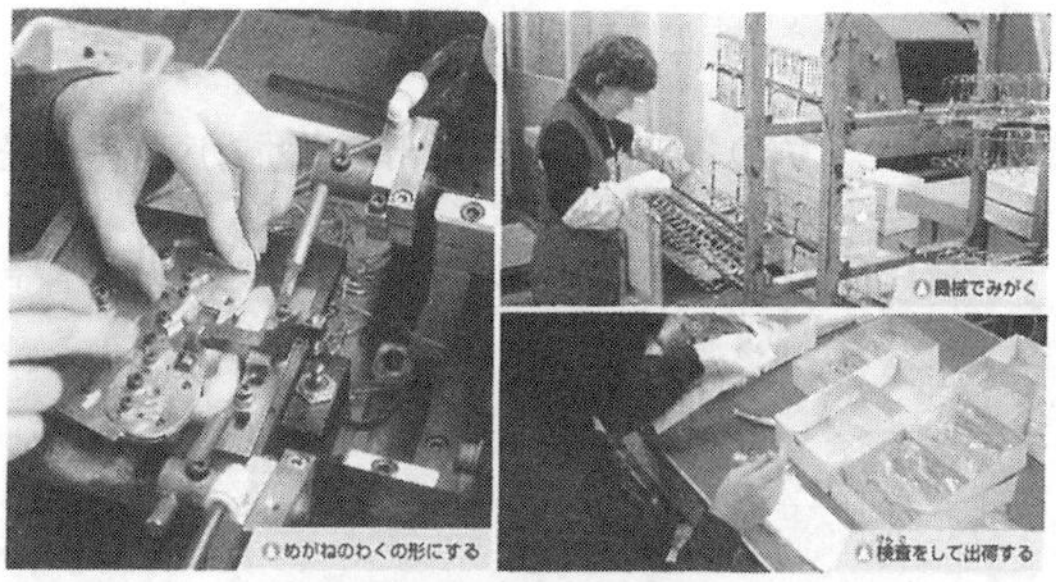

Ⅱ　全国一のカツオの水あげ高をほこる漁港があります。漁業に関連する施設や水産加工場がたくさんあり，水産加工団地もつくられています。

Ⅲ　深い谷に囲まれているため，水を汲《く》みに行くのにたいへんな苦労があった白糸台地でしたが，多くの村人の協力により，石の管《くだ》を備えるアーチ形の石橋を完成させ，水を送ることに成功しました。その結果，白糸台地の作物の収穫量がふえました。

Ⅳ　全国一の米どころで，高い価格で取引されるコシヒカリの産地としても有名です。県庁所在地の市内には，せんべい，あられ，おかきなど，米を原料にした菓子《かし》をつくる工場があります。

Ⅴ　一年を通してあたたかい地域です。県全体の約３分の１が畑で，多くのサトウキビが栽培されています。サトウキビの生産量は全国一で，全国生産量の約６割を占めています。

(1)　**Ⅰ～Ⅴ**の各文が示す都市や地域が存在する都道府県の位置を，地図中の**a～g**から１つずつ選び，記号で答えなさい。

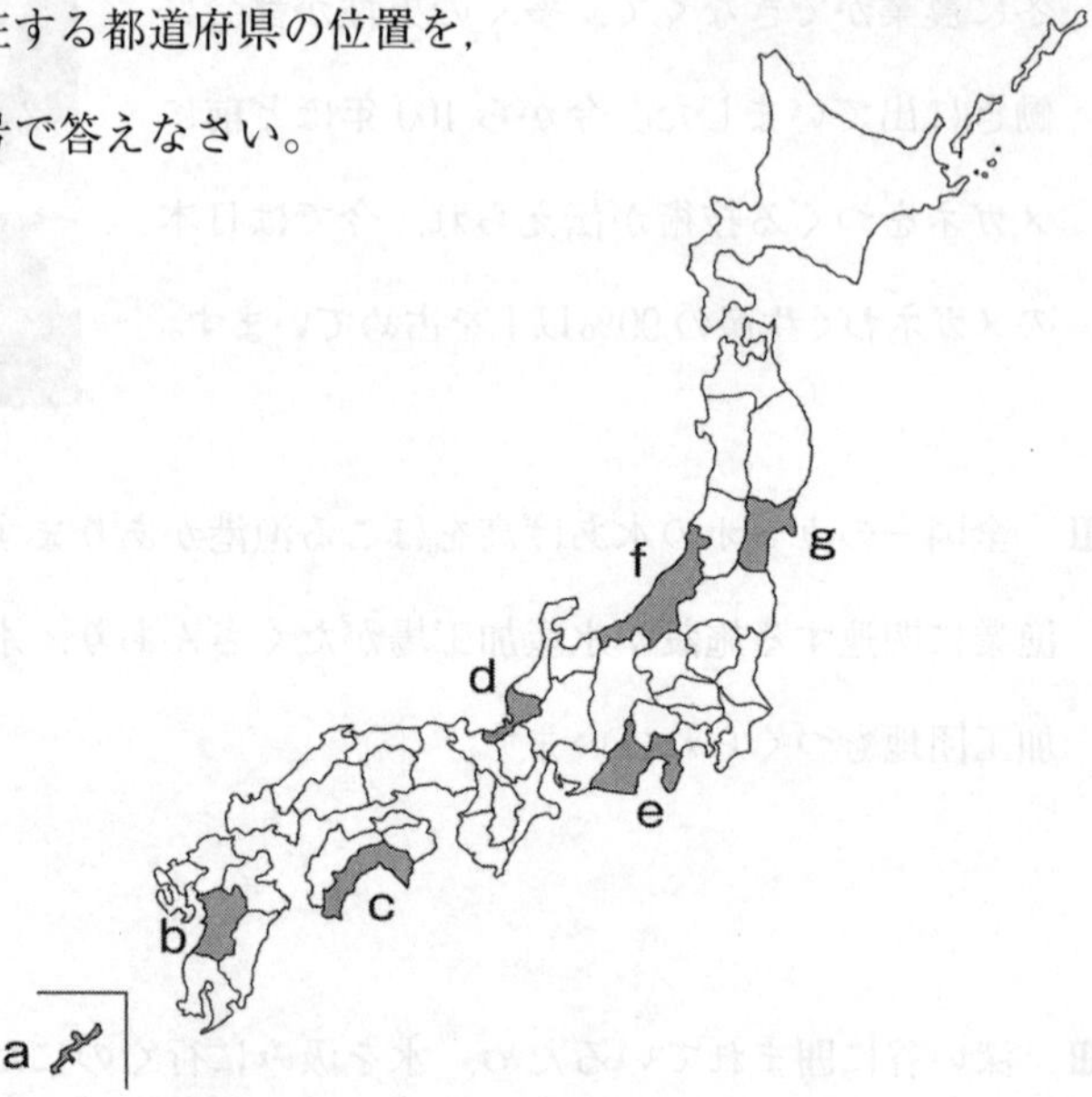

(2)　**Ⅰ**の文にあるように，この都道府県では，かつては季節風の影響で冬に農業を行うことができず，多くの男性が都会に働きに出ていました。その冬の季節風の向きを，**ア～エ**から１つ選び，記号で答えなさい。

ア　北東　　**イ**　北西　　**ウ**　南東　　**エ**　南西

(3)　Ⅱの文について，カツオ漁に関する文として**誤っているもの**を，**ア**～**エ**から1つ選び，記号で答えなさい。

ア　カツオは赤道の近くで生まれ，大きくなると親潮という暖流とともに日本の近くにやってくる。

イ　一本づりでつり上げられたカツオは，すばやく冷凍できるので，新鮮さを保つことができ，さしみに向いている。

ウ　カツオのまき網漁は，一度に多くの量をとることができる効率の良い漁法である。カツオ節の生産にとっては，なくてはならない漁法である。

エ　昔からカツオのとれる町として有名である。また，東京や名古屋などの消費量が多い大都市に近いので，新鮮なまま運ぶのに便利である。

(4)　Ⅲの文の橋をつくった石工《いしく》たちは，じょうぶな橋にするために同じ県内にある城の石垣の技術を取り入れ，1年8か月という当時ではとても短い期間で橋を完成させています。参考にした城の名前を答えなさい。

(5)　下の地図は，Ⅳの文の菓子工場のまわりの様子を示しています。米を原料にした菓子をつくる工場にとって便利な条件を，地図の中から2つ見つけ，それぞれにその理由とともに答えなさい。

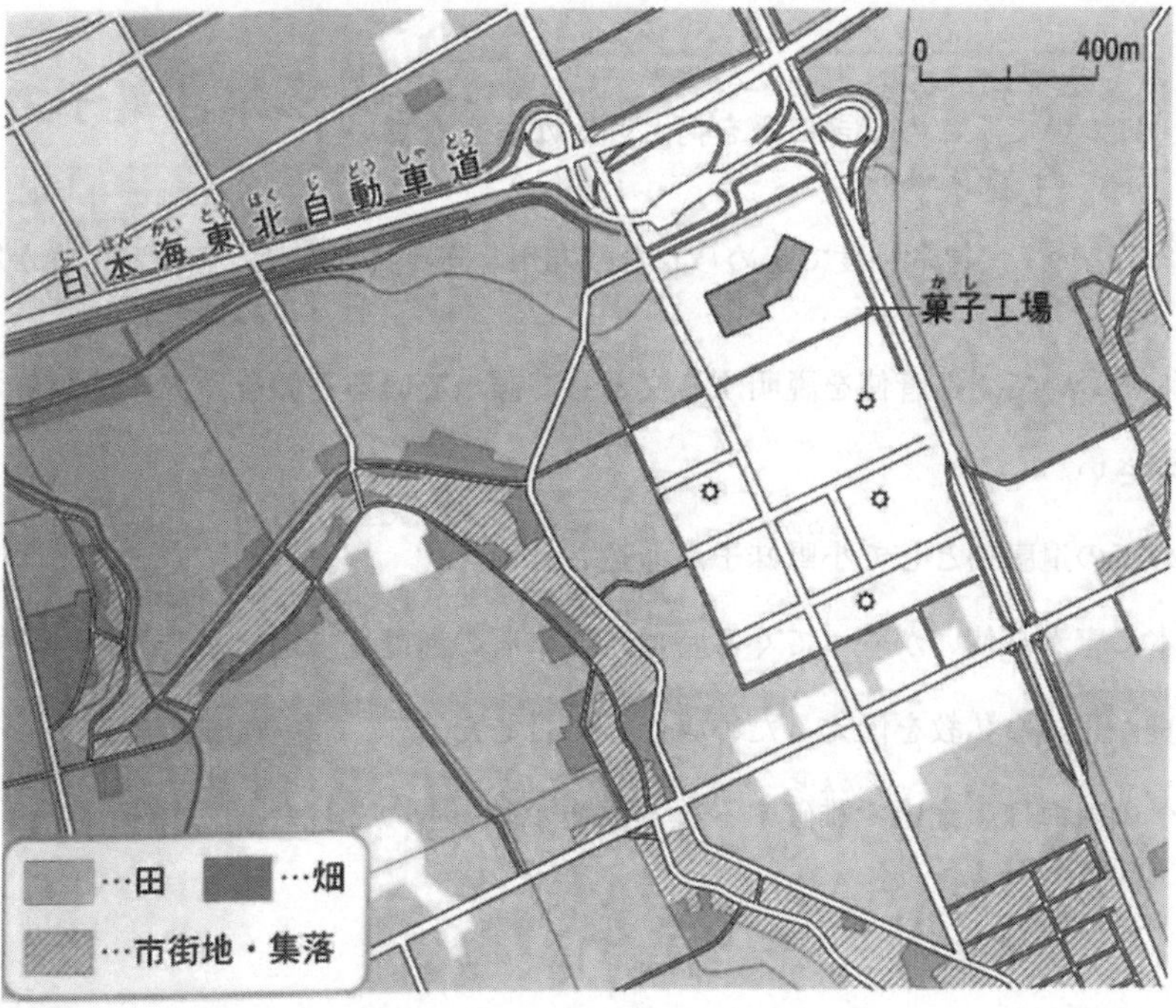

2 次の文章を読んで，問いに答えなさい。

2018年6月，平城京はもう少し大きかったのではないかという発掘《はっくつ》結果を奈良県大和郡山《やまとこおりやま》市の教育委員会が発表し，話題になりました。平城京とは，710年，現在の奈良県に置かれた都のことです。この時代を奈良時代と言います。7世紀ごろまでは，天皇が代わるごとに都が遷《うつ》っていましたが，694年，持統《じとう》天皇によって藤原京に都が遷されてからは，天皇が代々都を受け継いでいくことになりました。

①中大兄皇子《なかのおおえのおうじ》と中臣鎌足《なかとみのかまたり》が蘇我《そが》氏を倒し，天皇を中心とする国づくりを始めたのが645年でした。豪族が支配していた土地や人々を国のものにするなどの改革が行われ，国を治めるための法律である②律令《りつりょう》制度も8世紀初めには整えられました。次は，律令国家としての威信《いしん》を国内外に示していく必要がありました。そのため，③唐にならって大規模な都を造ることにしました。そこで造られたのが藤原京，続いて平城京でした。④平城京は唐の［ A ］をモデルとし，皇居や政府の役所をはじめ，碁盤《ごばん》の目状の道路も造られ，貴族の住居も立ち並びました。各地から品物を運んでくる人々でにぎわったと言われています。しかし，その後，天災や疫病《えきびょう》，争乱などで社会が不安定になります。当時の⑤聖武天皇は，⑥都を転々と遷しながら，⑦仏教の力を利用して，世の中を安定させようとしましたが，やがて都は再び平城京に戻りました。その後，現在の京都府にある長岡《ながおか》京，⑧平安京（794年）へと都は遷っていくこととなりました。

⑴ 下線部①について，このできごとを何というか答えなさい。

⑵ 下線部②について，律令制度で定められた，九州を守る兵士のことを何というか答えなさい。

⑶ 下線部③について，遣唐使を説明する文として**誤っているもの**を，**ア～エ**から1つ選び，記号で答えなさい。

ア 初めての遣唐使として小野妹子《おののいもこ》が派遣された。

イ 日本に唐から使いがやってくる時は，大宰府《だざいふ》の鴻臚館《こうろかん》で迎えた。

ウ 鑑真《がんじん》が正式な仏教を伝えるため唐から来日した。

エ 唐への航海は，途中で難破《なんば》するなど危険の多いものだった。

(4)　下線部④について，平城京を説明する文として**誤っているもの**を，**ア～エ**から１つ選び，記号で答えなさい。

ア　天皇の住む宮殿《きゅうでん》や国の重要な儀式が行われる大極殿《だいごくでん》などの役所も置かれた。

イ　平城京の跡からは当時の人々の生活を知ることができる，大量の木簡《もっかん》が出土した。

ウ　中央には道はばが70メートルもある，東西を貫く朱雀大路《すざくおおじ》が通っていた。

エ　各地の農民たちは地方の特産物を納める調などを平城京へ運んだ。

(5)　**A** にあてはまる，当時の唐の都を答えなさい。

(6)　下線部⑤について，聖武天皇が使用していた品物や宝物などが収められた，校倉造《あぜくらづくり》の建物を何というか答えなさい。

(7)　下線部⑥について，都が遷っていく中で，国分寺建立《こんりゅう》の詔《みことのり》が出された場所として正しい位置を，地図中の**ア～エ**から１つ選び，記号で答えなさい。

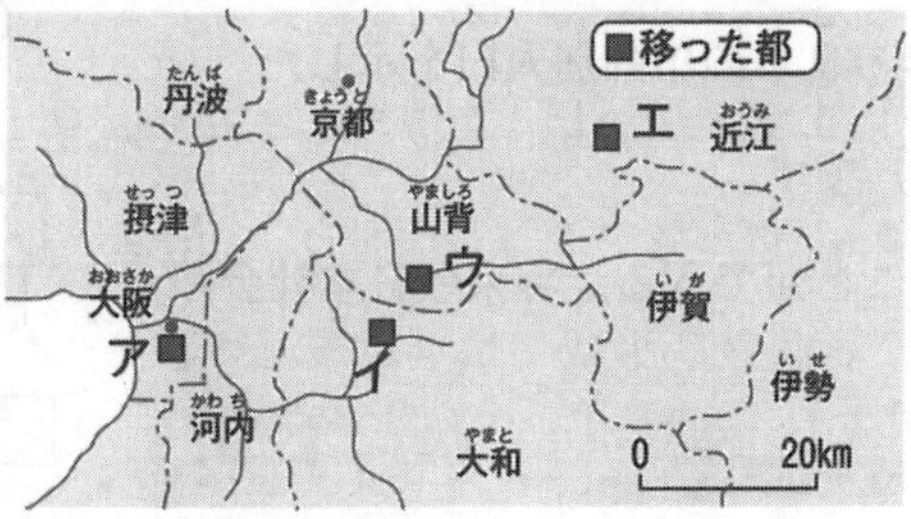

(8)　下線部⑦について，大仏造立《ぞうりゅう》の際に天皇の命をうけ，弟子たちとともに広く人々に協力を呼びかけ力を尽くした僧の名前を答えなさい。

(9)　下線部⑧について，平安京に都を遷した理由を，本文と下の略図を参考にして答えなさい。

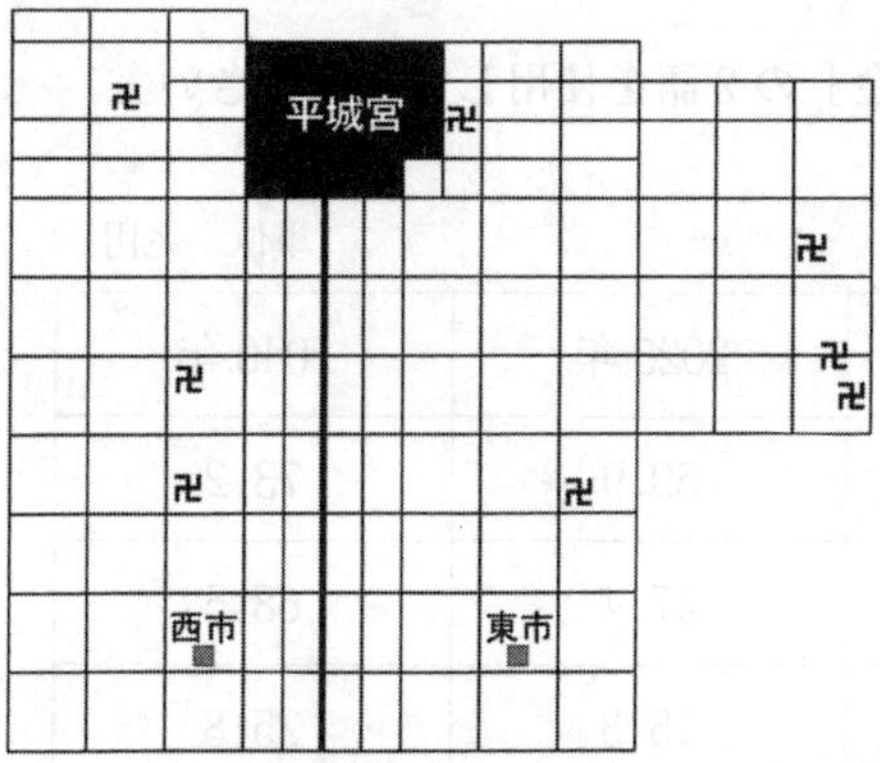

平城京

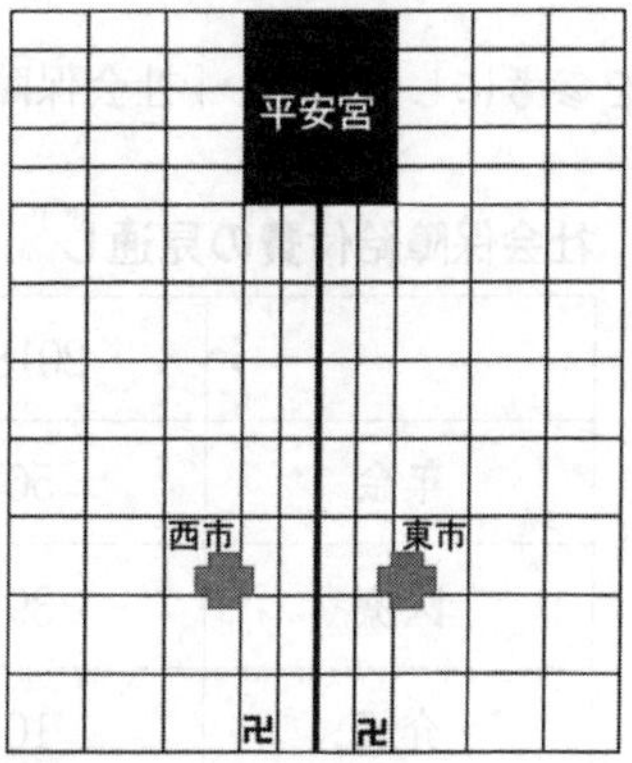

平安京

3 人口と社会に関する問いに答えなさい。

(1) 右のグラフは，2017年における世界で最も人口の多い国，次いで多い国の２国の人口推移と今後の予想を表しています。2017年の時点で世界第１位の人口数であった**Ａ国**では，1979年から2015年にかけて，人口の増加をおさえるための政策が実施されました。この政策の名称を答えなさい。

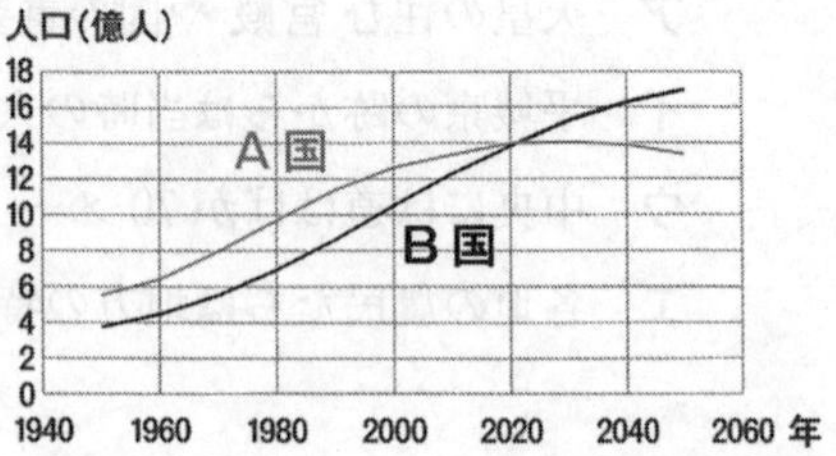

(データブック オブ・ザ・ワールド2018より作成)

(2) 2019年における日本の人口は，(1)の**Ａ国**の人口のおよそ何％ですか。もっとも近いものを，**ア**～**エ**から１つ選び，記号で答えなさい。

ア およそ４％　**イ** およそ11％　**ウ** およそ20％　**エ** およそ31％

(3) 右のグラフは，2010年の日本の年齢別人口を示したグラフ（人口ピラミッド）です。
このグラフから読み取ることができる，将来の日本社会の状況を簡潔に答えなさい。

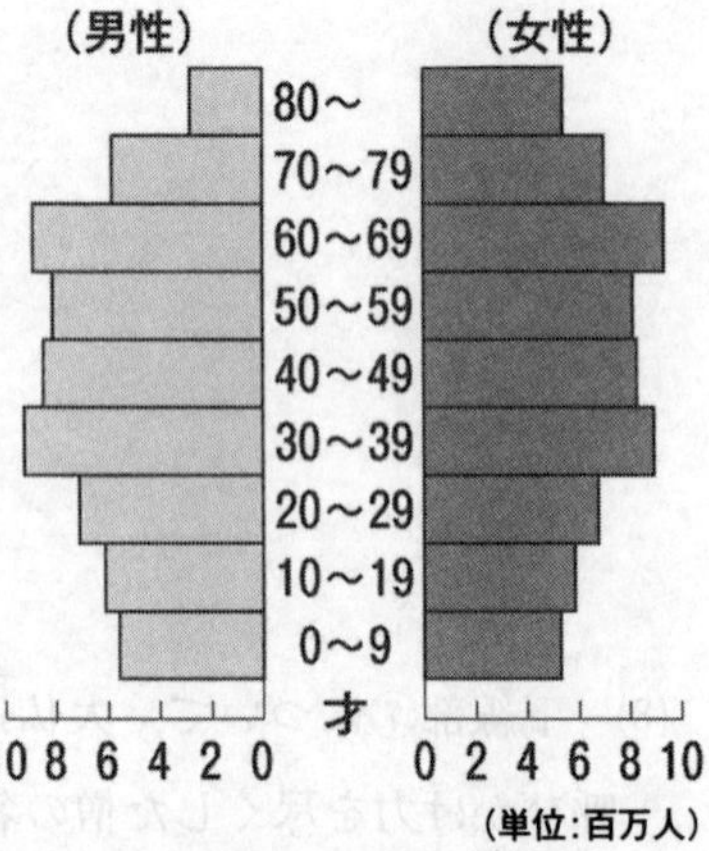

(4) (3)の人口ピラミッドの状況から，次第に子どもの数が減少していく傾向を読み取ることができます。子どもの数が減少することにより，今後の日本にはどのような問題が生じますか。下の表を参考にしながら，「社会保障」「税金」の２語を使用して答えなさい。

社会保障給付費の見通し　　（単位：兆円）

	2018年	2025年	2040年
年金	56.7	59.9	73.2
医療	39.2	47.4	68.5
介護	10.7	15.3	25.8

厚生労働省HP「2040年を見据えた社会保障の将来見通し」より

【理　科】〈第１回試験〉（30分）〈満点：50点〉

〈編集部注：実際の入試問題では，２以外の写真・１の(2)の図と５の図２はカラーになっています。〉

１　次の問いの答えを，ア～エから１つ選び，記号で答えなさい。

(1)　図のように，容器にベルを入れ，容器の中の空気をぬいていくと，ベルの音はどうなりますか。

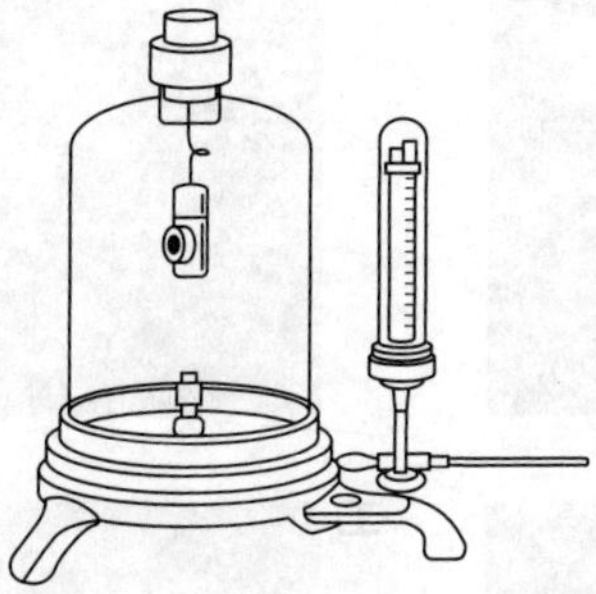

ア　大きくなっていく　　イ　小さくなっていく　　ウ　変わらない

エ　いったん小さくなるが，ふたたび同じ大きさにもどる

(2)　図のように，手回し発電機をまわして電球を明るく点灯させるには，a～eのどのそうさの組み合わせがもっとも明るく点灯しますか。

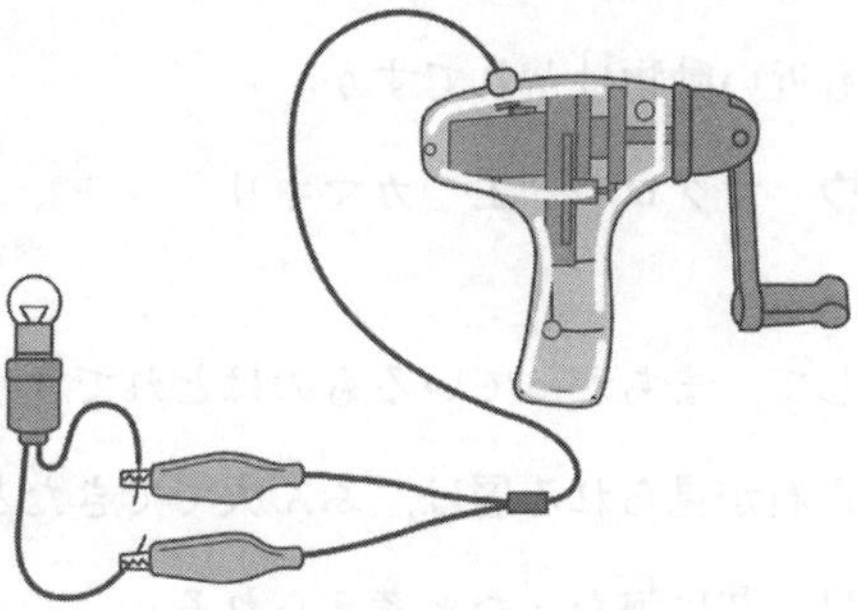

a　コイルの巻き数を増やす　　b　コイルを太くする　　c　速くまわす

d　強い磁石にする　　e　回転させる方向を逆にする

ア　aとb　　イ　bとc　　ウ　cとd　　エ　dとe

(3)　BTBよう液を青色に変化させる水よう液はどれですか。

ア　塩酸　　イ　石灰水　　ウ　食塩水　　エ　炭酸水

(4)　12%の食塩水200g中にふくまれる水の重さは何gですか。

ア　24g　　イ　48g　　ウ　88g　　エ　176g

(5)　次の写真の植物のうち，アブラナはどれですか。

ア

イ

ウ

エ

(6)　心臓のつくりがヒトともっとも近い動物はどれですか。

ア　イルカ　　**イ**　ワニ　　**ウ**　マグロ　　**エ**　カマキリ

(7)　地層を観察してわかることとして，まちがっているものはどれですか。

ア　小さな穴がたくさんあいた石が見られる層は，ふん火でできたと考えられる。

イ　貝がらなどが見つかる層は，昔は海だったと考えられる。

ウ　人間が生活していたあとも見つかることがある。

エ　細かい砂が多くふくまれる層は，昔は山だったと考えられる。

(8)　次の文の A に入る名前はどれですか。

昨年６月，日本の探査機《たんさき》 A が地球と火星の間にある小わく星「リュウグウ」にとう着しました。探査機はその後「リュウグウ」に着陸して探査を行います。「リュウグウ」には水や有機物が存在すると考えられており，生命の起源がわかるかもしれないと期待されています。

ア　はやぶさ２　　**イ**　はくちょう２　　**ウ**　うらしま２　　**エ**　おとひめ２

2　水 300 mL を入れたペットボトル（容量《ようりょう》 500 mL）を３本用意して，それぞれに酸素，二酸化炭素，水素を 200 mL 入れて振ったとき，ペットボトルがへこむものがありました。次の問いに答えなさい。

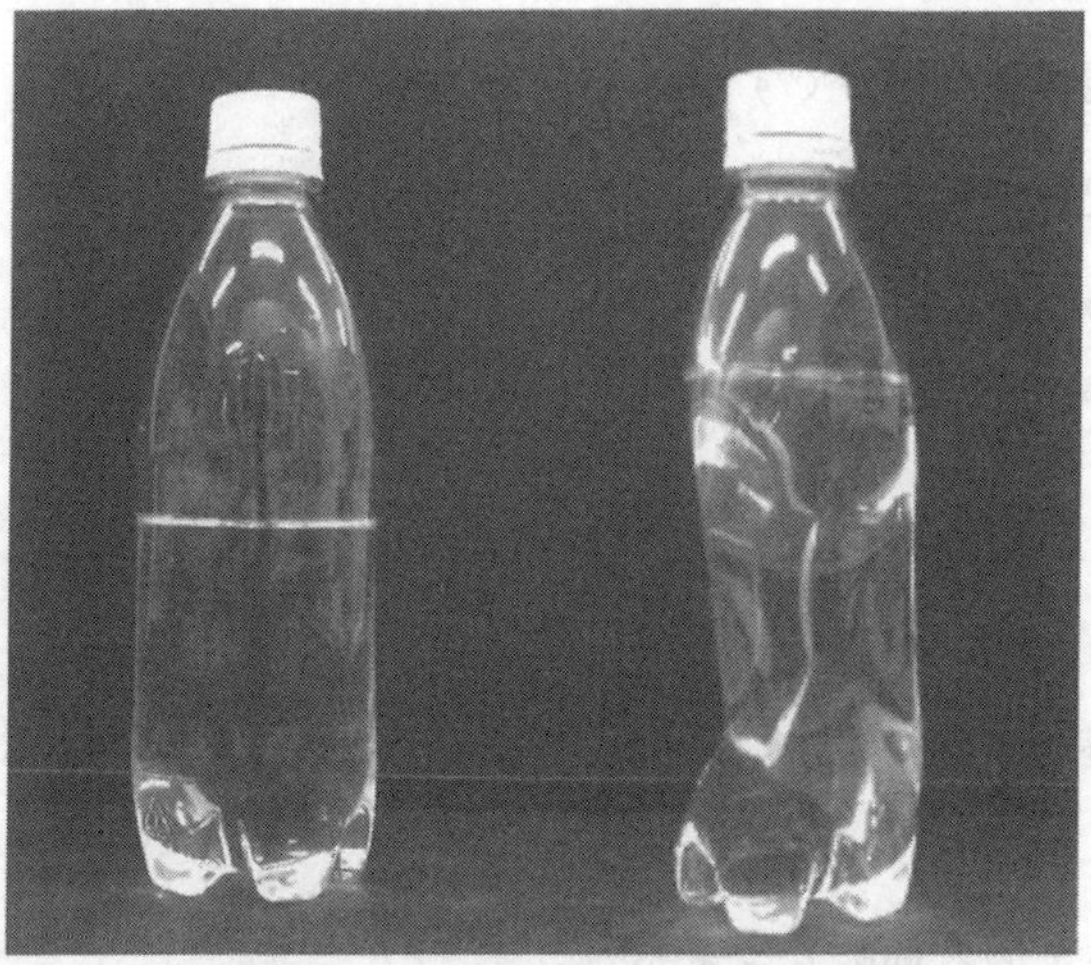

振る前　　**振った後**

(1)　ペットボトルがもっともへこんだのは，酸素，二酸化炭素，水素のどの気体を入れたときですか。

(2)　ペットボトルがへこんだのはなぜですか。説明しなさい。

(3)　酸素，二酸化炭素，水素のそれぞれの気体を発生させる方法として，あてはまるものをそれぞれ**ア**～**ウ**から１つ選び，記号で答えなさい。

ア　貝がらにうすい塩酸を加える

イ　鳥のレバーにオキシドールを加える

ウ　細かくしたアルミホイルにうすい塩酸を加える

(4)　入れる気体の種類を変えて実験をしたとき，ペットボトルがへこむものは次のうちどれですか。**ア**～**エ**から**すべて選び**，記号で答えなさい。

ア　窒素　　**イ**　アンモニア　　**ウ**　塩化水素　　**エ**　ヘリウム

3 右の図は夜空に見られる星を示したものです。

A，**B**の星座は星**X**を中心にまわっています。

次の問いに答えなさい。

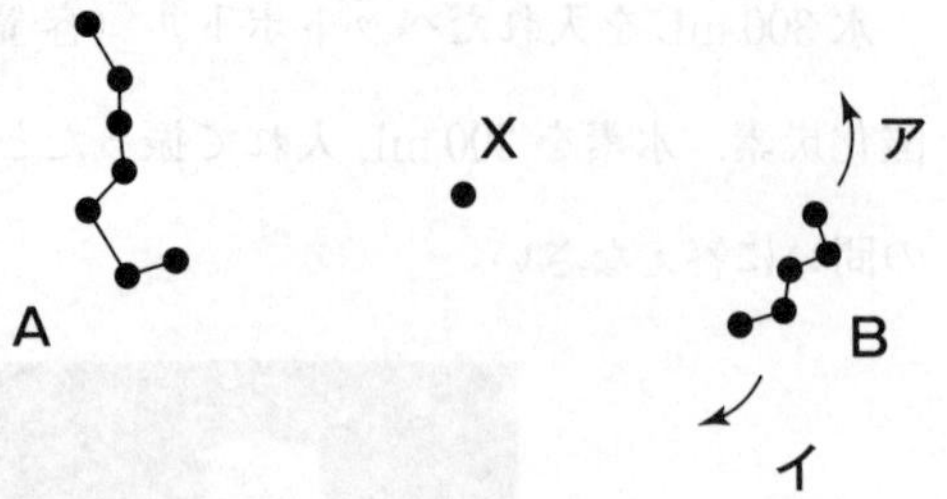

⑴ 図は，どの方角の星を観察したものですか。

ア～**エ**から１つ選び，記号で答えなさい。

ア 東　**イ** 西　**ウ** 南　**エ** 北

⑵ **X**は何という星ですか。星の名前を答えなさい。

⑶ **A**の星は，何という星座の一部ですか。

⑷ **B**の星座は，**ア**，**イ**のどちらへ回転しますか。

⑸ **B**の星座の位置は，２時間後に星**X**を中心に，何度回転しますか。

4 東洋大学京北中学校の授業で，野外での生物調査をおこなったところ，様々な生物を観察することができました。次の問いに答えなさい。

⑴ 次の生物のうち，成虫で冬を越《こ》すものはどれですか。**ア**～**エ**から１つ選び，記号で答えなさい。

ア カマキリ　**イ** アゲハ　**ウ** テントウムシ　**エ** カブトムシ

⑵ それぞれのチョウと，そのよう虫が食べる主な植物の組み合わせとして，まちがっているものはどれですか。**ア**～**エ**から１つ選び，記号で答えなさい。

モンシロチョウ

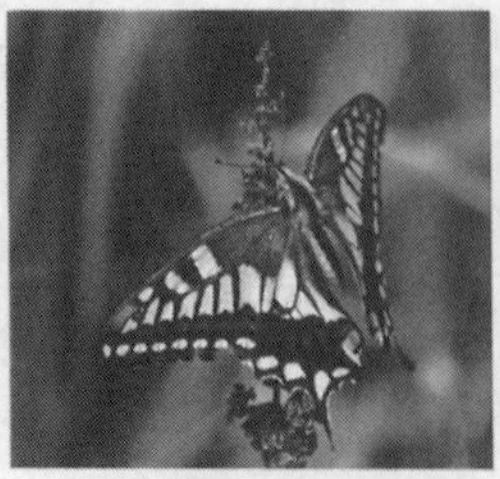
アゲハ

キアゲハ

ツマグロヒョウモン

	チョウの種類	食べる植物
ア	モンシロチョウ	レタス
イ	アゲハ	ミカンの葉
ウ	キアゲハ	ニンジンの葉
エ	ツマグロヒョウモン	スミレ

(3) トンボやバッタは，卵からよう虫になり，そのあと成虫になります。チョウは，トンボやバッタと成長のしかたがちがいます。ちがう部分を説明しなさい。

(4) ダンゴムシやクモは昆虫といえますか。写真を参考にして，理由も答えなさい。

5 **図１**のような直方体のおもりを，糸でばねばかりにつりさげました。**図２**のように物体が水に入っていない状態**Ａ**から，水の入った容器の底につくまで下げていき，糸がのびていない状態**Ｅ**にしました。**図３**は，状態**Ａ**から状態**Ｅ**の間の，水に入っている部分のおもりの長さと，ばねばかりの値の関係をグラフに表したものです。ただし，糸の重さや体積は考えないものとします。

水中におもりを入れていくとばねばかりの値が変化しています。これは水から物体に対してはたらく，浮かせる力の作用によります。これを浮《ふ》力といいます。

次の問いに答えなさい。

図１

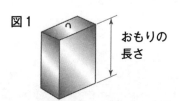

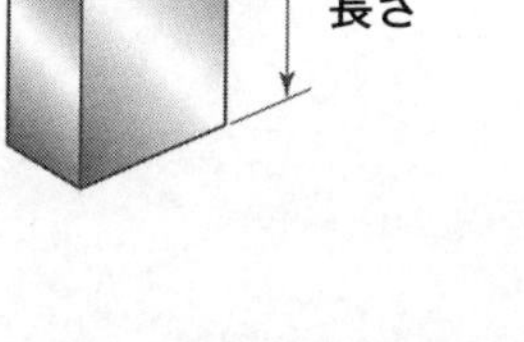

図２

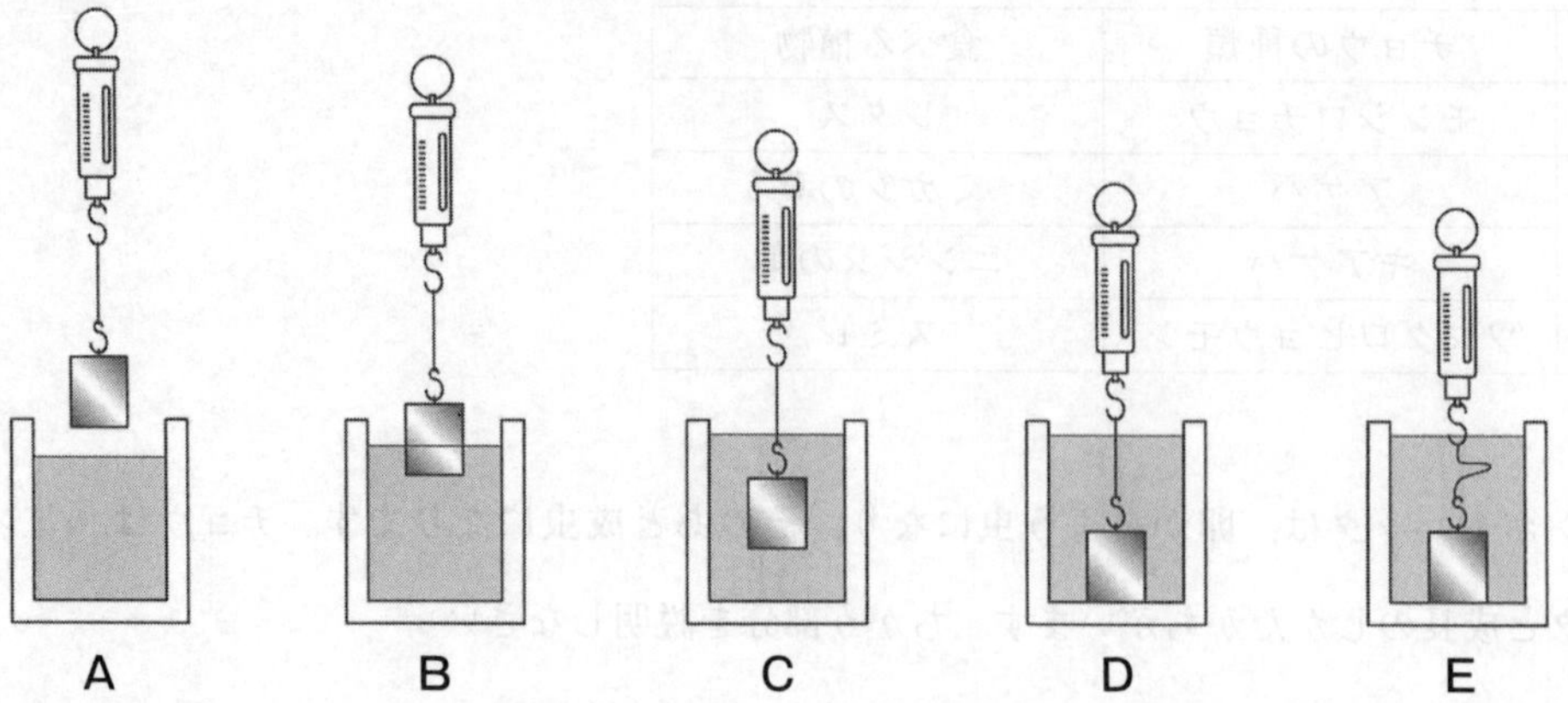

図３

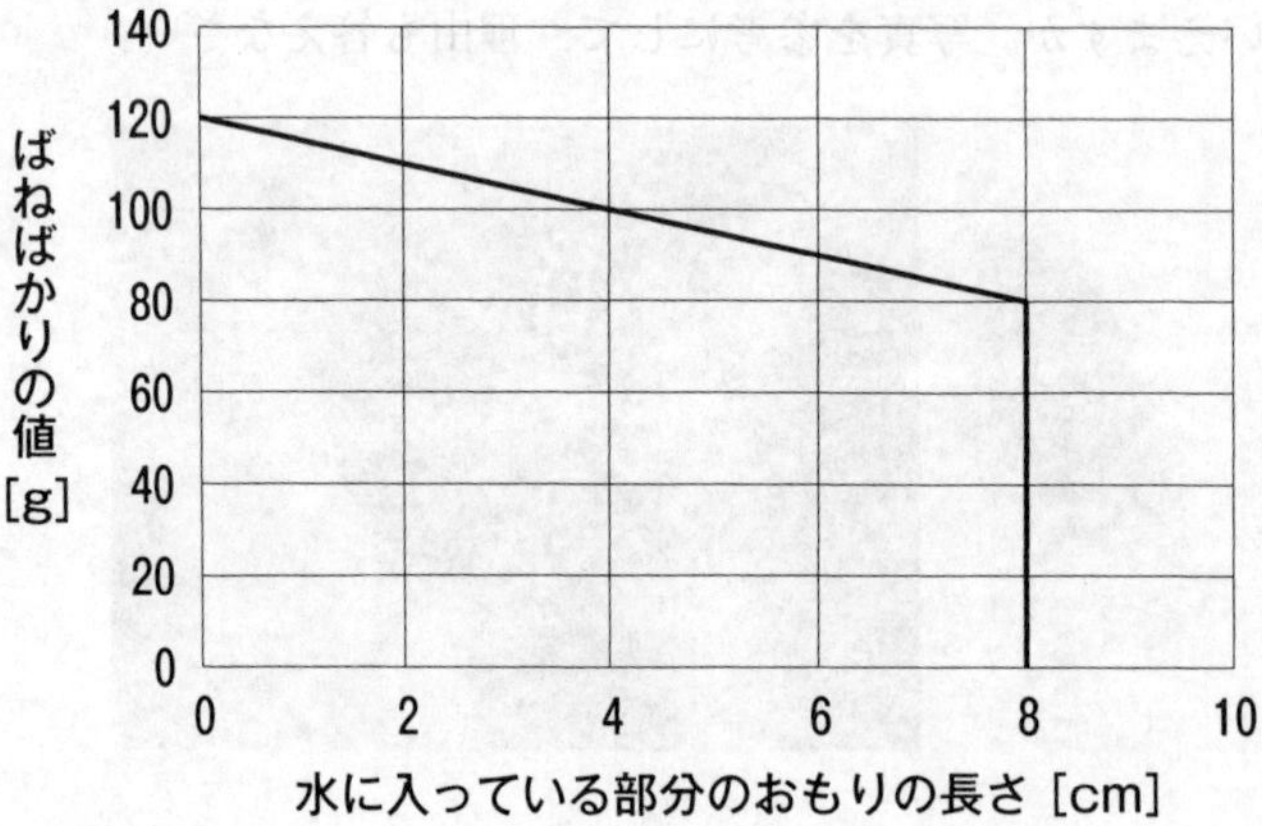

(1)　直方体のおもりの重さは何ｇですか。

(2)　**図１**の直方体のおもりの長さは何 cm ですか。

(3)　**図２**の**Ｃ**，**Ｅ**のときのばねばかりの値は何ｇですか。

(4)　**図３**のグラフから，物体にはたらく浮力についてわかることを「水に入っている部分のおもりの体積」に続けて，説明する文章をつくりなさい。

イ　グルメ番組や恋愛ドラマだけで番組を作らなければならないということ。

ウ　複雑な深いテーマに果敢に挑む意欲的な番組を作らなければならないということ。

エ　面倒な説明なしに、わかってもらえるもの以外も作らなければならないということ。

問六　ぼう線部⑤「それ」とありますが、その内容を説明した次の文の空らんにあてはまることばを本文中からぬきだして答えなさい。

シンプルな内容のものを取り上げ、色とりどりの大きな文字を画面に出すといった、［Ⅰ（三字）］が考えなくてもすむようなおせっかいなまでの［Ⅱ（三字）］。

四

次の問いに答えなさい。

人は読書をするべきであるし、その本はできるだけよい本であるべきだ。

問一　「よい本」とはどのような本ですか。あなたの考えを書きなさい。

問二　「よい本」を読むことにはどのような意味や効果がありますか。一四〇字以上、一五〇字以内であなたの考えを書きなさい。

問一　A・Bには共通のことばがあてはまります。適切なものをア～エから一つ選び、記号で答えなさい。

ア　なぜなら　**イ**　たとえば　**ウ**　ところが　**エ**　あるいは

問二　ぼう線部①「文化の担い手としての意識」とありますが、この根底には作り手のどのような思いがあったと筆者は考えていますか。適切なものを**ア**～**エ**から一つ選び、記号で答えなさい。

ア　お行儀よく振る舞い、社会の目から逃れようとする思い。

イ　テレビ局同士の激しい視聴率競争に絶対に勝ちたいという思い。

ウ　意欲的な実験を繰り返して、時代をつくっているという思い。

エ　お茶の間の主役の座をラジオに取り戻させまいという思い。

問三　ぼう線部②「もう一つの側面」とありますが、どのような側面ですか。説明しなさい。

問四　ぼう線部③「人間が持つ共通の要素」とありますが、この要素を盛り込んだ番組とはどのような番組ですか。本文中から二十五字でぬきだして答えなさい。

問五　ぼう線部④「一種の強迫観念」とありますが、その説明として適切なものを次の**ア**～**エ**から一つ選び、記号で答えなさい。

ア　視聴者の興味を一瞬たりとも逃さない作りの番組を作らなければならないということ。

わかりにくいものは避《さ》けて、シンプルなものを取り上げる。しかもさらに親切にも音だけでなく、大きな文字も出していく。視聴者ができるだけ考えなくてもすむように、おせっかいなまでに親切心を発揮しているように見える。

⑤そしてそれに慣れてくると、視聴者も忍耐力《にんたいりょく》を失っていく。複雑なものには耳をかさず、結論だけを求めるようになってくる。ぼく自身も例外ではない。説明がわかりにくかったりするとテレビ画面に向かってぶつぶつと文句を言っているし、要するに何なの？ と結論を性急に求めてしまう。テレビをつけても、しょっちゅうスマホをながめている。面白くないと、すぐにリモコンで＊4ザッピングをし始める。やれやれだ。

複雑なものを聞く忍耐力を失わせる犯人は、テレビだけではない。ネットではさらにわかりやすいセンセーショナルな見出し競争が繰り広げられているし、＊5フェイクニュースに「いいね」を押している人の多くは、本文を読んでいなかったという調査もある。電車で本を読んでいる人を見かけるのは、まれだ。多くの人は、スマホの画面を通して一瞬で流れ去るタイムラインをながめている。新しい刺激《しげき》に対して反射的に反応する能力はついているのかもしれない。しかしその一方で、ぼくたちは複雑なものごとを聞く忍耐力と能力を失いつつあるのではないだろうか。

（松原耕二『本質をつかむ聞く力　ニュースの現場から』筑摩書房）

＊１　タブー…一般的《いっぱんてき》にふれてはならないとされていることがら。
＊２　スキャンダラス…名誉《めいよ》をけがすような。
＊３　プロセス…過程。
＊４　ザッピング…テレビのチャンネルをしきりにきりかえること。
＊５　フェイクニュース…うそのニュースのこと。

これこそテレビの大好物なのだ。

テレビのチャンネルを変えるとき、みんなはリモコンを使うよね。昔、まだリモコンがなかったときは、わざわざテレビのそばまで行って、チャンネルを変えていた。とすると面倒だから、あまりチャンネルを変えようとしない。［B］、リモコンだと指先ひとつだから、退屈《たいくつ》ならすぐにチャンネルを変えるようになる。しかも今やテレビの視聴率は一分おきに数字が出て、グラフとして表すようになっているから、どうしたら一瞬《いっしゅん》たりとも興味を逃《のが》さない作りにするかを、常にテレビマンは考えなければならないと言ってもいい。④一種の強《きょう》迫観念《はくかんねん》のように。

そうすると複雑なもの、わかりにくいものが排除《はいじょ》されていくのは、自然な流れだろう。もちろん例外はある。複雑な深いテーマに果敢《かかん》に挑《いど》む意欲的な番組もある。しかし限られた予算と時間、限られた人手のなかで視聴率という結果を出すためには、わかりにくいものには背を向けがちだ。そしてもし取り上げるなら、途《と》中《ちゅう》の面倒なプロセス*3はやめて、結論だけ示していく。これはこうだからこう、くらいなら視聴者はついてきてくれるかもしれない。池上彰《いけがみあきら》さんがこれだけ引っ張りだこなのは、複雑に見えるものを「要するにこれは、こういうことだ」と、平易な言葉で説明する類いまれな能力の持ち主だからだ。

最近、ニュース番組を見てもバラエティー番組を見ても、画面に文字がたくさん出てくる。テレビの用語で文字スーパーと言うんだけど、耳で聞けばわかるものも重ねて文字スーパーを出す。それも色とりどりの大きな文字で。

テレビだけに集中している人は少ない、どうせ何かしながら見ているのだから、音と文字の両方あったほうがわかりやすいと思う人もいるだろう。でも個人的な意見を言わせてもらうと、今の状況は過剰《かじょう》だと思う。

しようとするようになるだろう。そのほうがいいに決まってる、一部の人だけが興味を持つものよりも、多くの人が見たいと思う普遍性《ふへんせい》をもつ番組のほうがいい。そう考える人もいると思う。

でも、ものごとにはいつも別の顔がある。この場合でいえば、多くの視聴者が見たいと思うものを放送しようとすることの持つ、②もう一つの側面だ。

多くの視聴者が見たいものとはなんだろう。人間はひとりひとり違《ちが》う。生まれ育った環《かん》境《きょう》も、何に興味を持っているかも、どれだけの理解力を持っているかという知的水準も、誰《だれ》一人同じではない。

そんな状況《じょうきょう》で出来るだけ多くの人に見てもらうには、どうすればいいだろう。

一番簡単なのは、③人間が持つ共通の要素を盛り込むことだ。人間はひとりひとり違うけれど、誰もが持っている共通項《きょうつうこう》もある。たとえば好き嫌《きら》いはあっても、食事をしない人はない。そう考えると、グルメ番組がこれだけたくさんあるのもうなずけるだろう。

恋愛《れんあい》はどうだろう。こちらも好みは多様だけれど、多くの人が自分のこととして興味を抱《いだ》けるテーマに違いない。かくして恋愛ドラマから、カップルを誕生させるバラエティーまで、恋愛を盛り込んだ番組がない日はないほどだ。

そう考えてくると、多くの人の興味を引き付けられるのは、人間の「本能」や「感情」に訴《うった》える要素が含《ふく》まれる番組と言えるのではないだろうか。ニュース番組でも強烈なキャラクターを持つ容疑者がいれば、それほど大きな事件でなくても、多くの時間をさいて映像を見せることになる。あるいは*2スキャンダラスな愛憎劇《あいぞうげき》も、ワイドショーのかっこうのネタだ。面倒《めんどう》な説明なしに、わかってもらえるもの。

三　次の文章を読んで、問いに答えなさい。（なお出題にさいして見出しなどを省略しています。）

一九五三年に音声だけでなく、映像も届けられるテレビ放送がスタート。ラジオは次第にお茶の間の主役の座をテレビに譲《ゆず》ることになる。

始まったばかりの文化に豊かな才能が流れ込み、意欲的な実験が繰《く》り返《かえ》されるのは歴史の常だ。ドキュメンタリーの分野では作り手のメッセージをぶつける熱いものや、実験的、前衛的な手法をとりいれた作品がたくさん生まれたし、ドラマやバラエティーもタブー*1をあえて破ろうとしているかのような自由さがあった。何より作り手たちのなかに、自分たちは時代をつくっているという使命感が強烈《きょうれつ》にあったのだと思う。

A 子どものうちは少々羽目を外しても大目に見てもらえるけれど、大人になったら社会の目がうるさくなるように、テレビはその影響力《えいきょうりょく》を増すにつれ、お行儀《ぎょうぎ》よく振《ふ》る舞《ま》うことを求められるようになった。

かくしてテレビは①文化の担い手としての意識をだんだんと失っていく。そしてそれと並行するかのように、ニュースとスポーツ、ドラマとバラエティーというメニューをそろえた大衆娯楽《ごらく》を提供する一大産業となり、テレビ局同士で激しい視聴率《しちょうりつ》競争を繰り広げることになる。さらにはインターネットといった新しいメディアが誕生すると、どうしたらテレビに客を引きつけられるのか、どうしたら視聴者を逃《に》がさないか、もっと言えばどうしたらチャンネルを変えられないかという意識を、作り手はより強く持つようになっていく。

そうすると、何が起きるのか。

一部の人間だけが興味を持つものではなく、できるだけ多くの視聴者が見たいものを放送

問三　ぼう線部③「そのつもり」の内容説明として適切なものを**ア**～**エ**から一つ選び、記号で答えなさい。

ア　地元の国公立大学に進学するつもり

イ　親になるべく心配を掛けないつもり

ウ　四人そろって東京でバンド練習を継続《けいぞく》するつもり

エ　ミュージシャンとしてメジャーデビューを果たすつもり

問四　ぼう線部④「それ」が指している内容を、本文中のことばをぬきだして答えなさい。

問五　ぼう線部⑤「ああ、あいつならそういうだろうな」にこめられた、「おとうさん」の心情の説明として適切なものを**ア**～**エ**から一つ選び、記号で答えなさい。

ア　息子がリーダーをつとめるバンドがほめられたことで、父親としてこれまでアドバイスしてきた自分も高く評価されたような気分になり得意げになっている。

イ　息子が評価されたことに喜びを感じているだけでなく、自分の才能におごらず日ごろからメンバーの腕前《うでまえ》を認めるような息子の人柄《ひとがら》にもとても満足している。

ウ　評判のよさを喜びながらも、妹であるまどかにわざわざ指摘《してき》されなくても父親として息子のことはよく理解しているつもりだということを強調している。

エ　ボーカルがいいと息子が個人的に評価されたことにうれしさを感じる一方で、いつも謙虚《けんきょ》で控《ひか》えめな息子の態度には少し物足りなさも感じている。

問六　ぼう線部⑥「おにいちゃんへの文句」とは具体的にどういうことを指していますか。その内容を「バンド」ということばを使いながらわかりやすく説明しなさい。

問一 ぼう線部①「皆が大笑いした」のはなぜですか。その理由の説明として適切なものを**ア**～**エ**から一つ選び、記号で答えなさい。

ア 大好きな兄と一緒に行きたいという気持ちを懸命《けんめい》に抑《おさ》え、まぎらわせるためにまどかが書いたメッセージだとわかり痛々しく感じたから。

イ 文字が大きく、しかもスーパーのチラシの裏に書いてしまうというまどかの行為に自分たちの弟や妹と同じような幼さを感じずにはいられなかったから。

ウ 兄と、兄を取り巻くバンドメンバーを明るく応援しようとする真っ直ぐなまどかの気持ちが直接的に伝わってきて好ましく思ったから。

エ お菓子を作って皆を喜ばせたいというまどかの気持ちが空回りして、結局今日もかなわなかったことを懸命にごまかす言葉がおかしかったから。

問二 ぼう線部②「あぁ、って頷いた」ときの気持ちの説明として適切なものを**ア**～**エ**から一つ選び、記号で答えなさい。

ア どこかで予測はしていたが、四人とも心に引っ掛かっているがいつも明確な答えの出せないその話題にやはり行きついてしまったか、という気持ち。

イ メンバー全員の成績が伸び悩んでいることは互いに知っており、次の進路指導で何を言われるかを考えると不安で仕方がない、という気持ち。

ウ 今日こそはその問題を先送りせずに自分たちの将来についてしっかり話し合い、皆が納得できるきちんとした結論を出してやろう、という気持ち。

エ その話題を出すと皆の心が暗くなることを分かった上で、あえて出してきたザキに対する反感を必死に表面に出さないようにしよう、という気持ち。

「でな？」

「そのボーカルってのが、あの由一なわけだ」

おとうさんは口元が緩《ゆる》みそうになるのを慌《あわ》ててへの字にして繕《つくろ》った。そりゃもちろん私だってうれしいけど。

「おにいちゃんは、いっつもナルちょんのこと褒《ほ》めてるよ。ギターのセンスがいいって。それから、ザキさんとマサヤさんのことも、うちのリズム隊は完璧《かんぺき》だって」

⑤「ああ、あいつならそういうだろうな。バンドが褒められても自分の手柄《てがら》にはしない」

おとうさんはやっぱりうれしそうだった。

だけどね、花火大会は家族揃《そろ》って一緒に観たいじゃない。だって花火大会の夜はほんとうに特別だ。この日ばかりは、このあたりの人は、子供も大人もみんな朝からうきうきしている。ううん、前日から、前々日から、一週間前から、楽しみにしている。もしかすると、一か月も二か月も前からいつもどこかで気にしながらこの日を待っているかもしれない。

「まどか、浴衣《ゆかた》で行くでしょ。早く着替えちゃいなさい」

「はあい」

白地に橙色《だいだいいろ》の花が咲いた浴衣は大のお気に入りだ。ぱりっと糊《のり》の利《き》いた袖《そで》に腕《うで》を通していたら、⑥おにいちゃんへの文句もどこかへ消えて、どんどん楽しい気分になってきた。

「まどかったら、顔からわくわくがはみだしてる」

「えっ」

あわてて口のまわりと頬《ほお》のあたりを両手で拭《ぬぐ》う。

ああ、夜が待ち切れない。

（小路幸也　宮下奈都『つむじダブル』ポプラ社）

ていけば心配ない！　って思えたらいいんだけど。

　残念ながら、そんなに自分に自信もない。

（中略）

　バンドの練習に行く、っていうのがこの頃のおにいちゃんのモンドコロだ。

「なんだ、まどか、そのモンドコロってのは」

　おとうさんが新聞から顔を上げて不思議そうにいったけど、口にしてみたらわかったらしい。

「ああ、紋所《もんどころ》か。あのな、それは家紋《かもん》みたいなもんだから、大事なのは④それが刻まれた印《いん》籠《ろう》のほうだろ」

　そういいながら、自分でも首を傾《かし》げている。

「いや、大事なのはやっぱ紋所ってことか――で、なんだ、何が紋所なんだ」

「だから、おにいちゃん。バンドの練習っていえば通ると思ってるんだから」

　今夜は鎌倉《かまくら》の花火大会だ。特別な夜なのだ。

「なのに、ＤＳＲだって」

　Double Spin Round――つむじダブル、だ。おにいちゃんたちがやっているバンドの名前。

「まあ、そういうなよ。由一《ゆういち》には由一の大事なものができたってことだろ。花火大会ならおとうさんとおかあさんとおじいちゃんとで行けばいいじゃないか」

　ほら、おとうさんもＤＳＲには寛容《かんよう》だ。

「あいつのバンド、けっこう評判いいんだぞ」

　機嫌《きげん》よくいって、読んでいた新聞を畳《たた》む。

「ボーカルがいいんだってさ。でな？」

父さんは人並みに給料を貰《もら》っているらしいけど、そんなに余裕《よゆう》があるはずない。

「私大はキツイよね」

「だよなー」

ナルちょんが顔を顰《しか》める。狙《ねら》うんなら、国公立。

「国公立狙って、自宅から通うってのがいちばんお金が掛からない方法だよね」

マサヤが言って皆が頷いた。その通りだ。家にあまり迷惑《めいわく》を掛《か》けないで四年間を過ごす方法。でも、そもそも大学は勉強したり将来の仕事をどうするかを考えて行くところなのに、僕たちはミュージシャンになろうとしてる。そんな考え方でいいのかって話も出るんだ。本当に③そのつもりでいるんなら、大学行かないでバイトをしながらライブ活動した方がいいんじゃないかとか。

「その勇気が出るかどうかだよね」

勇気だって話していた。将来のことをどうするか。ミュージシャンになれなかったらどうするのか、将来の仕事をどうするのか。そんなこと考えないぐらいに才能があって突き進めればいいんだろうけど。

皆が溜息《ためいき》をついた。何にも考えないで次のライブに集中しようぜっていつも思うけど、でもいつも最後には考えてしまう。

どこかで決めなきゃならないんだけど、ナルちょんに言わせると結局俺《おれ》たちって良《い》い子なんだよなって話になる。

「親に心配掛けたくないしな」

「将来も不安だからビビリなんだよね」

マサヤが苦笑いした。ものすごい才能がある奴がメンバーに一人いて、そいつの後をつい

一応うちの高校は進学校で、ほとんどの連中が大学に進学することにはなっているんだけど。

「やっぱ全員同じ大学に行く方がいいよな」

ザキが言うとナルちょんが頷いた。

「東京のね」

「うん」

バンド活動していくなら、地元にいるより東京にいた方が何かと楽だ。別にここにいたからってダメなわけじゃないけど、ライブをやるにしてもバイトをするにしても東京にいた方が便利なのは間違《まちが》いない。

「でもなぁ」

ナルちょんがそう言ってから唸《うな》った。最近のバンドの悩《なや》みはそこなんだ。大学進学はいいとしても、東京で一人暮らしをしなきゃならないとなると。

高校生にもなれば、それぞれの家の経済状況《じょうきょう》だって理解できる。大学に通える金はあるのか、一人暮らしの仕送りをしてくれるのか。建設会社の社長やってるザキの家は心配ないけど、お寺のマサヤや八百屋をやってるナルちょん。裕福《ゆうふく》な暮らしをしているわけじゃない。

それは小宮《こみや》家も同じだ。

父さんの給料と、じいちゃんの接骨院。うちには二つの収入源があるけどじいちゃんのところはほとんどあてにならないのは知ってる。柔道場《じゅうどうじょう》の生徒はたくさんいるわけじゃないし、接骨院だってやってくるのは年金生活のおじいちゃんおばあちゃんばっかり。じいちゃんはほとんどお金を請求《せいきゅう》しない。

長谷《はせ》のマサヤの家の土蔵に集まって練習して、休憩中《きゅうけいちゅう》にまどかが皆《みんな》に寄せたメッセージ、チラシの裏に太いマジックで書いた〈みんな！　ファイトぉお!!〉の文字をみせたら①皆が大笑いした。

「まどかちゃんってホント元気だよな」

「うん」

それが取り柄《とえ》だ。

「可愛くていいよなー。うちの弟なんか最近生意気でさ。家でも全然口をきかないぜ」

ナルちょんの弟は三つ違《ちが》い。中二になった。

「中学男子はみんなそうだろ」

「うちの弟はまだカワイイけどね」

マサヤの弟は五つ違うからまだ小学生。一緒にゲームをやってくれるマサヤのことが大好きだ。ザキには妹がいて一つ違いで別の高校に行ってる。それだけ年齢《ねんれい》が近いとあんまり絡《から》むことがなくなったって言ってる。

「そういやさ、大学、どうする？」

ザキが言って②皆があぁ、って頷《うなず》いた。

高二になって、進路指導が学校で始まった。マサヤだけが別の中学だったけど、高校は全員同じところを受験して受かったんだ。

それはもちろん、このバンドでずっとやっていきたかったから。

気が合った。好きな音楽はバラバラだったけど、このメンバーで演奏して音楽やってることがものすごく楽しかった。それは全員の一致した意見で、ずっとずっと一緒に演《や》ってメジャーデビューしようぜって話している。

二

次の文章を読んで、問いに答えなさい。

土日は貴重なバンドの練習日。玄関で靴《くつ》を履《は》いていたら、まどかが走ってやってきた。

「おにいちゃん」

「ん？」

「今日もお菓子《かし》はパスね。次の機会にする」

今日もまだお菓子は持たせられないって残念そうにまどかが言った。

僕《ぼく》が中学生の頃、まどかがもっと小さい頃はお兄ちゃんと一緒《いっしょ》に行くって泣き出して大変だったんだけど、今はそんなこともなくなった。むしろ、しっかり練習して早くデビューしてミュージシャンになってほしいって全力で応援《おうえん》してくれる。

今は母さんにお菓子作りを習って、自分で作って僕に持たせることが目標らしい。

「了解《りょうかい》。楽しみにしてるからな」

「その代わりにこれあげる」

スーパーのチラシ？　なんだと思って広げたら母さんもパタパタとスリッパを鳴らして台所から出てきた。

「帰りに◯をつけたの買ってきてー。これお金」

「はいはい」

豆腐《とうふ》と納豆と食パンとねぎですね。わかりました。

「裏も見てね」

そう言ってまどかが行ってらっしゃーいって手を振《ふ》った。

問二　□にあてはまるひらがなを選び、それを漢字に直し、解答らんに書きなさい。

(1)　大器□成

(2)　二律□反

(3)　大□名分

(4)　意気□合

【　とう　じょう　ぎ　めい　ばん　い　はい　】

問三　ア～コから漢字を選んで、同じ意味になる二字熟語を完成させなさい。なお解答らんには熟語の順序通りに記号を答えなさい。

(1)　経験していないことを頭の中に思いうかべること。

(2)　短くはっきりまとまっていること。

(3)　時間と共に状態が変化すること。

ア　像　**イ**　完　**ウ**　想　**エ**　推　**オ**　水　**カ**　潔

キ　移　**ク**　結　**ケ**　造　**コ**　簡

二〇一九年度
東洋大学京北中学校

【国語】〈第一回試験〉（五〇分）〈満点：一〇〇点〉

《注意》1．作問のため本文にふりがなをつけた部分があります。
2．字数指定のある問いはすべて、句読点・記号も一字と数えるものとします。

一 次の問いに答えなさい。

問一 ぼう線部のカタカナを漢字に直しなさい。

(1) ニュウギュウを飼ってくらす。
(2) 運動したヨク日は動けない。
(3) コクルイを使った朝食だ。
(4) 有利だと思ったサイバンで負けてしまった。
(5) 海は天然資源のホウコである。
(6) 海をノゾむ場所。
(7) 集団生活においてキソクを守るのは大事なことだ。
(8) カブ式会社につとめる。

2019年度
東洋大学京北中学校 ▶解説と解答

算　数　＜第１回試験＞（50分）＜満点：100点＞

解　答

[1] (1)　108　(2)　66　(3)　207　(4)　$\frac{8}{9}$　(5)　6050　[2] (1)　秒速100cm　(2)　116m　(3)　3250円　(4)　432　(5)　27ページ　(6)　80円　(7)　$\frac{31}{36}$　(8)　114度　(9)　29cm²　(10)　502.4cm³　[3] (1)　毎分75m　(2)　毎分40m　(3)　７時４分　[4] (1)　１：２　(2)　20cm²　(3)　21：10　[5] (1)　４　(2)　7208　(3)　577個　(4)　107番目

解　説

[1] 四則計算，計算のくふう

(1)　17×８－(25－９)×７÷４＝136－16×７÷４＝136－112÷４＝136－28＝108

(2)　(297＋11×９)÷{432÷(170－98)}＝(297＋99)÷(432÷72)＝396÷６＝66

(3)　$2\frac{5}{9}\div\left(\frac{2}{3}-\frac{3}{5}\right)\times5\frac{2}{5}=\frac{23}{9}\div\left(\frac{10}{15}-\frac{9}{15}\right)\times\frac{27}{5}=\frac{23}{9}\div\frac{1}{15}\times\frac{27}{5}=\frac{23}{9}\times\frac{15}{1}\times\frac{27}{5}=207$

(4)　$\left(6\div1.8-3.2\times\frac{2}{3}\right)\div1\frac{7}{20}=\left(\frac{60}{18}-3\frac{1}{5}\times\frac{2}{3}\right)\div\frac{27}{20}=\left(\frac{10}{3}-\frac{16}{5}\times\frac{2}{3}\right)\div\frac{27}{20}=\left(\frac{10}{3}-\frac{32}{15}\right)\div\frac{27}{20}=\left(\frac{50}{15}-\frac{32}{15}\right)\div\frac{27}{20}=\frac{18}{15}\times\frac{20}{27}=\frac{8}{9}$

(5)　99×88－77×66＋55×44＝11×11×(９×８)－11×11×(７×６)＋11×11×(５×４)＝121×72－121×42＋121×20＝121×(72－42＋20)＝121×50＝6050

[2] 単位の計算，植木算，割合，倍数，消去算，分数の性質，角度，面積，体積

(1)　１時間＝60分，3.6km＝3600ｍより，時速3.6kmは分速，3600÷60＝60(m)である。また，１分＝60秒，60ｍ＝6000cmより，分速60ｍは秒速，6000÷60＝100(cm)となる。

(2)　先頭の生徒から一番後ろの生徒まで，４ｍの間かくは，30－１＝29(か所)あるから，先頭の生徒と一番後ろの生徒は，４×29＝116(m)はなれている。

(3)　4000円の35％引きは，4000円の，１－0.35＝0.65(倍)なので，4000×0.65＝2600(円)となる。これが□円の８割と等しいとすると，□×0.8＝2600(円)だから，□＝2600÷0.8＝3250(円)とわかる。

(4)　右の図１の計算より，48，54，72の最小公倍数は，２×３×２×２×３×２×３×１＝432と求められる。

図１

2	48	54	72
3	24	27	36
2	8	9	12
2	4	9	6
3	2	9	3
	2	3	1

(5)　毎日40題ずつ解いたので，15日目までに解いた問題数は，40×15＝600(題)である。また，１ページの問題数は25題だから，15日目までにちょうど，600÷25＝24(ページ)分解いたことになる。よって，この問題集は全部で，24＋３＝27(ページ)ある。

(6)　牛乳１本のねだんを□円，オレンジジュース１本のねだんを△円とすると，下の図２のア，イのように表せる。アの式を３倍するとウのようになり，イとウの差を考えると，オレンジジュース，

21－３＝18(本)の代金が，3240－1080＝2160(円)となるから，オレンジジュース１本のねだんは，2160÷18＝120(円)とわかる。よって，オレンジジュース７本の代金は，120×７＝840(円)なので，アの式より，牛乳１本のねだんは，(1080－840)÷３＝80(円)と求められる。

図２

□×３＋△×７＝1080(円)…ア
□×９＋△×３＝1080(円)…イ
□×９＋△×21＝3240(円)…ウ

(7) 36÷６＝６より，$\frac{5}{6}=\frac{5\times 6}{6\times 6}=\frac{30}{36}$である。また，36÷８＝4.5より，$\frac{7}{8}$は，$\frac{7\times 4.5}{8\times 4.5}=\frac{31.5}{36}$と表せる。よって，$\frac{5}{6}$より大きく$\frac{7}{8}$より小さい分数で，分母が36の分数は$\frac{31}{36}$だけであり，この分数はこれ以上約分できないから，求める分数は$\frac{31}{36}$となる。

(8) 下の図３で，○２つ分と×２つ分の角の大きさの和は，180－48＝132(度)なので，○１つ分と×１つ分の角の大きさの和は，132÷２＝66(度)となる。よって，三角形ABCで角㋐以外の２つの角の和が66度だから，角㋐の大きさは，180－66＝114(度)と求められる。

(9) 下の図４のように，かげの部分をアとイの三角形に分けると，アの三角形の面積は，10×４÷２＝20(cm^2)である。また，イの三角形は底辺が３cmで，高さが６cmだから，面積は，３×６÷２＝９(cm^2)となる。よって，かげの部分の面積は，20＋９＝29(cm^2)と求められる。

図３

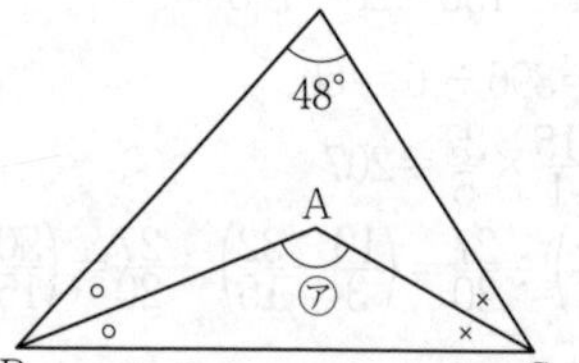

図４

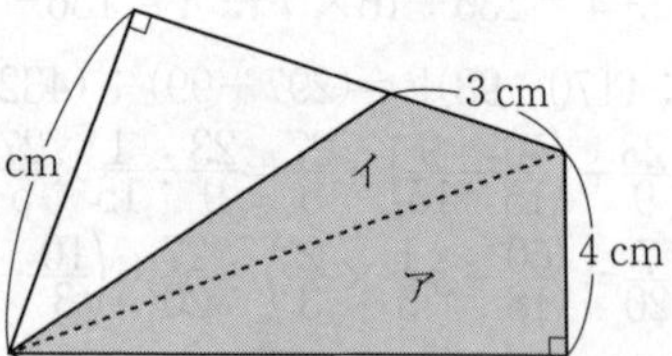

図５

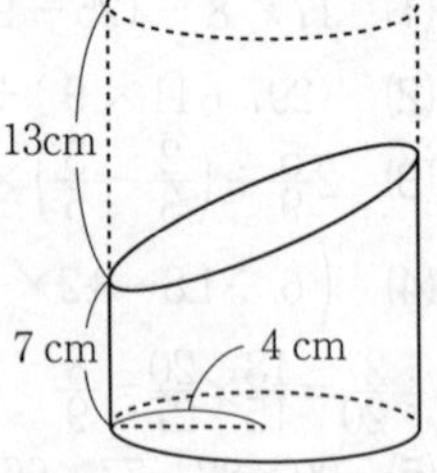

(10) 上の図５のように，同じ立体をもう１つ，上と下を逆にして重ねると，底面の半径が４cmで，高さが，13＋７＝20(cm)の円柱ができる。もとの立体の体積は，この円柱の体積の半分だから，４×４×3.14×20÷２＝160×3.14＝502.4(cm^3)と求められる。

3 グラフ―速さ

(1) 問題文中のグラフより，家から公園までのきょりは，50×20＝1000(m)なので，公園から駅までのきょりは，2200－1000＝1200(m)である。また，Ａさんは公園で12分間遊ぶから，公園を出発するのは，７時20分＋12分＝７時32分となる。よって，公園から駅までの1200ｍを，７時48分－７時32分＝16分で走ったので，このときの速さは毎分，1200÷16＝75(m)と求められる。

(2) お母さんが公園で忘れ物をわたすためには，遅《おそ》くとも７時32分に公園に着く必要がある。そのためには，家から公園まで，７時32分－７時７分＝25分で行く必要があるから，もっとも遅くて，毎分，1000÷25＝40(m)で行かなければならない。

(3) Ａさんが公園で遊ばずに，ずっと歩いて駅まで向かうとき，家から駅まで，2200÷50＝44(分)かかるから，７時48分に駅に着くには，７時48分－44分＝７時４分に家を出ればよい。

4 平面図形―面積，相似

(1) 下の図で，AHの長さは，10－６＝４(cm)，BFの長さは，10－２＝８(cm)である。また，ABの長さは，11＋３＝14(cm)で，点Ｅは辺ABを２等分した点だから，AEとBEの長さは，14÷

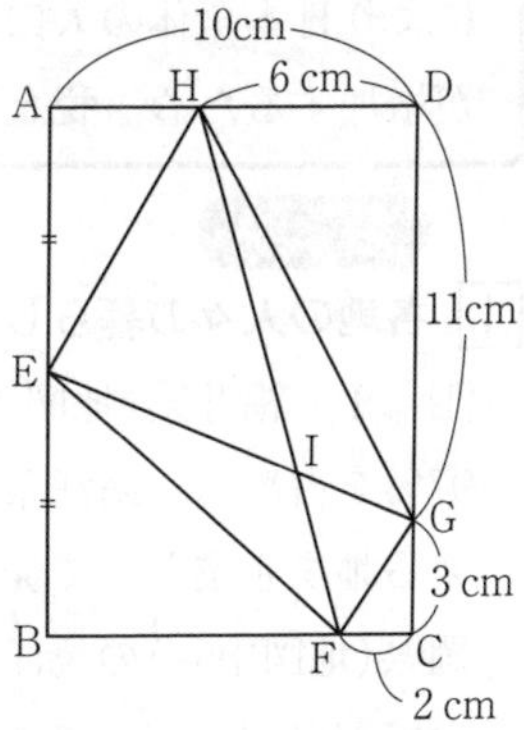

2＝7（cm）となる。よって，三角形AEHの面積は，4×7÷2＝14（cm^2），三角形EBFの面積は，8×7÷2＝28（cm^2）だから，その比は，14：28＝1：2とわかる。

(2)　台形HFCDの面積は，（6＋2）×14÷2＝56（cm^2）である。また，三角形HGDの面積は，6×11÷2＝33（cm^2）で，三角形GFCの面積は，2×3÷2＝3（cm^2）だから，三角形HFGの面積は，56−33−3＝20（cm^2）と求められる。

(3)　台形ABFHの面積は，（4＋8）×14÷2＝84（cm^2）で，三角形AEHの面積は14cm^2，三角形EBFの面積は28cm^2だから，三角形HFEの面積は，84−14−28＝42（cm^2）である。三角形HFEと三角形HFGは，底辺をHFとすると，高さの比と面積の比が等しくなり，高さの比はEI：IGと等しい。よって，(2)より，三角形HFGの面積は20cm^2だから，三角形HFEと三角形HFGの面積の比は，42：20＝21：10となり，EI：IG＝21：10とわかる。

5　周期算

(1)　{3，1，4，1，5，9，2}の７つの数字がくり返されている。よって，左から2019番目は，2019÷7＝288あまり３より，７つの数字が288回くり返された後の３つ目になるから，その数字は左から３番目と同じ４となる。

(2)　{3，1，4，1，5，9，2}の７つの数字の和は，3＋1＋4＋1＋5＋9＋2＝25だから，７つの数字が288回くり返されると，和は，25×288＝7200となる。さらに，その後の３つの数字の和は，3＋1＋4＝8なので，１番目から2019番目までの数字の和は，7200＋8＝7208と求められる。

(3)　７つの数字の中に１の数字は２個あるから，７つの数字が288回くり返される間に，１の数字は，2×288＝576（個）ある。さらに，その後の３つの数字（3，1，4）の中に１の数字は１個あるので，１番目から2019番目までの間に１の数字は，576＋1＝577（個）ある。

(4)　31÷2＝15あまり１より，31番目の１は，７つの数字が15回くり返された後の１つ目にあらわれる１となる。また，７つの数字の中で１つ目の１は２番目にあるから，31番目の１は全体の，7×15＋2＝107（番目）になる。

社　会　＜第１回試験＞（30分）＜満点：50点＞

解　答

1 (1)　Ⅰ　d　Ⅱ　e　Ⅲ　b　Ⅳ　f　Ⅴ　a　(2)　イ　(3)　ア　(4)　熊本城　(5)　（例）　高速道路の出口が近くにあり，出荷がしやすい。／市街地が近くにあり，働く人を集めやすい。（水田が近くに広がっており，原料を集めやすい。）　2 (1)　大化の改新　(2)　防人　(3)　ア　(4)　ウ　(5)　長安　(6)　正倉院　(7)　ウ　(8)　行基　(9)　（例）　仏教に頼る政治を行い，寺院の勢力が大きくなったため，新たな都をつくり，天皇中心の政治に戻そうとしたため。　3 (1)　一人っ子政策　(2)　イ　(3)　（例）　少子化の進行

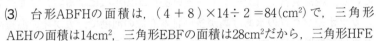

により日本全体の人口が減少する。　(4)　(例)　高齢化の進行により，社会保障にかかる費用が増加するため，税金による国民の負担が重くなる可能性がある。

解　説

1　各地の人々の暮らしや産業についての問題

(1)　Ⅰ　福井県(地図中ｄ)の鯖江《さばえ》市ではメガネわくの生産がさかんで，生産量は福井県が全国の約97％を占《し》める。鯖江市のメガネわくは日本だけでなく世界的にも知られており，福井県の経済を支える地場産業として発達している。統計資料は『データでみる県勢』2019年版による。　Ⅱ　静岡県(地図中ｅ)の焼津《やいづ》港は，カツオやマグロの水あげ高が多い日本有数の漁港で，カツオの漁獲《ぎょかく》高は静岡県が全国一である。写真は高知県で伝統的に行われている漁法であるカツオの一本づりのようすを表している。高知県(地図中ｃ)はカツオの消費量が日本一多く，一本づりも有名だが，一本づりで水あげされる近海のカツオは近年激減しており，焼津で水あげされる遠洋漁業の冷凍《れいとう》カツオのほうが水あげ量が多い。　Ⅲ　熊本県(地図中ｂ)の山都町には通潤橋《つうじゅんきょう》とよばれる江戸時代終わりごろにつくられた石造りの農業通水路橋があり，観光名所になっている。写真はその放水のようすである。　Ⅳ　新潟県(地図中ｆ)の越後平野は，日本有数の米どころとして知られる。コシヒカリの栽培が中心で，米の収穫《しゅうかく》量は全国一をほこる。写真は米を原材料とするせんべいやあられで知られる亀田製菓《かめだせいか》の本社・工場である。　Ⅴ　沖縄県(地図中ａ)は亜《あ》熱帯の気候を利用して，サトウキビやパイナップル，マンゴーなどの栽培がさかんである。写真のサトウキビの収穫量は，全国の約60％を占めている。サトウキビは温暖な気候を好み，台風による暴風雨にも強いため，沖縄の気候に適している。　なお，地図中ｇは宮城県を示している。

(2)　日本列島は，夏には南東の季節風の影響《えいきょう》を受けて太平洋側に多くの雨が降り，冬には北西の季節風の影響を受けて日本海側に多くの雪が降る。

(3)　カツオは黒潮とよばれる暖流の日本海流に乗って日本近海にやってくる。よって，アが誤っている。なお，親潮は千島列島から日本列島の太平洋側を日本列島に沿うように南下する寒流の千島海流のことで，親潮は黒潮と三陸沖でぶつかり，潮目を形成する。

(4)　熊本城は，加藤清正が安土桃山時代から江戸時代初めにかけて築いた城で，その最大の特徴《とくちょう》は高い石垣にある。この石垣を手がけた肥後《ひご》(熊本県の旧国名)の石工の技術が，通潤橋の建築にいかされた。なお，熊本城は2016年４月に発生した熊本地震で大きな被害を受け，天守閣をはじめとする建物が損傷し，石垣の一部が崩《くず》れた。

(5)　地形図を見ると，工場の近くには高速道路のインターチェンジがあり，製品の出荷に便利であることがわかる。また，周囲には水田が広がっているため原料となる米が得やすく，さらに市街地や集落も見られ，労働力も得やすいといえる。

2　平城京を題材にした歴史的なことがらについての問題

(1)　中大兄《なかのおおえの》皇子と中臣鎌足《なかとみのかまたり》らは645年，皇室をしのぐほどの権力をふるっていた蘇我《そが》氏を滅《ほろ》ぼし，天皇中心の政治を目指して一連の政治改革を始めた。これを大化の改新という。なお，大化は日本で初めて制定された元号である。

(2)　律令制度のもと，農民には租・庸《よう》・調などの税や労役・兵役が課された。兵役には都の警備にあたる衛士《えじ》や九州の大宰府《だざいふ》の警備にあたる防人《さきもり》があった。防人はおもに東国の農民から集められ，装備や旅費を自分でまかなわなくてはならなかったため，農民にとって大きな負担となった。

(3)　遣唐使は630年の犬上《いぬがみの》御田鍬《みたすき》を第１回目とし，894年に菅原道真の進言で廃止されるまでの約260年間に十数回，唐(中国)に派遣された。よって，アが誤っている。なお，小野妹子は聖徳太子によって607年に遣隋使《けんずいし》として隋(中国)に派遣された人物。

(4)　元明天皇は710年，奈良盆地北部の平城京に都をうつした。とちゅうの数年間，都がうつされたこともあったが，平城京は784年に長岡京に都がうつされるまで日本の都として栄えた。その規模は東西約4.3km(外京をのぞく)，南北約4.8kmにおよび，北部中央の平城宮から南部中央の羅城《らじょう》門《もん》まで，朱雀《すざく》大路が南北にのびている。よって，ウが誤っている。

(5)　平城京は唐の都・長安をモデルにしたといわれる。建物の配置や碁盤《ごばん》の目に整備された通りなど，共通点が多い。

(6)　東大寺の境内にある正倉院は，三角形の木材を積み上げて壁とした校倉《あぜくら》造の建築物として知られる。正倉院には，聖武天皇が生前愛用した文物や，大仏開眼供養《かいげんくよう》で使用された品，シルクロードを通り，遣唐使によって日本にもたらされた宝物などが収められている。

(7)　地図中アは難波《なにわ》宮(大阪府)，イは平城京，ウは恭仁《くに》宮(京都府)，エは紫香楽《しがらき》宮(滋賀県)である。聖武天皇は741年に恭仁宮で国分寺建立の詔《みことのり》を出し，743年に紫香楽宮で大仏造立の詔を出した。

(8)　行基は大阪出身の渡来人系の僧で，民間に布教しつつ，土木工事などを指導して社会事業を行い，民衆からの人望を集めた。当初，こうした行基の行動は法令違反として朝廷から弾圧《だんあつ》されたが，大仏をつくるときには協力を求められ，弟子とともに大仏造立に協力し，大僧正《だいそうじょう》に任じられた。

(9)　略図より，平城京には寺院(卍)が多いが，平安京には南端の２つしか寺院がないことがわかる。聖武天皇の仏教保護政策により，奈良時代には都のなかに寺院が多く建てられ，政治に口出しをする僧まで現れるようになった。そこで，桓武天皇は政治から仏教勢力を取りのぞき，人心を一新するため，794年に平安京へ都をうつし，平城京からの寺院の移転を禁止した。

3　人口と少子高齢社会についての問題

(1)　中国(中華人民共和国)は世界で最も人口が多い国で，その総人口は約14億人にのぼる。政府は人口を抑制《よくせい》するため，子どもの数を制限する一人っ子政策をとってきたが，2015年に廃止した。中国でも少子高齢化が進行し，将来的には現在人口が世界第２位のインドにぬかれ，第１位がインド，第２位が中国になると予測されている。したがって，グラフのＡ国は中国，Ｂ国はインドである。

(2)　日本の人口は約１億2700万人なので，中国の人口のおよそ10分の１である。よって，イがこれに最も近い。

(3)　資料の人口ピラミッドより，若年齢層の人口が少なく，中高年齢層の人口が多いことがわかる。今後，日本は少子高齢化が加速し，人口が減少していくとともに高齢者の割合がさらに大きくなると予測される。

(4)　資料より，年金・医療《いりょう》・介護《かいご》のすべての項目《こうもく》が増加傾向《けいこう》にあることがわかる。社会保障にあてる予算は，おもに現在働いている人々によって積立てられている社会保険や税金によってまかなわれる。したがって，今後子どもの数が減少するとともに働く人の数も減少してくると，社会保障にあてる財源が不足し，給付金が削減《さくげん》されたり，税金の負担が重くなったりすることが予測される。

理　科　＜第１回試験＞（30分）＜満点：50点＞

解　答

1 (1) イ　(2) ウ　(3) イ　(4) エ　(5) ウ　(6) ア　(7) エ　(8) ア
2 (1) 二酸化炭素　(2) （例）水に二酸化炭素がとけこんだから。　(3) **酸素**…イ，**二酸化炭素**…ア，**水素**…ウ　(4) イ，ウ　3 (1) エ　(2) 北極星　(3) おおぐま座　(4) ア　(5) 30度　4 (1) ウ　(2) ア　(3) （例）卵からよう虫，さなぎ，成虫の順に成長する。　(4) いえない／**理由**…（例）あしが６本ではないから。　5 (1) 120 g　(2) 8 cm　(3) **C** 80 g　**E** 0 g　(4) （例）（水に入っている部分のおもりの体積）に比例する。

解　説

1 小問集合

(1) 音はしん動を伝えるものがないと伝わらないので，容器の中の空気をぬいていくと，ベルのしん動がだんだんと伝わりにくくなり，ベルの音はしだいに小さくなっていき，やがて音がしなくなる。

(2) 手回し発電機は，レバーを回転させることでレバーとつながった磁石が回転し，中のコイルにおよぼす磁界が変化することでコイルに電流が流れるようになっている。電球を明るく点灯させるためには，コイルにおよぼす磁界の変化を大きくして流れる電流を強くすればよいので，回転させる磁石を磁力の強いものにするか，磁石を速く回転させればよい。

(3) BTBよう液は，酸性で黄色，中性で緑色，アルカリ性で青色になる。石灰水はアルカリ性の水よう液なので，BTBよう液を青色に変化させる。

(4) 12%の食塩水200 gにとけている食塩の重さは，200×0.12＝24(g)なので，この食塩水にふくまれる水の重さは，200－24＝176(g)となる。

(5) ウのアブラナは菜の花ともよばれ，黄色い花びら４枚が十字型についていて春に花をさかせる。なお，アはヒナギク(デイジー)，イはタンポポ，エはヒマワリである。

(6) ヒトの心臓は２心ぼう２心室のつくりで，ヒトとおなじほ乳類であるイルカの心臓のつくりも２心ぼう２心室である。

(7) 地層にふくまれる砂は流水のはたらきによって運ばれ，海底などでたい積したものなので，この層は山だった場所でできたものではない。

(8) 日本の探査機「はやぶさ２」は，2014年12月に種子《たねが》島宇宙センターから打ち上げられ，2018年６月に小わく星「リュウグウ」の上空にとう着した。

2 気体についての問題

(1) 水の入ったペットボトルに気体を入れてふるとき，水によくとける気体が入っているとペットボトルがへこむ。したがって，酸素，二酸化炭素，水素の中で水にもっともよくとける二酸化炭素を入れたときにペットボトルがもっともへこむ。

(2) 二酸化炭素がペットボトルの水にとけると，ペットボトル内の気圧が下がり，周囲の大気圧におしつぶされてペットボトルがへこむ。

(3)　オキシドールはうすい過酸化水素水で，鳥のレバーにふくまれるこう素のはたらきで水と酸素に分解される。また，貝がらの成分である炭酸カルシウムは塩酸と反応すると二酸化炭素が発生する。アルミニウムのような一部の金属は塩酸と反応して水素が発生する。

(4)　水の入ったペットボトルに水によくとける気体を入れてふるとペットボトルはへこむので，水によくとけるアンモニアと塩化水素を選べばよい。

3　星についての問題

(1)　ひしゃくの形をした北斗《ほくと》七星とW字形をしたカシオペヤ座が見える方角なので，北の空の様子とわかる。

(2)　星Xはこぐま座の北極星で，地球の地じくの延長線上にあるため，真北の上空でほぼ動かないように見える。

(3)　Aの星座は北斗七星で，おおぐま座の尾《お》の部分にあたる。

(4)　北の星座は，北極星を中心に反時計回りに回転しているように見える。

(5)　地球が自転しているために星が回転しているように見える。地球の自転は24時間で360度回転していることから，１時間あたりでは，360÷24＝15(度)回転しているように見える。したがって，２時間後にBの星座は星Xを中心に，15×２＝30(度)回転する。

4　昆虫《こんちゅう》についての問題

(1)　テントウムシは成虫が集まって，落ち葉や石の下などで冬を越《こ》す。

(2)　モンシロチョウのよう虫はアブラナ科の植物の葉をエサにするので，キク科のレタスの葉は食べない。

(3)　チョウはトンボやバッタとちがって，卵→よう虫→さなぎ→成虫の順に成長する。このような育ち方を完全変態という。

(4)　昆虫の特ちょうのひとつとして，胸の部分に６本のあしがついていることがあるが，ダンゴムシはあしが14本，クモはあしが８本ついているので，どちらも昆虫の仲間とはいえない。

5　浮力《ふりょく》についての問題

(1)　水に入っている部分のおもりの長さが０cmのとき，直方体のおもりは全体が空気中にあるから，このときのばねばかりの値がおもりの重さとなる。

(2)　図３のグラフで，水に入っている部分のおもりの長さが８cm以上には増えていないので，８cmのときにおもり全体が水に入っていると考えられる。つまり，直方体のおもりの長さは８cmである。

(3)　状態Cはおもり全体が水に入った状態で，これ以上おもりが受ける浮力は増えないから，ばねばかりの値はグラフより80ｇとなる。また，状態Eではおもりとばねばかりをつなぐ糸がたるんでいるため，おもりの重さはすべて容器の底にかかっており，ばねばかりの値は０ｇを示す。

(4)　図３のグラフで，水に入っている部分のおもりの長さが０cm～８cmのとき，グラフは右下がりの直線で，８cm変化する間にばねばかりの値は，120－80＝40(ｇ)変化している。よって，水に入っている部分のおもりの長さ１cmあたり，ばねばかりの値は，40÷８＝５(ｇ)変化する。おもりは直方体だから底面積は一定で，水に入っている部分のおもりの体積は水に入っている長さに比例するので，水に入っている部分のおもりの体積とおもりにはたらく浮力の大きさは比例している。

国　語　＜第１回試験＞（50分）＜満点：100点＞

解　答

一　問１　下記を参照のこと。　問２　(1) 晩　(2) 背　(3) 義　(4) 投　問３　(1) ウ，ア　(2) コ，カ　(3) エ，キ　二　問１　ウ　問２　ア　問３　エ　問４ 紋所(モンドコロ)　問５　イ　問６　(例)　家族揃って花火大会に行きたかったのに，バンドの練習を理由に兄(おにいちゃん)が一緒に来てくれないということ。　三　問１　ウ　問２　ウ　問３　(例)　複雑なもの，わかりにくいものが排除されていくという側面。　問４　人間の「本能」や「感情」に訴える要素が含まれる番組　問５　ア　問６　Ⅰ　視聴者　Ⅱ　親切心　四　問１　(例)　一時的には人気を得ても忘れられてしまう本とはちがって，時代が移っても読みつがれていく，人の心の深いところにうったえかける内容を持った本。
問２　(例)　書かれた事実や筆者の意見から新しい知識や見解を得たり，登場人物の立場に立って自分が体験したことがないことを体験したりすることを通じて，ものの見方や考え方を広げられるという意味がある。その結果，ほかの人の立場や考えに対する理解が深まり，人間としてのはばを広げ，よりよく生きられる効果があると思う。

●漢字の書き取り

一　問１　(1) 乳牛　(2) 翌　(3) 穀類　(4) 裁判　(5) 宝庫　(6) 望(臨)　(7) 規則　(8) 株

解　説

一　漢字の書き取り，四字熟語の完成，二字熟語の完成と意味

問１　(1) 乳をしぼる目的で飼う牛。　(2) 「翌日」は，次の日。あくる日。　(3) 米・麦・あわなどの，人が主食とすることが多い作物。　(4) 法律をもとに，争いやうったえを裁くこと。　(5) よい産物がたくさんとれる土地。　(6) 音読みは「ボウ」で，「人望」などの熟語がある。　(7) 行動などのよりどころとなるきまり。　(8) 「株式会社」は，株券を発行して集めた資本をもとに経営を行う会社。

問２　(1) 「大器晩成」は，すぐれた人は若いときには目立たなくても，年を取ってから立派になるということ。　(2) 「二律背反」は，たがいに矛盾《むじゅん》している二つの考えが，同じだけの合理性を持っている状態。　(3) 「大義名分」は，すじみちの通ったもっともな理由。　(4) 「意気投合」は，おたがいの気持ちや考えがぴたりと合うこと。

問３　(1) 「想像」は，実際には経験していないことを，頭の中で思いうかべたり考えたりすること。　(2) 「簡潔」は，簡単にすっきりとまとまっているようす。　(3) 「推移」は，移り変わり。

二　出典は小路幸也《しょうじゆきや》・宮下奈都《みやしたなつ》の『つむじダブル』による。メジャーデビューをめざしてバンド活動に力を入れる兄の由一《ゆういち》と，兄を応援《おうえん》する妹のまどかのようすが中心にえがかれる。

問１　まどかの書いた応援メッセージを見た仲間たちは，まどかを「元気だ」「可愛《かわい》くていい」と好意的にみているので，ウがふさわしい。

問２　メンバー間の続く会話を読み進めていくと，何も考えないでライブに集中しようと思っても，いつも最後には大学をどうするかという問題に行き着いてしまい，いつかは結論を出さなければいけないと思いながらも答えを出せずにいることがわかるので，アが選べる。

問３ 「そのつもり」ならば，大学に進学せずにアルバイトをしながらライブ活動をするべきだと思うと書かれている。また，「その」はすぐ前の内容を指すので，ぼう線部③は，“プロのミュージシャンになるつもり”という意味になる。よって，エがふさわしい。

問４ 「それ」は印籠《いんろう》に刻まれているものだから，直前の「紋所《もんどころ》（モンドコロ）」がぬき出せる。

問５ 「おとうさん」の言動に注意する。由一のボーカルが評価されていることもうれしいし，褒《ほ》められてもおごることなく，メンバーの腕前《うでまえ》を認めるような由一の人柄《ひとがら》も父親としてほこらしく思っているのだから，イが正しい。

問６ まどかが兄に対して不満に思っている内容をまとめる。家族揃《そろ》って花火大会に行きたかったのに，バンドの練習があるからと兄が一緒《いっしょ》に来てくれないことが不満なのである。

三 **出典は松原耕二《まつばらこうじ》の『本質をつかむ聞く力—ニュースの現場から』による。**複雑でわかりにくいものを排除《はいじょ》するテレビ番組や，ネット記事などの影響《えいきょう》で，現代人は複雑なものごとを聞く忍耐《にんたい》力と能力を失いつつあると述べている。

問１ Ａの前には，放送スタート時のテレビ番組の多くは実験的，前衛的で，自由さがあったとある。後には，影響力を増したテレビは行儀《ぎょうぎ》よさを求められるようになったと続く。Ｂの前には，リモコンがないときはみんなはあまりチャンネルを変えなかったとあるが，後には，リモコンの登場によりすぐにチャンネルを変えられるようになったと続く。よって，前のことがらを受けて，後に対立することがらを述べるときに用いる「ところが」がよい。

問２ ぼう線部①を含《ふく》む文の最初には“このようにして”という意味の「かくして」があり，これは前の文の内容を受けている。つまり，影響力を増したテレビは行儀よく振《ふ》る舞《ま》い，ぼう線部①を失ったことがわかる。それ以前のテレビには，意欲的な実験を繰《く》り返して時代をつくっているという使命感があったのだから，ウが選べる。

問３ 多くの人が見たがる番組を放送することが持つ，普遍《ふへん》性のある番組が望ましいこと以外の側面を指す。続く部分を読み進めていくと，視聴《しちょう》者の興味を逃《のが》さないためには「説明なしに，わかってもらえるもの」が好ましいので，複雑なもの，わかりにくいものが排除《はいじょ》されていくという側面があるものとわかる。

問４ 「人間が持つ共通の要素」として食事や恋愛の例をあげ，二つ後の段落で，これらを盛り込《こ》み，多くの人の興味を引き付けられるのは，「人間の『本能』や『感情』に訴《うった》える要素が含まれる番組」といえるだろうと筆者は述べている。

問５ 「強迫《きょうはく》観念」とは，忘れようとしても忘れられない，不安をもたらす考えのこと。ぼう線部④は，直前の文の後半と順を入れかえた関係になっているので，一瞬《いっしゅん》たりとも視聴者の興味を逃さない番組を作らなければならないと考えることを指す。

問６ ぼう線部⑤は，直前の段落で説明された，テレビ番組のわかりやすさを指している。つまり，「視聴者」ができるだけ考えなくてもすむように，おせっかいなまでに発揮されている「親切心」のことである。

四 **条件作文**

問１ この文での「よい本」とは，読む価値のある本のことだと考えられる。これまでに読んだ本のうち，読んでよかったと思う本を何冊か思い出して，どのような本が「よい本」といえるか考えてみよう。また，一般に「よい本」とされる本はどのような本かを考えてまとめてもよい。

問２　問１の答えをふまえ，「よい本」を読むことで何を得られるか，読者にどういう成長が期待できるかを考え，その意味や効果をまとめればよい。知識が増える，新しいものの見方にふれられる，知らない世界を体験できるなどといったことが考えられる。

2025年度用

中学スーパー過去問

■編集人　声　の　教　育　社・編集部
■発行所　株式会社　声　の　教　育　社

〒162-0814　東京都新宿区新小川町8-15
☎03-5261-5061(代)　FAX03-5261-5062
https://www.koenokyoikusha.co.jp

本書の内容についての一切の責任は当社にあります。内容・解説・解答・その他は当社ホームページよりお問い合わせ下さい。

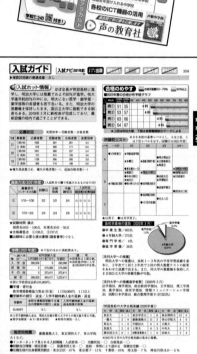

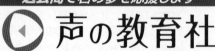

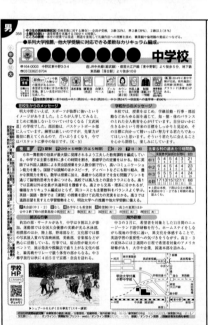

カコを追いかけ
ミライをつかめ
「今の説明、もう一回」を何度でも
web過去問
ストリーミング配信による入試問題の解説動画
もっと古いカコモンないの?
カコ過去問
「さらにカコの」過去問をHPに掲載(DL)
声の教育社
詳しくはこちらから

よくある解答用紙のご質問

01

実物のサイズにできない

拡大率にしたがってコピーすると，「解答欄」が実物大になります。配点などを含むため，用紙は実物よりも大きくなることがあります。

02

A3用紙に収まらない

拡大率164％以上の解答用紙は実物のサイズ（「出題傾向＆対策」をご覧ください）が大きいために，Ａ３に収まらない場合があります。

03

拡大率が書かれていない

複数ページにわたる解答用紙は，いずれかのページに拡大率を記載しています。どこにも表記がない場合は，正確な拡大率が不明です。

04

１ページに２つある

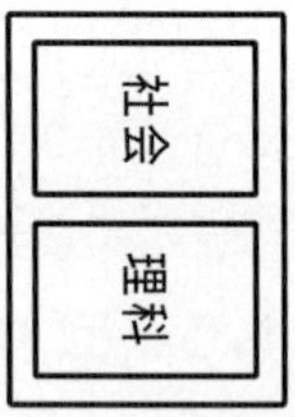

１ページに２つ解答用紙が掲載されている場合は，正確な拡大率が不明です。ほかの試験回の同じ教科をご参考になさってください。

東洋大学京北中学校

【別冊】入試問題解答用紙編

解答用紙は本体からていねいに抜きとり、別冊としてご使用ください。

※　実際の解答欄の大きさで練習するには、指定の倍率で拡大コピーしてください。なお、ページの上下に小社作成の見出しや配点を記載しているため、コピー後の用紙サイズが実物の解答用紙と異なる場合があります。

●入試結果表

年度	回	項目	国語	算数	社会	理科	２科合計	４科合計	２科合格	４科合格
2024	第１回	配点(満点)	100	100	50	50		300		最高点
		合格者平均点	66.1	65.3	31.6	31.1		194.1		241
		受験者平均点	56.6	46.4	27.7	28.1		158.8		最低点
		キミの得点								175
2023	第１回	配点(満点)	100	100	50	50		300		最高点
		合格者平均点	60.7	46.4	26.8	37.6		171.5		220
		受験者平均点	53.1	34.4	22.2	32.2		141.9		最低点
		キミの得点								154
2022	第１回	配点(満点)	100	100	50	50	200	300	最高点	最高点
		合格者平均点	82.1	79.2	34.7	37.2	161.3	233.2	181	271
		受験者平均点	68.3	56.7	29.5	32.0	125.0	186.5	最低点	最低点
		キミの得点							147	220
2021	第１回	配点(満点)	100	100	50	50	200	300	最高点	最高点
		合格者平均点	80.8	65.8	37.6	30.8	146.6	215.0	159	259
		受験者平均点	72.1	46.9	32.1	25.5	119.0	176.6	最低点	最低点
		キミの得点							133	199
2020	第１回	配点(満点)	100	100	50	50	200	300	最高点	最高点
		合格者平均点	69.6	69.9	35.0	38.5	139.5	213.0	153	245
		受験者平均点	56.6	51.9	30.0	33.9	108.5	172.4	最低点	最低点
		キミの得点							132	198
2019	第１回	配点(満点)	100	100	50	50	200	300	最高点	最高点
		合格者平均点	68.9	77.5	34.6	38.0	146.4	219.0	168	241
		受験者平均点	58.6	59.6	29.1	31.6	118.2	178.9	最低点	最低点
		キミの得点							137	205

※　表中のデータは学校公表のものです。ただし、２科合計・４科合計は各教科の平均点を合計したものなので、目安としてご覧ください。

声の教育社

２０２４年度　　東洋大学京北中学校

算数解答用紙　第１回

番号		氏名		評点	／100

1

(1)		(2)		(3)	本
(4)	度	(5)	m	(6)	毎分　　回転
(7)	日目	(8)	人		

2

(1)	時　　分	(2)	km	(3)	時速　　km

3

(1)	番目	(2)		(3)	

4

(1)	：　　：	(2)	cm^2	(3)	cm^2

5

(1)	(考え方や式) (答)　　日
(2)	(考え方や式) (答)　　日
(3)	(考え方や式) (答)　　日目

(注)　この解答用紙は実物を縮小してあります。172％拡大コピーをすると、ほぼ実物大の解答欄になります。

〔算　数〕100点(学校配点)

1～5　各５点×20

２０２４年度　東洋大学京北中学校

社会解答用紙　第１回

番号		氏名		評点	／50

1

(1)	記号	都市名　　　市	(2)	
(3)		(4)		(5)
(6)	記号	島名	(7)	
(8)				
(9)				

2

(1)	A		(2)	B	
(3)		(4)		(5)	
(6)		(7)	C		D
(8)					
(9)					

3

(1)				
(2)		(3)		
(4)	B	記号	理由	
	C	記号	理由	

（注）この解答用紙は実物を縮小してあります。Ｂ５→Ｂ４(141%)に拡大コピーすると、ほぼ実物大の解答欄になります。

〔社　会〕50点(学校配点)

1 (1)　記号…1点，都市名…2点　(2)～(5)　各2点×4＜(5)は完答＞　(6)　記号…1点，島名…2点　(7)～(9)　各2点×3　2 (1)～(6)　各2点×6　(7)　各1点×2　(8)　2点　(9)　4点　3 各2点×5＜(4)は各々完答＞

２０２４年度　東洋大学京北中学校

理科解答用紙　第１回

番号		氏名		評点	／50

1

(1)　(2)

(3) 光がたることで　30　40

(4) (i)　(ii)

2

(1)　(2)　(3)

(4)　(5)

(6)　25

3

(1)　(2)　(3)

(4)

(5)

4

(1)　(2) A　B　C

(3)　(4)

(5)　20

（注）この解答用紙は実物を縮小してあります。Ｂ５→Ｂ４(141%)に拡大コピーすると、ほぼ実物大の解答欄になります。

〔理　科〕50点(学校配点)

1 (1)，(2)　各２点×２　(3)　３点　(4)　各２点×２　2 (1)〜(5)　各２点×５　(6)　３点　3 (1)〜(3)　各２点×３　(4)　３点　(5)　２点　4 (1)〜(4)　各２点×６＜(3)は完答＞　(5)　３点

２０２４年度　東洋大学京北中学校

国語解答用紙　第一回　No. 1

番号　　氏名　　評点　　／100

一

問一　解答らんはウラ面です。

問二　(1)　(2)　(3)

問三　(1)　(2)　(3)　(4)

問四　(1)　(2)

問五　(1)　(2)

二

問一　①　②

問二

問三

問四

問五

問六

問七

三

問一

問二

問三　解答らんはウラ面です。

問四

問五

問六

問七

四

解答らんはウラ面です。

２０２４年度　東洋大学京北中学校

国語解答用紙　第一回　No.2

一

問一　(1)　(2)　(3)　(4)　(5)

三

問三

40

60

四

130

150

（注）この解答用紙は実物を縮小してあります。Ｂ５→Ｂ４（141％）に拡大コピーすると、ほぼ実物大の解答欄になります。

〔国　語〕100点（学校配点）

一　問１　各２点×５　問２～問５　各１点×10<問５は完答>　二　問１　各３点×２　問２～問７　各４点×６　三　問１，問２　各４点×２　問３　６点　問４～問７　各４点×４<問７は完答>　四　20点

２０２３年度　東洋大学京北中学校

算数解答用紙　第１回

番号		氏名		評点	／100

1

(1)		(2)		(3)	
(4)	通り	(5)	枚	(6)	度
(7)	cm^2	(8)	cm^2		

2

(1)		(2)	

3

(1)	答え　番から　番まで
(2)	答え　回
(3)	答え　月　日

4

(1)	cm^2	(2)	cm^2	(3)	cm^2

5

(1)		(2)	個	(3)	cm^2	(4)	倍

（注）この解答用紙は実物を縮小してあります。172％拡大コピーをすると、ほぼ実物大の解答欄になります。

〔算　数〕100点(学校配点)

1　(1)～(3)　各４点×３　(4)～(8)　各５点×５　2　各５点×２＜(2)は完答＞　3　(1)，(2)　各５点×２　(3)　６点　4　(1)，(2)　各５点×２　(3)　６点　5　(1)，(2)　各５点×２＜(1)は完答＞　(3)　６点　(4)　５点

２０２３年度　東洋大学京北中学校

社会解答用紙　第１回

番号		氏名		評点	／50

1

(1)	a	b		c		d	
(2)		(3)		(4)		(5)	
(6)	問１						
	問２	1928年には,					
		1984年には,					
		2014年には,					
(7)		(8)					

2

(1)		(2)		(3)		(4)	
(5)							
(6)							
(7)	(　　　　)時代の初期に活躍した(　　　　)は(　　　　)宗を開いた。						
(8)		(9)					

3

(1)	%	(2)			(3)	
(4)	①	資料からは(　　　　)という傾向が読み取れる。				
	②	ここから,(　　　　)という点で不公平といえる。				

(注)　この解答用紙は実物を縮小してあります。Ｂ５→Ｂ４(141%)に拡大コピーすると、ほぼ実物大の解答欄になります。

〔社　会〕50点(学校配点)

1　(1)　３点＜完答＞　(2)～(5)　各２点×４　(6)　問１　２点　問２　３点　(7), (8)　各２点×２　2　(1)～(4)　各２点×４　(5)　４点　(6)～(9)　各２点×４＜(7)は完答＞　3　各２点×５

２０２３年度　　東洋大学京北中学校

理科解答用紙　第１回

番号		氏名		評点	／50

1

(1)		(2)		(3)		(4)	
(5)		(6)		(7)		(8)	

2

(1)		(2) 理由	10
(2)	記号		20
(3)			30
(4)	→ → → →		
(5)	記号		
	理由		10 / 20 / 30 / 35

3

(1)		(2)		(3)	
(4)		(5)			

4

(1)	A	B	(2)	
(3)				50

5

(1)		(2)		(3)		(4)	

（注）この解答用紙は実物を縮小してあります。Ｂ５→Ｂ４（141%）に拡大コピーすると、ほぼ実物大の解答欄になります。

〔理　科〕50点（学校配点）

1　各１点×8　2〜4　各２点×16＜2の(1)，(4)，3の(1)，(4)は完答＞　5　(1)，(2)　各２点×2　(3)，(4)　各３点×2

二〇二三年度　東洋大学京北中学校

国語解答用紙　第一回

番号　氏名　評点 ／100

一
問一 (1) (2) (3) (4) (5)
問二 (1) (2) (3)
問三 (1) (2) (3) (4)
問四 (1) X Y (2)

二
問一
問二
問三
問四
問五
問六
問七

三
問一
問二
問三
問四
問五
問六
問七

四
130
150

(注) この解答用紙は実物を縮小してあります。175%拡大コピーをすると、ほぼ実物大の解答欄になります。

〔国　語〕100点(学校配点)

一 問1　各2点×5　問2～問4　各1点×10　二 問1　4点　問2　6点　問3～問7　各4点×5　三 問1　4点　問2　6点　問3～問7　各4点×5<問3，問7は完答>　四 20点

2022年度　　東洋大学京北中学校

算数解答用紙　第1回

番号		氏名		評点	／100

1

(1)		(2)		(3)	
(4)		(5)	人	(6)	年後
(7)	%				
(8)	(考え方や式) 答え				

2

(1)	時速　　km	(2)	分後	m
(3)	分　　秒	(4)	m	

3

(1)		(2)	番目	(3)	

4

(1)	cm^2	(2)	cm^2	(3)	cm^3

5

(1)	：	(2)	cm^2

（注）この解答用紙は実物を縮小してあります。Ｂ５→Ｂ４(141%)に拡大コピーすると、ほぼ実物大の解答欄になります。

〔算　数〕100点(学校配点)

1, 2　各４点×13　3〜5　各６点×8

２０２２年度　東洋大学京北中学校

社会解答用紙　第１回

番号		氏名		評点	／50

1

(1)		(2)		(3)		(4)	
(5)		(6)		(7)		(8)	

(9)
1つめは，野菜を**予冷**することで
(　　　　　　　　　　　　　　　　　　　　　　　　)
2つめは，
(　　　　　　　　　　　　　　　　　　　　　　　　)

2

(1)	A	B	C

(2)		(3)		(4)		(5)	

(6)	
(7)	

3

(1)		(2)		(3)	

(4)
無料化に賛成：資料（　　　）と資料（　　　）を使って考えると，
(　　　　　　　　　　　　　　　　　　　　　　　　)
から無料化をすすめるべきだ。
無料化に反対：資料（　　　）と資料（　　　）を使って考えると，
(　　　　　　　　　　　　　　　　　　　　　　　　)
から無料化をやめるべきだ。

（注）この解答用紙は実物を縮小してあります。Ｂ５→Ｂ４（141%）に拡大コピーすると、ほぼ実物大の解答欄になります。

〔社　会〕50点(学校配点)

1　(1)～(8)　各２点×８　(9)　４点　2　(1)～(5)　各２点×７　(6)　４点　(7)　２点　3　(1)～(3)　各２点×３　(4)　４点

２０２２年度　東洋大学京北中学校

理科解答用紙　第１回

番号		氏名		評点	／50

1

(1)		(2)		(3)		(4)	
(5)		(6)		(7)		(8)	

2

(1)		(2)		(3)	
(4)	記号				
理由					50

3

(1)		(2)		(3)	最高気温が＿＿＿℃以上の日
(4)		(5)	A－	B－	C－

4

(1)		(2)		(3)	
(4)		(5)			

(4)

		Pをつなぐ場所			
		A	B	C	D
Qをつなぐ場所	A		×	○	△
	B	×			
	C	○			
	D	△			

5

(1)	A	B	(2)		(3)	
(4)						15
						30
						45

（注）この解答用紙は実物を縮小してあります。Ｂ５→Ｂ４（141％）に拡大コピーすると、ほぼ実物大の解答欄になります。

〔理　科〕50点（学校配点）

1　各１点×8　2　(1)～(3)　各２点×3　(4)　記号…２点，理由…３点　3，4　各２点×10＜3の(4)，(5)，4の(3)，(4)は完答＞　5　(1)～(3)　各２点×4　(4)　３点

二〇二二年度　東洋大学京北中学校

国語解答用紙　第一回

番号		氏名		評点	/100

一

問一	(1)	(2)	(3)	(4)	(5)
問二	(1)	(2)	(3)	(4)	(5)
問三	(1)	(2)	(3)	(4)	(5)
問四	(1)	(2)	(3)	(4)	(5)

二

問一	
問二	
問三	
問四	
問五	
問六	

三

問一	
問二	
問三	
問四	
問五	
問六	

四

140

150

（注）この解答用紙は実物を縮小してあります。169%拡大コピーをすると、ほぼ実物大の解答欄になります。

〔国　語〕100点(学校配点)

一　各1点×20　二，三　各5点×12　四　20点

２０２１年度　東洋大学京北中学校

算数解答用紙　第１回

番号		氏名		評点	／100

1

(1)		(2)		(3)	
(4)		(5)			

2

(1)	g	(2)	回	(3)	
(4)	ページ	(5)	時速　km	(6)	度
(7)	cm^3	(8)	cm^2		

3

(1)	通り	(2)	通り
(3)	(求めるときの式や考え方を書きなさい。) 答.　通り		

4

(1)	cm	(2)	cm	(3)	倍

5

(1)	曜日	(2)	回	(3)	

（注）この解答用紙は実物を縮小してあります。Ｂ５→Ｂ４(141%)に拡大コピーすると、ほぼ実物大の解答欄になります。

〔算　数〕100点(学校配点)

1　各３点×５　2～5　各５点×17

2021年度　　東洋大学京北中学校

社会解答用紙　第1回

番号		氏名		評点	／50

1

(1)	Ⅰ	Ⅲ		(2)	
(3)	記号	ことば		(4)	
(5)		(6)		(7)	
(8)	(　　　　)発電は，(　　　　)がすぐれている。				
(9)					

2

(1)		(2)		(3)	
(4)		(5)	問1		
(5)	問2				
(6)		(7)		(8)	

3

(1)		(2)		(3)	
(4)	子どもの権利条約は（　　　　）を定めているので，（　　　　）。				

（注）この解答用紙は実物を縮小してあります。Ｂ５→Ｂ４(141%)に拡大コピーすると，ほぼ実物大の解答欄になります。

〔社　会〕50点(学校配点)

1　(1)　各１点×2　(2)　２点　(3)　各１点×2　(4)～(7)　各２点×4　(8)　４点　(9)　２点　2　(1)～(4)　各２点×4　(5)　問１　２点　問２　４点　(6)～(8)　各２点×3　3　(1)～(3)　各２点×3　(4)　４点

２０２１年度　　東洋大学京北中学校

理科解答用紙　第１回

番号		氏名		評点	／50

1

(1)		(2)		(3)		(4)	
(5)		(6)		(7)		(8)	

2

(1)	a		b		c		(2)	
(3)	A		B		C			

(4) 種やを実をつくるためには，

(4) 種や実をつくるためには，（30）（40）

(5)	

3

(1)		(2)		(3)	
(4)	①		②		

4

(1)	A		B		C	
(2)						
(3)		(4)				

(5)（15）（25）

5

(1)		(2)		(3)		(4)	
(5)							

（注）この解答用紙は実物を縮小してあります。Ｂ５→Ｂ４(141%)に拡大コピーすると、ほぼ実物大の解答欄になります。

〔理　科〕50点(学校配点)

1　各１点×8　2　(1)～(3)　各１点×7　(4)　３点　(5)　１点　3　各２点×5＜(1)は完答＞　4　(1)　各１点×3　(2)　３点　(3)，(4)　各１点×2　(5)　３点　5　各２点×5

二〇二二年度　東洋大学京北中学校

国語解答用紙　第一回

番号		氏名		評点	/100

一

問一	(1)		(2)		(3)		(4)	
	(5)		(6)		(7)		(8)	
問二	(1)		(2)		(3)		(4)	
問三	(1)		(2)		(3)			

二

問一	
問二	
問三	
問四	
問五	
問六	

三

問一	
問二	
問三	
問四	
問五	
問六	

四

140

150

（注）この解答用紙は実物を縮小してあります。Ｂ５－Ａ３（163％）に拡大コピーすると，ほぼ実物大の解答欄になります。

〔国　語〕100点(学校配点)

一　各２点×15　二，三　各５点×12　四　10点

2020年度　東洋大学京北中学校

算数解答用紙　第1回

番号		氏名		評点	／100

1

(1)		(2)		(3)	
(4)					

2

(1)	円	(2)	m^2	(3)	度
(4)	cm^3				

3

(1)	通り
	(考え方や式)
(2)	正しい　・　正しくない　□ さんが □ m 差をつけて先にゴールする
	(考え方や式)

4

(1)		(2)	倍
(3)	(□ − □) × C − □ = B		

5

(1)	色	(2)	個	(3)	番目

6

(1)	cm^3	(2)	cm^2	(3)	cm
(4)	cm				

(注) この解答用紙は実物を縮小してあります。172% 拡大コピーすると、ほぼ実物大で使用できます。(タイトルと配点表は含みません)

〔算　数〕100点(学校配点)

1〜6　各 5 点×20＜3の(2)は完答＞

２０２０年度　　東洋大学京北中学校

社会解答用紙　第１回

番号		氏名		評点	／50

1

(1)		(2)		(3)		(4)		(5)	
(6)									
(7)									
(8)									
(9)									

2

(1)		(2)		(3)			
(4)							
(5)		(6)		(7)		(8)	
(9)							

3

(1)		(2)		(3)	
(4)	（　　　　　　　　）の利用が増えており， （　　　　　　　　） ユーチューバーにあこがれているから。				

（注）この解答用紙は実物を縮小してあります。Ｂ４用紙に120％拡大コピーすると，ほぼ実物大で使用できます。（タイトルと配点表は含みません）

〔社　会〕50点（学校配点）

1 (1)～(6)　各２点×６　(7)　３点　(8)　２点　(9)　３点　**2** (1)～(3)　各２点×３　(4)　４点　(5)～(9)　各２点×５　**3** (1)～(3)　各２点×３　(4)　４点

２０２０年度　　東洋大学京北中学校

理科解答用紙　第１回

番号		氏名		評点	／50

1

(1)		(2)		(3)		(4)	
(5)		(6)		(7)		(8)	

2

(1)	A		B		C		(2)	

3

(1)		(2)	色	(3)	

(4)	ふ	入	り	の	部	分	に	は	，						
									25						
				35											

(5)

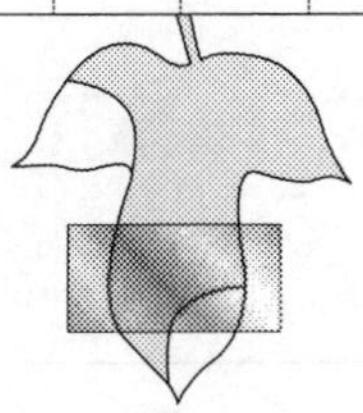

4

(1)		(2)	

(3)															15
										25					

(4)	A		B		C		D		E		F	
(5)												

5

(1)	①		②		③		(2)	

(注) この解答用紙は実物を縮小してあります。Ｂ４用紙に122%拡大コピーすると、ほぼ実物大で使用できます。(タイトルと配点表は含みません)

〔理　科〕50点(学校配点)

1 各１点×８　2 各２点×４　3 (1)～(3)　各２点×３　(4)　３点　(5)　２点　4 (1), (2)　各２点×２＜(2)は完答＞　(3)　３点　(4)　各１点×６　(5)　２点　5 各２点×４＜各々完答＞

二〇二〇年度　東洋大学京北中学校

国語解答用紙　第一回

番号　　氏名　　評点 /100

（注）この解答用紙は実物を縮小してあります。179%拡大コピーすると、ほぼ実物大で使用できます。（タイトルと配点表は含みません）

一

問一 (1) (2) (3) (4) (5) (6) (7) (8)

問二 (1) (2) (3)

問三 (1) (2) (3) (4)

二

問一

問二

問三 Ⅰ Ⅱ

問四

問五

問六 Ⅰ Ⅱ

三

問一

問二

問三

問四

問五

問六

四

140

150

〔国　語〕100点(学校配点)

一　各2点×15　二　問1～問5　各4点×6　問6　各3点×2　三　各5点×6　四　10点

２０１９年度　東洋大学京北中学校

算数解答用紙　第１回

番号		氏名		評点	／100

1

(1)		(2)		(3)	
(4)		(5)			

2

(1)	秒速　　cm	(2)	m	(3)	円
(4)		(5)	ページ	(6)	円
(7)		(8)	度	(9)	cm^2
(10)	cm^3				

3

(1)	答　毎分　　m
(2)	答　毎分　　m
(3)	答　　時　　分

4

(1)	：	(2)	cm^2	(3)	：

5

(1)		(2)	
(3)	個	(4)	番目

(注) この解答用紙は実物を縮小してあります。175％拡大コピーすると、ほぼ実物大で使用できます。(タイトルと配点表は含みません)

〔算　数〕100点(学校配点)

1 (1)　3点　(2)～(5)　各4点×4　2 各4点×10　3 (1)　5点　(2), (3)　各4点×2　4, 5 各4点×7

２０１９年度　東洋大学京北中学校

社会解答用紙　第１回

番号		氏名		評点	／50

1

(1)	Ⅰ		Ⅱ		Ⅲ		Ⅳ		Ⅴ	(2)	
(3)		(4)									
(5)	①										
	②										

2

(1)		(2)		(3)	
(4)		(5)		(6)	
(7)		(8)			
(9)					

3

(1)		(2)	
(3)			
(4)			

(注) この解答用紙は実物を縮小してあります。Ａ４用紙に114%拡大コピーすると、ほぼ実物大で使用できます。(タイトルと配点表は含みません)

〔社　会〕50点(学校配点)

1　各２点×10　2　(1)～(5)　各２点×５　(6)　３点　(7), (8)　各２点×２　(9)　３点　3　(1)～(3)　各２点×３　(4)　４点

2019年度　東洋大学京北中学校

理科解答用紙　第1回

番号		氏名		評点	／50

1

(1)		(2)		(3)		(4)	
(5)		(6)		(7)		(8)	

2

(1)		(2)							
(3)	酸素		二酸化炭素		水素		(4)		

3

(1)		(2)		(3)	座
(4)		(5)	度		

4

(1)		(2)	
(3)			
(4)		理由	

5

(1)	g	(2)	cm	(3)	C	g	E	g
(4)	水に入っている部分のおもりの体積							

(注) この解答用紙は実物を縮小してあります。Ａ４用紙に111％拡大コピーすると、ほぼ実物大で使用できます。（タイトルと配点表は含みません）

〔理　科〕50点（学校配点）

1　各１点×8　2～5　各２点×21＜2の(4)は完答＞

二〇一九年度　東洋大学京北中学校

国語解答用紙　第一回

番号　　氏名　　評点　／100

一
問一　(1)　(2)　(3)　(4)　(5)　(6)　(7)　(8)
問二　(1)　(2)　(3)　(4)
問三　(1)　(2)　(3)

二
問一
問二
問三
問四
問五
問六

三
問一
問二
問三
問四
問五
問六　Ⅰ　Ⅱ

四
問一
問二　140　150

(注) この解答用紙は実物を縮小してあります。185%拡大コピーすると、ほぼ実物大で使用できます。(タイトルと配点表は含みません)

〔国　語〕100点(学校配点)

一 各2点×15　二 問1〜問3　各4点×3　問4　6点　問5　4点　問6　8点　三 問1, 問2　各4点×2　問3　7点　問4　5点　問5　4点　問6　各3点×2　四 問1　3点　問2　7点

Memo

Memo